Manuel P. Villatoro es licenciado en Periodismo por la Universidad Complutense de Madrid y ha realizado diversos cursos en el Instituto de Historia y Cultura Militar. Es uno de los coordinadores de la sección de Historia del periódico *ABC*, especialista en la Segunda Guerra Mundial e historia militar y coautor de los libros *Lo que nunca te han contado del Día D, Historia de España sin mitos ni tópicos* e *Historia de la Guerra Civil sin mitos ni tópicos.* Ha participado en diversos congresos y eventos relacionados con temática histórica y colabora en revistas como *Muy Historia* e *Historia Hoy.* Obtuvo el Premio APCR de Periodismo 2020 por la Asociación de la Prensa de Ciudad Real.

Israel Viana Silva es licenciado en Historia por la Universidad Complutense de Madrid y trabajó como arqueólogo durante ocho años en multitud de yacimientos datados desde el Paleolítico hasta la Guerra Civil. En 2007, su temprana inclinación hacia el periodismo le llevó a cursar el máster de *ABC* y fue contratado por este diario para poner en marcha la sección de Historia y la hemeroteca digital, desde donde ha participado en varios libros y especiales. Pasó después por las secciones de Cine y Música, para volver finalmente a su primera vocación. Es especialista en historia contemporánea española y mundial. Colaborador habitual de las revistas *Muy Historia* e *Historia Hoy* y del diario *El Salto es coautor del libro Historia de la Guerra Civil sin mitos ni tópicos.*

Historia de la Segunda Guerra Mundial sin mitos ni tópicos

Manuel P. Villatoro e Israel Viana

El papel utilizado para la impresión de este libro ha sido fabricado a partir de madera procedente de bosques y plantaciones gestionadas con los más altos estándares ambientales, garantizando una explotación de los recursos sostenible con el medio ambiente y beneficiosa para las personas.

Historia de la Segunda Guerra Mundial sin mitos ni tópicos

Primera edición en España: marzo, 2023
Primera edición en México: agosto, 2025

penguinlibros.com

Diseño de portada: Penguin Random House Grupo Editorial / Marta Pardina
Imagen de portada: © archivo ABC

ISBN: 978-607-386-159-5

Impreso en México – *Printed in Mexico*

Índice

1941

1942

1944

1945

POSGUERRA

HACIA LA GUERRA

La odisea de los grandes generales que se enfrentaron en las dos guerras mundiales

Manuel P. Villatoro

El 13 de octubre de 1918 podría haber cambiado la historia de la humanidad. Aquel día, un joven cabo del ejército germano gritó de terror cuando los británicos atacaron con gas venenoso el búnker en el que descansaba. Muchos de sus compañeros murieron, pero él logró escapar y, según explicó poco después, pudo dirigirse hacia «la retaguardia con los ojos ardiendo», a pesar del dolor que lo atenazaba. Después de varios meses de ceguera, se recuperó y se dedicó a su gran pasión, la política. Aquel chico era Adolf Hitler.

Como él, decenas de personajes destacados de la Segunda Guerra Mundial combatieron en el conflicto iniciado en 1914, desde Winston Churchill —al mando entonces de la mejor armada de Europa— hasta el general George S. Patton —encuadrado en una de las primeras unidades conocidas de carros de combate—. Aunque fue en Alemania donde la contienda sirvió de improvisada escuela para una gran parte de los futuros oficiales del Tercer Reich.

Decir que la Primera Guerra Mundial fue un punto de inflexión para el Imperio alemán es quedarse muy corto. La derrota en *Der Weltkrieg*, el enfrentamiento que se cobró la vida de más de dos millones de soldados germanos, fue, de hecho, la semilla que llevó a la posterior invasión de Polonia en 1939. Las duras cláusulas impuestas por la Triple Entente —Francia, Reino Unido y Rusia, la columna vertebral de los aliados— al disuelto Segundo Reich en el Tratado de Versalles supusieron un fuerte golpe para una sociedad que tuvo que hacer frente a unas privaciones extremas a partir de 1918.

A su vez, la estupefacción de los generales ante el triste resultado provocó la forja del famoso mito de la «puñalada por la espalda»: la falsa tesis de que los judíos y los bolcheviques que residían en el país habían traicionado a los valientes que luchaban en la línea de vanguardia y habían destruido toda posibilidad de victoria desde el interior. Los generales más destacados, Paul von Hindenburg y Erich Ludendorff, se escondieron tras esta excusa en un intento de eludir su responsabilidad.

Sin embargo, para el Partido Nacionalsocialista Obrero Alemán este dolor fue un regalo. Aprovechándose de la división social que se había generado, Adolf Hitler se rodeó de una pléyade de veteranos de la Primera Guerra Mundial que utilizaron su participación en el conflicto como demostración de su lealtad a Alemania. El mismo líder nazi solía recordar en sus discursos que él también era un veterano que había arriesgado su vida en las trincheras de media Europa. La versión que ofrecía es la que, en la actualidad, ha quedado registrada en *Mein Kampf*, sus memorias. En ellas explica que, tras enterarse del comienzo de las hostilidades, se unió al ejército. «El 3 de agosto de 1914 presenté una solicitud directa ante S. M. el rey Luis III de Baviera con la petición de poder ser incorporado a un regimiento bávaro». Su petición fue admitida y se incorporó al Regimiento List, con el que combatió en el Rin y en Flandes.

A partir de este punto, la realidad es que Hitler habla poco en *Mein Kampf* de su participación directa en la Primera Guerra Mundial. Afirma que luchó en la batalla del Somme a finales de 1916 —la cual definió como «un infierno» en el que tuvo que resistir un «huracán de artillería»—, hasta que cayó herido el 7 de octubre de dicho año. A continuación, lo enviaron a la retaguardia hasta terminar 1917, cuando se reincorporó a su antigua unidad.

Su testimonio siempre es general y no se centra en los pormenores de la vida en el frente, sino en el sentimiento de la sociedad alemana. Tan solo hay un momento en el que sí narra un suceso de forma detallada, y ese es el ataque con gas que sufrió en la noche del 13 de octubre, cuando se hallaba en un búnker ubicado en una colina cerca de Ypres. «Al amanecer, fui presa de terribles dolores que [...] se hacían más intensos. A las siete de la mañana, tropezando y tambaleándome, me dirigí hacia la retaguardia con los ojos ardiendo». Como bien recordó una y otra vez a partir de entonces, las toxinas le provocaron una ceguera que lo acompañó durante varios meses.

Esta versión de su participación en el conflicto es real, aunque incompleta. Es cierto que a Hitler lo asignaron a la 1.ª Compañía del 16.º Regimiento Bávaro de Infantería de Reserva —conocido, en efecto, como Regimiento List—, pero la verdad es que, durante la mayor parte del tiempo, fue un cabo *Radfahrer* («mensajero ciclista»). El líder nazi obviaba este dato y dejaba entrever que había combatido en las trincheras como un soldado más. Craso error, pues el trabajo de los correos de la época era muy peligroso y respetado por los mandos.

De hecho, siempre se presentaba voluntario para las misiones más difíciles y, según historiadores como Thomas Childers, «las ejecutaba con notable distinción». Ejemplo de ello es que lo hirieron dos veces mientras custodiaba un mensaje y que obtuvo dos condecoraciones por ello, la Cruz de Hierro de 2.ª Clase y la Cruz de Hierro de 1.ª Clase. Él, por el contrario, dejó que la propaganda nazi divulgara que la última medalla la había ganado tras capturar en solitario a siete soldados franceses. Tampoco escribió que la ceguera de la que tanto se enorgullecía no era culpa del gas, sino que era histérica, un término que, en la época, hacía referencia a cualquier dolencia provocada por una crisis nerviosa o estrés postraumático.

Séquito nazi

Hitler no fue el único miembro del partido nazi que participó en las dos contiendas más sangrientas del siglo xx. Ejemplo de ello fue el popular Erwin Rommel, más conocido como el Zorro del Desierto por los éxitos cosechados con el Afrika Korps. Cuando estalló la Primera Guerra Mundial y él contaba con dieciocho años, estaba encuadrado como *Leutnant* («teniente») en una compañía de artillería de reserva. No tardó en solicitar su traslado al 124.º Regimiento de Infantería cuando se enteró del inicio de las hostilidades.

Como explicó en sus memorias, tras un duro entrenamiento partió a Francia, donde combatió en varias escaramuzas. Así hasta que, en septiembre, demostró su arrojo al cargar, cerca de Varennes y a bayoneta calada, contra un número ingente de enemigos. «Incluso contra una superioridad de tres a uno en mi contra, tenía completa confianza en el arma y en mi habilidad». Cayó herido de gravedad, pero se recuperó y recibió la Cruz de Hierro de 2.ª Clase. No fue su única distinción, pues en enero de 1915 obtuvo la de 1.ª Clase al atacar en el bosque de Argonne a una unidad gala que lo superaba en número, para ganar tiempo y lograr que sus compañeros se retiraran sin que los masacraran.

Cuando el frente italiano se abrió lo trasladaron allí junto al Batallón de Montaña de Württemberg, entonces la élite del ejército alemán. A finales de 1917 dirigió varios asaltos exitosos en la zona, aunque el que jamás olvidó se produjo a partir del día 25. Aquella jornada, la unidad de Rommel había recibido órdenes de conquistar las posiciones de la montaña de Matajur, ubicada ciento cincuenta kilómetros al este de Venecia. La misión fue un éxito. A golpe de sigilo y estrategia, el futuro Zorro del Desierto destruyó las diferentes líneas defensivas enemigas y causó tanto pavor en el comandante contrario que, cuando este lo vio llegar, se rindió sin disparar un solo cartucho.

El resultado: tras 52 horas de combate sin descanso y de escalar tres kilómetros de pared casi vertical, el oficial capturó a unos nueve mil prisioneros a cambio de seis muertos y una treintena de heridos. Aquella gesta le valió el mayor honor de la Alemania Imperial. «A la vuelta, el correo nos esperaba y había dos pequeños paquetes en él. Contenían la [medalla] Pour le Mérite para el *Major* Sprösser y para mí».

Otro miembro del NSDAP que pudo presumir de haber luchado en la Primera Guerra Mundial fue el comandante en jefe de la Luftwaffe, Hermann Göring. Nacido en 1893, superó sus estudios militares y llegó a la contienda de 1914 con el grado de segundo teniente. Tras combatir como soldado de infantería en Alsacia —donde obtuvo la Cruz de Hierro de 2.ª Clase— decidió unirse a la fuerza aérea. En principio lo rechazaron, pero consiguió hacerse con un puesto de observador y, en la primavera de 1916, obtuvo la formación como piloto de caza.

Lo cierto es que, a partir de entonces, se convirtió en un verdadero as de la aviación. En los meses siguientes fue de escuadrón en escuadrón acumulando biplanos destruidos. En el verano de 1918 obtuvo la codiciada orden Pour le Mérite cuando sumaba 21 aparatos derribados. No obstante, el mayor honor que recibió fue el de comandar el ala Jagdgeschwader I después de la muerte del mítico Barón Rojo y de su sucesor. Su llegada no fue bien recibida, pues en esta unidad había veteranos con hasta una cuarentena de victorias a sus espaldas. Acabó el enfrentamiento con 22 bajas y el rango de capitán.

La Kriegsmarine también contó con muchos integrantes que habían participado en el gran conflicto iniciado en 1914. Su mayor exponente fue Karl Dönitz, al frente de las fuerzas navales del Tercer Reich desde 1943 y sucesor de Hitler durante algo menos de un mes cuando este se suicidó en 1945. Nacido en 1891, ingresó en la armada con veinte años. Desde que la Primera Guerra Mundial llamó a las puertas de Europa y hasta 1916, sirvió en el navío Breslau. Según explicó en sus memorias (*Diez años y veinte días*), ese periodo le sirvió para aprender cuáles eran los puntos débiles de los buques de superficie. Y todo mientras hacía la vida imposible a la flota rusa.

Poco después se introdujo de lleno en el arma submarina como primer oficial y comandante. «Fui un submarinista entusiasta. Formé parte de aquellos marinos desterrados que componían la dotación de un arma solitaria, porque el tripulante ha de arreglárselas por sí mismo y [...] llevar a cabo una misión que exige fortaleza y un corazón animoso».

Versado y aguerrido, a Dönitz lo capturaron los británicos el 3 de octubre de 1918, cuando se enfrentó con su submarino a uno de los típicos convoyes ingleses formados normalmente por «entre treinta y cincuenta cargueros» y una barrera de buques de escolta. Aquel día descubrió, sin embargo, que la clave de la guerra bajo las aguas era atacar en grupo a estas grandes masas de navíos. Así desarrolló la que, a la postre, fue estrategia de las «manadas de lobos». Regresó a Alemania en el año 1919, cuando la contienda había tocado a su fin. En Kiel, sus superiores le preguntaron si quería continuar en su puesto o prefería licenciarse; al fin y al cabo, había pasado por un duro cautiverio. Su respuesta fue irónica: «¿Cree usted que llegaremos pronto a tener otra vez submarinos?».

Ingleses y estadounidenses

Si para Alemania la Primera Guerra Mundial supuso una debacle, para Inglaterra no fue mucho mejor, pues el desgaste de la contienda le costó perder su posición hegemónica en el mundo. No obstante, las consecuencias solo se apreciaron con el paso de los años. Cuando comenzó el conflicto, de hecho, Gran Bretaña contaba con la mejor armada del mundo y estaba preparada para plantar cara a cualquier enemigo gracias a un entrenamiento previo exquisito. Su artífice había sido Winston Churchill, entonces primer lord del Almirantazgo, el máximo responsable de la Royal Navy.

Al político que cogería las riendas del país a partir de 1940 el inicio de las hostilidades le pilló jugando a las cartas y, según parece, no le sorprendió, sino que le regocijó. La razón es que entendía que el conflicto armado era «la ocupación natural del hombre». Una de sus primeras decisiones fue apoyar a Francia, para lo que estableció que las British Expeditionary Forces cruzaran el canal en agosto de 1914. A pesar de que ansiaba el enfrentamiento, dio aquella orden entre lágrimas porque sabía que enviaba a miles de jóvenes al combate y, con toda probabilidad, a la muerte.

Aunque fue uno de los máximos valedores e impulsores de los carros de combate, también cometió multitud de errores que le granjearon el odio de la prensa. El primero de ellos fue su partida a Amberes en octubre de 1914 para infundir moral a unas tropas asediadas por los alemanes. El primer lord llegó ataviado con el uniforme más estrafalario que encontró y dio discursos en los que afirmaba que la ciudad no caería jamás. Pero sí lo hizo, y apenas unas jornadas después de su marcha. La prensa lo acusó de «vehemente» y hasta de «peligro nacional».

Otro tanto ocurrió en 1915. Aquel año, Churchill quiso acabar con el enfrentamiento mediante un golpe de efecto: una invasión anfibia en el estrecho de los Dardanelos, que buscaba sacar a Turquía de la lucha con la conquista de Estambul. El 25 de abril, más de medio millón de soldados ingleses, indios, australianos, franceses y neozelandeses desembarcaron cerca de Galípoli. El resultado fue una masacre aliada que costó doscientas cincuenta mil bajas y una retirada a toda prisa. Aquello lo dejó fuera del gabinete y le granjeó el apodo de Carnicero de Galípoli. Un año y medio después fue a Francia, donde combatió contra los germanos y, tras regresar al Gobierno, desempeñó funciones de ministro de Armamento.

Tampoco fue nada halagüeña la participación de Bernard Law Montgomery, mariscal de campo durante la Segunda Guerra Mundial, en el conflicto que sacudió a Europa en 1914. El británico, entonces un joven teniente, luchó en el continente hasta que, en octubre de ese mismo año, recibió un balazo en el pulmón mientras atacaba una posición enemiga a bayoneta calada. Solo pudo salvarse gracias a la valiente actuación de un compañero. «Un soldado me puso un vendaje, pero un francotirador le disparó en la cabeza y se derrumbó encima de mí. Recibió muchas balas que me habrían dado», explicó en 1958 en su autobiografía. Aquello le valió a Monty la Orden del Servicio Distinguido.

Regresó al frente como oficial de personal en retaguardia y, hasta 1918, tuvo que ver como miles de hombres eran enviados a la muerte en cargas masivas por oficiales que no habían compartido una palabra con ellos. «El personal superior no estaba en contacto con las tropas. Vivían con comodidad [...] tras las líneas», señaló. También escribió que la «terrible cantidad de bajas» tras cada ofensiva le horrorizaba. Esto provocó que, a partir de 1939, siempre estuviera en primera línea de batalla con su gran boina y lo llevó a ser un oficial más que precavido; para algunos estadounidenses, demasiado.

Por parte de Estados Unidos, el general George S. Patton, famoso por su severidad, también combatió en las dos guerras mundiales. Este militar fue el arquetipo del oficial perfecto, ya que, además de cultivar su mente —había estudiado en la academia de West Point—, también era un gran atleta que representó a su país en los Juegos Olímpicos de 1912. Durante el conflicto se especializó en el uso de carros de combate, por lo que le destinaron al Cuerpo de Tanques en 1917. Entró en combate un año después y demostró la validez de estos nuevos vehículos en multitud de batallas. Por aquel entonces ya dejó claro que la disciplina era algo vital para él. Y, si no, que se lo pregunten al soldado al que golpeó con una pala en la cabeza por no cumplir sus órdenes.

Pétain y De Gaulle, unidos antes del odio

Por parte de Francia combatieron dos personajes que, durante la Segunda Guerra Mundial, fueron enemigos: Philippe Pétain, el colaboracionista nazi que dirigió el régimen de Vichy a partir de 1940, y Charles de Gaulle, líder de las fuerzas armadas galas en el exilio. En 1914 el primero era un oficial cincuentón, algo mediocre y soltero, que decidió no retirarse para enfrentarse por última vez al enemigo. Un año después protagonizó algunas actuaciones de importancia en Bélgica y el Marne. No obstante, fue en la sangrienta batalla de Verdún, con más de un millón de bajas, en la que se granjeó el respeto de sus compatriotas al resistir los continuos envites germanos. La arenga que lanzó a sus hombres todavía se recuerda: «Coraje..., lo conseguiremos». En 1917 le nombraron comandante supremo de los ejércitos.

El papel del segundo fue algo más discreto. Luchó también en Verdún, donde le hirieron tres veces, y pasó la mayor parte del resto del conflicto en un campo de prisioneros de guerra del que intentó escapar hasta en cinco ocasiones.

Del Titanic a dos guerras mundiales

La historia de Charles Herbert Lightoller es, a la par, desconocida y desgraciada. Este marino británico era el segundo oficial al mando del RMS Titanic cuando el 14 de abril de 1912 este navío se estrelló contra un iceberg. Durante la catástrofe se negó a subir a un bote salvavidas a pesar de los consejos de sus compañeros y coordinó la evacuación de mujeres y niños durante horas. Cuando el vapor se hundió, y ya en las gélidas aguas del Atlántico, encontró una plaza en una de las barcas plegables.

Tras el comienzo de la Primera Guerra Mundial fue nombrado teniente y combatió a las órdenes de la Royal Navy. Sus actuaciones —entre ellas, el hundimiento de un submarino alemán— le llevaron a ganar la Cruz por Servicio Distinguido. Por desgracia, ni siquiera eso le permitió borrar la mancha que supuso en su expediente la catástrofe del trasatlántico. Después del armisticio renunció y se compró un yate. Por ello, en 1940 lo reclamaron, así como a tantos otros civiles, para colaborar en la retirada de tropas de Dunkerque.

La prensa española y el nacimiento del fascismo: la tibia condena de 1922

Israel Viana

Diario *El Sol*, 7 de noviembre de 1922. «Un movimiento político inclasificable dentro de los casilleros del siglo xx». Así definía Ramiro de Maeztu la ideología que acababa de irrumpir por sorpresa en Italia, una semana antes, de la mano de Mussolini.

En su artículo, titulado «El fascismo ideal», el prestigioso escritor español realizaba una defensa solapada de la nueva corriente, criticaba la libertad de prensa y asociación, y aprobaba el uso de la violencia como medio para asegurar el bienestar del pueblo. «A los liberales de la generación pasada les gustaba proclamar la inutilidad de la violencia. Nada más infantil. La violencia es la categoría de la realidad [...]. Sin fuerza, no hay hecho político», escribía.

Afirmaciones como esta no fueron ni mucho menos una excepción en la prensa española de la época. La condena del recién nacido movimiento fascista distó mucho de ser pronta y definitiva.

Cuando triunfó la Marcha sobre Roma, a este lado del Mediterráneo los periódicos trataban de averiguar, interpretar y explicar en qué consistía aquel nuevo régimen y qué consecuencias podía tener para España y Europa. Las críticas eran escasas. Todo eran incógnitas con respecto a un Partido Nacional Fascista nacido solo un año antes por obra de un Mussolini que, a principios de 1920, era un auténtico desconocido con apenas mil seguidores exaltados.

«¿Cómo una fuerza que era considerada hasta ayer un elemento de desorden ha podido conquistar el poder?», se preguntaba el escritor y periodista Manuel Bueno en *El Imparcial*, mientras el diario *España* publicaba un editorial en el que comentaba: «Si mira el lector el camino recorrido por el fascismo desde que nació oscuramente hasta alcanzar su actual omnipotencia, seguramente participará de la estupefacción que se apodera de nosotros al seguir de cerca la marcha ascensional de los fascistas».

Es cierto que las cabeceras estaban demasiado vinculadas al presente como para ponderar el fascismo tal y como se valora hoy en día. No se imaginaban que lo que acababa de ocurrir en Italia sería la causa principal de que comenzaran a proliferar dictaduras por todo el continente, ni que inspiraría a personajes como Hitler, que acabaría provocando la guerra más mortífera de la historia de la humanidad.

Pero, a pesar de ello, cabe preguntarse si es que no disponían los diarios de la suficiente información como para haberse mostrado más contundentes. La respuesta es que claro que sí.

A finales de octubre de 1922, la prensa española contaba con detalle la marcha de los camisas negras hacia la capital, los asaltos a los edificios públicos, la quema de las sedes de los sindicatos de trabajadores, las palizas, los heridos y los muertos que dejaban por el camino, la declaración del estado de sitio y el ultimátum al primer ministro Luigi Facta. «Os digo con toda solemnidad: o se nos entrega el Gobierno o lo tomaremos marchando sobre Roma», había advertido Mussolini.

Que se consumara la amenaza no impidió que muchos artículos, editoriales y columnas de opinión publicados aquí describieran con admiración la figura del líder de los fascistas, su meteórico ascenso al poder y la idea de régimen autoritario que comenzaba a dibujar para restablecer el orden en una Italia que, como España, se encontraba en crisis.

Para el escritor y colaborador de *ABC* Álvaro Alcalá-Galiano, por ejemplo, Mussolini era «un reaccionario enérgico que no teme afrontar las iras democráticas y declara que los más numerosos no siempre tienen razón. Que la masa, es decir, el pueblo no es apto para gobernar». El titular que encabezaba el texto era meridianamente claro: «La reacción contra la anarquía».

Tan solo una minoría se atrevió a calificar la Marcha sobre Roma como un atropello a la libertad y un golpe de Estado contra la democracia. Este sector crítico estaba formado por publicistas como el periodista republicano Josep Pla, a quien el diario *El Sol* envió a Italia para «hacer un estudio detenido del movimiento fascista»; el socialista Luis Araquistáin, y, sobre todo, el catalanista Gabriel Alomar.

Pla fue de los pocos que no se creyeron el intento de Mussolini por mostrar lo ocurrido como una acción legal. En artículos como «El contenido del fascismo», el corresponsal exponía sin reparos la censura que se estaba estableciendo en Roma: «Una de las cosas más discutibles que ha hecho el fascismo ha sido suprimir la crítica independiente de una manera violenta [...]. Muchos directores de periódicos populares y socialistas han debido firmar un papel, obligados por las pistolas, concebido aproximadamente de esta manera: "Juro por mi honor no escribir nunca más en el inmundo y antiitaliano periódico que hasta la fecha he dirigido. Firmado: X". Toda esta parte de comicidad truculenta y voraz que tiene el fascismo demuestra con absoluta claridad que en Italia no gobierna más que la tranca».

Alomar, por su parte, es una de las excepciones más admirables. Este poeta, ensayista y diplomático relacionado con el modernismo catalán criticó el asalto de Mussolini con una clarividencia y una contundencia casi únicas entre un centenar de firmas del momento. «Italia acaba de sufrir un golpe de Estado. Ya pueden esforzarse sus políticos dinásticos en presentarlo como perfectamente constitucional. Pero no, la subida al poder de los fascistas es el resultante de un acto de fuerza, de un asalto, no la expresión libre y clara de la voluntad popular», aseguraba en uno de sus artículos, publicado en *La Libertad* el 11 de noviembre de 1922.

En busca de un «salvador»

Gran parte de la opinión pública, sin embargo, ansiaba solucionar la inestabilidad política y social de la agotada Restauración, que llevaba cinco años sumida en luchas entre el Gobierno y las organizaciones obreras. Querían encontrar, en definitiva, a su «salvador», como en Italia. La prensa lo sabía y aprovechaba el momento, tal y como apuntaba el diario *España*: «La victoria del fascismo italiano ha producido una impresión que rara vez producen entre nosotros acontecimientos de orden internacional. No ha faltado periódico de la derecha que enarbolase el estandarte fascista y tocase a rebato citando con delectación a Mussolini».

En efecto, las firmas más conservadoras y reaccionarias, que se expresaban en diarios como *ABC*, *La Época* o *El Debate*, no ocultaban su interés por aclimatar el naciente modelo italiano en estas tierras. El objetivo era, supuestamente, aplastar al movimiento obrero en todas sus formas: reformista, revolucionaria, socialista, anarquista y comunista. El sector católico de esta última cabecera, por ejemplo, aplaudía la victoria de Mussolini sobre el socialismo maximalista, que en Italia había producido numerosas huelgas en los núcleos industriales de Turín y Milán. El mismo 31 de octubre llegaron a disculpar el asalto de los fascistas al poder calificándolo como una «reacción de fuerza contra los desmanes anteriores de los socialistas y los comunistas».

El director de *La Acción*, Manuel Delgado Barreto, no escatimaba en elogios al nuevo régimen italiano con editoriales como «El estímulo de un gran ejemplo». Y *ABC* iba más allá en artículos como «La revolución a paso gentil», donde informaba a sus lectores del golpe de Estado con las siguientes palabras: «Esta noche de sábado, el pueblo de Roma, tan macerado ya en siglos de historia, ha tenido la linda ocurrencia de no ser populacho y pegar una patada caballeresca a todas las estupideces que se le oponían».

Lo firmaba nada menos que su corresponsal en Italia, Rafael Sánchez Mazas, que una década después se convertiría en uno de los miembros fundadores de Falange Española.

En los meses finales de 1922, el interés por el fascismo de la prensa española —que se hacía eco de bulos como que una fábrica de Tortosa había recibido un encargo de camisas negras, según publicó en noviembre *La Libertad*— fue en aumento.

Hasta aparecieron dos revistas dirigidas a la clase media y obrera sobre esta nueva ideología. Una de ellas fue bautizada como *La Palabra*. La segunda, con un nombre que no daba lugar a dudas, *La Camisa Negra*, en la que se insertaban retratos de Mussolini e iba acompañada de artículos pseudoacadémicos como «El fascismo en el poder. Economía. Trabajo. Disciplina».

Una izquierda harta de corrupción

A pesar de ello, no hay que llevarse a engaño. La derecha no fue la única que vio con buenos ojos la acción protagonizada por Benito Mussolini. Una amplia franja de la izquierda, harta de las corruptelas, se dejó seducir por la idea de una dictadura temporal para solucionar la crisis política de España. Temían, además, que el ejemplo de los sóviets cundiera en el país y alguien como el futuro Duce pudiera ser la solución.

En este sentido, cabeceras progresistas de todo tipo, algunas entre las más leídas, incluyeron artículos en los que dieron por cierta la propaganda del movimiento fascista, que presentó su empresa como provisional y regeneradora del anterior régimen político. No se imaginaban en ese momento que aquel exsocialista de cuarenta años acabaría sometiendo a su pueblo con mano de hierro hasta 1945 y dejaría el país en ruinas.

Sirva como ejemplo esta tesis publicada por *La Libertad* siete meses después de que Mussolini se hiciera nombrar, bajo amenaza, primer ministro: «No olviden los españoles que Italia es actualmente un semillero de posibilidades, así que contemplémosla desde esta España precaótica. Italia, con sus nerviosidades, busca la claridad, que fue siempre virtud especialmente latina. Si los hermanos de raza asisten a su amanecer, tal vez la luz que un día bañe sus espíritus alumbre un poco este viejo solar de España que entró en un periodo penumbroso, sin reacciones salvadoras».

Para su autor, Camilo Barcía, España era una especie de «dictadura parlamentaria», tal y como anunciaba el título, mientras que Italia representaba ahora el ejemplo a seguir.

Otros periódicos de izquierda como *El Heraldo de Madrid* publicaron artículos en los que, aun renegando de la dictadura, elogiaban el «equilibrio económico» logrado por el nuevo régimen en los cuatro primeros meses de vida. «Mussolini está dando un ejemplo del arte de gobernar a todos los estadistas», afirmaba, mientras *El Sol* optaba por una vía mucho más sutil el mismo día del alzamiento.

¿Cómo? Invitando a los lectores a criticar las flaquezas del liberalismo, que representaba algo así como la vieja política, sin condenar el fascismo y hasta excusándolo: «La formidable reacción fascista no parece ser más que la réplica a una exageración contraria. Es muy cómodo considerarse libre de todo pecado y achacar el mal a un oscurecimiento patológico de las conciencias, pero sería más conveniente que las izquierdas, en vez de concentrar la atención sobre el fascismo, fijasen la mirada en sí mismas».

Esta fue la tónica de la mayoría de los diarios españoles desde octubre de 1922 hasta bien entrado 1924. Cerca de dos años en los que mostraban una imagen idealizada de lo que ocurría en el primer país fascista de la historia mientras Mussolini acumulaba poderes, cercenaba libertades y sembraba el terror entre sus opositores. Si era necesario, incluso mandaba asesinar a algunos de ellos, como le ocurrió al diputado socialista Giacomo Matteotti tras denunciar públicamente los abusos perpetrados en las elecciones de 1924.

Quién les iba a decir a los responsables de todos estos periódicos que, dos décadas después, el cadáver de aquel hombre sería colgado y golpeado en una plaza céntrica de Milán, durante la guerra, para satisfacción del pueblo al que había ido a «rescatar».

La entrevista de *ABC* al joven y desconocido Hitler: «Su programa es simplista, confuso e incoherente»

Manuel P. Villatoro

Adolf Hitler ha pasado a la historia como el líder indiscutible del Tercer Reich y el tirano que orquestó el asesinato de millones de personas. Sin embargo, no se hizo con el timón de Alemania de un día para otro. En los años veinte era un desconocido cabecilla político que trataba de abrirse paso enarbolando la bandera de la superioridad germana. Fue durante esos turbios comienzos, en 1923, cuando le entrevistó el periodista español Javier Bueno, bajo el seudónimo de Antonio Azpeitua, para el diario *ABC*. Las conclusiones de la conversación se publicaron el 6 de abril de ese mismo año y, en ellas, el futuro dictador no salió bien parado. Y es que el reportero le definió como alguien «falto de cultura y preparación científica» que se sentía siempre «poseedor de la verdad absoluta».

Primera impresión

Corría por entonces una época dura para Alemania, pues, tras la derrota de la Primera Guerra Mundial, se veía obligada a pagar las llamadas «reparaciones de guerra» a sus antiguos enemigos. El descontento reinaba, rápido y furioso, entre unos ciudadanos sometidos económicamente al yugo extranjero y a una contienda pasada. Justo esa fue la piedra angular en la que se basaron multitud de movimientos nacionalistas para adquirir simpatías entre la población y también, a su vez, la forma que tuvo un joven y no muy conocido Adolf Hitler de catapultarse hacia el estrellato y ganar adeptos para su recién formado Partido Nacionalsocialista Obrero Alemán (NSDAP).

Aquella Alemania llena de resentimiento fue el lugar seleccionado por Bueno para entrevistarse con un político que no contaba con más de treinta y cuatro años. Su nombre no era aún más que un trazo de tinta que no había adquirido el significado que obtuvo tras hacerse con el poder supremo en 1933. Por ello, el periodista de *ABC* se limitó a definirle como el «jefe del fascismo bávaro». El encuentro, a su vez, no se llevó a cabo en una sede oficial, sino en «la casa de un exalmirante que, a falta de barcos de guerra, dirige ahora la sección de política internacional en un periódico de Múnich». Fue un encuentro de perfil bajo, vaya.

La entrevista comenzó mal para Bueno debido a que su entrevistado no se presentó a la hora acordada. «Escribí a Hitler; pero no sé si mi carta llegaría a tiempo, ni si Hitler estará en Múnich. Es hombre de actividad asombrosa; aparece y desaparece cuando menos lo esperan sus partidarios; nadie puede decir dónde está; surge como un fantasma...», se excusó el antiguo almirante. Minutos después, el político llamó a la puerta, entró en la estancia y, para asombro del español, colgó su pistola en el perchero como si de «un paraguas o un bastón» se tratase. El reportero español le definió así tras verle por primera vez:

> Es alto, ancho de hombros, musculoso y está vestido como un funcionario subalterno. Cabeza grande sobre cuello de toro; fuertes maxilares, ojos azules muy a flor del rostro, que expresan exaltación, violencia, agresividad, ambición, seguridad de domi-

nio. Debajo de una nariz plebeya, cuyas ventanas son exageradamente grandes, el bigote, de cerdas como púas, ha sido reducido al mínimum por el rasurado.

Simple y facilón

Hitler arrancó con una falta de respeto. En principio no habló con el español, se limitó a quejarse de que el dinero que le habían prometido algunos empresarios germanos no había llegado todavía al partido. «Hitler nos mira receloso, desconfiado. Al principio, la conversación se entabla entre ellos dos, y, mientras, queremos descubrir las cualidades morales e intelectuales del héroe. Hitler parece preocupado, obsesionado por un solo problema: el de obtener recursos para su obra. Se queja de cierto retraso de las sumas que le prometieron para activar el reclutamiento y atender a las necesidades de su gente», explicó Bueno. Solo cuando su interlocutor le insistió en que la inyección de billetes no tardaría en arribar, se dispuso al interrogatorio del reportero. Fue como descorchar una botella:

> Cuesta trabajo conseguir que Hitler abandone el tema del dinero para explicarnos su programa, su ideología, sus métodos redentores. Cuando al fin lo logramos, Hitler se convierte en un torrente de oratoria violenta, tempestuosa, atronadora... Su odio furioso va todo contra el marxismus, el marxismus de la derecha y de la izquierda. Él conoce el marxismus porque fue socialista. Los procedimientos que los adversarios burgueses del marxismus emplearon hasta ahora para combatirle le parecen absurdos y torpes. Él sabe cuál es la psicología del pueblo porque viene del pueblo y sabe cómo se debe actuar para impresionarle.

Durante aquellos minutos, el líder nazi demostró al periodista su incultura. «No puede expresar ideas sirviéndose de conceptos abstractos; por eso recurre al ejemplo simplista, al símil, a la comparación de cosas concretas», corroboró el español. Le caló hasta los huesos al incidir en que su fuerza para impresionar a las multitudes se levantaba sobre «afirmar rotundamente, sin admitir duda, sintiéndose poseedor de la verdad absoluta». Poco le importaba contar o no con argumentos; lo suyo era otra cosa: el populismo barato.

Contradicciones políticas

Emocionado por la conversación, Hitler describió al periodista sus planes de forma detallada: «Su obra proyectada es hacer que resucite el espíritu de 1914 en el pueblo alemán. Y está convencido de que, aplastando al marxismus, resurgirá lo que desapareció entre los escombros de la catástrofe». Pero, para Bueno, lo hizo de forma irracional y cayendo en constantes contradicciones: «En las explicaciones verbales de Hitler se advierte la misma confusión y la incoherencia que habíamos señalado en el programa impreso que ha lanzado hace pocas semanas». A continuación, Bueno describió, una a una, las medidas más autoritarias del líder.

> El programa de Hitler es una extraña mezcla de nacionalismo intransigente y dictadura revolucionaria que tiene muchos puntos de contacto con el sóviet. Mientras declara la guerra sin cuartel al marxismo, proclama la necesidad de un ataque al capital. Hitler quiere abolir el parlamentarismo, pero acepta el principio democrático; afirma que la tierra no puede ser materia de especulación; niega la libertad de la prensa y la obliga a ser propagandista del credo que él tiene por único y verdadero; el teatro, el cinematógrafo, las modas femeninas han de estar sometidos a una censura previa...

Lo que más le sorprendió fue que Hitler no daba solución alguna a los problemas que sufría Alemania. «No propone un remedio; se contenta con gritar en la plaza pública la gravedad de la situación». En su favor, recogió las palabras que un alemán de a pie le había dicho poco antes de que se dirigiera a la casa del almirante para la entrevista:

> La actuación de Hitler en el momento presente puede representarse así; hay un enfermo muy grave, y, cuando todas las autoridades científicas estudian su mal y buscan el plan curativo, llega a la habitación del paciente un mozo de cuadra y empieza a vociferar desde el balcón: ¡Se muere! ¡Ya casi no respira! ¡Está en las últimas! Y el vocerío y el escándalo pueden acabar con las últimas energías del enfermo.

El culmen de la entrevista llegó cuando, «con el rostro congestionado» y «los puños que golpean a enemigos invisibles», el jefe del NSDAP vaticinó la caída de sus enemigos. Tras ese clímax acabó la conversación. «Ha terminado la entrevista. Mientras nosotros nos ponemos el sobretodo, Hitler se cuelga la pistola que había dejado en el perchero. Salimos a la calle. En la esquina está su automóvil». A pesar de los desencuentros, el futuro líder de Alemania tuvo unas palabras curiosas para el periodista: «Si quiere usted, le llevaré a donde se proponga ir. Pero debo advertirle que a mi lado se corre algún peligro». El español aceptó. Sin embargo, en el trayecto tuvo tiempo de hacerse una última pregunta con mucha sorna: «¿Cuál es el grado de la influencia que este hombre ejerce y dónde?».

La brutal represalia contra Anteo Zamboni, el niño que casi asesina a Mussolini: «No duró ni un minuto»

ISRAEL VIANA

Diario *ABC*, 3 de noviembre de 1926: «El joven parecía un muchacho extremadamente tímido y de una cultura inferior a la media. Tenía, sin embargo, un temperamento extraño, pero en ninguna ocasión había manifestado sentimientos hostiles hacia el fascismo». La noticia se encontraba escondida en la página 40 y se despachaba con dos columnas y media. Ni tan siquiera le hicieron un hueco en la portada, dedicada exclusivamente a una asamblea celebrada en la Confederación Nacional de Profesores Españoles.

Hoy, sin embargo, es fácil darse cuenta de que, si el plan de aquel adolescente de quince años llamado Anteo Zamboni hubiera triunfado, la historia de Italia y del mundo entero habría sido muy diferente. Es probable, incluso, que el siglo más mortífero de la historia de la humanidad hubiera sido mucho menos mortífero, ya que Mussolini no habría ejercido la influencia que ejerció sobre otros futuros dictadores como Hitler y Franco, a los que todavía les faltaban unos años para acceder al poder.

Cuando efectuó sus disparos el 31 de octubre, Zamboni se

encontraba a muy pocos metros del Duce. Hacía solo cuatro años que el dictador había impuesto su nueva ideología, pero a Europa y Estados Unidos aún les costaba entender que aquel hecho se acabaría convirtiendo en uno de los más trascendentales del siglo xx. Un acontecimiento clave para entender el surgimiento de otras dictaduras en España, Bulgaria, Turquía, Portugal y Alemania, y causa indirecta de que en la guerra del 39 murieran entre sesenta y ochenta millones de personas, como ya hemos apuntado en capítulos anteriores.

El mismo Hitler lo reconoció años después: «Los camisas marrones probablemente no hubieran existido sin los camisas negras. La marcha de 1922 sobre Roma fue uno de los hitos de la historia y nos llenó de ánimo. Si a Mussolini le hubiese vencido en velocidad el fascismo, no sé si nosotros hubiésemos podido resistir. El nacionalsocialismo era en esta época una planta muy débil».

A pesar de su éxito, el líder de los fascistas italianos contaba con muchos enemigos en Italia a causa de los episodios violentos protagonizados por los camisas negras contra sus adversarios políticos. Sobre todo, contra los socialistas y comunistas, pues llegaban a secuestrarlos y asesinarlos sin el más mínimo reparo. Eso fue lo que le ocurrió, por ejemplo, al diputado socialista Giacomo Matteotti, que desapareció tras ser capturado en una calle de Roma el 10 de junio de 1924 y cuyo cadáver no apareció hasta el 16 de agosto, en un bosque a 25 kilómetros de la ciudad. Se encontraba en estado de descomposición, pero la autopsia pudo demostrar que había sido apuñalado.

Como consecuencia de ello, creció la hostilidad pública contra el régimen. Para intentar apaciguarlas, las pesquisas policiales señalaron a cinco militantes fascistas como responsables del crimen. Solo tres de ellos fueron enviados a prisión, pero fueron indultados poco después por el rey Víctor Manuel III. Y aunque nunca se demostró que hubiera sido Mussolini quien ordenó su asesinato, el odio contra él creció a la misma velocidad que sus enemigos.

Prueba de ello es que el intento de magnicidio por parte de Zamboni era el cuarto que sufría Mussolini desde su llegada al poder y el tercero de 1926. Lo sorprendente del que ahora contamos es que no lo perpetró un enemigo feroz, ni un terrorista peligroso o un miembro poderoso de la oposición, sino un chaval de quince años que acabó convirtiéndose en un símbolo de la lucha antifascista.

«Nada puede sucederme»

Otros periódicos españoles se hicieron eco de la noticia. El 1 de noviembre, *La Nación* apuntaba a sus lectores que se había producido «otro atentado contra Mussolini, cuando un anarquista disparó su pistola contra el Duce en Bolonia sin herirlo». El diario católico *El Siglo Futuro* revelaba que, «durante el momento de confusión que siguió al atentado, el autor del crimen fue linchado por la muchedumbre exasperada». *La Correspondencia Militar*, un periódico que contaba hasta con cinco ediciones al día, rescataba el telegrama enviado posteriormente por el dictador, que se centraba en la acogida que le habían brindado los vecinos de Bolonia: «Quiero reiterarles la expresión de mi alegría y mis elogios por la inolvidable manifestación fascista de ayer. El fascismo boloñés se mostró a la altura de sus tradiciones gloriosas, y la obra por él realizada garantiza su pujanza futura».

Pero sus palabras más curiosas se las dedicó al jefe del partido fascista boloñés, a quien pocos días después le dijo lo siguiente, muy convencido de sí mismo: «Nada puede sucederme antes de que mi obra termine». Como muestra de su «inmortalidad», también le hizo entrega de la banda de San Mauricio que había llevado el día del atentado, agujereada por la bala que a punto estuvo de costarle la vida.

El dictador italiano había acudido a Bolonia para inaugurar el nuevo estadio Il Littoriale en el contexto de los actos de conmemoración de la Marcha sobre Roma esos mismos días. Tras el solemne acto, que llevaba semanas preparándose, Mussolini subió a su coche oficial descapotable y se dirigió a la estación «entre ovaciones delirantes».

Fue entonces cuando Zamboni aprovechó para intentar perpetrar su crimen. Así se describía la escena en *El Siglo Futuro*:

> El Duce respondía sonriendo a las aclamaciones del público, que, en medio de las flores arrojadas, de los gritos de alegría y del flamear de las banderas, parecía invadido por un delirio que aumentaba mientras avanzaba el vehículo. Cuando este disminuyó la velocidad para coger una curva, oímos un golpe seco a nuestra derecha, a muy poca distancia. Entonces vimos a un individuo más bien pequeño, de pie entre los cordones de las tropas y el automóvil, a muy poca distancia de Mussolini. Tenía la mano levantada y se encontraba en actitud de disparar. El Duce se dio cuenta inmediatamente del atentado, pero en lugar de encogerse o apartarse a un lado, permaneció derecho y ordenando a sus hombres. A la pregunta llena de ansiedad de si se sentía herido, respondió: «Nada, no es nada». Y después, en un tono seco y autoritario, añadió: «Ahora calma, que nadie pierda la cabeza».

El diario católico aseguraba, además, que el dictador había salvado la vida de milagro: «El disparo partió la banda de San Marino y un pedazo del uniforme a la altura del pecho, atravesando luego la manga del chaqué al alcalde de Bolonia».

Catorce puñaladas

A Zamboni no le dio tiempo a hacer ni un disparo más, pues, inmediatamente después, una horda de fascistas indignados se echó encima de él para molerlo a golpes. La escena debió de ser brutal, porque, cuando se retiraron, su cuerpo presentaba catorce puñaladas, un balazo y signos de estrangulamiento. Por si fuera poco, el cadáver se exhibió ante la multitud como si de un acto de justicia divina se tratara, a pesar de que la sangre que le cubría la cara apenas dejaba ver sus facciones. El hombre que le identificó le detuvo como autor del disparo fue el oficial de caballería Carlo Alberto Pasolini, padre del director de cine Pier Paolo Pasolini.

La Correspondencia Militar añadía después: «En todas las ciudades de Italia ha habido manifestaciones de regocijo. A Roma han llegado millares de telegramas de felicitación dirigidos a Mussolini. El señor Augusto Turati, secretario general del Partido Nacional Fascista, ha lanzado una proclama que termina con la siguiente frase: "El asesino ha sido linchado en el acto. Se ha cumplido la primera parte de la justicia. Ahora vamos contra los cómplices"».

Y así fue, porque las consecuencias no se hicieron esperar y fueron terribles. El Gobierno fascista utilizó el atentado como palanca política para suprimir las libertades y disolver todos los partidos de la oposición.

ABC, por su parte, daba algunos detalles más que constataban la rápida y brutal reacción del cortejo de Mussolini a la hora de vengar el intento de asesinato:

> En el instante mismo de producirse el disparo de Zamboni, un cabo de los carabinieri y un grupo de fascistas se arrojaron sobre el criminal, el cual, atenazado por ellos, no pudo hacer ningún disparo más, como, evidentemente, era su intención. El proyectil fue hallado en el coche del Duce. El criminal murió a manos de la muchedumbre indignada. Su cadáver fue llevado a la Dirección de Policía. En la ropa no llevaba ningún documento ni objeto con el que pudiera identificársele. Se calcula que no transcurrió más de un minuto y medio entre el momento de cometerse el atentado y la muerte del criminal.

La prensa de todo el mundo pronto se hizo eco de nuevos detalles sobre aquel «niño de quince años de familia honrada» que pudo haber cambiado la historia. Tal es así que, años después de acabar la guerra, le dedicaron una calle en Bolonia. Sin embargo, aunque tradicionalmente se ha considerado al joven Anteo como un anarquista prematuro y convencido, lo cierto es que este hecho jamás se probó.

Tampoco se esclarecieron las motivaciones que le habían llevado a intentar el magnicidio, y los periódicos se llenaron de las más diversas teorías. «La Policía ha encontrado un cuaderno en el que el autor del atentado había escrito varios párrafos de obras con marcada tendencia revolucionaria y notas de una carta dirigida a un amigo suyo anunciándole su proyecto de "hacer justicia"», contaba el diario *ABC*.

Posteriormente aparecieron nuevas versiones sobre el suceso. Se dijo que Zamboni no era el autor o que los vínculos entre la familia del chico y el político fascista Leandro Arpinati habían sido el móvil.

Lo único cierto es que el joven no tuvo tiempo de explicarse. Sus padres tampoco, porque fueron acusados asimismo de «anarquistas militantes» y condenados a treinta años de prisión por instigadores. Eso, por supuesto, tampoco se pudo probar.

Geli Raubal: la obsesión sexual de Hitler con su sobrina, que acabó en tragedia

Manuel P. Villatoro

«Es verdad, amo a Geli y quizá podría casarme con ella; pero, como bien sabe usted, estoy dispuesto a permanecer soltero. Por tanto, me reservo el derecho a vigilar sus relaciones masculinas hasta que descubra al hombre que le convenga». Con estas crudas palabras admitió Adolf Hitler a su fotógrafo personal, Heinrich Hoffmann, la obsesión secreta que sentía por su medio sobrina, Angela Maria Geli Raubal, hija de su hermanastra; una joven que las crónicas definen como una belleza de la época y a la que superaba en diecinueve años.

Después, Hitler le dijo al que también era uno de sus mejores amigos por entonces —nunca fue muy proclive a las amistades— que entendía que aquello no le pareciera bien a la chica, pero que no tenía otro remedio. «Lo que ella considera una esclavitud no es sino prudencia. Debo cuidar de ella para que no caiga en poder de cualquier desaprensivo», completaba. La realidad es que, para el resto de los líderes nazis, ambos eran amantes.

Pero, según explican algunos historiadores como Joachim Fest o Robert Payne, lo que empezó como un capricho en apariencia pasajero acabó por destruir a Geli, el nombre por el que la conocían sus más allegados. Tras irse a vivir con su tío a un piso de Múnich allá por 1929, en pleno auge del partido nazi y tan solo tres veranos antes de que la esvástica ascendiera al poder, la relación de Hitler se tornó en una peligrosa obsesión que acabó por llevar a la joven de veintitrés años a dispararse en el corazón con la pistola del futuro Führer.

El misterio sobre esta muerte, sucedida el 18 de septiembre de 1931, aún no se ha desvelado. Es posible que el asfixiante cerco que el líder ejercía sobre su sobrina la llevara a quitarse la vida. Otros autores, sin embargo, señalan una discusión entre ambos como posible causa. Más allá de este enigma histórico, aquellos que han estudiado la figura de Geli coinciden en dos cosas: en que fue el gran amor de Hitler y en que su muerte se silenció para evitar que la carrera política del líder cayese en picado. Así lo confirma el investigador Ron Rosenbaum en *Explaining Hitler. The Search for the Origins of His Evil.*

Amor e interés

El autor Michael Musmanno afirma en *Los últimos testigos de Hitler* que el líder nazi conoció a su medio sobrina en 1925. Para entonces, la joven sumaba diecisiete años y ya «había florecido como una rosa; tenía una figura exuberante, era aficionada a la música y amante de la naturaleza». Lo curioso es que Geli representaba todo lo contrario a la mujer aria por la que el nazi clamaba en sus discursos. Con su pelo negro, su comportamiento heterodoxo, su carácter rebelde y su fuerte acento vienés reflejaba todo aquello que la alemana debía rechazar según la doctrina nacionalsocialista.

Sin embargo, la joven Geli pronto atrajo la atención de su pariente. Atractiva y jovial, parece que Hitler disfrutaba de su compañía y gustaba de exponerla como un trofeo ante sus compañeros de partido. A partir de entonces ambos comenzaron a estar juntos a todas horas. Para los líderes nazis era habitual verlos disfrutando de una buena cena, de una función de teatro o de un espectáculo circense.

Todos los que observaron la relación llegaron a la conclusión de que el tío estaba enamorado de su sobrina. Robert Payne así lo corrobora: «Su sobrina le cautivó. No hizo nada para ocultar al exterior el evidente afecto. Con el tiempo nació una auténtica pasión amorosa, o al menos la sintió Hitler». Y otro tanto hace Fest en *Hitler, una biografía*. Este cree que estaba enamorado de Geli, pero a su modo: «Quería a la vez poseerla y mantenerla a distancia». La califica además como un adorno de su casa y las delicias de sus horas de ocio. Una compañera y una prisionera.

La definición de Geli que hizo tras la guerra Emil Maurice, uno de los muchos novios que tuvo en secreto, pone de manifiesto la razón que llevó a Hitler a interesarse por su propia medio sobrina. Este joven la describió como «una princesa que, cuando pasaba por la calle, atraía las miradas de la gente, aunque en Múnich no es costumbre hacerlo». También explicó que «tenía una hermosa cabellera negra de la que estaba muy orgullosa» y que lucía vestidos que dejaban ver sus piernas a los transeúntes. Aunque la calificó de «una muchacha atolondrada, con la basta lozanía de una sirvienta, sin seso y sin carácter».

Curiosa obsesión

En todo caso, Geli correspondía a su tío. La joven adoraba a aquel hombre al que las masas admiraban cada vez más. Para ella era un personaje inalcanzable que, a pesar de lo que parecía a primera vista, se mostraba encantador y tenía cierto halo de misterio. El ama de llaves del líder nazi no tuvo dudas cuando le preguntaron por la relación entre ambos: «Geli amaba a Hitler. Continuamente iba detrás de él. Quería llegar a ser la señora Hitler. Él era un buen partido». Con todo, también afirmó que la chica «coqueteaba con cualquier otro» y que «no era muy seria» en ese sentido.

La obsesión que Geli tenía en principio por Hitler queda clara en la actualidad gracias a testimonios como una carta que la joven envió a una de sus amigas. En ella mencionaba a que el tío Alf, como se refería a él, tenía una capacidad increíble para convertir cualquier evento en un acontecimiento de carácter wagneriano. También estaba impresionada por la popularidad del jerarca. Un ejemplo es que, cuando iba con él al café Heck, inmediatamente los rodeaban los admiradores, que le felicitaban, y las mujeres, que le besaban la mano.

El instructor de canto de Geli, Albert Vogel, afirmó a su vez que la joven le había insistido varias veces en que estaba enamorada de Hitler y en que deseaba casarse con él. Aunque también es necesario señalar que otras tantas fuentes afirman que se dejó asombrar por un ídolo de masas que ejercía sobre ella una presión enfermiza. Muchos todavía la presentan como una involuntaria prisionera de un pervertido.

Ernst Hanfstaengl, un periodista que tuvo gran influencia en el ascenso de Hitler al poder, recalcó que Geli y su madre dependían por entero del Führer, lo que pudo influir también en que ambos estuviesen siempre juntos. Aunque, en lo que respecta a las relaciones sexuales, fue cauto: «Nunca llegaremos a saber con seguridad si la veía como una joven que podía ser sometida fácilmente a sus peculiares gustos, o si en realidad fue la única mujer en su vida que le curó en parte su impotencia haciendo de él un hombre».

Nace la locura

El paso de los meses enrareció la relación. Hitler acaparó a Geli y se obsesionó con que no viera a ningún hombre más. Se convirtió en la prisionera de su tío soltero, que le permitía todos los caprichos, pero la trataba como un marido celoso. Ejemplo de ello es que, cuando la atrapó manteniendo relaciones con otros chicos, la envió con unos amigos durante un tiempo para «alejarla de las tentaciones». Después todo fue mucho peor. No dejaba que saliera si no era acompañada de su madre; no permitía que asistiera a bailes locales e impedía que se mostrase en traje de baño. Tampoco era raro que la pusiera bajo el cuidado de algún miembro del partido que, además, debía informarle de las cartas que recibía.

Más allá de esta obsesión, los historiadores coinciden en que es difícil demostrar que Hitler mantuviera relaciones sexuales con su medio sobrina. Entre los que apoyan esta teoría se halla el periodista Konrad Heiden, nacido en 1901:

> Un día, la relación familiar de Hitler con su sobrina Geli dejó de ser familiar. Ella esperaba hacer una brillante carrera como cantante y pensaba que el tío Alf le facilitaría las cosas. A comienzos de 1929, Hitler escribió a la joven una carta redactada en los términos más inequívocos. Era una carta en la que el tío y enamorado se mostraba abiertamente; expresaba los sentimientos correspondientes a un hombre con inclinaciones masoquistas coprofílicas lindando con el undinismo (el deseo de que el otro le orine encima para obtener gratificación sexual). Esa carta probablemente habría sido repulsiva para Geli si la hubiera recibido, pero nunca la recibió.

Esta teoría se une a una segunda elaborada por el político del NSDAP Otto Strasser, a quien Geli habría confesado que Hitler la obligaba a hacer contra su voluntad «prácticas sumamente desagradables» y que «aparentemente conducían al undinismo». «Mi tío es un monstruo. Nadie podía imaginar lo que me llega a exigir», habría añadido.

Trágico suicidio

Sean reales o no estas aventuradas afirmaciones, la turbia relación terminó de forma drástica en septiembre de 1931. Por entonces, la pareja vivía desde hacía dos años en un piso de Múnich con cinco sirvientes. Hitler, enfermizo y sobreprotector, mantuvo una discusión con Geli entre el 17 y el 18 de septiembre. Después, se marchó por un viaje político y dejó a la joven sola. Según las investigaciones policiales de la época, apenas quince minutos después de que saliera de la casa, la chica cogió la pistola de su tío, se apuntó al corazón y realizó un disparo fatal. Después de que hasta el mismísimo tío Alf fuese interrogado, se llegó a la conclusión de que había sido un suicidio.

Con todo, tan cierto como esto es que, a día de hoy, se desconocen las causas que llevaron a Geli a matarse. La primera versión afirma que quería viajar a Viena junto con un nuevo novio y que Hitler se lo prohibió. Otros expertos consideran que estaba harta de vivir bajo el yugo físico y emocional del enfermizo tío Alf. En la época, sin embargo, todo se silenció. El periódico *Münchener Post*, contrario al nazismo ya en aquella época, publicó una noticia en la que ponía en tela de juicio las causas de la muerte y en la que daba a entender que la verdadera razón había sido un enfrentamiento entre ambos.

«Con respecto a este misterioso asunto, fuentes informadas nos dicen que el viernes 18 de septiembre herr Hitler y su sobrina tuvieron otra violenta pelea. ¿Cuál fue la causa? Geli, una vivaz estudiante de música de veintitrés años de edad, quería irse a Viena, donde pensaba comprometerse. Hitler estaba resueltamente en contra de eso. Por esa razón tuvieron repetidas disputas. Después de una violenta pelea, Hitler salió de su departamento en Prinzregentenplatz», explicaba el artículo, fechado el 21 de ese mismo mes, bajo el no menos incisivo titular de «Asunto misterioso, la sobrina de Hitler se suicida».

Las espías en el frente: entre el prejuicio de sus superiores y las torturas del enemigo

Israel Viana

Da igual que se mantuvieran fieles a un bando o que renegaran de él, que se jugaran la vida por amor a la patria o que lo hicieran por dinero. Tampoco importaba que fueran las más audaces o las más inseguras, que lucharan por Hitler o por Churchill o que se las olvidara pronto, a pesar de que sus acciones fueran decisivas para el éxito de operaciones tan importantes como el desembarco de Normandía o la invasión de la URSS por parte de los nazis. Todas las mujeres que desempeñaron tareas de espionaje durante la Segunda Guerra Mundial tuvieron en común una de estas dos situaciones: o que sus propios superiores desconfiaron de su capacidad desde el principio o que el enemigo tardó mucho en considerarlas una amenaza real.

Por eso, cuando Nancy Wake adelantó con su bicicleta a aquel grupo de soldados nazis en la Francia ocupada y los saludó tranquilamente con una sonrisa, a ninguno de ellos se le pasó por la cabeza que aquella mujer fuera la agente secreta más buscada por la Gestapo y que se ofrecieran cinco millones de francos por su cabeza. «¿Quiere usted registrarme?», llegó a preguntar inocentemente en un control de carretera, con el corazón temblándole a causa del miedo. «No, mademoiselle, puede usted continuar», fue toda la respuesta que le dio el confiado oficial alemán.

Este es solo un ejemplo de la determinación, coraje y capacidad de sufrimiento que demostraron las espías que participaron en el conflicto más devastador de la historia, en muchos frentes y en ambos bandos. Ese mismo día, de hecho, Wake tuvo que pedalear más de doscientos kilómetros, atravesar unos cuantos controles más y disimular el dolor que le producían las dos heridas que tenía en carne viva, en la parte interior de los muslos, para que no la descubrieran y llegar cuanto antes a su destino. No tenía otra opción. Era de vital importancia que localizara al operador de radio que debía informar a Londres, de inmediato, de que los diez mil maquis franceses a los que ella proporcionaba armamento y seguridad habían quedado incomunicados, sin alimentos y rodeados por los soldados del todopoderoso Tercer Reich.

Llegó justo a tiempo y consiguió que la aviación británica los abasteciera al día siguiente de comida y armas para que no los masacraran y pudieran continuar la lucha. Por aquella travesía, Wake se pasó dos semanas en cama sin poder moverse, recuperándose del esfuerzo y dejando que la piel de las piernas se regenerara, para incorporarse rápidamente al combate con los maquis. Cuentan que fue capaz de matar a un guardia alemán con sus propias manos, antes de que este diera la alarma, durante el asalto a una fábrica de municiones germana. Y, también, que consiguió irrumpir en una reunión con miembros de la Gestapo y lanzar una granada de mano antes de huir. Todas estas acciones la ayudaron a vivir orgullosa hasta su muerte, en 2011, en una residencia de ancianos de Londres. Fue una de las espías más condecoradas de la guerra.

Su caso, sin embargo, fue una excepción, puesto que la mayoría de las heroínas del espionaje durante la guerra no alcanzaron la repercusión mediática de sus homólogos masculinos.

A día de hoy, todavía resulta complicado encontrar estudios serios sobre el papel que ellas desempeñaron entre 1939 y 1945. Tan solo encontramos algunas de las memorias escritas por sus protagonistas, con poca distribución, y los relatos ficcionados en películas de Hollywood y series de Netflix. Esto resulta contradictorio si tenemos en cuenta que hasta el primer ministro británico, Winston Churchill, tuvo que tragarse sus palabras y reconocer que el mejor agente secreto que había tenido jamás era la condesa Krystyna Skarbek, una aristócrata polaca de origen judío, tan valiente, inteligente y eficaz que el enemigo acabó por apodarla la Asesina Silenciosa.

La espía favorita de Hitler

Hitler tuvo también su espía favorita, Marina Lee, una misteriosa bailarina nacida en San Petersburgo de la que no ha quedado ni un solo registro fotográfico. En su expediente se la describía como una rubia hermosa y delgada que dominaba varios idiomas y que era capaz de infiltrarse en un campamento aliado para robar los planos secretos de una operación importante. No obstante, lo que llama la atención de ella es cómo acabó una rusa al servicio del mayor enemigo de su país. La respuesta es fácil: en la revolución de 1917 los bolcheviques ejecutaron a sus padres y ella juró venganza.

Huyó a Noruega para no sufrir el mismo destino, donde se casó y llevó una vida estable hasta que, en 1937, los alemanes le ofrecieron trabajar para el Reich aprovechando sus contactos en las altas esferas. Ella no dudó, porque no había nada que deseara más que eliminar al régimen que había asesinado a su familia, y trabajó con tanta destreza que consiguió infiltrarse en los cuarteles noruegos de las Fuerzas Expedicionarias Británicas y obtener la información sobre el plan de ataque que iban a perpetrar contra los alemanes, que habían invadido el país en 1940. Gracias a ella, Hitler consiguió responder al golpe y ganar la batalla justo cuando parecía que iba a perderla. Eso le permitió estar allí cinco años más y establecer una administración militar con un Gobierno autóctono afín.

Un caso parecido es el de Larissa Swirski, el ejemplo más claro que tenemos de agente doble. Era una espía rusa que comenzó trabajando para Alemania como consecuencia del trauma que le había generado asimismo el haber sido testigo del asesinato de su familia en la revolución de 1917. El delito de sus padres y hermanos fue estar emparentados con el zar Nicolás II. Sin embargo, en medio de la guerra acabó renegando de los nazis cuando se enteró, por su hermana, del genocidio judío que el Führer estaba llevando a cabo en los campos de concentración. Todo lo que hizo fue tan sorprendente que Ian Fleming, el famoso creador de la saga del Agente 007, se inspiró en ella para crear a las primeras chicas Bond.

Su periplo comenzó al huir de su país antes de que la capturaran los comunistas y emprendió un largo periplo por Europa hasta establecerse en Andalucía. Allí se casó con un militar sevillano íntimo amigo de Franco, a través del cual los nazis le propusieron trabajar para ellos como agente. Vivía entonces en Ceuta y recibió su entrenamiento en Tánger para instalarse después con su familia en el Campo de Gibraltar, muy cerca de donde la armada británica mantenía una base crucial para el control del Estrecho.

Su primera misión fue informar de la ubicación de los barcos aliados atracados en el puerto del Peñón, para que los hombres rana italianos y alemanes pudieran colocar bombas lapa en sus quillas. Larissa caminaba tranquilamente con su hija para que pareciera que estaba solo de paseo y no dudaba en llevársela con la lancha para dibujar detalles de los portaaviones enemigos atracados en el muelle, aunque sabía perfectamente que se jugaba la vida. Ya tenía conocimiento de que los británicos estaban ahorcando a los espías que descubrían en Gibraltar y hasta había oído hablar del verdugo que se desplazaba desde Londres solo para ejecutarlos. Aun así, no se detuvo.

Tras la revelación de su hermana no le resultó difícil cambiar de bando, porque Gibraltar estaba lleno de espías de una y otra facción, ya que se hallaba en juego la Operación Félix que el Führer había estudiado con el Caudillo para apoderarse del Peñón (y que contamos en otro capítulo). Larissa se convirtió entonces en una de las agentes dobles más destacadas de la zona, pero los alemanes pronto sospecharon de ella e intentaron tenderle una trampa.

Los mandos nazis le encomendaron una misión en Argentina con la idea de que cogiera un barco y que otro agente la arrojara al fondo del mar en mitad de la travesía. Por fortuna, los aliados la previnieron antes y ella se excusó ante los nazis diciendo que tenía que ir a Sevilla con su marido. Ellos la creyeron y no tuvo que hacer el viaje; pensaron que ya tendrían tiempo de cazarla más adelante, pero en la capital andaluza abandonó de forma definitiva sus labores de espionaje y vivió en paz hasta su muerte, en 1977.

Preparadas desde la Primera Guerra Mundial

Los dos servicios de espionaje que hemos mencionado hasta ahora, el británico y el germano, fueron los más importantes de la época. Es cierto que ningún país los había desmantelado por completo tras la Primera Guerra Mundial, pero fueron ellos los que más habían invertido en su mantenimiento y desarrollo, por lo que estaban mucho mejor preparados, antes, incluso, de que Hitler ordenara la invasión de Polonia en septiembre de 1939. Esto se debe, sobre todo, a que a muchas de las agentes secretas que habían entrado en acción entre 1914 y 1918 se las volvió a reclutar en la Segunda Guerra Mundial, a pesar de no haber trabajado en la clandestinidad al finalizar aquella primera contienda.

Es cierto que en la Gran Guerra se había experimentado una gran generalización del empleo femenino en la inteligencia profesional, pero fue en 1939 cuando los diferentes gobiernos no tuvieron más remedio que hacer pública la necesidad de contratar a más mujeres para proveer de personal sus oficinas secretas. Las féminas acudieron en masa, pero no para trabajar de secretarias en un segundo plano, sino en el contraespionaje, la criptografía, las estaciones de ultramar, las redes secretas, los servicios de mensajería y las oficinas de censura. Especialmente importantes resultaron las criptógrafas y las radiotelegrafistas, como Aileen Monis Clayton, asignada a la detección de mensajes enemigos, y Joan Clarke Murray, que trabajó en la máquina de codificación alemana Enigma.

Los progresos de esta última fueron impresionantes y su aportación a la derrota final de las potencias del eje, decisiva. Se convirtió en una de las pocas mujeres que formó parte del equipo de Alan Turing para descifrar el código usado por el ejército nazi en sus comunicaciones. La fichó el Hut 8, una sección de la Escuela de Código y Cifrado del Gobierno del Reino Unido, nada más graduarse en la carrera de Matemáticas en Cambridge, en junio de 1940. Al año ya había localizado las embarcaciones alemanas que tenían equipos de cifrado y códigos. Aquel descubrimiento fue crucial. Para que se hagan una idea, antes de contar con esa información, entre marzo y junio de 1941 los germanos lograron hundir más de doscientas ochenta y dos mil toneladas de barcos británicos al mes mediante ataques masivos con sus submarinos. Después, se redujeron a sesenta y dos mil toneladas. Su jefe, el célebre Hugh Alexander, la describió como «la mejor del equipo».

Ravensbrück, el infierno de las mujeres

No hay que olvidar tampoco que la mayoría de las mujeres que habían formado parte de La Dame Blanche, la principal organización de la Resistencia belga de la Primera Guerra Mundial, volvieron a reunirse en los años cuarenta en una nueva red llamada Clarence. Especial notoriedad adquirieron también las componentes de la Dirección de Operaciones Especiales (SOE, por sus siglas en inglés), a la que pertenecía la mencionada Nancy Wake y que estaba destinada a organizar la lucha en los territorios ocupados por Hitler. Por otro lado, el Gobierno estadounidense también contó con mujeres en tareas de inteligencia, en especial a través de la Oficina de Servicios Estratégicos (OSS, por sus siglas en inglés).

El espionaje había cambiado mucho desde la Primera Guerra Mundial. En la década de 1920 se habían centrado en la política, la ideología y la economía, pero a partir del acceso de Hitler al poder en 1933 empezaron a potenciarse los servicios de inteligencia militares. Nadie parecía sentirse seguro cuando se filtraron las atrocidades que estaba cometiendo el nacionalsocialismo. En ese momento, la intervención femenina en la guerra aumentó de forma considerable; tanto que los nazis se vieron obligados a establecer un campo de concentración solo para mujeres, el de Ravensbrück, a noventa kilómetros al norte de Berlín. De las ciento treinta mil presas que pasaron por él entre 1939 y 1945, solo sobrevivieron cuarenta mil. Allí encontraron la muerte espías tan valiosas como Violette Szabo, que dio una excelente muestra de su coraje al enfrentarse a las SS antes de que la detuvieran.

Andrée Virot estuvo a punto de ser asesinada allí cuando la arrestaron el 10 de mayo de 1944. Llevaba cuatro años trabajando como espía de la Resistencia francesa, en los que consiguió salvar la vida a centenares de prisioneros y recabar todo tipo de información relevante acerca de las actividades de los alemanes en la costa de Brest, su pueblo natal. Al final la pusieron al frente de una sección de la Oficina de Información de Bretaña y averiguó los movimientos de las tropas y los barcos nazis, la cantidad de equipamiento militar que transportaban y la localización exacta de las fortificaciones que estaban construyendo para defenderse del inminente desembarco aliado.

En uno de los intercambios de información con las oficinas

de Londres, Virot recibió una carta personal de agradecimiento escrita de su puño y letra por Churchill: «¡Su última misión equivale a una victoria en el campo de batalla!», aseguró el primer ministro en un gesto que la dejó profundamente conmovida. Gracias a él supo que el Día D tendría lugar pronto y respiró aliviada, aunque tuviera que destruir la nota para no dejar pruebas. Aquello no le sirvió de nada, porque un compañero capturado por la Gestapo reveló sus datos después de que le obligaran a ver cómo torturaban a varios miembros de su familia. Andrée, por su parte, logró llegar a París, pero allí la detuvieron, la golpearon brutalmente y la trasladaron a Ravensbrück.

Unos meses después, un oficial nazi se detuvo frente a ella en uno de los múltiples recuentos que se producían en el campo de concentración y gritó: «¡Anotad el nombre de esta mujer! ¡A la cámara de gas!». Un guardia la golpeó con un látigo y, tras retorcerle el brazo violentamente, anotó en un papel el número que llevaba tatuado. «No volveré a ver a mi familia ni viviré lo suficiente como para ver a Francia liberada de esta tiranía», pensó, hundida en la tristeza. De repente, una de las amigas polacas que había hecho en aquel infierno comenzó a arrastrarse por el suelo entre las filas de las prisioneras hasta llegar a la mesa donde estaban depositados los nombres. Localizó el suyo y se lo comió antes de regresar a su fila sin que nadie la viera. Pocos días después, los aliados liberaron el campo y ella pudo regresar a casa, donde murió a los ciento cuatro años con numerosas condecoraciones de los gobiernos de Francia, Reino Unido y Estados Unidos.

Los tres mil espías de la Alianza

Son muchos los ejemplos de espías que lucharon contra los nazis, aunque sus nombres hayan caído en el olvido. Andrée de Jongh tenía solo veinticuatro años cuando puso en marcha la red Comète, que se encargó de evacuar a los pilotos aliados derribados en Países Bajos, Bélgica y Francia. Elizabeth Pack consiguió los códigos navales alemanes que permitirían coger por sorpresa a los nazis en el norte de África. La Gestapo llegó a distribuir carteles con la foto de Virginia Hall por toda Francia, en los que advertía: «Esta mujer que cojea es una de las agentes aliadas más peligrosas. Debemos localizarla y eliminarla». Y eso que había perdido la pierna en un accidente fortuito con su arma en una cacería en Turquía, lo que no fue impedimento para que la Dirección de Operaciones Especiales británica la reclutara y la entrenara para llevar a cabo misiones con una identidad falsa. Salvó también incontables vidas y ayudó a debilitar a las fuerzas nazis, pero se la recuerda por desempeñar un papel fundamental en el desembarco de Normandía, ya que organizó los saltos en paracaídas que sorprendieron al mismísimo Hitler.

No debemos olvidarnos tampoco de la agente parisina Marie-Madeleine Fourcade, a quien cogió por sorpresa la orden del comandante Georges Loustaunau-Lacau: «Tú vas a organizar la clandestinidad». Navarre, como le conocían sus colaboradores más cercanos, estaba convencido de que ella podía hacerlo, aunque solo hubiera ejercido hasta ese momento como su asistente en una revista sobre espionaje. «Solo soy una mujer», protestó ella. «Esa es otra buena razón. ¿Quién sospecharía jamás de una mujer?», contestó, antes de que Fourcade insistiera: «Tengo mucho miedo de no estar a la altura de lo que espera de mí. Es un asunto aterrador. Apenas tengo treinta años y me está pidiendo que dirija a combatientes curtidos como usted. Preferiría servir en el frente». Sin decir nada, Navarre comenzó a andar por la habitación, se sentó en su escritorio y escribió: «No confío en nadie salvo en ti». A continuación le entregó una nota con su primera misión. Tras un largo silencio, aceptó.

Tenía que dividir en secciones la Francia de Vichy y enviar a cada una varios agentes reclutados por ella, con el objetivo de que vigilaran los movimientos de las tropas alemanas en la zona. El general Charles de Gaulle estaba convencido de que el mariscal Philippe Pétain acabaría convirtiendo aquella vasta región en un Estado títere de Hitler, como así fue, y quería estar preparado. Lo que no se esperaba Fourcade era que Navarre acabaría siendo arrestado y que ella tendría que ponerse al frente de aquella gigantesca red de tres mil espías bautizada como la Alianza. Eso no impidió que consiguiera mantenerla en funcionamiento hasta el final de la guerra, burlando a la Gestapo cada vez que intentaba capturarla. La apresaron una vez, pero fue capaz de escapar de su celda escurriéndose entre los barrotes, desnuda, con el vestido sujeto entre los dientes, y avisar a uno de sus confidentes de que planeaban detenerlo.

Era tan rápida, inteligente e intuitiva que, gracias a su trabajo, consiguió informar a sus superiores sobre los movimientos de las tropas alemanas en Francia, la localización de sus arsenales y la naturaleza de las nuevas «armas de la venganza» de Hitler, en referencia a las bombas V-1 y los cohetes V-2. De todos estos importantes logros, el más relevante fue sin duda que facilitó un mapa detallado con la localización de las defensas nazis en la costa de Normandía donde los aliados pensaban desembarcar el Día D.

La artista y la espía

La espía francesa más famosa fue, sin embargo, Josephine Baker. Nadie que hubiera observado a esta elegante y glamurosa cantante en aquella fiesta de la embajada italiana en París, en la primavera de 1940, habría sospechado jamás que estaba allí en una importante misión aliada. Sonreía, hablaba y coqueteaba con los invitados como si no hubiera una guerra o esta no fuera con ella. Y eso que debía obtener toda la información que pudiera de los jerarcas fascistas que allí se encontraban sobre si Mussolini iba o no a entrar por fin en el conflicto en apoyo de Hitler. Cuando obtuvo lo que quería, entró en el baño como si tal cosa y escribió lo que había oído en una nota que se guardó bajo la ropa interior. ¿Quién se atrevería a buscar ahí cuando volviera a la fiesta para seguir interpretando su papel de artista vivaracha? Nadie.

Hablamos de una de las cantantes más famosas de Estados Unidos en los años veinte, la primera actriz negra que protagonizó una película de Hollywood y la musa de escritores como Ernest Hemingway y pintores como Pablo Picasso. Una celebridad... y, además, rica. ¿Por qué iba a arriesgar su vida como espía? Por una razón: en su juventud había sido testigo de los ataques racistas en su San Luis natal, la ciudad en la que había crecido también el trompetista Miles Davis y en la que los afroamericanos sufrieron el mismo desprecio y violencia que Hitler estaba perpetrando contra los judíos.

Por eso, cuando se produjo la famosa Noche de los Cristales Rotos, Baker decidió unirse a una organización llamada Liga Internacional contra el Racismo y el Antisemitismo. Su trabajo en París fue tan bueno que llamó la atención del Deuxième Bureau, una organización de la inteligencia militar francesa que formaba parte de las Fuerzas Libres del general De Gaulle. Buscaba agentes que pudieran permitirse viajar y trabajar sin cobrar, por lo que ella era perfecta. Sin embargo, se encontró con la objeción del jefe, Jacques Abtey, que pensó que era una estupidez confiarle a ella algo tan serio como el espionaje no solo por ser mujer, sino porque también parecía cambiar de hombre como de vestuario, y pensaba que podría traicionarlos.

«Francia me ha hecho lo que soy. Me ha dado su corazón y ahora yo le daré el mío. Capitán, estoy preparada para dar mi vida por Francia. Puede usted hacer uso de mí como quiera», le propuso. Tras varias semanas de entrenamiento en el uso de las armas, los idiomas, la autodefensa y las pruebas de memoria, la enviaron a su primera misión en la mencionada embajada. Aquello no fue más que el principio de una exitosa carrera como espía en la que salvó la vida a numerosos miembros de la Resistencia, convirtió sus mansiones en almacenes de armas y estableció contacto con diferentes grupos afines de España, Portugal y el norte de África, todo ello mientras iba de gira en compañía de Abtey como falso manager.

Por sus esfuerzos durante el conflicto, Josephine se convirtió en la primera estadounidense en recibir la Cruz de Guerra, la Orden Nacional de la Legión de Honor y la Medalla de la Resistencia. Además, tuvo el honor de dar un discurso justo antes de que Martin Luther King pronunciara el suyo en la histórica Marcha sobre Washington de 1963.

Las traidoras

Hubo también espías que, por voluntad propia o viéndose obligadas por el enemigo, acabaron cambiando de bando. Mathilde Carré, una de las principales figuras de la Resistencia francesa, terminó delatando a todos sus camaradas supuestamente presionada por los alemanes, mientras que Ruth Fischer, cofundadora del Partido Comunista de Austria, hizo lo mismo en 1918 y acabó protagonizando una campaña furibunda contra la URSS. Muy mal vistas por sus conciudadanos fueron también la estadounidense Velvalee Dickinson, que traicionó a su país por dinero, y la belga Sybille Delcourte, que se puso del lado de quienes habían invadido su país.

Mucho más impactantes para la opinión pública fueron los casos de Claire Phillips, que tras la caída de Manila en manos de Japón adoptó la identidad de una mujer muerta y abrió un club nocturno para conseguir informaciones valiosas de los soldados nipones; de Olga Chéjova, la actriz preferida de los alemanes, quienes nunca sospecharon que, en realidad, era agente de Stalin; de la princesa Stephanie von Hohenlohe, una espía que se mantuvo fiel a Hitler a pesar de su origen judío, y de Wallis Simpson, la duquesa de Windsor, esposa del rey Eduardo VIII y amante del líder nazi Joachim von Ribbentrop. Una combinación explosiva que ayudó a esta última a facilitar información valiosa al Tercer Reich, obtenida de la familia real, durante la invasión de Francia por parte de Alemania. «No siento lástima por los franceses, la verdad», declaró.

¿Por qué Alemania votó nazi? Las dolorosas mentiras del ascenso de Hitler

Manuel P. Villatoro

Hacer referencia al ascenso del NSDAP supone abrir la caja de los tópicos. La creencia de que Hitler obtuvo el poder gracias al apoyo de una abrumadora mayoría de ciudadanos germanos en las urnas es ya general. Pero, como siempre, la realidad histórica es mucho más compleja. Sí, es cierto que el Führer subió a la poltrona como canciller de la mano del presidente de Alemania Paul von Hindenburg el 30 de enero de 1933. Y sí, también lo es que lo hizo tras haber obtenido la victoria en las elecciones de noviembre de 1932, en las que su grupo sumó casi doce millones de votos. Eso no se puede negar.

Lo que se suele obviar es que, en aquellos comicios, el porcentaje de votos que obtuvo el partido nazi apenas superó el 33 por ciento; una cifra insuficiente para llegar a la Cancillería en solitario y que obligó al artífice del Holocausto a aceptar el poder al frente de una coalición de grupos políticos. También se pasa por alto que las elecciones que se organizaron a partir de entonces, en las que Hitler obtuvo casi siempre una mayoría abrumadora —con la salvedad de las celebradas en marzo de 1933—, se llevaron a cabo bajo el paraguas de la represión del NSDAP y después de la eliminación virtual de sus adversarios.

La conclusión es que hay más grises que blancos y negros en el asalto del nazismo a la República de Weimar. No ya porque Hitler llegara a la Cancillería a base de triquiñuelas políticas, que también, sino porque los mismos encargados de la propaganda del NSDAP durante los años veinte y treinta —entre ellos el futuro ministro Joseph Goebbels— confirmaron en sus biografías y diarios personales que habían mentido a la sociedad para ganarse los votos de todas las clases sociales, desde los trabajadores de las fábricas hasta los empresarios acaudalados, todo ello sazonado con técnicas de marketing político que habrían hecho estremecerse a los partidos de hoy en día. Esas fueron las patas sobre las que se asentó una llegada al poder que, a pesar de lo que se ha divulgado no contó con la aprobación en las urnas de la mayor parte de los germanos.

Argumentario de mentiras

La carrera de Hitler hacia el poder fue de fondo y a largo plazo. Sus armas, después de que le arrestaran en 1923 al intentar hacerse con el poder por la fuerza en el fallido Putsch de Múnich, fueron la paciencia y la perseverancia. «Si ganarles a votos requiere más tiempo que ganarlos a tiros, al menos el resultado estará garantizado por su propia Constitución», sentenció tras salir de prisión. En estos primeros años el principal argumento que esgrimió para sumar seguidores fue la famosa «puñalada por la espalda» avalada por militares como Erich Ludendorff. La teoría, nacida del dolor de haber perdido la Gran Guerra, afirmaba que la Alemania de bien había capitulado por culpa de los traidores judíos que, desde la retaguardia, habían conspirado contra el ejército.

A pesar de que el antisemitismo le permitió asentarse en la cabeza del NSDAP —que pasó a sumar unos cincuenta y cinco mil afiliados en 1922— y forjó un núcleo duro de votos entre el 3 y el 6 por ciento cuando ascendió hasta la Cancillería, la realidad es que fue un discurso impopular. Hasta tal punto que Hitler redujo de forma severa las alusiones que hizo a la llamada «cuestión judía» en las campañas electorales de 1932; aquellas en las que el partido se jugaba, de verdad, posicionarse como primera fuerza política en el Reichstag. Eso no significa que abandonase sus creencias, pero sí que supo dejarlas a un lado fuera de los núcleos internos del grupo para ganarse la confianza de la mayor parte de la sociedad.

El segundo estandarte fueron las reparaciones de guerra que Alemania se veía obligada a pagar a los aliados después de la firma del Tratado de Versalles; el mismo pacto que Hitler había tildado de «instrumento de opresión sin límites» en el *Mein Kampf* y que la sociedad germana había recibido como una humillación. «Todos estos estados sacaron provecho del desastre alemán. El temor a nuestro poder relegó a segundo plano la ambición y la envidia de las grandes potencias entre sí», escribió el futuro Führer mientras estaba en la cárcel.

Fue su argumento más efectivo, pero no el único. El NSDAP supo, de la mano del ya mencionado Goebbels y de otros personajes más desconocidos, como Otto Dietrich —alto cargo del Cuerpo de Prensa nazi durante aquellos años—, convencer a la sociedad de que el resto de los partidos habían colaborado de una u otra forma en la debacle de Alemania y de que el socialismo y el comunismo eran unos acólitos del bolchevismo ruso que había entrado en sus fronteras a partir de 1917. «Debe quedar claro para las masas que el movimiento nacionalsocialista está decidido a usar las elecciones presidenciales para poner fin a todo el sistema de 1918», rezaba un memorando que el grupo envió a sus seguidores en 1932.

Las teorías del *völkisch*, el «supremacismo germano», y del *Lebensraum*, el «espacio vital» alemán, o la convicción de que el sistema tradicional había traicionado al pueblo llano le hicieron subir en el escalafón. La guinda de este enfermizo pastel consistió en mostrar su total apoyo al mismo estamento militar que había sido despreciado tras la derrota en la Gran Guerra. Muchos de ellos eran oficiales a los que Hitler desdeñó como Führer durante la Segunda Guerra Mundial por considerarlos la cabeza visible de una casta de aristócratas que odiaban al pueblo llano. No obstante, en campaña todo valía para hacerse con una papeleta más.

La estafa del marketing

La segunda pata en la que se basó Hitler para impulsarse hasta el poder fueron unas revolucionarias técnicas de marketing que rompían con las que utilizaban los grupos tradicionales. Los artífices de estas fueron el propio Goebbels y los trabajadores de la Reichspropagandaleitung o RPL, la oficina central de propaganda del NSDAP, cuya base eran chicos jóvenes de entre veinte y treinta y pocos años, que, además de aportar una imagen de frescura de cara al exterior, huían de la visión más clásica de la política. Algo que confirma el historiador Thomas Childers en *El Tercer Reich. Una historia de la Alemania nazi*.

La RPL vivió su época de mayor auge a partir de la campaña electoral de enero de 1932 a la presidencia de Alemania. Una prueba dura, pues el adversario era el reverenciado Von Hindenburg. Mientras que el anciano militar y líder político solo hizo dos apariciones públicas, el NSDAP organizó más de treinta mil eventos, distribuyó ocho millones de folletos y llenó las paredes de los pueblos de cientos y cientos de carteles. Y no solo eso, sino que pagó unos cincuenta mil discos de fonógrafo lo bastante pequeños como para poder introducirlos en los buzones. Todos ellos incluían discursos de sus grandes estrellas.

Durante esta campaña, las filiales locales de la RPL estudiaron a los votantes potenciales mediante las *Adressbücher* («guías telefónicas») y diseñaron panfletos y folletos específicos para cada grupo. El resultado fue que, desde el campesino más pobre hasta el funcionario mejor posicionado, recibieron en su hogar un discurso diseñado de forma específica para ellos. La mayoría, eso sí, llenos de promesas vacías y que, en no pocos casos, resultaban imposibles. Un ejemplo es que se aseguró a los agricultores que ganarían más por sus verduras y hortalizas, y, por otro lado, se certificó a la población que podrían adquirirlas a un precio menor. Esta técnica se replicó en las posteriores elecciones federales a la Cancillería.

El estudio local se complementó con una escalofriante maquinaria propagandística. Según Childers, la lista incluía no solo películas y discos fonográficos, sino también altavoces, motocicletas, camiones y, para las regiones más ricas e importantes, incluso aviones. Además, Hitler visitó doce ciudades en once jornadas y se convirtió en el primer político germano que hizo campaña en avión. Aunque el NSDAP no obtuvo la victoria, lo que sí consiguió fue posicionarse como uno de los rivales a batir tras ubicarse como segunda fuerza en la primera vuelta y obtener un 36,6 por ciento en la segunda. Nada que ver con el 2,6 por ciento de los votos que había logrado en los comicios de 1928.

Mentiras locales

A partir de entonces el despegue fue vertiginoso. La RPL hizo bien su trabajo y quiso atraer a los votantes de las clases más bajas de la sociedad mostrando a Hitler como un hombre del pueblo. La falacia no podía ser mayor, ya que, aunque durante una época de su vida había vivido en la pequeña habitación de un piso mugriento, por entonces uno de los benefactores del NSDAP le había cedido un inmenso apartamento de nueve habitaciones en la Prinzregentenplatz.

El séquito que tenía a su disposición, su gigantesco Mercedes y la infinidad de trabajadores que le seguían tampoco denotaban su pobreza. Sin embargo, la oficina de propaganda se centró en su estilo de vida espartano —comía poco y no solía presumir de lujos— para acercarlo a todo el mundo.

Otro de los grandes logros de Goebbels consistió en arrogar al NSDAP el papel de víctima. En los folletos de las elecciones a la Cancillería que se sucedieron entre 1932 y 1933 cargó contra decretos impulsados desde el Gobierno que buscaban reducir el impacto del partido en las calles, algunos tan curiosos como la prohibición de llevar uniformes a las SS y a las SA. La estrategia los ayudó a justificar aberraciones como la violencia a la que, de forma sistemática, recurrían estos grupos para atemorizar a sus contrincantes.

La RPL llevó el marketing hasta unos máximos escandalosos. Los mismos actos en los que Hitler pronunciaba un discurso estaban pensados al milímetro. «La propaganda, entendían los nazis, no consistía en transmitir información, sino emociones; era un espectáculo», añade Childers. Un ejemplo es que siempre alquilaban una sala pequeña para que, al día siguiente, los medios de comunicación se hicieran eco de que el aforo había estado completo y de que el público se había visto obligado a quedarse fuera por la escasez de asientos. A su vez, la estrella de la función siempre llegaba tras varios líderes menores y se hacía esperar para generar una expectación mayor. Hasta informaban a los grupos extremistas enemigos del lugar para que atacaran a sus seguidores y poder así tildarlos de violentos.

Con todo, la técnica que más desesperó a sus adversarios políticos fue la de regalar los oídos a las diferentes clases sociales con mentiras que podían ser contrastadas tan solo con una ojeada rápida al programa político del NSDAP. «Las promesas nazis no cuadran», se quejaban con frustración unos exasperados oponentes. Los nazis se lo prometían todo a todos. La máxima de la RPL, sin embargo, era que nadie se percataría de las falacias: «Estas cosas no necesitan discutirse en la propaganda».

Pero, sin duda, la mayor victoria de la propaganda nazi fue convertir al NSDAP en un partido trasversal que atraía a izquierdas y derechas. Los acólitos de Hitler siempre rechazaron las caracterizaciones en este sentido y afirmaban que el nacionalsocialismo representaba «una nueva síntesis política de corrientes en apariencia antagónicas y contradictorias». Para ellos, decían, no había clases, sino una gran *Volksbewegung*, un «movimiento popular» que aunaba a todos los alemanes. Un ejemplo es que, dentro de sus filas, muchos de sus líderes regionales se preguntaban si representaban a la clase media o a los obreros.

A pesar de ello, en las elecciones al Reichstag de noviembre de 1932, las últimas que se celebraron en Alemania antes de que Hindenburg entregase el poder a Hitler para evitar el caos social, el NSDAP obtuvo solo 11.700.000 votos, un 33 por ciento del total. Poco después, en marzo de 1933, este porcentaje subió hasta el 43 por ciento. Hasta los comicios celebrados en noviembre Hitler no consiguió el 92 por ciento del apoyo, aunque, para entonces, los partidos de la oposición ya se habían prohibido. Todo acabó con la muerte de Hindenburg y con la llegada del llamado «Cabo Bohemio» a la presidencia de Alemania en 1934.

El misterio del Yamato: así consiguió Japón ocultar al mundo el mayor acorazado de la historia

Israel Viana

Cinco años antes del comienzo de la guerra, Japón tenía ya terminado el diseño del que iba a ser el acorazado más grande y pesado de la historia, el Yamato. Estaba pensado para ser el orgullo de los mares de los nipones y el terror de las principales armadas del mundo. La idea había surgido más de una década antes, tras firmarse el Tratado Naval de Washington, en 1922, con el que las potencias vencedoras de la Primera Guerra Mundial intentaron limitar la cantidad de «fortalezas flotantes» que cada nación pudiera construir.

El objetivo era frenar su carrera armamentística, pero, como el planeta comenzó a atisbar pronto un nuevo conflicto global, Japón y Alemania no tardaron en retirarse del acuerdo. Ambos pensaron que debían preparar sus flotas para un más que probable enfrentamiento. Sobre todo, los nipones, que enseguida reconocieron a Estados Unidos como su principal rival en una presumible lucha por el dominio del Pacífico, pues estaban convencidos de que aquel océano sería el principal escenario de la contienda. Optaron entonces por la calidad y el tamaño, conscientes de que ya no podrían superar en número a la flota norteamericana.

Lo más curioso de la construcción del Yamato —y de su hermano gemelo, el acorazado Musashi, pensado como su acompañante en tamaño— es que se llevó a cabo en el más absoluto secreto. Nadie supo jamás, ni tan siquiera los servicios secretos de las potencias más poderosas, que los trabajos se estuvieron realizando durante años en unas instalaciones ubicadas en el mar interior de Seto. Y eso que estos continuaron cuando ya había comenzado la guerra. ¿Cómo consiguieron ocultarlo? ¿Es posible esconder algo así rodeados de espías?

Abordemos primero los antecedentes. La Armada Imperial japonesa estaba convencida de que Washington se acabaría entrometiendo en su guerra contra China y de que la consecuencia inevitable sería un conflicto naval a gran escala. En un primer momento, Japón pensó en utilizar sus aviones y submarinos para debilitar a la flota norteamericana antes del enfrentamiento definitivo en el Pacífico occidental, pero decidieron comenzar a construir esta nueva arma secreta en 1937.

En esa época, todavía se albergaba la idea de que el poderío naval de los países se medía por el número y el tamaño de sus acorazados; por eso pensaron que solo con el Yamato podrían asegurarse la victoria final. Obviamente, se equivocaron, aunque estuvieron convencidos de ello hasta los últimos compases del conflicto en abril de 1945.

El lugar escogido para los trabajos fue el mencionado mar interior de Seto, la gran masa de agua navegable que separa tres de las cuatro principales islas de Japón, Honshu, Shikoku y Kyushu. Se trata de un gigantesco fondeadero de cuatrocientos cincuenta kilómetros de largo y cincuenta de ancho que se encuentra protegido y es accesible únicamente a través de unos pocos corredores bien defendidos. Además, está salpicado por otras tres mil pequeñas islas cubiertas de bosques, en una de las cuales —la isla de Nomi— se encuentra Etajima, la Academia Naval japonesa.

A lo largo de las orillas de este mar hay una docena de importantes puertos, entre ellos Kure, que curiosamente se encuentra a solo diez kilómetros de Hiroshima. Fue este —cuya denominación oficial era Arsenal Naval de Kure— el elegido para la construcción del Yamato. La razón es que albergaba en su interior grandes instalaciones para la reparación de buques, sus propios altos hornos, una fábrica de armas y un astillero con el mayor dique seco de Japón. Aun así, cientos de obreros tuvieron que trabajar antes, durante varios meses, en la ampliación de este dique para hacerlo más ancho y profundo.

Juramento de secreto

El 4 de noviembre, los trabajadores empezaron a colocar la quilla del nuevo acorazado. «Habitualmente, un acontecimiento así hubiera sido motivo de celebración y de ceremonia en una cultura donde los rituales formales cumplían la función de hitos del progreso nacional. Por el contrario, se levantó una gigantesca cortina de sisal alrededor del lado del astillero que daba al mar, con el fin de ocultar los trabajos en curso. Se utilizó tanto sisal para erigir aquella barrera que los pescadores japoneses no podían confeccionar ni reparar sus redes de pesca. Durante un tiempo, el marisco local escaseó y aumentó de precio», cuenta Craig L. Symonds en *La Segunda Guerra Mundial en el mar* (La Esfera de los Libros, 2019).

A los obreros seleccionados para construir el buque se les exigió prestar juramento de secreto y se les entregó un brazalete numerado. Los guardias armados de todos los accesos al astillero comprobaban que toda persona que entraba en la zona debía estar debidamente autorizada, a pesar de que no se les había informado detalladamente sobre el tipo de barco en el que estaban trabajando ni del tamaño que tendría.

Muy pronto saltaron a la vista las dimensiones del nuevo buque, que originalmente se designó simplemente como «Acorazado número uno». Los obreros empezaron a comprender los motivos de semejantes precauciones. Era gigantesco, como una ciudad flotante. Tenía 263 metros de eslora —256 en la línea de flotación— y más de 38 metros de manga. Era mucho más pesado que el temido Bismarck, que se estaba construyendo al mismo tiempo en Hamburgo, al otro lado del mundo.

«El buque acabaría desplazando más de setenta mil toneladas, lo que suponía prácticamente duplicar el tamaño de los acorazados británicos o estadounidenses. Sin embargo, su aspecto más llamativo era su armamento», subraya Symonds. En vez de los cañones de 380 mm del Bismarck o los de 406 del Rodney, el Yamato iba a contar con nueve cañones de 460 mm dispuestos en tres torretas triples. Cada uno de ellos podía disparar un proyectil de 1.450 kilogramos a una distancia de más de cuarenta kilómetros. Su alcance era superior al de cualquier buque y, gracias a ello, se suponía que podía tocar o hundir a cualquier enemigo antes de que este se encontrara a la distancia mínima para realizar su primer disparo.

Menos de seis meses más tarde, el 29 de marzo de 1938, se colocó la quilla del segundo buque, el Musashi, llamado a su vez «Acorazado número dos» para que tampoco trascendiera ninguna información. Resulta irónico que estos dos superacorazados de Japón se construyeran en Hiroshima, el primero, y en los astilleros de Nagasaki, el segundo, los dos puntos elegidos por Estados Unidos para lanzar sus bombas atómicas al final de la guerra. Los trabajos del último también se mantuvieron en secreto, hasta el extremo de que los excursionistas que paseaban por las colinas circundantes eran detenidos e interrogados.

Tanto el Yamato como el Musashi representaban el esfuerzo de Japón por neutralizar a base de tamaño y calidad la superioridad numérica de la armada estadounidense. El emperador confiaba en que su enemigo no construyera buques tan grandes, por la sencilla razón de que ningún barco de dimensiones semejantes podría pasar por el canal de Panamá. Ambos podrían imponerse así a cualquier buque que Estados Unidos pudiera construir, lo que garantizaba —o eso pensaban al menos— una victoria decisiva en la guerra.

La cruda realidad

Por desgracia para los japoneses, que llevaban años enfrascados en el Yamato, cuando entró en servicio en 1941, con la Segunda Guerra Mundial ya en marcha, los acorazados ya no definían el nivel del poderío naval. «Como reconocimiento de ese hecho, el tercer buque de dicha clase, que empezó a construirse en mayo de 1940, se transformó en un portaaviones a mitad de su construcción», asegura el mismo historiador estadounidense. En 1937, sin embargo, los expertos de todo el mundo todavía pensaban que este tipo de embarcación era el rey de la guerra en el mar. De ahí que los nipones siguieran convencidos de que con el Yamato y el Musashi habían encontrado la clave para derrotar al todopoderoso enemigo, aunque nada más lejos de la realidad.

El ataque sorpresa de Pearl Harbor realizado por Japón, que supuso su entrada en la guerra del lado de las potencias del eje, demostraba que cualquier nave, por grande que fuera, podía convertirse en un objetivo fácil de los ataques aéreos y de los torpedos de los submarinos. Por argumentos como este hubo voces discordantes sobre su construcción. El director del Departamento de Aeronáutica de la armada, el almirante Yamamoto Isoroku, intentó convencer sin éxito a sus superiores de que detuvieran los trabajos cuando aún estaban sobre plano.

El tiempo acabó por darle la razón. En 1944, el Musashi se hundió por el impacto de diecisiete bombas y veinte torpedos sin que hubiese logrado efectuar un solo disparo. ¿Qué destino le esperaba al Yamato después de pasarse buena parte de la guerra en la retaguardia? En abril de 1945, cuando Japón ya se encontraba en una situación desesperada, algunos responsables del Ministerio de Marina japonés argumentaban que su acorazado estrella debía reservarse para defender la patria cuando llegara el momento, mientras que a otros les parecía intolerable que estuviera ocioso mientras los jóvenes pilotos kamikazes se lanzaban a la muerte.

El debate se solventó en el momento en que el mismísimo emperador Hirohito hizo la siguiente pregunta durante la presentación del plan para la defensa de Okinawa con kamikazes: «¿Dónde está la armada?». Aquello fue una bofetada para los oficiales responsables de esta y, desde entonces, les resultó intolerable que en Japón todo el mundo se burlara del Yamato calificándolo de «hotel flotante para almirantes ociosos e ineptos». Decidieron enviarlo a combatir, porque su «prestigio era objeto de críticas».

El Yamato debía navegar, sin apenas combustible, hacia el sur desde el mar interior de Seto para agotar su munición contra los invasores y encallar en la isla para que su tripulación de tres mil quinientos hombres pudiera sumarse al Ejército de Tierra. Prácticamente todo el mundo sabía que, sin cobertura aérea, el acorazado nunca llegaría hasta Okinawa; y, aunque lo consiguiera, la idea de que los marineros saltaran desde sus cubiertas para combatir contra los soldados y los marines en tierra era una fantasía. «Nos están brindando la ocasión idónea para morir», dijo uno de los oficiales.

Cuando le llegó la información de que el Yamato había zarpado rumbo a la guerra, Estados Unidos mandó sus aviones de largo alcance en su búsqueda. Lo encontraron a las ocho y media de la mañana del 7 de abril de 1945 y, sin esperar un segundo, ordenaron un ataque a gran escala con 280 aparatos. El gigante japonés nunca tuvo la más mínima posibilidad de sobrevivir, a pesar de contar con sus enormes cañones de 460 mm, los cuales podían disparar, además, un nuevo tipo de proyectil antiaéreo que los convertía en enormes escopetas que dispersaban trozos de metralla por todo el cielo. Sin embargo, no sirvió de nada.

El ataque coordinado de los bombarderos y los aviones torpederos en oleadas de entre quince y veinte minutos hizo que el

Yamato se escorara levemente en los primeros minutos. Las bombas explotaban a lo largo de toda la cubierta, levantando por los aires los puestos de artillería antiaérea y convirtiendo su superestructura en una masa de metal retorcido. En la tercera oleada los estadounidenses acertaron con otros cinco torpedos en el casco y el almirante del Yamato ordenó inundar la sala de calderas y de máquinas para impedir que volcara. No tuvo reparos en sacrificar a los hombres que se encontraban dentro.

Después llegaron el cuarto ataque... y el quinto... y el sexto, hasta que se pidió a toda la tripulación que subiera a la cubierta para que no se quedara atrapada en el interior. Sobre las 14.30, el buque estalló y una columna de humo se elevó hasta más de un kilómetro y medio de altura. Cuando esta se disipó, el Yamato ya había desaparecido.

1939

Un agricultor drogado: la víctima olvidada de Hitler que dio a los nazis la excusa para iniciar la guerra

Israel Viana

Cuando se cometió el asesinato que vamos a contarles, ninguno de los países implicados en la guerra que comenzó al día siguiente quiso responder a las muchas dudas que planteaba. ¿Quién se molestó en arrastrar hasta una estación de radio a un desconocido agricultor polaco que estaba drogado para pegarle un tiro en la cabeza? ¿Por qué iba vestido de soldado? ¿Era realmente un terrorista? ¿Por qué dejaron su cadáver a la vista de todos, cerca de la frontera con Polonia? ¿Sabía algo Hitler o se enteró después?

Lo más curioso de aquel oscuro y misterioso episodio es que, a pesar de las décadas transcurridas desde entonces, la mayoría de los historiadores lo han pasado por alto en sus trabajos de investigación. Casi como si no se hubiera producido y aquella primera víctima inocente del conflicto no hubiera existido. Ni siquiera la canciller alemana, Angela Merkel, hizo referencia a él en la reunión que mantuvo con los primeros ministros ruso y polaco, en el verano de 2019, para recordar el septuagésimo aniversario del comienzo de la guerra. Algo difícil de entender si tenemos en cuenta que aquel crimen fue la excusa usada por la Alemania nazi para comenzar la invasión de Polonia y sumir al mundo en la oscuridad.

Tampoco los descendientes del agricultor muerto han querido hablar en público del hecho hasta hace relativamente poco. Su sobrino y único superviviente de la familia, Pawel Honiok, hizo el siguiente comentario a *The Telegraph* en 2009: «Nadie ha querido hablar jamás de lo que sucedió. Siempre ha sido un secreto. Los alemanes nos controlaron hasta 1945 y luego los rusos se hicieron cargo. Nadie tuvo el más mínimo interés en investigar la verdad sobre lo que había pasado al comienzo de la guerra. Incluso los miembros de mi familia tuvieron miedo de hablar cuando eran niños, por lo que pasaron muchos años antes de que comenzáramos a oír algo sobre ese suceso».

El asesinato, cometido curiosamente un día antes de que el Tercer Reich declarase la guerra a Polonia, es la pequeña pieza del puzle de la que los historiadores han tendido a olvidarse cuando intentaban explicar cómo y cuándo comenzó todo y cuáles fueron los detonantes. Otros pasajes que ponían en contexto la tensión previa recibieron mucha más atención, tales como los acuerdos que Hitler firmó en Múnich con Francia y Gran Bretaña en 1938. Los primeros ministros Neville Chamberlain y Édouard Daladier regresaron a casa convencidos de que habían conseguido frenar las aspiraciones bélicas de los nazis. Había sido todo un éxito, pensaron. Y lo mismo ocurrió con el pacto sellado por la Unión Soviética y Alemania, el 23 de agosto de 1939, con la promesa de no agredirse.

Muchos dirigentes creyeron que habían logrado que se impusiera la paz, pero Hitler tenía en mente otros planes y los puso en marcha una semana después de este último acuerdo. ¿Cómo? Mediante el asesinato de nuestro desdichado agricultor en lo que se conoce como un atentado de falsa bandera. Se cometió el 31 de agosto de 1939, al atardecer, en la estación de Radio Breslau, en Gliwice, una ciudad que por entonces pertenecía a Alemania y que se encontraba muy cerca de la frontera con Polonia. El lugar se había escogido a conciencia a raíz del conflicto diplomático que el líder nazi mantenía desde hacía años con el Gobierno polaco a consecuencia de unas reclamaciones territoriales.

La acción fue obra de un comando de las SS bajo las órdenes directas de Reinhard Heydrich, dentro de la llamada Operación Himmler que había ordenado, según se supo después, el mismo Führer. Quería hacerlo pasar por un ataque a la mencionada emisora germana, por parte de un grupo de supuestos terroristas polacos, que le sirviera como pretexto para provocar un conflicto diplomático e iniciar la invasión del país vecino.

El atentado de Tarnow

Media docena de soldados nazis muy bien armados y vestidos de civiles asaltaron las instalaciones a las 20.00 horas. Redujeron a tres empleados y a un policía para leer después en polaco una violenta proclama contra Hitler y el Tercer Reich. Para hacerlo más creíble, iban disfrazados con patillas y bigotes al estilo polaco, para que no se los asociara con el comando nazi al que pertenecían y con el que habían comenzado, unos meses antes, una campaña de atentados en Polonia para intentar desestabilizar al país.

Un ejemplo fueron las dos bombas de relojería que colocaron en la estación ferroviaria de Tarnow, con las que provocaron veinte muertos y treinta y cinco heridos. El edificio quedó casi en ruinas, pero la masacre podría haber sido mucho mayor si el tren procedente de Cracovia no hubiera llegado con ocho minutos de retraso y otro tren del mismo tamaño repleto de pasajeros no se hubiera marchado antes de tiempo.

El ataque a la radio el 31 de agosto se produjo cuando uno de los programas de la tarde emitía en directo. El periodista se encontraba en medio de una alocución cuando el comando de las SS irrumpió por la fuerza y obligó a conectar un micrófono para que un intérprete emitiese consignas patrióticas en polaco y las mencionadas críticas contra los nazis. Además, entraron disparando al aire y dando gritos para que los falsos mensajes se oyeran de fondo. Uno de ellos decía: «¡Atención! Esto es Gliwice. La emisora está ahora en manos polacas».

Franz Honiok, la primera víctima

Para dramatizar aún más la escena, los miembros de la SS llevaron hasta allí a un pobre agricultor local católico y con un marcado pasado nacionalista. Se llamaba Franz Honiok. Lo habían detenido el día anterior y arrastrado a la fuerza hasta la emisora, absolutamente drogado, para pegarle un tiro en la cabeza y abandonar su cadáver a la vista de todos. Vistieron a la víctima con un uniforme del ejército polaco que los nazis habían robado previamente para que no hubiera confusión.

Toda esta operación duró tan solo quince minutos, aunque un fallo técnico hizo que solo se llegaran a emitir nueve palabras del supuesto discurso rebelde. Entre ellas ni siquiera estaban las del anuncio de la supuesta invasión de Alemania por parte de los polacos, pero las restantes fueron suficientes para que Hitler encontrara su deseado pretexto. Por último, subieron el cadáver de Honiok a la sala de retransmisión para hacerle las fotos que al día siguiente se publicarían en todos los periódicos.

El agricultor tenía solo cuarenta y tres años, y puede ser considerado como la primera víctima mortal del conflicto. Lo seleccionaron por haber participado en varias revueltas locales contra el dominio alemán en Silesia, con el único objetivo de que sirviera de anzuelo en la fingida agresión. El Führer puso al mando de aquella unidad de élite al comandante Alfred Naujocks, que no encontró ninguna resistencia por parte de los guardias de la emisora. Cuenta el historiador Michael Burleigh en *El Tercer Reich. Una nueva historia*, una de las pocas referencias que existen, que para producir el efecto esperado en la población añadieron otro muerto más a la escena. Se cree que este fue un preso sacado directamente de un campo de concentración al que asesinaron allí también y cuyo nombre nunca trascendió.

Tan solo un cuarto de hora después de que los asesinos hubieran huido del escenario del crimen, las radios alemanas ya estaban informando de lo sucedido. Seguían un guion perfectamente trazado de antemano por los mandos nazis. Al día siguiente, un Hitler absolutamente furioso utilizaba el incidente como excusa para declarar la guerra a Polonia. «Esta violación del territorio alemán por parte de estos vándalos del ejército polaco ha agotado, finalmente, nuestra paciencia», declaró en el Reichstag antes de echar la culpa al país vecino de haber iniciado el conflicto. Su alocución en el Parlamento fue tan medida y entusiasta que recibió el aplauso unánime de todos los diputados. El engaño había funcionado.

Aunque el hecho se trató en los juicios de Núremberg, hasta 1958 no se revelaron todos los detalles en una entrevista del escritor británico Comer Clarke al mismo Naujocks. «Sí, yo lo empecé todo. No creo que nadie se preocupe por mí ahora», confesó el antiguo jefe nazi en un artículo en el que se le calificaba como «el hombre que comenzó la última gran guerra».

Este excomandante de las SS murió en 1960 y nunca fue juzgado. En su charla con Clarke, contó: «En 1939, Heydrich me dijo: "Dentro de un mes estaremos en guerra con Polonia. El Führer está decidido. Sin embargo, primero tenemos que ir a la guerra y hemos organizado incidentes en Danzig y en toda la frontera alemana. Para ello, sin embargo, tiene que suceder algo grande y obvio"».

«Nadie quiso hablar de lo que sucedió»

El líder de las SS continuó citando las palabras de Heydrich, que, según este, le comentó: «Aquí es donde entra usted, Naujocks. La idea es que seis hombres y usted mismo irrumpan en la estación de radio de Gliwice, eliminen al personal y emitan un discurso en polaco en el que ataquen a Alemania y a Hitler. También anunciarán la intención de Polonia de conquistar por la fuerza los territorios disputados».

A continuación reveló que, en efecto, habían drogado a Honiok y le habían arrastrado inconsciente hasta la emisora antes de que recibiera el disparo.

Pocas horas después de aquello, a las 4.45 del 1 de septiembre de 1939, el buque de guerra alemán Schleswig-Holstein disparó contra la base militar situada en la península de Westerplatte, en Polonia. Fue, oficialmente, el primer disparo de la guerra. La muerte de Honiok, sin embargo, jamás se incluyó en ninguna conmemoración.

Desde ese momento, los acontecimientos se precipitaron a una velocidad de vértigo por las ansias expansionistas del Führer. Gran Bretaña reaccionó a la agresión firmando un pacto de colaboración con los polacos para la defensa mutua y consiguieron frenar momentáneamente la conquista, pero solo fue un espejismo. En apenas un mes, Alemania se había hecho con el país, provocando más de sesenta y cinco mil muertos, ciento treinta y tres mil heridos y seiscientos noventa y cuatro mil prisioneros que fueron enviados a los campos de concentración, guetos y factorías de trabajos forzados que el Tercer Reich ya tenía desperdigados por su territorio.

Engaños y traiciones: así abrió Alemania las puertas del infierno

Manuel P. Villatoro

El día de la infamia fue un viernes; mala jornada para iniciar una contienda, como probablemente diría nuestro castizo Miguel Gila. Aquel 1 de septiembre de 1939, a eso de las cinco menos cuarto de la madrugada, un despreocupado guardia de fronteras se convirtió en el primer testigo del comienzo de la Segunda Guerra Mundial cuando, al salir de su puesto de control, se dio de bruces con decenas de soldados germanos. Sin mediar palabra, estos le arrojaron al suelo y levantaron, como quedó inmortalizado en una de las instantáneas más famosas de la historia, la barrera que separaba la frontera polaca de la alemana. Tras ellos entraron las divisiones Panzer del Tercer Reich en territorio enemigo.

Lo que no sabían esos combatientes es que, junto con aquella valla, acababan de abrir también la puerta a un conflicto que se cobró la vida de entre sesenta y ochenta millones de personas. Casi un diez por ciento de ellas asesinadas en los campos de concentración organizados por Adolf Hitler bajo el tétrico paraguas de la Solución Final, la aniquilación sistemática del pueblo judío. Esos hombres dieron comienzo a seis años de lucha que, por entonces, nadie quería. Ni las grandes potencias europeas, agotadas por el esfuerzo de la Gran Guerra, ni el mismo Führer, quien esperaba retrasar el conflicto con Francia y Gran Bretaña todo lo posible. Hermann Göring, la mano derecha del dictador, lo dejó claro cuando se percató de que el enfrentamiento era inevitable: «Que Dios nos proteja si perdemos esta guerra».

Mentiras y más mentiras

Las operaciones del 1 de septiembre no fueron fruto de la casualidad. Nacieron de la premeditación y de la mente de un Hitler que las había orquestado de forma meticulosa. El 23 de agosto firmó con la URSS un pacto de no agresión que le garantizó no ser atacado por la única potencia que podía hacer frente a Alemania. El Führer también suponía, gracias a las pesquisas de Joachim von Ribbentrop, su veterano ministro de Asuntos Exteriores, que Francia y Gran Bretaña evitarían entrar en el conflicto y apostarían por la política del apaciguamiento hasta que no hubiera otro remedio. Sentía, en definitiva, que podría conquistar Polonia y recuperar la anhelada Danzig sin provocar una guerra masiva. Lo mismo que había hecho con la anexión de los Sudetes poco antes sin que la comunidad internacional le detuviera.

A pesar de ello, el avispado líder del Reich se cuidó bien de que el ataque sobre Polonia pareciese un acto de legítima defensa. Lo hizo mediante una extravagante trama que llevaba urdiendo meses y que se materializó el 31 de agosto. Aquella tarde, un comando alemán encubierto atacó la estación germana de radio de Gliwice. Esa mascarada permitió que Hitler se dirigiese al Reichstag y anunciase que Alemania no podía tolerar tal afrenta. «Las tropas de Polonia han abierto fuego por primera vez sobre nuestro territorio. A partir de ahora, las bombas tendrán bombas como respuesta».

De cara al exterior Hitler se mostró seguro. Eufórico, todo

lo contrario que los ciudadanos alemanes, aseguró que no se quitaría su sencillo uniforme gris hasta que las tropas del Reich hubiesen vencido. Ansiaba la batalla. De hecho, poco antes de ordenar el avance sobre el enemigo confesó que su mayor miedo era que «en el último momento, un sucio perro me presente un plan de mediación».

No sucedió. Gran Bretaña ya había rechazado durante semanas negociar con él si mantenía sus pretensiones de anexionarse territorio polaco. Y otro tanto había sucedido con Francia, una potencia que se sentía segura tras las defensas de la Línea Maginot y que, junto a los británicos, había firmado un tratado para defender Polonia en el caso de que sufriera un ataque no provocado. Ya nadie quería apaciguar al águila nazi. Winston Churchill admitió la culpa de los aliados tras la contienda: «No ha existido nunca una guerra más fácil de prevenir. Podía haberse evitado sin disparar un solo tiro, pero nadie estaba prestando atención».

La exclusiva de su vida

«Tengo una gran noticia. Los tanques alemanes están preparados para invadir Polonia». Estas fueron las palabras que la reportera Clare Hollingworth transmitió, el 29 de agosto de 1939, al que entonces era el cónsul británico en Katowice, John Anthony Thwaites. Lo que desconocía es que aquella era la primera noticia que se tenía de la invasión. No había pasado ni una semana desde que esta británica se había unido a las filas del diario *The Daily Telegraph*, y apenas unos días desde que había sido enviada hasta la frontera entre ambos países para narrar, de primera mano, cómo evolucionaban las tensiones políticas.

La fortuna quiso que se encontrara con cientos de Panzer ocultos mientras deambulaba por la zona comprando aspirinas y vino. Esa misma jornada contactó con el corresponsal del periódico en Varsovia, Carleton Green, y le informó. No sabía exactamente si aquello era una exclusiva o el mundo ya se había enterado. Pronto le aclararon que era una primicia. La noticia no se hizo esperar: «Mil tanques reunidos en la frontera polaca, diez divisiones listas para dar un rápido golpe».

A sangre y fuego

A nivel militar, la invasión se hizo desde todos los frentes. Por tierra, 53 divisiones germanas ejecutaron el plan Fall Weiss («Caso Blanco»): un ataque desde el norte, el este y el sur que tenía como objetivo Varsovia. En el aire, mil seiscientos aviones de la Luftwaffe se encargaron de apoyar a los soldados y a los blindados. Desde el mar, el acorazado alemán Schleswig-Holstein, que participaba en una visita de cortesía a Polonia, disparó a traición contra la fortaleza de Westerplatte.

El asalto sobre este último y determinante enclave no se había elegido al azar. Ni mucho menos. Su conquista era de vital importancia debido a que se trataba de una de las pocas salidas al mar con las que contaba el enemigo y su capitulación significaba que no podría responder por mar a los golpes. Para algunos autores como el historiador Steven J. Zaloga, la toma de esta posición se considera, de hecho, la primera batalla de la Segunda Guerra Mundial. El reloj sustenta su teoría, pues el buque empezó el bombardeo a las cuatro de la madrugada.

El ejército defensor, con medios anticuados, terminó viéndose sobrepasado. No fue una sorpresa. Entre 1935 y 1939, Polonia apenas había destinado el equivalente a 760 millones de dólares para optimizar sus fuerzas armadas, mientras que Alemania había dedicado un total de veinticuatro mil. Casi treinta veces más. Los números también fueron favorables a un Tercer Reich que contaba tanto con superioridad numérica —solo en infantería, 559 batallones frente a 376 polacos— como con un contingente mucho mejor preparado y pertrechado. La mayor diferencia se encontraba en los carros de combate: la Wehrmacht tenía a su disposición más de dos mil quinientos blindados por solo seiscientos de su par.

La nueva táctica germana de ataque —la *Blitzkrieg* o «guerra relámpago», la creación de la División Panzer, la gran concentración de vehículos blindados apoyados por aviación y artillería, y los temibles bombardeos en picado de los Junkers Ju 87 Stuka —probados en la Guerra Civil española— acabaron con una anticuada Polonia. El uso que los soldados del Tercer Reich hicieron de los sistemas de radio les permitió, además, coordinarse de una forma perfecta y rodear las masas de resistencia enemigas. Por si fuera poco, sus contrarios cometieron el error de abandonar las regiones más fáciles de defender, como los ríos Vístula y San, y prefirieron acudir al encuentro de los invasores a toda prisa y de forma desorganizada.

Polonia parecía condenada y desconocía si sus aliados permitirían que el líder nazi se saliese con la suya. Pero en este caso sí movieron ficha. Francia y Gran Bretaña exigieron a Alemania que sus tropas regresaran a casa. El 3 de septiembre, a eso de las nueve de la mañana, Von Ribbentrop recibió un ultimátum de ambas potencias. El Führer se quedó petrificado y solo atendió a decir una cosa: «¿Y ahora qué?». Aquel fue el único movimiento que el dictador no había barajado. Y con él comenzó, de forma oficial, la Segunda Guerra Mundial.

Los doscientos polacos de Danzig que humillaron a Hitler en la primera gesta de la guerra

Israel Viana

«Todo se hizo negro de nuevo ante mis ojos». Así recordaba Hitler la sensación que experimentó cuando le informaron en el hospital de que la Primera Guerra Mundial había terminado y de que Alemania había sido derrotada. Tenía veintinueve años y se estaba recuperando de un ataque con gas venenoso sufrido en el frente de Ypres. Pocos meses después, le comunicaron un segundo desastre: el Tratado de Versalles había declarado Danzig ciudad estado libre y, a partir de ese momento, la administrarían conjuntamente Polonia y la Sociedad de Naciones. Para el joven Adolf aquel enclave «había sido arrebatado bajo coacción, con un revólver en la mano y amenazando a los germanos con la muerte por hambre», según denunció al llegar al poder en 1933.

Hitler no podía soportar que a los polacos se les permitiera mantener en aquella ciudad una oficina de correos, derechos portuarios especiales y, a partir de 1924, hasta un arsenal en la pequeña península de Westerplatte, que estaría protegido por un contingente de 88 soldados, según establecía el tratado. Era consciente de que aquel enclave y su corredor habían sido muy importantes para las comunicaciones y el comercio de Alemania.

Por eso los convertiría años después en una de sus principales obsesiones, en el centro de su política exterior cuando se puso al frente del país. Danzig tenía que regresar a Alemania y tenía que hacerlo cuanto antes.

La principal baza de Hitler para recuperarla era que la ciudad seguía contando con una población mayoritaria de germanos. En concreto, el 90 por ciento. El 10 por ciento restante eran casubios, una etnia minoritaria procedente del centro y el norte de Polonia, que hablaba su propio dialecto. Sin embargo, la complejidad cultural que se daba en aquella región y que tanto odiaban los nazis en el periodo de entreguerras la representaba Günter Grass, premio Nobel de Literatura y premio Príncipe de Asturias de las Letras en 1999, que había nacido en Danzig en 1927, de padre alemán protestante y madre polaca casubia católica.

Desde el acuerdo de Versalles, la ciudad estaba regida por un Senado elegido democráticamente, pero las competencias exactas de Polonia sobre ella nunca quedaron definidas del todo en un estatuto. Por eso las fricciones con los nazis fueron constantes. En 1933, incluso, el Gobierno de Varsovia reforzó sus defensas de Westerplatte por lo que pudiera pasar. Construyeron búnkeres, denominados oficialmente «cuarteles» para no llamar la atención, y añadieron muros de hormigón al pie de los barracones y de la villa de los suboficiales. Asimismo, establecieron siete puestos de guardia, dos de los cuales bloqueaban el acceso al continente a través del vulnerable istmo.

La intuición no les falló, porque después de la entrada de los nazis en el Ayuntamiento de Danzig tras las elecciones municipales, estos comenzaron a pedir con insistencia el retorno de la ciudad a la madre patria. Este deseo tomó definitivamente cuerpo cuando en septiembre de 1938, durante un almuerzo en el Gran Hotel de Berchtesgaden, el ministro de Asuntos Exteriores del Tercer Reich, Joachim von Ribbentrop, le sugirió al embajador polaco en Berlín, Józef Lipski, que aquella urbe debía restituírseles a los alemanes. Su amenaza, aunque velada, había quedado clara.

En enero de 1939, Hitler aprovechó la visita del ministro de

Asuntos Exteriores polaco, Józef Beck, para reiterar su petición en un tono más enérgico. Cuando la Wehrmacht ocupó Checoslovaquia y recuperó Memel en marzo, esta cuestión territorial quedó en suspenso. No hay que olvidar que esta última ciudad también se había declarado libre en el Tratado de Versalles. Todo parecía señalar, por lo tanto, que Danzig sería el siguiente objetivo, como indicó Ribbentrop antes de que acabara el mes, al convocar de nuevo al embajador Lipski y exponerle que, a partir de ese momento, toda injerencia en el corredor se consideraría una agresión al Tercer Reich y un motivo de guerra.

La furia de Goebbels

El Führer firmó entonces una orden secreta para poner en marcha la invasión de Polonia, que debería empezar por su ansiada Danzig. Su conquista era de vital importancia, pues se trataba de una de las pocas salidas al mar con las que contaba el país. Su capitulación, además, imposibilitaría al enemigo responder por mar a los ataques alemanes, pero, antes de dar ese paso decisivo, los nazis prepararon el terreno con la ayuda inestimable de su famoso ministro de Propaganda, Joseph Goebbels.

A principios del verano de 1939, la cúpula de su partido recrudeció su campaña para soliviantar a la población alemana que le exigía el regreso de Danzig al Reich. Recién alumbrado el Fall Weiss —el plan que preveía un inicio de las hostilidades antes de declarar formalmente la guerra y que ya le hemos contado en el capítulo anterior— y con los motores de las divisiones Panzer calentándose, Goebbels acudió el 17 de junio a la ciudad libre para darse un baño de masas.

Al parecer, le fue muy bien. Según los diarios de la época, algunos de ellos españoles, recorrió triunfalmente las calles engalanadas con banderas y fue recibido entre vítores por los ciudadanos de ascendencia germana. Una petición resonaba en el ambiente: «¡Queremos volver a Alemania!». En el edificio de la

Ópera, Goebbels salió al balcón y pronunció un discurso con su característico tono enfervorizado, en el que declaró que era inevitable que Danzig regresara a manos de Hitler: «Vuestra resolución de volver a nuestra madre patria es irrevocable e invencible. Solo un mundo malévolo, envidioso e incapaz de comprender puede querer intentar oponerse a esta atracción irresistible de pueblo a pueblo». Y tras la primera ovación, apuntó: «Vuestra ciudad se ha convertido súbitamente en un problema internacional».

Acto seguido, el ministro de Propaganda cargó contra las aspiraciones territoriales que el Gobierno de Polonia había esgrimido en las jornadas anteriores: «Los polacos exaltados reivindican ahora Prusia Oriental y Silesia. Según su opinión, la futura frontera de Polonia deberá estar fijada por la línea del río Oder». En este punto hizo gala de su ironía: «Nosotros nos preguntamos por qué no piden a Alemania que les dé también el Elba o, incluso, el Rin, donde podrían encontrarse con su nueva aliada, Inglaterra. Pero eso no ocurrirá, porque el Reich posee el ejército más fuerte del mundo». Y, para finalizar, empleó las mismas palabras que Hitler había repetido en varias ocasiones: «Danzig es una ciudad alemana y quiere regresar al Reich. El mundo lo debería haber comprendido».

Aquel discurso abrió la caja de los truenos. En los días posteriores, y con la ayuda de Heinrich Himmler, se crearon en la ciudad dos unidades (la SS-Heimwehr Danzig y la Verstärkter Grenzaufsichtsdienst), a las que se dotó con armamento pesado desde el Reich. Sus miembros hicieron todo lo posible para aumentar aún más la tensión con Polonia y preparar el escenario para un incidente internacional. La violencia escaló peldaños poco a poco hasta que, el 20 de julio, un guardia de fronteras polaco resultó asesinado a tiros. Se avisó a la comunidad internacional en múltiples ocasiones, pero esta no hizo nada. Era la época del apaciguamiento y nadie quería enfadar a los nazis.

El 25 de agosto de 1939, el acorazado Schleswig-Holstein, un viejo barco de entrenamiento construido entre 1905 y 1908 que había luchado en la batalla de Jutlandia en la Primera Guerra Mundial, llegó a las costas armado con 22 cañones. Aquel movimiento se camufló como una visita de buena voluntad, pero con la hora del golpe ya fijada: las 4.15 del día siguiente. En el último momento, Hitler se enteró de que Gran Bretaña había firmado un tratado de defensa mutua con su presa y que Mussolini se había bajado del carro, por lo que canceló su orden de atacar la ciudad de inmediato.

Los habitantes de Danzig sabían que aquello no era más que un pequeño respiro, pues llevaban mucho tiempo escuchando en las emisoras de radio germanas un montón de noticias falsas sobre las supuestas atrocidades que los polacos estaban cometiendo contra la minoría alemana; algo que, evidentemente, era mentira. Lo único que estaba haciendo Hitler era preparar el terreno para encontrar una justificación pública, mientras la santabárbara del Schleswig-Holstein, llena de bombas, aguardaba para desatar su furia. Esta se inició el 31 de agosto por la tarde, cuando el brazo derecho de Himmler, Reinhard Heydrich, dio la orden para que se pusiera en marcha el atentado de falsa bandera contra la emisora de radio de Gliwice, ciudad fronteriza de Polonia, que también les contamos en este libro.

Justo a esa misma hora, el capitán de navío Gustav Kleikamp, al mando del Schleswig-Holstein, ordenó llamar a su camarote al alférez Wilhelm Henningsen, que había embarcado una semana antes en Memel con los hombres de la infantería de marina de la 1.ª Flotilla de Minadores. Debían planificar el ataque sobre Westerplatte en la madrugada siguiente, aun sabiendo que el contingente defensivo de dicho enclave había pasado de 88 soldados a 210 en las semanas anteriores. Y aunque 27 eran reservistas civiles, también habían construido seis nuevos búnkeres y siete puestos de campaña más, con una red de trincheras protegidas por alambradas que se extendían a lo largo de toda la península.

Al mando de aquel emplazamiento estaba el comandante polaco Henryk Sucharski, que era plenamente consciente de que la fortificación seguía siendo insuficiente para aguantar la embestida de los nazis. Las mejoras no estaban a la altura del posible ataque, escuchando el odio que había empleado Goebbels en sus discursos. Westerplatte solo contaba con un cañón de 75 mm, dos cañones antitanque de 37 mm, cuatro morteros y varias ametralladoras medianas, por lo que la orden era aguantar solo doce horas, hasta que llegaran los refuerzos.

Kleikamp y Henningsen establecieron que los 225 hombres de la compañía de infantes de marina deberían estar situados en posición, al este de la desembocadura del Vístula, una hora y media antes de que comenzase el bombardeo sobre Westerplatte. En principio, no tenían de qué preocuparse, porque el general Friedrich-Georg Eberhardt, que estaba al mando de la policía de Danzig, les había asegurado que contarían desde tierra con su apoyo y con el de los 1.275 miembros de la SS-Heimwehr Danzig, la citada organización alemana que había sido declarada ilegal en la ciudad. En total, mil quinientos nazis contra doscientos polacos que, a pesar de su evidente inferioridad, escribirían una de las páginas más impresionantes de la Segunda Guerra Mundial.

La hora del golpe

A las 18.35 horas del 31 de agosto, la máquina Enigma del acorazado recibió la orden en clave de iniciar el ataque. A continuación, se informó a todos los oficiales y, entre las 23.30 y la 1.45 de la madrugada del día 1, la infantería de marina desembarcó en Danzig y contactó con la mencionada policía. Después situaron sus ametralladoras al sur y al norte del canal y esperaron. A las 4.45, el Schleswig-Holstein se puso en zafarrancho de combate y lanzó desde el mar los primeros obuses de 280 mm sobre la guarnición de Westerplatte. El objetivo era que los polacos bloquearan su incursión y lanzaran una contraofensiva desde el puerto. También querían destruir la fortaleza y las baterías terrestres que se encontraban dentro del radio de acción de su artillería, sobre todo las de 15 cm, que estaban emplazadas en los barrios de Oxhöft y Hochredlau.

El ataque cogió por sorpresa a los habitantes de Danzig, que en los ocho minutos siguientes vieron cómo caían sobre los muros exteriores de la fortificación ocho proyectiles de 280 mm, 59 de 155 y seiscientos de 20, con los que se pretendía abrir una brecha que allanase el camino a los infantes que aguardaban en tierra. Tras cesar el fuego, tres pelotones se lanzaron hacia el muro exterior con el apoyo de las ametralladoras. Uno de ellos logró volar la entrada exterior que, en un principio, les iba a permitir atravesar el puente natural que llevaba hasta la fortaleza. Al intentar cruzarlo, sin embargo, se encontraron con una dura resistencia. El fuego de cañón de 75 mm detuvo a los ingenieros cuando solo habían avanzado quinientos metros.

A las 6.22, incapaces de continuar, los alemanes se retiraron a sus posiciones iniciales y pidieron por radio que se reiniciara el bombardeo sobre Westerplatte con toda la artillería disponible. Danzig se despertaba sobresaltada por el ruido de los bombardeos y por las grandes columnas de humo que se elevaban desde los depósitos de combustible del puerto cuando explotaron en su interior. Por la mañana, la aviación nazi no pudo efectuar el ataque aéreo previsto debido al mal tiempo, pero el avance terrestre continuó hasta encontrarse con la férrea defensa de la pequeña guarnición de Westerplatte. Los polacos también se vieron obligados a retirarse y protegerse en la fortaleza, aunque al final del día estaban mucho mejor de lo que esperaban.

Para sorpresa de Hitler, aquel primer día de combates en Westerplatte costó a los germanos 82 bajas. La guarnición y el arsenal seguían resistiendo. Eso no impidió que, esa misma mañana, diera un discurso ante el Reichstag sobre el inicio de la guerra contra Polonia. En él, Danzig tuvo un protagonismo especial:

> Desde hace años estamos sufriendo bajo la presión de un problema que nos planteó el Dictado de Versalles y que, con su degeneración y sus consecuencias, ha llegado a sernos insoportable. Danzig ha sido y es una ciudad alemana. El corredor ha sido y es, también, alemán. Danzig fue separada de nosotros, los polacos se anexionaron el corredor y, como en todas las regiones alemanas del este, los habitantes de dicho corredor han sido maltratados de manera intolerable. En 1919 y 1920, más de un millón de hombres con sangre alemana tuvieron que abandonar su patria [...]. Por eso estoy resuelto a continuar esta lucha hasta el fin.

El edificio de Correos

El único consuelo para los alemanes en aquel momento era que habían masacrado a los defensores de la oficina de Correos, el segundo punto de Danzig donde se concentró la lucha de la ciudad. Hasta allí se había trasladado un contingente de policías afines a los nazis al mando de Willi Bethke. Este rodeó el edificio a las cuatro de la mañana, 45 minutos antes de que el acorazado Schleswig-Holstein iniciara su bombardeo sobre Westerplatte. Después cortaron las líneas de teléfono y la electricidad, y, a la hora señalada, comenzó el intercambio de disparos con los sitiados.

A las 11.00, la Wehrmacht envió dos cañones de 75 mm y un obús de 105 de apoyo, pero la ofensiva fue contenida. A las 15.00, los alemanes declararon un alto el fuego provisional de dos horas y exigieron la rendición de los polacos, pero optaron por resistir. Mientras se llevaban a cabo las negociaciones, los zapadores nazis cavaron túneles bajo los cimientos del edificio y colocaron seiscientos kilogramos de explosivos. A las 17.00 los detonaron y destruyeron parte de la pared de la sede. Por el agujero se lanzó entonces un tercer ataque con el apoyo de la artillería. Capturaron la mayor parte del inmueble, pero el sótano se resistió. Frustrado, Bethke solicitó a los bomberos una cisterna, que llenaron de gasolina para inundarlo y prenderle fuego con granadas. Las llamas los obligaron a entregarse, empezando por el director, Jan Michoń, y el comandante, Józef Wąsik, a los que fusilaron de inmediato. Se contabilizaron dieciséis heridos, de los cuales seis acabaron falleciendo en el hospital de la Gestapo, incluida una niña de diez años. Los otros veintiocho supervivientes fueron arrestados y torturados junto con otros cuatrocientos ciudadanos de Danzig en la Escuela Victoria. Se desconoce su destino.

En Westerplatte, los doscientos polacos continuaban resistiendo el asalto, mientras la ciudad era tomada a una velocidad de vértigo tras la caída del edificio de Correos. Los nazis no querían perder más hombres y decidieron esperar el apoyo de la Luftwaffe. Este llegó el día 2, cuando el tiempo mejoró y los Stukas pudieron despegar y perpetrar un devastador bombardeo que mató a ocho soldados y destruyó el búnker número 5, la emisora de radio, las bombas de los depósitos de agua, los morteros y los antitanques. Apenas hubo resistencia. Cuando se retiraron, el paisaje estaba sembrado de cráteres.

Pese a la heroica resistencia de Danzig, en el resto de Polonia la campaña nazi avanzó con rapidez. En Westerplatte se siguieron repeliendo los ataques de manera incompresible. Se cree que Sucharski tuvo un momento de flaqueza el día 2, cuando, momentáneamente, sugirió la posibilidad de rendir el fuerte. Según el relato de algunos de los supervivientes, sufrió una crisis nerviosa, pero el resto de los suboficiales le quitaron la idea de la cabeza. Hitler estaba desesperado. No entendía por qué aquella pequeña fortaleza le estaba resultando imposible de conquistar cuando debería haber sido arrasada en unas horas.

El 6 de septiembre tuvieron una idea descabellada: lanzar un tren kamikaze envuelto en llamas contra sus defensas para abrir una brecha por la que pudiera entrar la infantería, pero el aterrorizado maquinista lo desacopló demasiado pronto y no logró alcanzar la cisterna de aceite que había dentro del perímetro polaco. El plan se volvió contra ellos, pues los vagones ardiendo dejaron un campo de tiro perfecto para los defensores, los cuales causaron numerosas bajas entre los alemanes.

El día 7, seis días después de que la artillería y la aviación hubieran machacado sin descanso sus posiciones y tras repeler continuos asaltos, la situación de los sitiados de Westerplatte, sin agua y con los heridos hacinados en los barracones, era insostenible. Al fin, Sucharski alzó la bandera blanca entre las ruinas y anunció la capitulación a las 9.45. Las órdenes de aguantar doce horas las había cumplido de sobra. Prueba de ello fueron las cerca de doscientas bajas de los germanos, a los que habría que sumar otro centenar de heridos, por solo quince bajas de los defensores y cincuenta heridos. Se cuenta que, al ver salir a los polacos, los soldados nazis se cuadraron ante sus enemigos en señal de respeto.

Sin embargo, el caso de Westerplatte y Danzig fue aislado, pues para ese día el resto del corredor y Polonia ya habían caído. Aquella ciudad demostró a los alemanes que no eran invencibles. Algunos historiadores creen que el episodio tuvo más influencia de lo que se cree, pues gracias a él aprendieron los aliados que el uso abusivo de la artillería no era suficiente para conseguir un triunfo rápido, que la capacidad de resistencia humana era imprevisible y que era necesario tener mejor información sobre el enemigo. Desde ese momento y hasta el final de la guerra, el Tercer Reich utilizó los astilleros para construir buques de guerra con los polacos como mano de obra esclava.

Stutthof, el infierno de Danzig

Pocos días después, antes de que finalizara el mes de septiembre de 1939, Hitler ordenó construir en Danzig su primer campo de concentración fuera de Alemania, el de Stutthof. Durante dos años solo fue un campo de internamiento civil para díscolos alejados del régimen. En 1941 pasó a ser un campo de educación laboral y, en 1943, un campo de concentración regular regentado por las temibles SS. A partir de ese momento, se deportó y se encerró allí a decenas de miles de personas.

Las cifras bailan, aunque el United States Holocaust Museum baraja que hasta cien mil almas pasaron por sus barracones. De ellas, el 60 por ciento fueron asesinadas, unas en los campos de trabajo y otras, las que más, en la cámara de gas instalada por los nazis en junio de 1944. Según uno de los supervivientes, Steven Springfield, las condiciones eran pésimas, con epidemias de tifus que acababan con miles de presos, bajas temperaturas y una violencia descomunal por parte de los guardianes nazis.

En enero de 1945 comenzó el principio del fin del campo de Danzig. Ante la llegada de los aliados, los nazis iniciaron una serie interminable de «marchas de la muerte». El objetivo: que ninguno de los presos contara lo que había visto. Al entender que era imposible trasladarlos a todos, se inició la matanza. Llevaron a unos cinco mil judíos a la costa del Báltico y los ametrallaron en sus aguas. Otros tantos miles se ahogaron durante una evacuación a toda prisa cuando los soviéticos llamaron a las puertas. El calvario terminó el 9 de mayo, cuando se liberó Stutthof.

Guderian: la verdad tras el genio de los carros de combate que (no) asoló Polonia

Manuel P. Villatoro

«La artillería conquista, la infantería ocupa». Este curioso lema, salido de los labios del mariscal galo Philippe Pétain, explica a la perfección cuál era la mentalidad de los generales de la Primera Guerra Mundial. Las más de setecientas mil bajas de la batalla de Verdún dejaron claro a Europa que era imposible escapar del terror impuesto por los cañones. Ni siquiera los temibles ingenios estrenados por los ingleses en el Somme allá por 1916 —ellos los llamaban «tanques» debido a que los habían camuflado como tanques de agua para evitar que los germanos los descubrieran— sirvieron para acabar con la preponderancia de la artillería en los campos de batalla. Apenas dos décadas después, en cambio, los carros de combate se convirtieron en la columna vertebral del ejército del Tercer Reich y en un enemigo temible gracias a la *Blitzkrieg* o «guerra relámpago».

El mito —llámese leyenda, llámese mentira— nos ha inculcado que el creador de esta doctrina militar fue Heinz Guderian, considerado uno de los mejores generales de la Segunda Guerra Mundial. La creencia popular afirma también que, de la mano de este oficial, los Panzer a las órdenes de Hitler aplastaron Polonia sin apenas bajas en menos de un mes. Pero, como suele suceder siempre, la realidad es algo diferente. No se puede negar que este oficial se ganó sus galones y fue uno de los principales instigadores del uso de los blindados como un arma independiente y veloz, algo revolucionario para la época. Sin embargo, lo que sí se debe matizar es que no solo no ideó la guerra relámpago, que nació en Gran Bretaña, sino que hubo otros germanos que, antes que él, apoyaron el uso de carros de combate.

Mención aparte merece la supuesta preponderancia de los Panzer durante la invasión de Polonia. Sí, acosaron a los polacos. Y sí, sorprendieron a un ejército que combatía, todavía, como se había hecho en la Gran Guerra. Pero, como bien explica Carlos Javier Frías Sánchez, coronel de artillería y uno de los mayores estudiosos de España sobre las doctrinas miliares durante los años treinta y cuarenta, en su dosier «Evolución de la doctrina militar en la Segunda Guerra Mundial: la invasión de Polonia», sufrieron grandes bajas y no se utilizaron como, después, sí lo harían en Francia y Rusia. En septiembre de 1939, en la Wehrmacht todavía no se había generalizado el uso de las unidades de carros de combate (blindadas) e infantería montada sobre vehículos (motorizadas) como un único ente. Algo que, en contra de lo que se ha divulgado, impidió exprimir del todo el buen uso de los acorazados.

Realidades

La historia de Guderian nos dice que nació en 1888 y que participó en la Primera Guerra Mundial como oficial de inteligencia. Su buen hacer como militar y táctico le llevó a ascender poco a poco en el escalafón hasta que entró a formar parte del Estado Mayor del ejército alemán, donde permaneció, según afirma José A. Márquez Periano en su libro *Héroes Panzer*, hasta el final de la contienda. La firma del Tratado de Versalles, que obligó a reducir el ejército germano a un máximo de cien mil hombres e impidió al país desarrollar nuevas armas como los carros de combate, no detuvo su carrera. Al haber demostrado su pericia, le llamaron a formar parte del Reichswehr (las fuerzas armadas que sirvieron entre 1919 y 1935). Allí fue donde empezó a interesarse por las bondades que podía ofrecer la motorización.

Guderian se convirtió, a partir de ese momento, en uno de los mayores estudiosos de la guerra blindada y motorizada. A golpe de artículo e investigación, este oficial se atrevió a concebir un nuevo tipo de uso para los carros de combate. Unos ingenios que, hasta entonces, se habían empleado como un mero y lento apoyo de la infantería. Esa vieja concepción de la Primera Guerra Mundial, la que veía los blindados como un parapeto gigante destinado a proteger a los hombres que combatían a pie, se destruyó gracias a él. En cambio, y como dejó patente en su libro *Achtung Panzer!*, un superventas desde que se publicó en 1937, su revolución radicaba en crear divisiones enteras de tanques ligeros y medios apoyadas por soldados motorizados. Todo ello con un objetivo: atravesar las líneas enemigas a toda velocidad y asaltar la retaguardia del contrario.

Así explicó el propio Guderian en su obra este cambio de mentalidad y la creación de lo que, a la postre, se denominó Panzergruppe, la unión de divisiones blindadas y motorizadas en un único ente:

> La tropa blindada ya no es en la actualidad el arma auxiliar de la infantería; casi podríamos establecer la relación inversa desde que en Francia un ataque de infantes sin tanques no se considera realizable. [...] Si, por ejemplo, existe la posibilidad de realizar rápidamente un ataque, no hay razón que impida que los tanques se expongan al peligro circulando lentamente, ya que podrían ser alcanzados por los cañones antitanque, y todo esto porque una infantería anticuada no puede seguirles el ritmo. Y como la técnica permite que los tiradores se desplacen en vehículos blindados de acompañamiento, que pueden ir tan rápido como los tanques, estos podrán orientarse en su velocidad por los tanques.

También es cierto que, como bien explica el analista Kenneth Macksey, Guderian tuvo que enfrentarse a la vieja oficialidad prusiana para instaurar esta nueva concepción de la guerra blindada. La primera voz discordante fue la de los oficiales de caballería, un arma que consideraba en buena medida que aquellos ingenios motorizados los sustituirían en batalla. «Veían a Guderian como una amenaza para su existencia, pero en su oposición simplemente conseguían retrasar lo inevitable», desvela el autor. El segundo grupo en contra del nuevo uso de los carros de combate fueron los artilleros. Estos entendían que la forma de lucha que planteaba el oficial germano acabaría, de un plumazo, con la importancia de los cañones en el campo de batalla para tomar las posiciones contrarias.

Es innegable, a su vez, que Guderian fue uno de los generales que apostaron por obviar las restricciones del Tratado de Versalles y avanzar en el diseño de carros de combate y en el entrenamiento de las futuras tripulaciones de los blindados. El historiador Márquez Periano corrobora, por ejemplo, que este oficial viajó en 1929 hasta Suecia para «visitar un batallón de tanques equipado con los m/21 y m21-21» (evoluciones del germano LKII de la Primera Guerra Mundial) y, poco después, a la URSS. «También visitó el campo de pruebas de Kazán, en Rusia, donde conoció a varios oficiales de tanques», añade.

Una vez que se empapó de los conocimientos necesarios, se hizo con todos los vehículos que pudo, los transformó en copias de blindados a golpe de madera y lona, y adiestró en ellos a conductores y artilleros para que estuvieran preparados para el enfrentamiento que se avecinaba.

Finalmente, es cierto que Guderian fue el hombre que difundió y puso en práctica, aunque no creó, el concepto de *Blitzkrieg* o «guerra relámpago». Este consistía, en esencia, en atacar a toda velocidad el punto más débil de las defensas enemigas con divisiones acorazadas y motorizadas apoyadas por aviación; rodear las posiciones mejor defendidas del contrario y, por último, coordinarse con la infantería para asaltarlas desde todos los puntos posibles. Para todo ello, nuestro protagonista potenció el uso de las comunicaciones en los blindados: «La dirección de las unidades blindadas se lleva a cabo por radio, la de las unidades pequeñas de la compañía y las de menor rango también mediante señales luminosas. Mientras no se pueda establecer contacto por radio, la transmisión de órdenes y de información debe quedar garantizada mediante aviones, vehículos motorizados o el teléfono».

Y falacias

Las realidades sobre Guderian no se pueden negar. Sin embargo, su importancia se ha exagerado desde que finalizó la Segunda Guerra Mundial. La primera exacerbación que se ha hecho sobre su contribución al cambio de doctrina militar es que fue el primero en investigar el uso de los carros de combate en Alemania. Nada más lejos de la realidad, como bien explica Dennis Showalter en *Hitler's Panzer. The Lightning Attacks that Revolutionized Warfare*. En sus palabras, el verdadero pionero fue Ernst Volckheim, un destacado oficial de las escasas fuerzas acorazadas prusianas en la Gran Guerra. Este curioso personaje publicó, en 1923, un tratado en que llamaba a desarrollar los blindados debido a que habían demostrado ser letales en el campo de batalla: «Si los tanques no fueran un arma tan prometedora, los aliados no los habrían vetado en el Reichswehr».

Volckheim argumentó que los carros de combate no tenían que emplearse solo como apoyo de la infantería, sino que debían ser capaces de atacar a cualquier objetivo enemigo de forma independiente. También señaló que su futuro radicaba en que los técnicos pusieran énfasis en potenciar su velocidad, fiabilidad y autonomía, las tres cualidades que, en la actualidad, se consideran básicas en todo blindado. Sí es cierto que, mientras que Guderian no despreciaba los tanques ligeros por su velocidad, él apoyaba los de peso medio y argumentaba que la ventaja principal se hallaba en los cañones de gran potencia.

Volckheim publicó varias obras más sobre la mecanización de las tropas y la guerra acorazada, y repitió hasta la saciedad que se convertirían en el centro de los ejércitos. Aunque también que, en un futuro no muy lejano, la infantería pasaría a desempeñar un papel secundario. Llevaba razón en todo.

Por si fuera poco, insistió en que la tecnología serviría para producir una familia de vehículos blindados más rápidos, mejor armados y equipados con sistemas de comunicación que les permitirían actuar de forma independiente a las armas tradicionales (infantería, artillería y caballería). Sus superiores reconocieron las ideas de Volckheim. Así lo atestigua el que fuese un destacado profesor de tácticas motorizadas en Dresde y que, entre 1923 y 1927, publicara decenas de artículos en un diario militar analizando los problemas que podía tener su nueva concepción de la guerra mecanizada. Guderian, no obstante, reconoció de forma parcial que se había basado en las investigaciones de este oficial y apenas señaló que habían sido un punto de partida que le había impulsado en sus nuevas ideas.

Tampoco es real, como se ha divulgado, que los germanos no construyeran carros de combate en la Primera Guerra Mundial y que Guderian los ideara de cero. Sí, es cierto que la industria de blindados teutona no fue enorme; sin embargo, también lo es que en Alemania se fabricaron, a partir de 1917, unos dos centenares y medios de tanques y vehículos blindados. Además, los ingenieros diseñaron varios prototipos —entre ellos, un vehículo superpesado— que no llegaron a ensamblarse debido a la firma del armisticio del 11 de noviembre de 1918.

Otro tanto sucede con el mito que afirma que Guderian fue el pionero que extendió el uso del Panzergruppe. Algo inexacto, según desvela en su artículo Carlos Javier Frías Sánchez: «Von Rundstedt decidió agrupar los Cuerpos de Ejército que reunían a sus divisiones Panzer y Motorizadas en una organización nueva, llamada Panzergruppe Kleist ("Grupo Acorazado Kleist"; Ewald von Kleist era el jefe de esta unidad), compuesto de cinco divisiones Panzer y tres Motorizadas».

Lo que es real es que nuestro protagonista favoreció el adiestramiento de los Panzertruppen, los soldados de las tropas blindadas, en el arte de combatir, de forma combinada, con vehículos veloces. En este sentido, Márquez Periano añade que debían «entrenarse intensamente como mínimo tres meses en alguna de las dos escuelas» organizadas para ello.

Un punto y aparte merece la destrucción del mito, cada vez menos popular, que afirma que Guderian fue el creador de la *Blitzkrieg*. Los verdaderos artífices de esta forma de combatir se hallaban al otro lado del canal de la Mancha, como bien admitió el propio oficial germano en *Achtung Panzer!*: «Tras largas y profundas reflexiones se decidió, hasta haber obtenido propias experiencias, basarse en las visiones de los ingleses, recogidas en la parte II del "Reglamento provisional de combate para los carros de combate y blindados" del año 1927». El oficial teutón también admitió que el ideólogo de la guerra relámpago había sido el mayor británico John Fuller, quien apostaba por acabar con el uso de los tanques como apoyo de la infantería y buscaba aprovechar su velocidad.

Guderian reconoció la aportación de Fuller y de otros tantos en la creación de la *Blitzkrieg* dentro de su libro:

> Para superar la primera desventaja, la relacionada con los tanques, los defensores de la transformación motorizada del ejército —el general Fuller, Martel, Liddell Hart y otros— exigían el refuerzo de las unidades blindadas puras con tropas motorizadas de todo tipo de armas, es decir, por una infantería y artillería que se apoyaría permanentemente en vehículos blindados, así como por pioneros mecanizados, tropas de transmisiones, bagajes y aparatos de repuesto. Estas eran las reflexiones recogidas en el «Reglamento provisional de combate para carros de combate y carros blindados», parte II, de 1927, que además dieron lugar a la formación de una brigada mecanizada de entrenamiento en el mismo año.

«Destruir a la Iglesia en Alemania»: cuando Hitler jugó a ser Dios y escribió su propia Biblia

Israel Viana

«Después de la victoria sobre Inglaterra se hará una reordenación del Reich. Habrá cambios profundos. La Iglesia, en su forma actual, tiene que desaparecer. Entonces solo habrá una Iglesia: la Iglesia nacional. Para quien no se una a esta, ya le tenemos preparado un sitio». Así amenazaba Fritz Wächtler, líder nazi de la región de Baviera del Este, el 8 de julio de 1940. Se trata de una de las muchas declaraciones con las que el Gobierno de Hitler quiso dejar claro que el nacionalsocialismo no era solo un movimiento político, sino un movimiento que aspiraba a convertirse en una especie de religión basada en la raza y en la sangre, que debía suplantar al cristianismo.

Un año después, cuando Alemania ya había invadido Bélgica, Países Bajos, Dinamarca, Noruega, Luxemburgo, Yugoslavia, Grecia y Francia, el jefe del partido nazi (NSDAP) en Múnich expresaba la misma idea con más contundencia: «Nosotros, los que vivimos ahora, Hitler y su vieja guardia, debemos destruir la Iglesia por completo. Que no se piense que es suficiente con que la juventud de Alemania crezca sin Iglesia. El sucesor del Führer podría ser más benigno, tener conmiseración y el foco de pus volvería a estallar. El nazismo es a las confesiones cristianas lo que el agua al fuego».

El objetivo estuvo claro desde el principio, mucho antes de que Hitler se hiciera con el poder en 1933: el nacionalsocialismo debía regir todos los órdenes de la vida, incluida la religión. Sin embargo, el estudio de las relaciones entre las diferentes iglesias alemanas y el Tercer Reich se ha centrado, por lo general, en la figura de Pío XII. Es como si antes de su controvertido papado —que se inició solo seis meses antes del comienzo de la Segunda Guerra Mundial— el problema no hubiera existido, pero nada más lejos de la realidad.

Los historiadores tienden a olvidar los intentos por restablecer un culto germánico precristiano en las escuelas donde se formaron los futuros cuadros directivos nazis o la temprana consideración del cristianismo como una rama judía enemiga del Estado. Las anotaciones realizadas por Joseph Goebbels en su diario, mucho antes de convertirse en el ministro de Propaganda del Führer, son muy significativas en este sentido. Véase, por ejemplo, la del 23 de julio de 1926: «El nacionalsocialismo es una religión. Solo falta el genio religioso que rompa las viejas fórmulas y cree otras nuevas. Nos falta el rito. El nacionalsocialismo se tiene que convertir en la religión oficial de los alemanes. Mi partido es mi Iglesia y creo que la mejor manera de servir al Señor es cumplir su voluntad y liberar al pueblo oprimido de sus cadenas de esclavo. Este es mi evangelio».

El 7 de agosto de 1933, poco después de acceder a su cargo, Goebbels concretó aún más su objetivo: «Hay que ser duro contra las iglesias. Nosotros mismos nos convertiremos en una». El camino, no obstante, no iba a ser fácil. La práctica totalidad de los sesenta millones de habitantes que había en Alemania en ese momento eran cristianos, de los cuales veinte eran católicos y cuarenta, protestantes. Los judíos representaban menos de un 1 por ciento, un dato que choca con el sentimiento antisemita promovido por el partido nazi desde el mismo instante de su fundación.

En el artículo 24 de sus estatutos, publicados en 1920, ya

cargaban contra este pueblo minoritario, a pesar de mostrar respeto por las otras confesiones: «Exigimos la libertad de todos los credos religiosos en el Estado, en tanto que no pongan en peligro la existencia del Estado ni entren en conflicto con la cultura y las creencias morales de la raza germánica. El partido como tal se atiene al punto de vista de un cristianismo positivo sin atarse confesionalmente a ningún credo en particular. Combate el espíritu materialista judío a escala nacional e internacional».

Los protestantes

Durante esa década de 1920, dentro de los protestantes, que formaban la Iglesia evangélica, surgió el movimiento de los llamados «cristianos alemanes», los cuales abrazaron muchos de los aspectos raciales y nacionalistas de la ideología nazi. Su convicción fue tal que, cuando el NSDAP llegó al poder, intentaron crear una «Iglesia del Reich» que difundiera una versión nazificada del cristianismo. Para ello, Hitler tuvo que eliminar primero a sus enemigos políticos, algo que logró a una velocidad de vértigo. En las manifestaciones convocadas por sus opositores el 22 de enero y el 7 de febrero de 1933, se reunieron en Berlín ciento treinta mil y doscientos mil asistentes, respectivamente. Pocos días después, tan solo salieron diez mil por miedo.

En las elecciones del 5 de marzo, el partido nazi consiguió cinco millones de votos más que le dieron la mayoría absoluta después de lograr, eso sí, que se anularan los 86 escaños del partido comunista bajo la falsa acusación de haber provocado el incendio del Reichstag unos días antes. La sesión constituyente se celebró el 21 de marzo en Potsdam, donde Hitler se esforzó en convencer a los partidos conservadores de que votaran a favor de la «Ley habilitante», para trasladar todos los poderes legislativos a su Gobierno y convertir Alemania en una dictadura. El Partido Nacional del Pueblo Alemán (DNVP) se puso enseguida de su parte, pero al católico Zentrum tuvo que convencerlo garantizando las libertades a los católicos, respetando las escuelas católicas y manteniendo en el Estado a sus funcionarios.

Los cristianos alemanes siguieron empeñados en crear una Iglesia nazi, una deriva que no gustó nada a un amplio sector de los protestantes, que crearon la llamada «Iglesia confesionista» en oposición a estos. En su documento fundacional, conocido como la Profesión de Fe de Barmen, se declaraba que la Iglesia debía fidelidad a Dios y no al «Führer». Sus miembros más famosos fueron el teólogo Dietrich Bonhoeffer y el pastor Martin Niemöller, a los que Hitler se quitó de en medio rápidamente: al primero lo ejecutó bajo la acusación de haber participado en la conspiración para derrocar al régimen y el segundo se pasó siete años en campos de concentración.

Entre estas dos facciones se desató una especie de guerra religiosa para hacerse con el poder dentro de la Iglesia evangélica, a las que se sumó una tercera corriente neutral cuya prioridad era evitar un cisma y cualquier conflicto con el Reich. Sin embargo, fue solo un conflicto interno que nunca entró en confrontación directa con el nacionalsocialismo, puesto que la preocupación principal era que el Gobierno no se entrometiera en sus asuntos. A la larga, eso resultó imposible.

Hitler quería su propia Iglesia y comenzó a presionar a los diferentes credos para que se hicieran a un lado. En marzo de 1935, por ejemplo, ordenó la detención de setecientos pastores confesionistas que se habían posicionado desde sus púlpitos contra la deriva del Reich respecto a las religiones. Y cuando el Vaticano condenó abiertamente el nacionalsocialismo en 1937, a través de la encíclica de Pío XI «Con ardiente preocupación», la Gestapo confiscó casi todas las copias depositadas en las oficinas diocesanas del país. Esta medida represiva no era más que el último episodio de los duros ataques perpetrados contra los católicos por personajes como el ideólogo nazi Alfred Rosenberg.

El episodio más surrealista e importante se vivió, sin embargo, cuando estalló la guerra, porque el Führer ordenó que se escribiera una nueva Biblia en la que se eliminara cualquier referencia al judaísmo y al cristianismo, con el objetivo de adecuarla a sus intereses políticos y xenófobos. Para trabajar en ella, en mayo de 1939 fundó el Instituto para el Estudio y la Eliminación de la Influencia Judía en la Vida de la Iglesia Alemana y puso al frente a Walter Grundmann, que dirigió a un equipo de teólogos protestantes de la ciudad de Eisenach.

El enfrentamiento contra la Iglesia no estuvo protagonizado, por lo tanto, por un grupo de fanáticos anticristianos desconocidos dentro del nazismo. El 28 de diciembre de ese año, Goebbels escribió en su diario: «Hitler sabe que no puede eludir la lucha entre el Estado y la Iglesia». Y en las órdenes de los jerarcas del Reich se pueden leer ideas similares. Por ejemplo, en una circular confidencial fechada el 6 de junio de 1941, el jefe de la Cancillería del partido y uno de los hombres de confianza de Hitler, Martin Bormann, daba las siguientes órdenes:

> El nacionalsocialismo y las concepciones cristianas son incompatibles. De la incompatibilidad entre las concepciones nacionalsocialistas y cristianas se desprende que hemos de rechazar todo fortalecimiento de las confesiones cristianas ya existentes y toda promoción de las que surjan. No hay diferencia entre las diferentes confesiones, porque la Iglesia evangélica está tan enemistada con nosotros como la católica. El pueblo ha de ser sustraído cada vez más de la influencia de las iglesias y de sus órganos, los párrocos. Por supuesto que, desde su punto de vista, las iglesias tratarán de impedir esa pérdida de poder, pero nunca debemos permitir que las iglesias vuelvan a tener influencia sobre la dirección del pueblo. Tal influencia ha de romperse total y definitivamente.

Pocas semanas después se publicó la Biblia de Hitler, como se la conoció popularmente, aunque su título oficial fuera *Los alemanes con Dios. Un libro de fe alemán*. Esta obra sagrada del nazismo desarrolló las leyes y los principios que debían guiar el espíritu germano bajo el Tercer Reich. En ella no aparecían palabras de origen judío, como «Jehová», y «aleluya», y se reelaboraron pasajes enteros en clave antisemita.

Además, el Führer se atrevió a incluir, como si se creyera el mismo Moisés, un decálogo propio con los mandamientos que todo alemán debía seguir para convertirse en un buen nazi. A diferencia de los diez incluidos en el Antiguo Testamento, que desempeñaron un papel muy importante en la historia del judaísmo y del cristianismo, en este caso son doce. En ellos, Dios no es el ser sobrenatural al que se le rinde culto, sino el mismo Hitler, que jugaba sin ningún tipo de pudor a ser el dios de los alemanes:

1. Honra a Dios y cree en él con todo el corazón.
2. Busca la paz de Dios.
3. Evita toda hipocresía.
4. Sagradas son tu salud y tu vida.
5. Sagrados son tu bienestar y tu honor.
6. Sagradas son la verdad y la lealtad.
7. Honra a tu padre y a tu madre, tus hijos son tu auxilio y sois su ejemplo.
8. Mantén la sangre pura y tu honor sagrado.
9. Mantén y multiplica la herencia de tus ancestros.
10. Estate listo para ayudar y perdonar.
11. Honra a tu Führer y amo.
12. Sirve alegremente a la gente con trabajo y sacrificio.

Como queda claro en los mandamientos 8 y 11, el carácter de esta misteriosa obra hoy desaparecida es claramente político, aunque juegue al despiste impregnándolo todo de una apariencia divina, como si fueran la misma cosa. Se imprimieron cien mil ejemplares y se repartieron entre más de mil iglesias. En *100 historias secretas de la Segunda Guerra Mundial* (Tempus, 2009), Jesús Hernández explica cuál fue su repercusión real:

> Se cree que la mayor parte de ellas fueron destruidas por los fieles, que preferían la versión original del Libro Sagrado. No hay que olvidar que los cristianos constituyeron un sector de resistencia pasiva al régimen nazi y que Hitler no consiguió integrarlos en su sistema totalitario, un objetivo que quizá pretendía lograr con la publicación de esta obra. Los que optaron por conservarla, probablemente se deshicieron del comprometedor texto tras la caída del Tercer Reich. De hecho, en la actualidad tan solo se conserva una copia en una iglesia de Hamburgo.

Resulta sorprendente que Walter Grundmann, el mencionado teólogo al que Hitler ordenó escribir su Biblia y eliminar todo vestigio del judaísmo y el cristianismo de ella, y que incluso impartió la asignatura racista de Teología Étnica en las universidades germanas, se convirtiera después en un fiel colaborador de la Stasi en la RDA. Su oscuro pasado no fue impedimento para recuperar cierto prestigio como teólogo tras la guerra. En 1959 publicó sus comentarios sobre los Evangelios, que en la década de los ochenta se hicieron muy populares.

La ruta del Atlántico: la revolución marítima, inspirada en el Imperio español, que evitó la debacle de Gran Bretaña

MANUEL P. VILLATORO

Las aguas del Atlántico inspiraban cierto sosiego a James Cook aquel 3 de septiembre de 1939. En parte por lo apacible de la tarde y por la soledad de hallarse en un cascarón metálico en mitad del océano; aunque, sobre todo, por haber dejado atrás las peligrosas aguas europeas. Pero no era un día para la calma. Tras abandonar el puerto de Liverpool, el capitán del modesto SS Athenia había sido informado del estallido de la Segunda Guerra Mundial. Eso significaba que su buque se había transformado en objetivo y que peligraban las 1.417 almas bajo su responsabilidad; dos tercios de ellas mujeres y niños. Poco podía hacer más allá de navegar en zigzag, un viejo truco utilizado por los barcos de guerra para escabullirse de los torpedos y proyectiles lanzados de improviso por los alemanes. Al poco, el oficial subió al puente; quería estar presente para solventar cualquier imprevisto.

Y vaya si lo hubo. El sol caía sobre el horizonte cuando el navío se estremeció. «Todo fue bien hasta las siete y media. Estábamos cenando y oímos una explosión», declaró después

Cook. Un torpedo disparado por el submarino U-30 impactó de lleno por babor, cerca de la sala de máquinas. «Comprobé que las puertas estancas se habían sellado, encendí las alarmas y ordené que se enviara un SOS». El estallido, el fuego y el frío del mar condenaron al bajel, arrebataron 112 vidas y, a cambio, trajeron toneladas de titulares. El Athenia fue el primer barco británico destruido por la Alemania nazi en el conflicto. Un drama. Sin embargo, su historia hizo que Gran Bretaña se replanteara la seguridad que ofrecía la ruta del Atlántico. Al fin y al cabo, un país dependiente de las vituallas que arribaban desde las Américas necesitaba proteger sus mercantes para sobrevivir.

Las contramedidas para plantar cara a los U-Boote, capaces de destruir un buque sin dejar huella, se le desvelaron a la población poco después. El 8 de septiembre de ese mismo año, el diario *The Times* publicó una reseña en la que recalcó que el Almirantazgo había informado ya de la organización de un mecanismo para evitar la caza indiscriminada de los mercantes. «Después del hundimiento del Athenia [...] se están tomando medidas para establecer un sistema de convoyes cuanto antes. Evidentemente, este método solo puede instituirse después del comienzo de la guerra y cuesta un tiempo ponerlo en funcionamiento», apuntaba el periódico. La noticia escondía cierta propaganda, pues la marina llevaba desde finales de agosto organizando todo aquel entramado al calor de la escalada de tensión internacional. Sin embargo, la excusa del hundimiento marcó el inicio de una revolución marítima.

Vieja idea

El origen más remoto de los convoyes se halla en la Flota de Indias; esa que, entre los siglos xv y xviii, protegió las rutas comerciales del Imperio español. Ya por entonces, en 1543, la premisa quedaba clara en las ordenanzas emitidas por la Corona: «Se da orden de que todos los navíos que hubieren de ir a Indias partan todos juntos [...] y que ninguno vaya solo si no fuere por especial orden de Su Majestad». Casi cuatro siglos después la esencia era la misma: agrupar los mercantes para que un reducido grupo de buques de guerra los protegiera. En sus memorias, Winston Churchill admitió que, aunque algunos oficiales criticaron este método porque entendían que las grandes masas de bajeles eran un blanco jugoso, su efectividad estaba contrastada: «La gran guerra anterior había puesto de manifiesto que eran útiles, por lo que los adoptamos a toda prisa».

Sobre el papel, estas colosales agrupaciones estaban formadas por entre veinte y cuarenta navíos. Las normativas que los regulaban no suelen narrarse en los libros de historia, pero eran concretas. Para empezar, y con el objetivo de evitar colisiones por culpa de la bravura del mar o de la falta de visibilidad, los buques de cada columna navegaban a una distancia de entre trescientos cincuenta y quinientos cincuenta metros. A su vez, cada uno de estos grupos debía mantener otros novecientos metros de separación con aquellos ubicados a su izquierda y a su derecha. Según afirma el profesor de historia naval Craig L. Symonds en sus ensayos sobre el tema, los mercantes ocupaban un rectángulo de unos ocho kilómetros de ancho por cinco de largo, el equivalente a cuarenta kilómetros cuadrados de mar. La escolta, que solía ser de unas pocas naves, se ubicaba en vanguardia y en los flancos de ese entramado.

La distancia entre mercantes era tan grande que no era extraño que un barco se hundiera sin que otros del mismo convoy se percatasen de ello. Aunque, a veces, el desconocimiento era lo mejor. Y es que uno de los mandamientos tácitos de los mercantes era no detenerse para ayudar a los náufragos que chapoteaban en el agua tras el ataque de un submarino. «Mientras pasábamos a menos de treinta metros de distancia de ellos, algunos imploraban, muchos rezaban y otros, en broma, sacaban el dedo pulgar y nos gritaban: "¿Caballero, va usted en la misma dirección que yo?"», desveló un marinero de la Royal Navy tras la Segunda Guerra Mundial. En parte era lógico, ya que, al parar máquinas, se convertían en un blanco idóneo para los U-Boote. La tarea se la dejaban a los barcos de escolta, que solo la acometían cuando estaban seguros de que el peligro había pasado.

Organización

La mayor similitud entre la Flota de Indias de la Corona española y el sistema de convoyes británico era su organización sobre las aguas. Por un lado, los mercantes estaban dirigidos por un civil que viajaba en uno de los buques en calidad de comodoro, a menudo, un antiguo oficial de la Royal Navy en la reserva. Su tarea era comunicar por banderas o reflectores los continuos cambios de rumbo establecidos para despistar al enemigo. No resultaba nada fácil coordinar aquella jauría marina. Su equivalente en la escolta era un comandante de la armada en servicio activo, normalmente, un capitán de navío. Aunque esa bicefalia funcionó bien, generó también varias situaciones de tensión; los oficiales a cargo de los buques de guerra, casi siempre de menor graduación que los veteranos en la reserva que dirigían los barcos de transporte, tenían reparos a la hora de imponer su criterio. Cosas de la flema británica.

El mando último recaía en un departamento del Almirantazgo llamado Trade Plot o «Seguimiento de Comercio». Este tenía la responsabilidad de organizar las rutas de los convoyes, desviarlos en caso de problemas y asignarles las escoltas. La escasez de buques de guerra los obligaba a plantearse a diario un complicado puzle. Su tarea fue algo más sencilla entre 1939 y el verano de 1940. Por entonces, Alemania carecía de puertos atlánticos y sus submarinos debían salir al océano tras bordear Gran Bretaña por el este. El retraso que conllevaba este proceso —una semana más de travesía debido al bloqueo inglés del canal de la Mancha— daba cierta tranquilidad a la Royal Navy y permitía a la escolta abandonar, cuando la carga era de escaso porte, la protección de los mercantes unos pocos kilómetros más allá de

Irlanda. Después, aguardaba la llegada de otro grupo desde Halifax, al que se protegía durante el regreso a puerto.

Pero la suerte sonrió al Reich en 1940. Tras atravesar Francia de lado a lado, Hitler estableció una serie de bases en la costa oeste del país que le dieron acceso directo al Atlántico. Además de convertirse en verdaderas fortalezas de hormigón con capacidad para resistir bombardeos, los astilleros de Brest, Lorient, Saint-Nazaire, La Rochelle o Burdeos se transformaron en guaridas desde las que los llamados «lobos grises» (los submarinos germanos) podían asestar duros y raudos golpes a los convoyes británicos. El nuevo escenario obligó a los hombres del Trade Plot a desplazar el punto en el que las escoltas abandonaban a los mercantes unos 640 kilómetros hacia el oeste. Aunque ni siquiera eso asustó a los U-Boote. Durante el resto de la guerra, la franja —conocida como Western Approaches o «Aproximación Occidental»— entre Gran Bretaña y esa línea invisible creada por el Seguimiento de Comercio se transformó en un cruento campo de batalla.

Tampoco ayudó a la Royal Navy la escasez de buques de guerra capaces de escoltar los convoyes. Una de las soluciones fue reconvertir naves de carga civiles en barcos de guerra. Así nacieron los Armed Merchant Cruisers o «cruceros mercantes armados» (AMC); navíos de entre catorce mil y dieciséis mil toneladas que se equipaban con varios cañones de 152 mm para defenderse de los posibles ataques enemigos. Si bien engrosaron de forma artificial los números de la flota británica, en la práctica eran féretros metálicos. Carecían de blindaje, su armamento estaba desfasado y lo normal era que su tripulación estuviese formada por los mismos marineros que habían trabajado en ellos hasta entonces. En un clásico ejemplo de humor inglés, no tardaron en ser conocidos como Admiralty Made Coffins («ataúdes hechos por el almirantazgo»). Con todo, unos diez mil hombres firmaron el contrato de adhesión a la marina por dos años y sirvieron en sus tripas.

Mitos fuera

Existen una infinidad de mitos alrededor de Gran Bretaña y del sistema de convoyes. El más extendido repite que el bloqueo naval alemán sumió en la pobreza extrema a los ingleses desde la misma invasión de Polonia. No fue así. Al comenzar las hostilidades, el Tercer Reich sumaba tan solo 57 sumergibles, de los cuales estaban operativos 39. Karl Dönitz, al frente del arma submarina, había solicitado trescientos al Führer para poder estrangular las islas, y no los obtuvo hasta junio de 1942. Así, por mucho que Winston Churchill repitiera hasta quedarse ronco aquello de que lo único que le había preocupado durante la guerra habían sido los U-Boote, lo cierto es que su país no estuvo en un riesgo real de padecer una hambruna masiva. Con todo, la eficacia de la Kriegsmarine —que se llevó al fondo del mar novecientas mil toneladas en mercantes el primer año— siempre acechó al Almirantazgo.

Otro de los mitos más populares es el que afirma que los convoyes ingleses unían tan solo Estados Unidos y Gran Bretaña. Craso error. Los mercantes recorrieron medio mundo y, a pesar de que han pasado a la historia por su participación en la batalla del Atlántico, arribaron también hasta Canadá o la Unión Soviética, en el Ártico. El primero de todos partió el 2 de septiembre de 1939 —un día antes del hundimiento del Athenia— y fue conocido como FS1 porque navegaba desde Forth hasta Southbound. Y es que, desde que se implantó este sistema, se identificó cada convoy mediante un código que indicaba su lugar de procedencia, su destino y su secuencia numérica. Así, hubo tantos como enclaves atravesaron los navíos. Con todo, los nombres no tenían por qué corresponderse con las siglas de las regiones; al fin y al cabo, habría sido demasiado sencillo para el enemigo desvelar el secreto.

Lo que está claro es que el tiempo dio la razón a los británicos. «Pronto vimos que habíamos detenido la primera embestida alemana contra el comercio inglés y que la amenaza estaba, cada vez más, bajo un estrecho y estricto control», admitió Churchill. La escabechina de buques perdidos en el Atlántico solo repuntó con la llegada de la táctica de la «manada de lobos». Ideada por Dönitz en marzo de 1940, consistía, sencillamente, en que varios U-Boote se unieran para atacar un convoy. Sin embargo, la captura de la máquina de codificación Enigma —herramienta básica de la Kriegsmarine para orientar a los sumergibles en alta mar—, el nacimiento de nuevos medios antisubmarinos y el perfeccionamiento del Asdic acabaron con los asesinos silenciosos. Los números, por mucho que se haya repetido lo contrario, no mienten: en 85.775 travesías, los ingleses tan solo perdieron 654 buques, un 0,75 por ciento del total.

Las anémicas cifras de buques hundidos no esconden, sin embargo, que hubo varios ataques a convoyes que hicieron temblar a Churchill. El más doloroso fue el golpe de mano contra el PQ17, formado por 35 mercantes y una escolta de dos cruceros, seis corbetas y seis destructores. El grupo partió desde Islandia con destino a la Unión Soviética el 27 de junio de 1942. Iba cargado hasta los topes de armamento y vituallas: doscientas mil toneladas de material militar. Desde el 1 de julio, los U-Boote estuvieron al acecho. Cuando los británicos supieron que el Tirpitz, un gigantesco acorazado del Reich, había salido de puerto en su dirección, tomaron una pésima decisión: ordenaron a la escolta que se retirara y a los buques de carga que se disgregaran. El resultado fue una caza nave a nave; en total, dieciséis bajeles a pique y ni una sola baja en el bando alemán.

Destruir al enemigo oculto

Además del sistema de convoyes, Gran Bretaña contaba con varios comodines para acabar con los U-Boote. Para detectarlos desarrolló el ASDIC, cuyas siglas, según difundió la Royal Navy para desconcertar al enemigo, correspondían a Allied Submarine Detection Investigation Committee («Comité Aliado de Investigación de la Detección de Submarinos»). La realidad es que ese comité jamás existió. El aparato en cuestión era una suerte de sonar que enviaba una onda sónica hacia el fondo del mar. Si esta se topaba con un objeto sumergido, rebotaba y llegaba de nuevo hasta el emisor, que podía discernir la posición del obstáculo según el tiempo que tardara en desplazarse el eco. El único problema era que no funcionaba cuando los sumergibles emergían; en esos casos, la defensa dependía de la agudeza visual del vigía.

Una vez que los detectaban, los ingleses contaban con varios métodos para destruir a los alemanes, aunque se hallaran bajo las aguas. El más barato y extendido era la carga de profundidad, un cilindro metálico en el que se introducían entre ciento cincuenta y trescientos kilogramos de explosivo. El funcionamiento era simple: se regulaba el detonador para que estallara a una profundidad concreta y, después, se lanzaba al mar. Es cierto que era difícil acertar de lleno en el sumergible, pero la onda expansiva provocaba daños a una distancia de hasta cinco metros. La idea era que, mediante la acción combinada de varias de ellas, al comandante del submarino no le quedase más remedio que emerger.

El último llegó de la mano de las «manadas de lobos», que obligaron a los británicos a reinventarse y actualizar sus sistemas antisubmarinos. Así fue como nació el Erizo en 1943, gracias al científico naval canadiense Charles Goodeve. El arma consistía en un pequeño lanzacohetes con capacidad para disparar varias granadas hacia el mar de una sola vez. El sistema se instalaba en la proa de los navíos y arrojaba hasta 24 granadas MK10 a una distancia máxima de doscientos cincuenta metros. Cada una estaba cargada, a su vez, con catorce kilos de TNT o dieciséis de Torpex, uno de los explosivos más potentes de la época. Se activaban por contacto, así que, si tocaban al submarino, podía darse por hundido.

«Animales invasores y escoria»: el trato vejatorio de Francia a los exiliados españoles de la Guerra Civil

ISRAEL VIANA

En *Campo de los almendros* (1968), el libro que cierra su serie de novelas sobre la Guerra Civil titulada *El laberinto mágico*, Max Aub escribió: «Este es el lugar de la tragedia: frente al mar, bajo el cielo, en la tierra. Este es el puerto de Alicante el 30 de marzo de 1939. Las tragedias siempre suceden en un lugar determinado, en una fecha precisa, a una hora que no admite retraso». El hispanista Ian Gibson la considera su obra maestra por la brillante descripción que hace de la desesperación y el sentimiento de abandono experimentado por los españoles que emprendieron el camino del exilio en 1939.

El escritor español de origen francés y alemán incluyó en la misma obra la siguiente descripción que un padre le hace a su hijo de los perdedores de la Guerra Civil:

> Estos que ves ahora deshechos, maltrechos, furiosos, aplanados, sin afeitar, sin lavar, cochinos, sucios, cansados, mordiéndose, hechos un asco y destrozados son, sin embargo, no lo olvides nunca pase lo que pase, lo mejor de España. Los

> únicos que de verdad se han alzado, sin nada, con sus manos, contra el fascismo, contra los militares, contra los poderosos, por la sola justicia; cada uno a su modo, a su manera, como han podido, sin que les importara su comodidad, su familia, su dinero. Estos que ves, españoles rotos, derrotados, hacinados, heridos, soñolientos, medio muertos, esperanzados todavía en escapar, son, no lo olvides, lo mejor del mundo. No es hermoso. Pero es lo mejor del mundo. No lo olvides nunca, hijo, no lo olvides.

A pesar de la dura reflexión de Aub, lo cierto es que las penurias de los refugiados que decidieron cruzar los Pirineos no acabaron tras la victoria de Franco, sino que continuaron después con el deplorable trato recibido por las autoridades francesas. Las mismas que, supuestamente, se habían mostrado públicamente afines a la causa republicana entre 1936 y 1939, pero que ahora estaban sumidas en su propia guerra contra el fascismo. Los españoles pasaron a un segundo plano en sus prioridades.

Ese mismo destierro lo sufrieron multitud de intelectuales españoles afectos a la República, como es el caso de María Zambrano y su marido, el historiador Alfonso Rodríguez Aldave. Ambos escaparon a Francia, en compañía de sus madres, hermanas, cuñados y otros familiares, poco antes de la caída de Barcelona a manos de Franco, en un duro trayecto que la escritora malagueña relató así en sus notas autobiográficas:

> No otra cosa es lo que sucede. Por los pasos del Pirineo, como sangre mandada a empujones por un corazón espantado, la multitud llega interminable. Tiene color de tierra, color de monte derrotado de encina rota a hachazos; es el mismo suelo que arrancado de sus cimientos echa a andar; es la materia de España, su sustancia, su fondo último, lo que llega, lo que avanza, lo que espera en esta terrible mañana gris vacía de Dios por la larga carretera hasta Le Perthus [...]. A medida que nos acer-

> cábamos a la frontera, la calma se iba extendiendo como unos óleos de aceite por los rostros, templaba las voces y daba voz a los enmudecidos.

Sin embargo, toda esa «calma» de la que hablaba Zambrano duró muy poco. A la mayoría de los cuatrocientos setenta mil españoles llegados a Francia y a su colonia de Argelia se los recluyó en campos de concentración y una gran parte de la opinión pública gala los consideró «rojos peligrosos». La llegada de los republicanos se percibió, en efecto, como una «peligrosa invasión» por parte del Gobierno de Édouard Daladier, debido sobre todo al elevado número de refugiados que traspasaron la frontera. Una posición que resulta sorprendente si tenemos en cuenta que todavía no se había instaurado el régimen de Vichy, aquel Estado títere de la Alemania nazi que instauró el mariscal Philippe Pétain en parte del territorio poco después de que Hitler invadiera Francia.

«Sucios vándalos»

El pequeño departamento de los Pirineos Orientales vio multiplicada por tres su población con la llegada de los republicanos españoles, que en aquellos momentos era de cuarenta mil habitantes en la capital, Perpiñán, y doscientos treinta y cuatro mil más en el resto del territorio. La penosa situación en que llegaban estos exiliados no impidió que la prensa francesa de derechas se refiriese a ellos con insultos como «animales invasores, escoria, tribus primitivas o sucios vándalos», según explica Borja de Riquer en su libro *La dictadura de Franco* (Crítica, 2021).

Esta opinión se generalizó entre la población más conservadora y ejerció una presión muy importante sobre el presidente Daladier, que terminó por imponer unas condiciones extremadamente duras para gozar del derecho de asilo. Su Gobierno envió a los departamentos del sur más de cincuenta mil gendarmes, así como un buen número de contingentes de tropas coloniales y regulares para vigilar, única y exclusivamente, a los refugiados. Estos fueron, además, los primeros a los que se les aplicó el decreto del 12 de noviembre de 1938, que preveía el internamiento de los extranjeros considerados «indeseables».

Los primeros campos se construyeron en las mismas playas del propio departamento de los Pirineos Orientales: Argelès-sur-Mer, Saint-Cyprien y Barcarès. A continuación se crearon más en otras partes del interior de Francia, como Bram, Agde, Le Vernet, Gurs y Septfonds. Eso quiere decir que a la tristeza por haber sido derrotados por Franco se sumó inmediatamente después la humillación por el trato recibido en el exilio.

Así ha contado el célebre director de fotografía Juan Mariné, que ha trabajado con directores de la talla de Edgar Neville, José Luis Sáenz de Heredia, Antonio del Amo, José María Forqué o Gerardo Herrero, entre otros, su paso por algunos de ellos. Un destino cruel después de haberse salvado por los pelos de la matanza de ciento treinta compañeros de su división y haber perdido la audición del oído derecho por una explosión:

> En Saint-Cyprien me quisieron obligar a firmar un contrato con la legión extranjera para ir a combatir a Indochina durante cinco años, pero me negué alegando que en España no podía firmar nada hasta cumplir los veinte años y que no entendía lo que me estaban diciendo porque no sabía francés. Desistieron por pesado y, en un despiste, aproveché para escapar de allí. Al día siguiente, una patrulla de senegaleses me capturó y me llevaron a Argelès-sur-Mer, que era una playa repleta de prisioneros donde no había ni sitio para poner los pies en el suelo. Tampoco te daban de comer. De vez en cuando lanzaban pan duro como si fuéramos gallinas que, del hambre que teníamos, lo mojábamos en el agua de mar para poder comérnoslo. Durante el tiempo que estuve allí internado, tuve que dormir en el suelo, al aire libre, en enero.

Un trato vejatorio

A la alarmante precariedad higiénica y sanitaria, los españoles tenían que sumar la severa vigilancia a la que los sometían los gendarmes, como si de criminales de guerra se tratara, aunque muchos de ellos no hubieran empuñado un arma en su vida. El trato solía ser vejatorio e, incluso, violento en muchas ocasiones. No es de extrañar que cientos de los refugiados internados en estos improvisados campos de concentración, sobre todo las ancianas y las mujeres con hijos pequeños, se viesen casi obligados a regresar a España, a pesar del evidente peligro que esto suponía para sus vidas.

El Informe Valière, redactado por el Gobierno francés en aquel momento, sostiene que entre el 28 de enero y el 12 de febrero de 1939 entraron en territorio galo como refugiados políticos unos cuatrocientos cuarenta mil españoles, de los cuales doscientos veinte mil eran combatientes; diez mil, soldados heridos; cuarenta mil, hombres no combatientes, y ciento setenta mil, mujeres y niños. Además, para esa fecha habían entrado en las colonias galas del norte de África —Argelia, Túnez y Marruecos— otros quince mil exiliados, una cantidad muy superior a los cuatro mil de la Unión Soviética, los tres mil del resto de Europa y los mil de Latinoamérica.

Los mismos informes franceses sobre los refugiados españoles llegados a principios de 1939 indican que la mayoría procedía de las regiones limítrofes a la frontera: el 36 por ciento eran catalanes, el 18 por ciento aragoneses, el 14 por ciento de la zona de la actual Comunidad Valenciana, el 10 por ciento andaluces y el 7 por ciento de la zona centro. En lo que respecta a las profesiones de los exiliados, la misma fuente asegura que un 50 por ciento se declararon obreros, un 30 por ciento campesinos y que el resto pertenecía al sector servicios. Entre estos últimos había una cifra importante de funcionarios.

Por supuesto, al extranjero había ido a parar la gran mayoría de los dirigentes políticos y sindicales, de los altos cargos de la

Administración republicana y de los intelectuales y profesionales.

Después de Francia, Zambrano vivirá en México, Cuba, Puerto Rico, Suiza e Italia. No regresará a España, como tantos otros exiliados, hasta la muerte de Franco y la llegada de la democracia. Ella, en concreto, en 1984, asegurando que, en cualquier caso, del exilio no se retorna nunca: «No puedo volver porque no me he ido nunca; yo he llevado a España conmigo».

Los secretos del Panzer IV: el viejo y fiable tanque alemán que se convirtió en la pesadilla de los aliados durante toda la guerra

MANUEL P. VILLATORO

Si el gigantesco Tiger I fue el rey de los tanques alemanes y el demoledor Panther fue la reina, el peón del tablero de ajedrez en el que se convirtieron las batallas acorazadas de la Segunda Guerra Mundial fue el Panzerkampfwagen IV. Considerado como la columna vertebral de las divisiones Panzer, este vehículo no fue el más pesado ni el más puntero desde el punto de vista tecnológico, pero su diseño versátil permitió que los ingenieros de Hitler pudieran modificarlo a lo largo de todo el enfrentamiento para paliar sus limitaciones. Gracias a ello, este socorrido decano pudo plantar cara a la mayoría de los enemigos que encontró en los campos de batalla a pesar de haber sido ideado a mediados de los años treinta.

Pero el diseño no fue lo único que permitió al Panzer IV dar la talla durante más de un lustro frente a rivales más modernos y mejor armados. Ni mucho menos. Otro de los factores que hicieron que este carro de combate se usase en masa dentro de las Panzerwaffe —más allá de que la estandarización en su producción redujera la congestión de la industria germana— fue, entre otras cosas, la experiencia de unas tripulaciones que supieron exprimir cada una de sus ventajas y minimizar sus puntos débiles. Gracias a que eran como una pequeña familia, aquellos soldados se convirtieron en expertos en el arte de disparar a base de convivir en un minúsculo habitáculo durante semanas.

Para todos y cada uno de estos hombres, su carro de combate era su casa. Y parece que, a pesar de que películas como *Corazones de acero* o *Salvar al soldado Ryan* han logrado mitificar la figura del Tiger I por su resistencia y por su potencia de fuego, características innegables, tampoco estaba nada mal entrar en batalla a lomos de un Panzer IV. «La bondad de este carro de combate es que, con mejoras y sin ser especialmente excepcional, fue bueno durante toda la guerra en los tres campos básicos que dictaminan el diseño de un carro de combate: movilidad, penetración y potencia de fuego», afirma el sargento primero Lázaro, del Ejército de Tierra.

El brigada Ángel Rodas coincide con él: «Se fabricaron unas nueve mil unidades. Con esa cantidad de producción está claro que inspiraba confianza. Era un carro de combate muy equilibrado». Ambos saben bien de lo que hablan, ya que, como personal del Regimiento Acorazado Alcázar de Toledo 61 destinado en el MUMA (el Museo de Medios Acorazados de la Brigada Guadarrama XII), han podido estudiar a fondo uno de los Panzer IV que, en 1943, compró el ejército español a Alemania. Una joya que la BRI XII cuida con gran esfuerzo y que se puede visitar en la base militar de El Goloso, ubicada en Madrid.

Comienzos

Tal y como afirman Bryan Perret y Jim Laurier en su obra *El carro medio Panzer IV*, la vida de este carro de combate comenzó allá por enero de 1934, cuando «el ejército presentó las especificaciones del nuevo carro de combate de apoyo cercano a la industria, junto con una limitación de peso total de 24 toneladas». Tras aceptarse el diseño de la famosa empresa Krupp apareció la primera versión de este vehículo, la Ausführung A, en 1936. Así lo afirman los autores, aunque, según carristas de la época, como el comandante de blindados germanos Wilhelm von Thoma, habría que retrasar esta fecha un año.

Más allá de la fecha concreta, lo que se sabe a ciencia cierta es que el bosquejo del Panzer IV se llevó a cabo bajo un absoluto secreto para poder eludir las limitaciones del Tratado de Versalles. Y es que las reparaciones de guerra impuestas a los alemanes tras la Primera Guerra Mundial les impedían, entre otras tantas cosas, diseñar carros de combate. El resultado fue un vehículo armado con dos ametralladoras de 7,92 mm y un cañón de 75 mm corto. Además, contaba con un blindaje digno para la época, que iba de los treinta milímetros en la parte delantera del casco a los ocho milímetros en las zonas más débiles. Todo ello acompañado de su clásica y curiosa forma de caja.

Como recuerda el sargento primero Lázaro mientras revisa el exterior del Panzer IV del Museo de Medios Acorazados, cuando comenzó la Segunda Guerra Mundial este carro no era el más extendido dentro de las divisiones germanas. Este honor le correspondía a su hermano pequeño, el Panzer I, un minúsculo ingenio de apenas cinco toneladas y media que estaba armado únicamente con dos ametralladoras. Las diferencias entre ambos son insalvables cuando se comparan sus dimensiones a primera vista en la base de El Goloso, donde también se expone uno de los pocos Panzerkampfwagen I que existen en la actualidad.

En palabras de Lázaro, el minúsculo Panzer I no estaba pensado para asumir grandes evoluciones. «Una de las grandes bondades de este vehículo es que se diseñó para que se pudiera mejorar constantemente durante la guerra. Por el contrario, el Panzer I tenía un diseño restringido, casi de exploración, que le permitió unas ligeras modificaciones, pero a nivel muy básico y limitado», señala. El decano de los carros de combate se desenvolvió tan bien contra la mayoría de los tanques de la época —desde los Renault galos hasta los T-26 soviéticos— que los ingenieros alemanes empezaron pronto a desarrollar una evolución tras otra para el Panzerkampfwagen IV.

«Fue el único carro de combate que estuvo en producción desde el comienzo hasta el final de la Segunda Guerra Mundial», explica Lázaro. Y añade que, a partir de entonces, este blindado se benefició de los combates con los diferentes enemigos a los que se enfrentó Alemania durante la contienda. Cada vez que las tripulaciones se percataban de alguna debilidad, la reportaban de inmediato para que se estudiara y se paliaran sus defectos. «El Panzer IV se benefició de diez años de experiencia en batalla. El Tiger I, por el contrario, no tuvo una larga evolución, su diseño fue casi inalterable desde el 42», completa el sargento primero.

Así fue como, poco a poco, el Panzer IV se fue transformando en uno de los mejores carros de combate de la época. No por ser un vehículo ultrapesado capaz de imbuir —como otros sí lo hicieron— el miedo en el enemigo con su mera presencia, pero sí por su versatilidad y su infalibilidad y fiabilidad en el campo de batalla. «Un ejemplo de su buen diseño es que tenía tres depósitos por si le fallaba el sistema de abastecimiento —lo que le daba más autonomía y durabilidad— y llevaba un motor auxiliar —el de giro de la torre— para que, en el caso de que se quedara aislado y no contara con la ayuda de otro carro, pudiera autoabastecerse y arrancar él solo», desvela Rodas.

El enemigo soviético

A pesar de todo, el del Panzer IV no fue un camino de rosas. Este versátil carro de combate pasó su primera prueba de fuego tras el comienzo de la Operación Barbarroja en junio de 1941. En la gélida estepa rusa tuvo que medirse a un tanque una década más moderno y, a priori, mucho más letal, el T-34. «El T-34 tenía conceptos revolucionarios como un motor diésel, cuando la mayoría de sus enemigos estaban equipados con motores de gasolina. Además, tenía un blindaje inclinado que, sin aumentar radicalmente el espesor del blindaje, le hacía ganar en protección y en capacidad de rebote de los proyectiles», añade el sargento primero a *ABC*.

Contaba, además, con un cañón de 76 mm capaz de perforar la coraza del Panzer IV. La partida parecía perdida desde los comienzos para el alemán. Sin embargo, y en palabras de Lázaro, la experiencia de las tripulaciones germanas, así como su coordinación en el campo de batalla, les hicieron sobreponerse a ellos hasta que llegaron las nuevas actualizaciones. «Los soviéticos disponían de muchos más carros de combate, que en principio eran mejores, pero los utilizaban como si fueran grandes rebaños desorganizados. Los alemanes, siendo muchos menos, pudieron plantarles cara mediante la clásica organización alemana», desvela el brigada Rodas.

Tras toparse con aquellos ingenios acorazados, los alemanes iniciaron el diseño de un nuevo carro de combate basado en el del T-34, el mítico Panther. La idea inicial era que un tanque de 45 toneladas sustituyera de forma definitiva al Panzer IV como blindado medio en las divisiones germanas. Sin embargo, al final no pudo jubilar a este pionero. «El Panzer IV seguía teniendo una mayor capacidad de proyección. El modelo era lo suficientemente bueno como para que, modificándolo, se pudiera mantener. Además, el hecho de tener que cerrar de forma drástica la producción de un carro para abrir la de otro hubiera implicado un parón en un momento en el que, sobre todo a partir de junio de 1941, se necesitaban muchos en el frente del Este», añade Lázaro.

Más y más mejoras

La mejora principal consistió en aumentar de forma progresiva el blindaje añadiendo en su barcaza planchas de acero con un espesor de ochenta milímetros. También se incluyó un cañón más largo, lo que, en palabras de Rodas, «generó más velocidad al proyectil y le hizo ganar en daño». No les debió de ir mal, pues las versiones sucesivas (nombradas mediante letras de la A a la J) siguieron en activo durante toda la Segunda Guerra Mundial. «El Panzer IV se benefició de los combates contra los rusos. Eso hizo que modelos como el H, y antes el G, usaran el blindaje espaciado (*Schürzen*) en la torre y en la barcaza. De esta forma la protección no añadía demasiado peso al carro y le permitía aguantar proyectiles de carga hueca», desvela Lázaro.

De todos ellos, el más producido fue el H, el mismo que se puede visitar en el Museo de Medios Acorazados de Madrid. «De los aproximadamente ocho mil que se fabricaron, tres mil setecientos correspondían a este modelo», completa el sargento primero. Entre sus modificaciones destacaban las «planchas de blindaje adicionales en el frontal de la barcaza, del habitáculo y de la torre»; la posibilidad de añadir la popular coraza *Schürzen*; el respetable cañón de 75 mm y 48 calibres o, entre otras tantas, el famoso *Zimmerit*. «Era una pasta antimagnética con la que se recubrieron los vehículos alemanes desde el año 43 hasta septiembre del 44, que servía para evitar que en las superficies verticales se les adosaran minas contracarro», completa Lázaro.

En 1944, cuando los aliados se dispusieron a destrozar la fortaleza europea de Adolf Hitler, el Panzer IV todavía seguía siendo la columna vertebral de las divisiones acorazadas alemanas en Normandía. Por entonces ya era más que veterano, pero todavía tenía la capacidad de dar algún que otro susto a los carros de combate medios y pesados estadounidenses y británicos. Y, por descontado, no sufría para hacer saltar por los aires a los mitificados Sherman norteamericanos, el vehículo más extendido en el ejército de Eisenhower. «No podían enfrentarse contra un M26 Pershing, un Comet o un IS2, pero tenía la capacidad de, llegado el momento, poder ponerlos en aprietos», destaca el mismo militar.

La mentira del Tiger I

Lo que le faltó al Panzer IV fue solo una cosa: buena propaganda. Esa que sí tuvo el mitificado Tiger I. Ver uno de estos tanques era estremecedor para los aliados. El terror que causaban queda patente en las declaraciones de tanquistas como Phil Lawrence, comandante de un Sherman el Día D. «Vimos uno en Francia. Se asomó por la esquina de un edificio. Fue la aparición más espeluznante de mi vida. Tenía munición antiblindaje cargada y disparé, pero rebotó. Así que cargué munición de alto explosivo lo más rápido que pudimos. El arma retrocedía y disparaba, mi cargador no paraba de meterle munición». Las balas no sirvieron de nada. Asustado, ordenó a su conductor que retrocediera, pero no tuvieron tiempo. Al final, el enemigo le disparó a quemarropa. «No hay palabras que puedan expresar la increíble violencia de aquel impacto. El proyectil impactó en nuestra torreta y la atravesó».

Sus 57 toneladas, su potente cañón de 88 mm y su tamaño colosal lo convertían en la pesadilla de los aliados. Sin embargo, el historiador James Holland opina que este monstruo no era más que una pérdida de tiempo: «Es, posiblemente, el carro de combate más célebre de la Segunda Guerra Mundial. Pero en realidad solo se construyeron 1.347 de ellos. El Tiger I era una gran arma cuando funcionaba y cuando había combustible para alimentarlo, que ya era difícil. El problema es que los alemanes construían estos tanques, pero no hacían las herramientas necesarias para mantenerlos y conservarlos correctamente».

No le falta razón al presentador de *Megaestructuras nazis*. Todo lo que tenía que ver con los Tiger I era complejo. Su diseño, su mantenimiento, su coste... «Uno de sus mayores problemas era que no cabían en los trenes por ser demasiado grandes, y eso hacía que no se pudiesen desplazar por la Europa continental de forma sencilla. La única forma de moverlos era cambiándoles las orugas por unas más estrechas. Posteriormente, cuando llegaban al destino, les tenían que poner las originales», incide. Además, tenían una caja de cambios de seis velocidades, que funcionaba con un sistema hidráulico, diseñada por Ferdinand Porsche. Más del 50 por ciento de las bajas que sufrieron durante la Segunda Guerra Mundial se debieron a fallos en ella. Problemas que, muchas veces, no tenían reparación.

1940

El invento español de Ramón Perera que Churchill despreció y que provocó la muerte de cuarenta y tres mil ingleses

Israel Viana

El Gobierno británico pensaba que Hitler se quedaría satisfecho con la conquista de Polonia, pero nada más lejos de la realidad. Alemania no estaba dispuesta a firmar ningún acuerdo con los aliados hasta que se hiciera con el continente entero, como quedó de manifiesto pocos meses después con la invasión de Noruega y Dinamarca, en primer lugar, y Bélgica, Luxemburgo, Países Bajos y Francia, en segundo. Fue entonces cuando Winston Churchill comenzó a mirar con preocupación al otro lado del canal de la Mancha, convencido de que su país sería el siguiente. Y no se equivocó.

El 10 de junio de 1940, un mes después de que el famoso primer ministro británico subiera al poder, mil quinientos bombarderos y más de mil cazas nazis atacaron las zonas portuarias de la costa sur del Reino Unido. La Royal Air Force (RAF) se defendió con dignidad a pesar de su inferioridad numérica, pero el 24 de agosto un escuadrón germano desorientado dejó caer por error una serie de bombas sobre una zona habitada del sur de Londres. Esta acción fortuita cambiaría el curso de la guerra y afectaría a millones de personas, porque el Gobierno inglés respondió de inmediato con el bombardeo de Berlín.

Aquella decisión resultó trágica para los ingleses, porque Hitler no se quedaría con las manos cruzadas en aquellos primeros compases del conflicto en los que todavía se sentía poderoso, como el mismísimo Napoleón en su época más gloriosa. La orden fue clara: «Hay que arrasar Londres». Comenzó entonces una fuerte ofensiva aérea contra la población civil, cuyo primer ataque se saldó con más de trescientos muertos y mil heridos. En ese momento se difundió la famosa imagen de Churchill caminando entre los escombros de los barrios más destrozados de la capital británica, con su bombín y haciendo con la mano el gesto de la V de «victoria».

El primer ministro quería transmitir al mundo la idea de que su pueblo resistiría, pero lo cierto es que en ese momento la guerra entró en uno de los momentos más duros para Gran Bretaña. La tormenta de bombas de los alemanes sobre las islas se prolongó hasta el 21 de mayo de 1941 y costó la vida a entre cuarenta mil y cuarenta y tres mil civiles, una cifra de muertos considerable que Churchill podría haber evitado con facilidad si hubiera aceptado la ayuda que les ofreció Ramón Perera, un ingeniero catalán huido de Barcelona al final de la Guerra Civil, que llegó a Londres después de salvar la vida a decenas de miles de personas en los bombardeos de la aviación italiana. ¿Por qué el primer ministro inglés y el Parlamento británico cometieron aquel grave error?

La Guerra Civil española

Para entenderlo debemos remontarnos a marzo de 1937, cuando la Ciudad Condal se convirtió en uno de los principales objetivos de Mussolini, desde hacía poco uno de los principales apoyos de Franco en la sublevación contra la Segunda República española. En esa época se había creado la Junta de Defensa Pasiva de Cataluña, cuyo principal objetivo fue proveer a los barceloneses de refugios antiaéreos. El encargado de diseñarlos y construirlos fue el citado Perera, que por entonces ocupaba el discreto puesto de secretario de la Sección de Planes y Obras Públicas de dicha junta.

Según cuenta el historiador Jesús Hernández en *Eso no estaba en mi libro de la Segunda Guerra Mundial* (Almuzara, 2018), se construyeron mil cuatrocientos refugios en Barcelona y dos mil cien en toda Cataluña siguiendo las especificaciones de Perera. Su diseño incluyó innovaciones importantes basadas en el estudio del efecto de las bombas y fue un auténtico milagro para los republicanos en toda la región nordeste de España, puesto que no se produjo ni un solo muerto entre todos aquellos que pudieron resguardarse en los refugios catalanes.

Sus profundas observaciones sobre el terreno a la hora de diseñarlos les dieron una serie de características que los convirtieron en prácticamente infalibles. «Por ejemplo, todos ellos tenían dos accesos por si uno de ellos se quedaba bloqueado por los escombros. La entrada debía ser en forma de L para que la metralla no pudiera entrar en el interior. La mayoría, además, estaban dotados de servicios básicos, como alumbrado eléctrico, pozos de ventilación, bancos para sentarse, letrinas y botiquines. Perera consiguió, por último, que fuesen baratos y fáciles de construir», subraya el historiador.

Al final, estas sencillas construcciones de Perera llamaron la atención de una serie de ingenieros ingleses que habían acudido a Barcelona, a principios de 1939, para vivir la recta final de la Guerra Civil en la zona republicana. Al ver los resultados sobre el terreno, quedaron tan entusiasmados que se llevaron la idea a su país. No hay que olvidar que Gran Bretaña llevaba tres años preparándose para un más que probable conflicto a gran escala. Sin embargo, cuando este se inició y Londres comenzó a ser bombardeada por los alemanes, el Gobierno inglés decidió usar su propio refugio antiaéreo —el modelo conocido como Anderson— y no el español, que ya había dado muestras de su solvencia con creces.

El refugio inglés se llamaba así por el nombre de su ministro de Defensa Civil, John Anderson. Se trataba de una estructura desmontable cuyo cuerpo principal constaba de seis planchas de hierro galvanizado y ondulado, con las que se formaban las paredes laterales y el techo. Si se contaban también la puerta, solo una, y otras partes de menor tamaño, en total estaba compuesto de catorce piezas. A diferencia del de Perera, que era un habitáculo colectivo en el que cabía un grupo considerable de personas y que era muy fácil de construir, el de Anderson tenía una serie de desventajas apreciables: una vez montado, debía enterrarse en el jardín de las casas con una capa mínima de cuarenta centímetros de tierra, medía dos metros de largo, 1,40 de ancho y 1,80 de alto y, lo que es peor, tenía capacidad para menos de seis personas, las cuales se encontraban dentro muy apretadas y tenían que permanecer de pie.

Cuando el ejército franquista entró en Barcelona en enero de 1939, Perera huyó primero a Francia con los planos de su refugio y de ahí, con la ayuda de los servicios secretos británicos, a Londres. Las personas que le asistieron pensaron que, si se iniciaban los bombardeos nazis, podrían contar con la genial obra de ingeniería del español. La desilusión, sin embargo, fue máxima cuando este y su colaborador británico comprobaron que el Gobierno inglés había preferido apostar por el refugio Anderson, que pronto comenzó a distribuir entre la población. Se construyeron aproximadamente tres millones y medio de unidades, a razón de unas cincuenta mil por semana como máximo. El refugio se entregó gratuitamente a los que cobraban doscientas cincuenta libras al año o menos, mientras que los que tenían unos ingresos superiores debían comprarlos a un precio de siete libras la unidad.

Perera advirtió al Gobierno británico de que era un error confiar la protección de sus habitantes a aquella estructura desmontable con un espacio tan pequeño que, además, tenía que instalarse en el jardín. El ingeniero barcelonés intentó convencerlos de que los refugios debían ser colectivos. Además, ¿qué ocurría con la gente que no contaba con jardín ni con un patio en sus casas para enterrarlo?

Perera contra Anderson

Las autoridades inglesas no dieron su brazo a torcer aludiendo a que, al ser habitáculos tan confortables y estables, los londinenses podrían volverse lo suficientemente «cobardes y holgazanes» como para preferir quedarse en su interior antes que ir a trabajar cuando cesasen los bombardeos. Alegaron también que los refugios de Anderson iban más con el carácter individualista y conservador de los británicos, y, por último, que los de Perera eran muy caros de construir. Este último insistió en que el coste había sido relativamente pequeño y que el precio, además, no debía ser una objeción cuando se trataba de salvar la vida de los civiles. Pero nada, el Gobierno siguió rechazando el modelo de Barcelona pese a su probada eficacia.

Por desgracia, pronto comenzó a comprobarse que el español tenía razón. Al llegar el invierno, los refugios de Anderson se mostraron fríos y húmedos. Lo más grave fue que no servían para su cometido, ya que eran eficaces contra la metralla, pero no contra el impacto de una bomba. Apostar por los refugios del inglés en vez de por una red de refugios colectivos, subterráneos y eficaces, como los que ofrecía Perera, le costó a Gran Bretaña más de cuarenta mil vidas. Los barrios más pobres, en los que la gente no contaba con un jardín en el que enterrar las estructuras, fueron los más castigados por la aviación nazi.

A medida que los muertos fueron aumentando, un informe confidencial reconoció que rechazar los refugios del ingeniero catalán había sido una decisión catastrófica para el país. Churchill se dio cuenta de ello un poco tarde y trató de defenderlo en la Cámara de los Comunes, en un discurso que más tarde se retiró del diario de sesiones ante una queja de la delegación diplomática española. La dictadura ya estaba instaurada en España y no estaba dispuesta a que se hiciera referencia a la resistencia de los barceloneses cuando Franco había conquistado la Ciudad Condal un año antes.

Los intentos de Perera por hacer valer su ingenio fueron, por el ridículo que suponía para el primer ministro inglés y su Gobierno, en vano. A medida que se alzaban, eran acallados. Pudo dar alguna conferencia acerca de su experiencia en la Guerra Civil, pero al catalán no le permitieron publicar un libro sobre su invento para explicar las consecuencias positivas que habría tenido para la población si se hubiera utilizado. Todo ello mientras la cruda y devastadora realidad de los bombardeos de Hitler sobre Londres y el resto del país le daba la razón. También mientras iban en aumento las críticas a Churchill por la decisión tomada, que se personificaron rápidamente en el ingeniero John Anderson como cabeza de turco.

Los ingenieros británicos ligados a sindicatos y a partidos de izquierda se movilizaron para exigir al Gobierno que rectificase antes de que fuera demasiado tarde, según recoge Jesús Hernández. Y aunque el Gobierno intentaba poner en marcha algunas tímidas políticas para lavar su imagen ante las crecientes protestas, las estadísticas seguían reflejando la desprotección a la que la población estaba condenada. La aviación de Hitler continuaba arrojando bombas sobre la capital y solo un 4 por ciento de sus vecinos acudía al metro y a otros refugios improvisados. Un 9 por ciento iba a otros refugios de superficie no muy estables, mientras que un 27 por ciento se escondía en los refugios Anderson. El resto de la población permanecía en sus propios hogares rezando.

En octubre de 1940, Churchill hizo dimitir a Anderson de su cargo como responsable de la defensa civil, con el objetivo de mitigar las críticas contra su persona, y ordenó que se comenzaran a construir refugios colectivos dentro del metro. Sin embargo, ni tan siquiera entonces se contó con la ayuda de Perera, que era, sin ninguna duda, el mayor experto. En mayo de 1941, cuando concluyeron los bombardeos del Tercer Reich, la mayoría de los refugios no se habían construido. Una vez terminada la guerra en 1945, el despreciado y humillado republicano catalán continuó su carrera como ingeniero, pero esta vez en la industria bélica. En ese sector permaneció hasta su muerte en 1984. Nunca regresó a España.

Las depravaciones de Mussolini: un adicto al sexo que se acostó con seiscientas mujeres

MANUEL P. VILLATORO

Cuando Clara Petacci vino a este mundo, allá por el 28 de febrero de 1912, el casi treintañero Benito Mussolini pasaba sus días en la prisión de Forlí por haber participado en una manifestación violenta contra la guerra que Italia mantenía frente el Imperio otomano. Y es que, desde el principio de sus días políticos, el Duce fue un defensor de la brutalidad como forma de escalar en el plano político y de defender sus ideas. Nadie podía imaginar por entonces que, dos décadas después, ambos se convertirían en amantes y mantendrían una relación de trece años que culminó cuando fueron fusilados y colgados bocabajo el 28 de abril de 1945.

Una relación tan extensa dio para mucho. A Clara, sin ir más lejos, le permitió escribir un diario entre 1932 y 1938 en el que narró, de forma pormenorizada, los secretos más íntimos del líder fascista. Alessandra Mussolini, nieta del dictador y reconocida política en su país, tildó la obra de falacia, pero la realidad es que no han sido pocos los historiadores que le han dado su aprobación. En las hojas de *Mussolini secreto. Los diarios de Claretta Petacci, 1932-1938*, se hablaba del Duce como un hombre que mostraba un apetito sexual voraz y que, entre otras tantas excentricidades, estaba obsesionado por personajes tan megalómanos como el mismo Napoleón Bonaparte.

Extraña relación

Mussolini y Clara se conocieron en un momento pésimo para ambos. Fue en 1932, cuando el italiano ya atesoraba una década como líder supremo de Italia y rondaba las cuarenta y nueve primaveras sobre sus anchos hombros. Tal y como explica el historiador Richard J. B. Bosworth, autor de una biografía sobre Petacci, su primer encuentro fue casual y se dio mientras el dictador estaba casado con Rachele Guidi, con la que había alumbrado cinco hijos. Clara, también, tenía pareja. Aquella jornada, en Ostia, a la joven le temblaron las piernas cuando se bajó del vehículo en el que viajaba para saludar al que, a la postre, sería su amante. «Perdóneme, Duce, soy Clara Petacci y este es mi novio...».

Lo que sucedió a partir de entonces roza el surrealismo. Clara, a la que la escritora Diane Ducret define como «una chica de preciosas curvas, tez clara, ojos melancólicos y pecho opulento», se dejó llevar por aquel enamoramiento. Sus padres favorecieron aquella relación fuera del matrimonio a pesar de que eran religiosos en extremo. «Ella venía de una familia romana burguesa. Su padre formaba parte del equipo médico del papa Pío XI y también dirigía una clínica para la clase alta en Roma. Su madre era muy católica y era raro verla sin un rosario en la mano», añade el experto.

El 29 de abril de 1932 mantuvieron el primero de los muchos encuentros platónicos que se repitieron en los meses siguientes. Durante aquellos días Clara insistía en hablar con Mussolini por teléfono. Casi estaba obsesionada con él. El Duce, por su parte, se limitaba a negar que ambos fueran algo más que amigos. Es muy probable que eso fuera lo que llevó a la joven a contraer matrimonio con Ricardo Federicci el 27 de junio de 1934 en la iglesia de San Marco. Para su suerte, apenas dos años después se separaron. Benito no pudo esperar y le pidió que se convirtiera en su amante. Así, tras conquistar Etiopía, se hizo también con el cariño de la chica.

Obsesionado con la virilidad

En los diarios que Petacci escribió entre 1932 y 1938 mostró, sin pretenderlo, el lado más vergonzoso y oscuro de Mussolini. La joven le definió como un hombre con un gran apetito sexual, que no dudaba en presumir de las muchas amantes que atesoraba. «Hubo un tiempo en que tenía a catorce mujeres y tomaba a tres o cuatro todas las noches, una tras otra», explica ella que le desveló el Duce en una ocasión. Aunque, cuando soltaba alguna de estas fanfarronadas, solía recordarle rápidamente que, desde aquel feliz día de 1936, ella era la única que había en su harén. Una falsedad tan gigantesca como la ingente cantidad de peleas que hubo entre ambos por los celos de Ricitos, como la conocían.

La obsesión de Mussolini por el sexo la han recogido historiadores como Álvaro Lozano. En *Mussolini y el fascismo italiano*, este experto español recalca que la virilidad sexual no era algo que el Duce escondiera, sino que era una parte esencial de su imagen: «Las mujeres eran consideradas presas a las que tomaba de forma casi brutal en su casa de la vía Rastella, arrastrándolas por el suelo con frecuencia y sin quitarse los zapatos o los pantalones». El autor añade incluso que adoraba que oliesen a sudor y que él mismo evitaba lavarse tras mantener relaciones. Prefería rociarse con agua de colonia.

Los diarios de Petacci suponen la corroboración de este Mussolini casi bárbaro. En sus múltiples anotaciones, la joven se jactaba de que ambos retozaban en la cama durante horas, hasta que a su vetusto amante le «dolía el corazón». Aunque solo paraban el tiempo justo para que recobrase fuerzas y volviese a la carga de nuevo. «Lo beso y hacemos el amor con tanta furia que sus gritos parecen los de un animal herido», desvelaba en otra ocasión. Para alguien como esta joven, que llevaba escribiendo cartas y poemas de amor al dictador desde los catorce años —la primera vez que se vieron le preguntó intrigada por ellos sin saber que para él no tenían importancia alguna—, aquello era un sueño.

Petacci, a la que Mussolini definía como su primera concubina, se dejó encandilar por el magnetismo de aquel personaje. Lo mismo que el resto de sus amantes. Un atractivo, por cierto, que cautivó al mismísimo Winston Churchill. Así lo desveló el británico tras una visita a Italia antes de la Segunda Guerra Mundial: «No pude evitar quedar hechizado, como han quedado muchas otras personas, por el carácter dulce y el comportamiento sencillo del *signor* Mussolini, así como por su aplomo calmo y objetivo a pesar de tantas responsabilidades y peligros. Si yo hubiera sido italiano, estoy casi seguro de que habría estado a su lado». Tenía algo, aunque ese algo fuera malvado.

E inseguro

A pesar de la ingente cantidad de amantes que atesoraba, Mussolini logró convencer a Petacci de que ella siempre había sido y sería su predilecta. Y es que temía perderla. Todo parece apuntar a que así fue. No en vano, la chica era la única de sus amantes que tuvo una habitación propia en el Palazzo Venezia, donde residía el Gobierno, y contaba con guardaespaldas y chófer propio. Al parecer, ambos solían encontrarse en misa los domingos para, a continuación, retirarse a sus habitaciones para mantener relaciones sexuales en la oficina privada del Duce.

En los diarios, Clara desvela también las conversaciones de cama que mantuvo con Mussolini. Horas en las que el líder fascista le explicó, por ejemplo, que había disfrutado de un encuentro fugaz y erótico con la esposa del monarca Humberto II. Ella se había insinuado, pero el Duce no había podido tener una erección. Tampoco dudó en narrarle inseguridades tales como si podría ser un líder a la altura de Napoleón. El día en que conoció a Hitler, en palabras de la joven, se mostró exultante. No se creía que el alemán le tuviera como referente y que hubiera llorado al estrecharle la mano. «Cuando me vio había lágrimas en sus ojos, realmente me aprecia mucho. Es muy agradable, una persona muy emotiva por dentro», le confesó.

Loco violento

En *Las mujeres de los dictadores*, la escritora Diane Ducret recoge algo que Mussolini le dijo a la propia Petacci: «Te amo con locura..., quisiera devastarte, hacerte daño, ser brutal contigo. ¿Por qué mi amor se manifiesta con esta violencia? Siento la necesidad de aplastarte, de hacerte pedazos... un impulso violento. Soy un animal salvaje». Sus biógrafos más destacados corroboran este hecho y que se comportaba como un animal cuando mantenía relaciones sexuales: gritaba, arañaba, mordía... El famoso ensayista Antonio Scurati, estudioso de la figura del fascista, resume todo con tres palabras: «maniaco del sexo».

En todo caso, la persona que ayudó a cimentar la fama de mujeriego de Mussolini no fue un historiador. Tal y como desvela Carlos Berbell en su obra *Los más influyentes amantes de la historia*, fue su propio chófer, Quinto Navarra, quien desveló que había mantenido relaciones sexuales con entre seiscientas y siete mil mujeres desde 1922. La cifra no es baladí, sino que se sustenta en las cartas que el dictador recibía de sus admiradoras y que se clasificaban de forma cuidadosa. Tras ser investigadas por las autoridades, a aquellas chicas que resultaban «agraciadas», si es que puede llamarse así, se las invitaba a un encuentro con el líder en las dependencias de su palacio. El resultado era el imaginable.

La relación de Mussolini con ese sexo de tintes brutales comenzó en su juventud. En palabras de Rosa Montero en su libro *Dictadoras. Las mujeres de los hombres más despiadados de la historia*, al comenzar a salir con la que fue su esposa definitiva, Rachele Guidi, ella le confesó que no había tenido sexo con ningún hombre. El entonces futuro dictador tomó la iniciativa y la forzó sobre una butaca. A partir de ese momento dio rienda suelta a sus más bajos instintos y la alcoba se convirtió en un asunto de Estado. Lozano, por ejemplo, recuerda que nuestro protagonista prefirió quedarse en casa con una joven antes que desfilar ante el monarca después de ser nombrado presidente del Consejo de Ministros Reales en 1922.

Pero tanto Berbell como Montero coinciden en que su etapa más prolífica en lo que a sexo se refiere fue cuando era ya el jefe del Gobierno. Los muros del Palazzo Venezia, desde donde solía declamar a los italianos locuras como la proclamación del Imperio italiano tras la anexión de Etiopía, se convirtieron en testigos mudos de cientos de relaciones extramatrimoniales. «Cuando subió al poder no necesitó "cazar", muchas chicas se sentían seducidas por su creciente poder y otras por su "virilidad" o sus fanfarronadas», desvela la autora. La mayoría enviaban cartas en las que pedían mantener una audiencia con el Duce, y él, aprovechado, ordenaba a sus servicios secretos que seleccionaran a las más bellas y a las menos peligrosas.

Sus biógrafos afirman que recibía a las mujeres casi a diario. El momento predilecto era durante la tarde. «Las poseía rápidamente, muchas veces vestido enteramente y con las botas puestas. Con las más asiduas tenía sexo sobre la alfombra o sobre la mesa. Con las nuevas, en un banco de piedra, sobre el que antes acomodaba un gran cojín», añade la autora.

Maniático hasta el extremo, dedicaba dos habitaciones para sus fugaces encuentros. La primera era la Sala Mapamundi, un amplio despacho destinado al jefe del Gobierno, desde el que Mussolini decidía el destino del país y en el que se quedaban las nuevas amantes. A las conocidas las veía en la Sala del Zodiaco;

le parecía más romántica, bajo un cielo raso de planetas y estrellas.

La historiadora Carmen Llorca confirma esta versión de los hechos en su obra *Las mujeres de los dictadores*: «El objetivo de Mussolini era una mujer al día». Y en la Sala Mapamundi del Palazzo Venezia era introducida todos los días una mujer. Montero define aquellos encuentros como «de naturaleza conejil» por su rapidez. Apenas duraban unos minutos. «Ellas se sentían satisfechas de haber conocido al gran líder, orgullosas de haber sido tocadas por él, como fans encantadas de haber podido satisfacer los deseos del gran Duce», explica la española. Huelga decir que Petacci conocía al dedillo la agenda de su amante, sabía de estas conquistas y, por lo general, las soportaba. Aunque no era raro que rompiera a llorar por pura frustración.

El plan de Hitler para invadir Gibraltar y devolvérselo a España: «Es necesario y está decidido»

ISRAEL VIANA

Gibraltar lleva siendo noticia y punto de fricción entre España y el Reino Unido desde que, al finalizar la guerra de Sucesión española, en 1713, se firmó el Tratado de Utrecht por el que el rey Felipe V cedía «para siempre» el Peñón a los ingleses. Durante aquel siglo XVIII, y también durante los siglos XIX, XX y lo que llevamos del XXI, el tema de la soberanía del famoso macizo rocoso ha estado en la agenda de todos los gobiernos en ambos países. En el caso de España, da igual que fueran regímenes democráticos como los de la Restauración y la Segunda República o dictaduras como las de Primo de Rivera y Franco.

Por supuesto, también estuvo presente durante la Segunda Guerra Mundial por expreso deseo de Hitler. «He decidido atacar Gibraltar. Tengo la operación minuciosamente preparada. No falta más que empezar... y hay que empezar ya», fueron las apremiantes palabras del Führer al entonces ministro de Asuntos Exteriores español, Ramón Serrano Suñer. Fue en un encuentro urgente que el dictador alemán organizó el 18 de diciembre de 1940, apenas tres semanas después de la entrevista en Hendaya.

Era obvio que tenía prisa, como así lo hizo saber a sus interlocutores en varias ocasiones. Alemania dominaba ya toda Europa centrooriental y avanzaba inexorablemente por el continente, convencida de que el Peñón, además de puerta al Mediterráneo, se había convertido en la llave que le daría la victoria final en la guerra.

El 14 de diciembre, cuatro días antes de dicha reunión, el embajador alemán en Madrid, Eberhard von Stohrer, se había presentado por sorpresa en el despacho de Serrano Suñer para comunicarle que el Führer quería «hablar de cosas importantes» con él lo antes posible. Tras consultar con Franco y otros ministros sobre la conveniencia de acudir a la cita, el ministro de Exteriores partió sin más dilación hacia Berchtesgaden, el refugio que el dictador germano tenía en los Alpes bávaros.

Nada más llegar en la tarde del martes 18, Hitler le hizo pasar a su despacho y le comentó que le había convocado para que, «según lo convenido en Hendaya», fijaran la fecha de la entrada de España en la guerra con la invasión de Gibraltar. El líder nazi le prometió que el Peñón pasaría luego a manos de Franco. «Es absolutamente necesario atacarlo ya. Lo tengo decidido. Se trata ahora de fijar el día», insistió el dictador, según el relato hecho por Serrano Suñer en sus memorias *Entre el silencio y la propaganda. La historia como fue* (Planeta, 1977). Después de transmitirle el mensaje, el ministro franquista le aclaró que «lo convenido en Hendaya no era que entrarían en la guerra cuando los alemanes decidieran, sino cuando los españoles estuvieran en condiciones de hacerlo». «En cualquier caso —respondió Hitler—, la operación mixta sobre Gibraltar es necesaria. Es la hora de que España tome su parte».

Tras la Guerra Civil, el caudillo español consideró el Peñón como una tierra aún irredenta que era necesaria para lograr la ansiada unidad nacional. En realidad, España no estaba en condiciones de participar, ni psicológica ni materialmente, en ningún conflicto. No debemos olvidar que la dictadura dependía también del permiso del Gobierno británico para que los cargamentos de trigo procedentes de Canadá o Argentina pudieran llegar a sus puertos. Además, para Franco tomar Gibraltar no significaba necesariamente que el Mediterráneo fuera a quedar cerrado, ya que todavía seguiría abierto por el canal de Suez.

Una cuestión de honor

Hitler insistió en lo que ya había apuntado en Hendaya: que la oportunidad de recuperar el Peñón no se le volvería a presentar nunca más. Argumentó que era una cuestión de honor para el pueblo español reintegrar ese pedazo de tierra y que, siendo el Estrecho el mejor enclave que tenían los aliados para adentrarse en el Mediterráneo, era muy importante cerrarlo.

Alemania quería acelerar la guerra, lo que pasaba por controlar la colonia. Serrano Suñer se escudaba en el hecho de que él no podía tomar esas decisiones sin consultar con el Caudillo, y fue bastante ambiguo en sus respuestas. En *Entre Hendaya y Gibraltar* (Ediciones y Publicaciones Españolas, 1947), el ministro contaba que Hitler había escuchado sus opiniones con «cierto mal humor y un gesto de decepción, cansancio y tristeza». Y añadía: «De las siete u ocho veces que tuve que hablar con él, esta ocasión fue la que le encontré más parecido a un ser humano».

En ese momento, el mandatario nazi le pidió a su invitado que pasara a otra habitación próxima en la que había un enorme tablero central lleno de planos, con las paredes repletas de banderas indicando la posición de sus tropas. Fue allí donde el general Alfred Jodl —uno de los asesores militares más importantes del Führer y el hombre que primero se había dado cuenta de que Gibraltar era la llave para ganar la guerra— explicó minuciosamente la famosa Operación Félix, como la había bautizado.

Siguiendo sus órdenes, los más importantes organismos nazis de planificación militar dieron forma a un plan que debía cambiar el resultado del conflicto. Su diseño se fundamentó en múltiples estudios, observaciones y reconocimientos sobre el terreno realizados en secreto por un gran número de espías y expertos en artillería. Se estableció también una serie de acciones de asalto, armas químicas, logística y transporte.

Los preparativos iban tan en serio que, a finales de 1940, la 1.ª División de Montaña del general Ludwig Kübler comenzó un riguroso entrenamiento en la provincia de Besançon (Francia), en una zona cargada de montañas idénticas a Gibraltar. Allí los soldados podrían hacerse una idea de dónde iban a combatir.

Según lo trazado, la operación se llevaría a cabo bajo el mando del mariscal de campo Walter von Reichenau, el cual requirió que dos cuerpos de su ejército ingresaran en España a mediados de enero de 1941 con el consentimiento de Franco. Kübler se haría cargo de uno de ellos, con el objetivo de liderar la conquista, atacando con dos regimientos de infantería y 26 batallones de artillería mediana y pesada, a los que sumarían tres batallones de observación, tres de ingenieros, un destacamento de ciento cincuenta brandemburgueses y ciento cincuenta tanques enanos a control remoto cargados con explosivos, entre otros efectivos. A cargo del segundo cuerpo estaría el general Rudolf Schmidt, que cubriría los flancos del asalto al Peñón para resistir cualquier ataque de los británicos. Para ello contaría con la 16.ª División Motorizada, concentrada en Valladolid; la 16.ª División Panzer, en Cáceres, y la División SS Totenkopf, en Sevilla.

Por si no fuera suficiente, las fuerzas aéreas alemanas —la Luftwaffe— proporcionarían varios grupos de aviones Ju 88, Stukas y Messerschmitt, además de seis batallones antiaéreos, para asegurar que la operación terminara bien. Por último, la armada nazi se dedicaría a hostigar las costas por medio de uno de sus submarinos U-Boote, que usaría para interferir en la evacuación de los ingleses de Gibraltar y transportar las baterías necesarias a la costa para impedir que nuevas unidades navales enemigas se acercaran con intención de reconquistarla.

Desde el punto de vista militar, la Operación Félix debería haber sido un éxito para los alemanes. Ello debía implicar, supuestamente, que España recuperara el Peñón más de dos siglos después, pero Franco, movido por los reveses sufridos por Hitler, ni tan siquiera autorizó el tránsito del ejército nazi por suelo español. La posición del Caudillo no cambió con los meses y la operación fue postergada... Hasta que finalmente se canceló.

La pequeña Isabel II: el pulmón que insufló valor a los ingleses en su hora más amarga y oscura

Manuel P. Villatoro

El infierno se desató el 7 de septiembre de 1940, un día apacible de finales de verano. Las temperaturas rondaban los treinta grados cuando la Luftwaffe llegó a Londres; de hecho, muchos niños jugaban en las calles para aprovechar el calor. La primera sirena chilló a la hora del té, poco antes de las cinco de la tarde. Después, una oleada de un millar de aviones dejó caer cientos de explosivos. «El corazón del Imperio británico se ha entregado al ataque de las fuerzas aéreas alemanas», espetó orgulloso un locutor germano a través de las ondas. Aquella locura marcó el inicio del *Blitz*, el bombardeo del terror de Adolf Hitler. Fue una carnicería que afectó a todos los barrios, aunque el que más sufrió fue el paupérrimo East End. «Los edificios más grandes eran meros esqueletos, se me hizo un nudo en la garganta», escribió uno de los amigos de Winston Churchill.

A partir de entonces, las explosiones no hicieron distinción. Unas pocas jornadas después, el 13 de septiembre, la Luftwaffe se cebó con el palacio de Buckingham. Cinco bombas demostraron que ni siquiera la monarquía estaba a salvo de la ira nazi. «Oí el zumbido inconfundible de un avión alemán y, después, el silbar de un proyectil», afirmó la reina madre. La frase que pronunció después Isabel I se hizo famosa: «Me alegro de que nos hayan bombardeado. Ahora, al menos, podré mirar al East End a los ojos». La suerte sonrió a los reyes, pues Jorge VI y su esposa salieron ilesos. Aquel triste suceso fue un empujón de popularidad para la familia real y consiguió que la mayor de las princesas se ganara un hueco en el corazón de la sociedad al negarse a abandonar Inglaterra. Aunque lo que se suele obviar es que, para entonces, Isabel y Margarita se hallaban lejos del palacio...

Evitar las bombas

La pequeña Isabel tenía trece años cuando los Panzer atravesaron la frontera con Polonia el 1 de septiembre de 1939. Hasta entonces vivía en el palacio de Buckingham con su familia; un edificio colosal que, según escribió su institutriz tras el conflicto, distaba mucho de las fastuosas viviendas que tenían a su disposición las familias reales de otros países europeos: «No era el último grito en lujo. Vivir allí era como acampar en un museo. Uno que se cae a pedazos... El viento gemía en las chimeneas como mil fantasmas». Quizá por ello no le resultó difícil adaptarse al castillo de Windsor, otro enclave igual de lúgubre y ubicado a cuarenta kilómetros al que fue enviada junto con Margarita para escapar de un posible ataque de la Luftwaffe. Allí vivió entre ventanas oscurecidas, paredes vírgenes de cuadros —pues habían sido descolgados para evitar accidentes durante los bombardeos— y muebles envueltos en sábanas.

La vida de unos y otros no podía ser más diferente. En Buckingham, Jorge VI se dedicaba a practicar con su revólver y su fusil en los jardines por si una unidad de los temidos Fallschirmjäger alemanes —los famosos paracaidistas del Tercer Reich— asaltaba el edificio. La reina hacía lo propio, aunque admitió en varias cartas que era «una cobarde» que se ponía «roja de miedo» cuando pensaba en combatir. La vida en el castillo de

Windsor era mucho más aburrida. Como el paradero de las chiquillas era un secreto, Isabel se dedicaba a seguir el conflicto a través de la radio y hablar tan solo con los soldados de su guardia. Lo único que la sacaba de la rutina eran las carreras que, de cuando en cuando, tenía que darse a una de las mazmorras del castillo, donde estaba el refugio antiaéreo. Uno en el que había incluso bañera. Cosas de la realeza.

Las anécdotas en la vida de las niñas se cuentan por toneladas. Margarita, por ejemplo, solía morder a su hermana cuando se enfadaba con ella. Y se sabe que, en una ocasión, se quejó por no estar destinada al trono. «No soy nada», dijo con tristeza. Isabel se limitó a responder: «Siempre quieres lo que yo tengo...». De vez en cuando, el bibliotecario las llevaba a hurtadillas a las bóvedas del castillo, donde, escondidas en cajas de viejos sombreros y envueltas en papel de periódico, se hallaban las joyas de la Corona. Con el tiempo, las pequeñas comenzaron a tejer prendas y fabricar broches que se vendían con el objetivo de recaudar dinero para la guerra. Poco después participaron en obras de teatro anuales con el mismo fin. A Jorge VI aquello le hacía gracia. «Al menos, si me destronan, las niñas podrán ganarse la vida», repitió en alguna que otra ocasión.

Cierto es que Isabel y Margarita no estaban solas. Formaban parte de los más de tres millones de chiquillos que, durante toda la Segunda Guerra Mundial, fueron evacuados de las ciudades inglesas al campo. Y eso sin contar a otros dos mil seiscientos jóvenes que fueron enviados a Australia, Canadá, Nueva Zelanda, Sudáfrica y Estados Unidos. En honor a todos ellos, la futura reina pronunció un discurso a través de la radio el 13 de octubre de 1940. Lo hizo desde el castillo de Windsor y como parte del programa *La hora de los niños* de la BBC. «Cuando llegue la paz, recordad que será para nosotros, los niños de hoy, la responsabilidad de hacer del mundo del mañana un lugar mejor y más feliz. Mi hermana está a mi lado y las dos queremos daros las buenas noches. Buenas noches y buena suerte a todos», declaró.

Desde ese instante, Isabel y Margarita se convirtieron en dos faros que guiaron a la población inglesa. Pronto fueron figuras recurrentes en los medios de comunicación y el Gobierno las usó como modelo para la población. A los catorce años, a la mayor de las princesas la fotografiaron con una pala y una carretilla de mimbre como parte de la campaña Dig for Victory («cavar para la victoria»). En ella se instaba a los ciudadanos a usar sus jardines —o cualquier terreno que tuvieran a su disposición, incluso parques infantiles ubicados en mitad de las ciudades— para cultivar verduras y paliar la escasez de alimentos que asfixiaba al país. No quedaba más remedio. Antes del estallido de la Segunda Guerra Mundial, Gran Bretaña basaba su economía en la importación, una práctica imposible de mantener con los submarinos alemanes al acecho de los cargueros que llevaban las vituallas a través del Atlántico.

El paso de los meses hizo que el interés de Isabel por las fuerzas armadas aumentara. Así, en la mañana de su decimosexto cumpleaños, la princesa hizo su primera inspección a un regimiento durante un desfile en el castillo de Windsor. Las instantáneas nos muestran a una adolescente sonriente, de baja estatura comparada con los militares que formaban frente a ella y ataviada con una falda larga y una chaqueta. Su padre la había nombrado ya coronel honoraria de la Guardia de Granaderos, todo un honor. Jorge tardó poco en arrepentirse. A los dos años exactos, cuando su hija cumplió la mayoría de edad, le pidió enrolarse en el Servicio Territorial Auxiliar (ATS, por sus siglas en inglés), la rama femenina del ejército. Para el monarca aquello fue un golpe en la nariz. «Nunca quiso que se uniera ni que trabajara en una fábrica, pero ella tenía otras ideas», confirmó la revista *Life* en 1944.

Isabel cumplió sus deseos, como buena princesa que era, e inició el curso de acceso al ATS. Seis semanas después la aceptaron. Su número de servicio todavía destaca en los informes: 230873.

Aunque accedió al cuerpo en febrero de 1945, poco antes de que terminara el conflicto, trabajó duro. Los periódicos de la época coinciden en que aprendió a conducir ambulancias —cosa sorprendente, pues jamás tuvo carnet de conducir— y estudió mecánica básica. «Una de las mayores alegrías de la princesa era ensuciarse las uñas y llenarse las manos de manchas de grasa. Le encantaba demostrar que trabajaba», escribió la revista *Collier's Magazine* en 1947. Una vez más, los medios de comunicación supieron valerse de esa imagen y la fotografiaron en un millar de ocasiones con mono y llave inglesa. Aunque la realidad es que no pasaba las noches en el campamento, sino que regresaba al palacio de Buckingham para estar junto a su familia.

Del Día D a la victoria

Lo que pocos saben es que Isabel se desplazó también hasta el sur de Inglaterra para observar los entrenamientos de los paracaidistas británicos que se lanzarían tras las líneas enemigas durante el desembarco de Normandía. Normal, pues para entonces ya se había convertido en un icono mediático. En el verano de 1944, fue con sus padres a la base de Bulford para disfrutar de un día de entrenamiento junto a la 6.ª División Aerotransportada. En principio, la jornada transcurrió con normalidad bajo la tutela del general de brigada y comandante de la unidad Hugh Kindersley, un veterano de la Primera Guerra Mundial que había obtenido la titulación de piloto de planeador en 1943. Como estaba previsto, los combatientes formaron un cuadrado mientras la familia real, gratamente sorprendida por aquellos hombres, les pasaba revista, les deseaba suerte e intercambiaba unas palabras con ellos. Estaban ante unos de los soldados mejor entrenados del Reino Unido.

No hubo ningún contratiempo hasta que, al llegar al punto más alto de una loma en la que se había ubicado un planeador Horsa, el militar los informó de que habían preparado una exhibición para ellos. Según les dijo, a su señal los ingenieros cerrarían la cola del aparato, harían estallar un cable explosivo y un jeep saldría del interior remolcando tras de sí un cañón anticarro. Se trataba de una maniobra normal. A continuación, el general hizo sonar su silbato, pero lo que sucedió no fue lo esperado. Un grito de dolor surgió de la nada acompañado de un sonoro insulto que resonó por todo el campamento... Alguien se había pillado los dedos con las bisagras. Los presentes trataron de pasar página distrayendo a la comitiva real con una conversación fluida, pero estaba claro que las personalidades lo habían oído. Al final, y por suerte, Isabel los tranquilizó a todos con una sonrisa sincera.

Aunque, si por algo se recordará a Isabel, será por la instantánea en la que aparece en el balcón del palacio de Buckingham celebrando junto a su familia el día de la Victoria, la jornada en la que el eje dobló la rodilla ante los aliados. En 1985 la ya reina Isabel II desveló en una entrevista que aquel 8 de mayo de 1945 fue inolvidable para ella: «Salimos a saludar cada hora, unas seis veces». Estaba tan exaltada que decidió escaparse vestida de uniforme y mezclarse entre la gente. Quería empaparse de la euforia. «Recuerdo que la posibilidad de ser reconocida me inspiraba terror», añadió. La acompañaban su hermana y un guardia personal; curiosa comitiva. En principio, intentó ocultarse tras la gorra, pero al final desistió y se unió al desenfreno. «Aclamamos a los reyes desde la calle y, luego, caminamos kilómetros y kilómetros por la ciudad». Aquella fue, según admitió, la mejor noche de su vida.

Churchill, la otra pata

Con todo, la monarca no fue la única que insufló valor al Reino Unido. A su lado siempre estuvo un hombre cuya figura ha estado asociada siempre al bombín, a los puros y al bastón. Es imposible no conocer los discursos de Winston Churchill y sus paseos bajo las bombas para animar a la población. Con todo, el *premier* británico también cuenta en su hoja de servicios con decenas de hábitos con los que convivió durante una buena parte de su vida y que no se han hecho tan famosos, la mayoría alejados de lo que hoy podríamos llamar una dieta sana y equilibrada.

Una de las facetas más acusadas del que fuera premio Nobel de Literatura en 1953 era su obsesión por el alcohol. Se desconoce si la Segunda Guerra Mundial avivó sus ganas de beber o no, pero lo cierto es que fue en esa época cuando se dio a conocer uno de sus peores hábitos, beber un vaso de Johnnie Walker Black Label nada más despertarse. Aunque en este caso, y sin que sirviera de precedente, rebajado con una generosa cantidad de agua. Era lo que su hija denominaba de forma afectuosa «el cóctel de papá». Todo se debía a un extraño hábito que había adquirido durante sus años como combatiente al servicio de la Corona. Y es que, allá por India y Sudáfrica, era necesario añadir alcohol al agua como método de purificación. También podía dar cuenta sin pestañear de una botella entera de champán durante las comidas y disfrutaba metiéndose un coñac tras otro hasta quedarse dormido.

Todo ello cuando se levantaba de la cama, pues no era raro que decidiera pasar el día tumbado o en la bañera, algo que no le cortaba su continua ingesta de alcohol. Trabajaba casi toda la mañana en la cama. Allí desayunaba, leía telegramas, dictaba memorandos y recibía algunas visitas. Su *valet* le ayudaba a bañarse y vestirse. A última hora tomaba un copioso almuerzo regado con champán y brandi, y seguía con las reuniones. Después se echaba una siesta de hora y media. Se levantaba para el té, tomaba un whisky y seguía con la tarea.

La desastrosa historia del Shinano: las dieciséis horas de servicio del portaaviones más grande y gafado de la guerra

Israel Viana

El Shinano es la mejor muestra de que Japón parecía estar gafado en lo que respecta a su participación en la Segunda Guerra Mundial. Hablamos no solo del portaaviones más grande y con el mayor desplazamiento de la Armada Imperial japonesa, sino del mundo. Un monstruo sobre el mar que tenía una pista de aterrizaje de nada menos que 260 metros de longitud, realizada completamente en acero para resistir los impactos de las bombas enemigas, y que estaba llamado a sembrar el terror durante el conflicto... si no fuera por que sobrevivió solo dos semanas sobre el agua antes de que un submarino estadounidense lo hundiera en una disparatada y apresurada operación.

¿Qué ocurrió con el gigantesco Shinano? Todo comenzó en la época en la que los nipones ya tenían preparados los dos acorazados más grandes y pesados de la historia, el Yamato y el Musashi, cuyos periplos ya les hemos contado en otro capítulo. La idea de su construcción había surgido poco después del final de la Primera Guerra Mundial, cuando Japón y Alemania decidieron que había llegado la hora de saltarse lo acordado en el

Tratado Naval de Washington en 1922. Con él, las naciones vencedoras intentaron limitar la cantidad de «fortalezas flotantes» que estas dos potencias podían tener, con el fin de evitar otro conflicto a gran escala.

Sin embargo, no funcionó. Los japoneses y los nazis se retiraron pronto de este acuerdo con el objetivo de preparar sus diezmadas flotas para una nueva guerra mundial que, según intuían, se acercaba. Japón, por su parte, reconoció a Estados Unidos como su gran rival en el Pacífico cuando esta estallara, convencidos de que el mar sería el escenario de la lucha.

Como sabían que ya no podrían superar a la flota norteamericana en número de barcos, optaron por la calidad y el tamaño de los pocos que creían que tendrían tiempo de construir. Así es como nacieron el Yamato y el Musashi, en primer lugar, y el Shinano, en segundo. Este último estaba pensado para convertirse en el tercer acorazado gigante y con esa intención empezaron a construirlo en abril de 1940.

De acorazado a portaaviones

Al igual que sus hermanos, los ingenieros japoneses colocaron la quilla del Shinano rodeados de fuertes medidas de seguridad el 4 de mayo de 1940. La intención era que ninguna potencia enemiga tuviera noticia de lo que estaban construyendo, pues estaban convencidos de que su participación sería decisiva para darle la vuelta al conflicto. Los trabajos se desarrollaron en los astilleros de Yokosuka, en el extremo meridional del puerto de Tokio, en el más absoluto secreto. Todo transcurría según lo previsto hasta que se produjo la debacle de Midway entre el 4 y el 7 de junio de 1942.

Japón perdió 3.057 hombres, 248 aviones y cuatro portaaviones en esta batalla, mientras que Estados Unidos, 307 hombres, 150 aviones y tan solo un portaaviones. En ese momento, el Estado Mayor de la armada nipona decidió que el buque en construcción debía convertirse en un portaaviones y que este debía tener un tamaño mucho mayor de lo habitual.

Lo primero que hicieron fue reconfigurar el casco para que pudiera albergar una cubierta de vuelo con un grueso blindaje. El objetivo era proteger el buque de las bombas de cuatrocientos cincuenta kilogramos que lanzaban los bombarderos estadounidenses y que tantos estragos les habían causado en Midway. Para que se hagan una idea, las diecisiete mil toneladas de blindaje del barco suponían casi un tercio de su desplazamiento.

Los japoneses estaban tan orgullosos de cómo estaba transcurriendo su transformación que, al igual que se pensó al principio del Bismarck y del Titanic, estaban convencidos de que su nuevo portaaviones era «imposible de hundir».

La idea inicial era que su construcción hubiera finalizado en febrero de 1945, pero decidieron acelerar los trabajos tras la pérdida de otros tres portaaviones más en la batalla del mar de Filipinas, que se produjo el 19 y 20 de junio de 1944. Con las prisas sufrieron un accidente en el astillero, pero al final pudieron botarlo el 11 de noviembre de 1944, y entró en servicio ocho días después con un desplazamiento total de 71.890 toneladas a plena carga. «El Shinano era el portaaviones más grande jamás construido, un título que mantuvo hasta 1961, cuando la U. S. Navy puso en servicio el Enterprise, de propulsión nuclear», cuenta Craig L. Symonds en *La Segunda Guerra Mundial en el mar*.

El primer aviso

Al haber invertido tantos recursos en él, las autoridades japonesas se quedaron horrorizadas cuando, el 24 de noviembre, tan solo cinco días después de entrar en servicio, los bombarderos estadounidenses de largo alcance hicieron su aparición sobre Tokio durante la primera incursión del XXI Mando de Bombarderos. Ante el peligro que ello representaba, el alto mando japonés decidió que era esencial alejar lo antes posible el Shinano de aquella batalla frente a las costas de la capital.

En el mar Interior, a 640 kilómetros de allí, el barco estaría más protegido y su tripulación podría realizar prácticas de despegue y aterrizaje con el objetivo de ponerlo en orden de combate. Emprendieron la huida a pesar de que solo funcionaba la mitad de las calderas y de que todavía no se habían instalado muchas de sus compuertas estancas. No había tiempo que perder, de manera que, cuando Toshio Abe recibió la orden de hacerse a la mar, el capitán la cumplió de inmediato.

Abe sacó su portaaviones del puerto de Tokio el 28 de noviembre. Llevaba consigo una escolta de cuatro destructores, pero no habían pasado ni tres horas desde que empezó a navegar cuando el submarino estadounidense Archerfish lo detectó en la pantalla de su radar. Daba la sensación de que el Shinano, a pesar de superar en tamaño a cualquier portaaviones que haya surcado los mares durante la Segunda Guerra Mundial, no hubiera nacido para sembrar el terror a nadie y en ningún lugar.

El Archerfish era una nave nueva, con poco más de un año de servicio. Anteriormente había realizado cuatro patrullas por el Pacífico, pero todavía no había hundido ni un solo barco. Su comandante, el capitán de fragata Joseph Enright, esperaba acabar con aquella mala racha, aunque sus posibilidades de lograrlo eran más bien escasas mientras su barco siguiera dedicado a tareas de rescate. Aquel día, sin embargo, su suerte cambió. No se lo podía ni creer, porque en los días anteriores no había tenido la oportunidad de rescatar a ninguna tripulación. Como ese día no hubo bombardeos, a Enright le autorizaron a efectuar tareas de patrullaje de forma independiente... ¡Y bingo!

El ataque

Era la segunda oportunidad que se le presentaba de atacar a un portaaviones. La primera fue en 1943, cuando estaba al mando de otro submarino, el Dace. En aquella ocasión su presa logró escapar y Enright estaba convencido de que nunca se le volvería a presentar una situación tan favorable como aquella, pero se equivocó. Ahora tuvo más suerte, porque el Shinano navegaba hacia el sur y el capitán tuvo la idea de navegar en paralelo a una velocidad punta de diecinueve nudos en superficie, a la espera de que el enemigo simplemente cambiara de rumbo y se pusiera al alcance de sus torpedos.

El Shinano, que funcionaba con tan solo seis de sus doce calderas, navegaba a veinte nudos, de manera que, cuando una de ellas empezó a fallar, el barco redujo su velocidad hasta los dieciocho nudos. Eso permitió que el Archerfish pudiera seguir su ritmo y se colocara a una distancia de quince kilómetros. A las tres de la madrugada del 29 de noviembre, Abe dio la orden de que el Shinano y sus barcos de escolta viraran al oeste, en dirección a la costa. Había caído en la trampa sin saberlo. A las 3.17 horas, Enright ordenó disparar seis torpedos.

«Para un ataque contra un portaaviones habría que ajustar los torpedos, por lo general, a una profundidad de entre 7,5 y 10 metros. Enright, sin embargo, pensó que, si alcanzaba al enorme portaaviones en un punto más alto del casco, podría desestabilizarlo y aumentar las probabilidades de que volcara. Ordenó ajustar los torpedos a una profundidad de solo 3 metros. Esa decisión fue la perdición del Shinano, porque los torpedos impactaron justo por encima de sus compartimentos antitorpedos blindados», relata Symonds.

El hundimiento

Enright oyó las seis explosiones mientras el Archerfish se sumergía, aunque en realidad solo cuatro de sus torpedos dieron en el blanco. Aquello fue más que suficiente, puesto que provocó cuatro grandes agujeros que dejaron entrar toneladas de agua en el interior del casco. El portaaviones se escoró de inmediato y la inundación se extendió con rapidez. La escora del barco aumentó y, aunque Abe viró hacia la costa para intentar embarrancar en aguas poco profundas y salvarlo, fue imposible. Aquel gigante se hundió pocos minutos después de las diez y media de la mañana siguiente.

En un primer momento, las autoridades navales estadounidenses se negaron a reconocerle a Enright el mérito. Después aceptaron que había hundido un petrolero. A continuación, un portaaviones ligero y, mucho después, un portaaviones de gran tamaño. Aunque el Archerfish tan solo hundió un barco en aquella patrulla, en términos de tonelaje total fue la más exitosa de toda la guerra. El Shinano había estado en servicio solo diez días. En alta mar, únicamente dieciséis horas.

El extraño sillón sexual y otras perversiones del lujoso prostíbulo de los jerarcas nazis en Francia

Manuel P. Villatoro

El verano de 1940 supuso una verdadera bofetada en el orgullo de la sociedad francesa. Y con razón, pues la que antaño había sido una de las potencias de Europa bajo el bastón de Napoleón Bonaparte tuvo que ver ese mismo año como la Wehrmacht superaba su aparentemente impenetrable Línea Maginot y, entre risas y chucrut, se plantaba con sus carros de combate alemanes frente a la mismísima torre Eiffel. A partir de entonces comenzó la ocupación y dos universos se vieron obligados a convivir en el país galo, el de los colaboracionistas ávidos de obtener alguna ventaja de mano de los nazis y el de la mitificada Resistencia, más famosa que eficaz gracias a la propaganda de Charles de Gaulle.

Los burdeles de París apostaron por la primera opción. Sin dudarlo, y tal y como afirma Patrick Buisson en *1940-1945, années érotiques. Vichy ou les infortunes de la vertu*, las *madames* abrieron los brazos y las puertas a las fuerzas teutonas a cambio de sustanciales sumas de dinero. La decisión, en lo que a liquidez se refiere, no pudo ser mejor. De hecho, tras la Segunda Guerra

Mundial algunas de ellas admitieron que las continuas visitas de los nazis a sus burdeles les supusieron un beneficio que jamás habrían podido obtener con sus compatriotas. El Tercer Reich llevó así a una nueva edad de oro a los lupanares galos.

Pero de entre todas las casas de sexo de París hubo una que tuvo la suerte de convertirse en la preferida de los jerarcas nazis por su carácter exclusivo, Le Chabanais. Ubicado en las cercanías del Museo del Louvre y con casi un siglo de historia a sus espaldas, este burdel contaba con todo tipo de oscuros secretos, como habitaciones temáticas o una extraña «silla del amor» o «silla de felación» que había sido diseñada en exclusiva para el rey Eduardo VII. Las mujeres de esta mansión del amor se vanagloriaban de pertenecer a la alta sociedad y, como tal, cobraban una considerable cantidad de billetes a sus clientes.

Templo internacional del vicio

Le Chabanais, el centro de lujuria y depravación más exquisito de *la France*, abrió sus puertas allá por 1878 en el número 12 de la rue Chabanais, la misma calle que le puso nombre. Hoy es difícil seguirle la pista. Según desvela Marc Lemonier en su *Guide historique du Paris libertin*, el burdel no era más que un edificio sencillo de siete alturas que, durante su mayor apogeo, no se diferenciaba a primera vista del resto. «Su fachada no tenía nada especial», señala. La mujer que erigió este templo del vicio fue madame Kelly. Sin embargo, años después lo adquirieron Nez Pointu, Ernest le Sourd y Georges le Cuirassier.

A pesar de su simplicidad, este burdel no tardó en hacerse famoso entre la sociedad parisina gracias a que era, como rezaba un cartel en la entrada, una «casa de todas las naciones». Aunque no porque sus prostitutas perteneciesen a multitud de continentes, sino porque contaba con habitaciones temáticas que trasladaban a sus clientes hasta tierras lejanas. De entre todas ellas, los estudiosos recuerdan la hindú, la morisca, la de Pompeya e, incluso, una ambientada en el medievo. «En la Exposición Universal de París de 1900 se otorgó un premio a la habitación japonesa», añade el experto.

En total, Le Chabanais disponía de una veintena de habitaciones levantadas a golpe de talonario. En este templo del vicio lo primero era el lujo extremo. Ejemplo de ello es que el pintor Charles Toché, especialista en frescos, trabajó durante un año en el interior de este burdel y que algunas salas, como la Luis XVI, fueron diseñadas por los mejores artistas locales con materiales de lujo. Pero la calidad había que pagarla, como demuestra el que, durante la Segunda Guerra Mundial, un servicio costase el sueldo semanal de un oficial superior.

A nivel práctico, Le Chabanais contaba con unas 22 prostitutas seleccionadas especialmente por la dirección del burdel. Este número aumentó de forma rápida hasta 36 con la llegada de la Exposición Universal que París acogió en 1878. Todas ellas dormían en las escasas camas que tenía el establecimiento, a menudo dos por cama. Aunque esta práctica recibió una crítica en un informe del ayuntamiento local en 1883, para entonces el lupanar se había hecho tan famoso que las autoridades preferían hacer la vista gorda a tener que enfrentarse a su dirección.

El poder que atesoraba este lupanar quedó patente cuando sus prostitutas empezaron a repartir propaganda por París anunciando sus servicios, práctica que el Gobierno había prohibido en 1880 por indecorosa. Aunque lo cierto es que para entonces no les hacía falta pregonar a los cuatro vientos que el burdel existía: su fama ya se había extendido por todo el país. Así lo afirma la autora Brigitte Rochelandet en *Les maisons closes autrefois*: «La reputación era tal que muchos burdeles usaron su nombre como reclamo. Había un Chabanais en Calais, Lille, Marsella, Nancy, Tolón y Fréjus». El original, sin embargo, siempre estuvo asentado en la capital.

Clientes de élite

El lujo y el buen gusto de las habitaciones no solo ayudaron a subir los precios y a que Le Chabanais aumentara de forma radical sus ingresos. También atrajo hasta sus muros a la *crème de la crème* de la nobleza europea. Lemonier recuerda que era habitual que «grandes hombres» e incluso «alguna cabeza coronada» reservaran unas horas en su apretada agenda para disfrutar de un servicio en el burdel. Aunque, eso sí, el encuentro quedaba ocultado bajo la siguiente frase: «Visita al presidente del Senado». En descargo de los dignatarios habría que señalar que a este lupanar no se iba solo a mantener relaciones sexuales, sino también a beber, a disfrutar de un buen baile o a apostar.

Por las habitaciones de Le Chabanais no tardaron en pasar grandes personalidades de la política y las artes, algunas tan famosas como Henri de Toulouse-Lautrec —que disfrutó durante años de los servicios de las chicas del lupanar mientras decoraba varias de sus habitaciones—; el escritor Guy de Maupassant —quien llegó a edificar en su casa una sala morisca para no sentir nostalgia del burdel—; la popular Mae West o el famoso Cary Grant. No es de extrañar, ya que, como explicó Nicole Canet, propietaria de una galería que atesora los recuerdos del edificio, al diario *The Telegraph*, las mismas agencias de viajes ofrecían a sus clientes más exclusivos una visita a este burdel.

Gran pervertido

Pero, de entre todos los clientes, hubo uno que destacó por sus perversiones, el futuro monarca Eduardo VII de Inglaterra. Más conocido en 1880 como Bertie, el corpulento príncipe de Gales era un auténtico playboy que adoraba visitar los burdeles galos cuando cruzaba el canal de la Mancha. Su favorito era Le Chabanais, donde solía dar rienda suelta a sus más bajos instintos. Y todo para desesperación de su madre, que solo deseaba ver cómo sentaba la cabeza. Pero no le valió de nada. Cuando su padre se enteró de que era habitual que su hijo abandonara sus deberes militares para verse con meretrices, le escribió desesperado lo siguiente: «Sabía que eras irreflexivo y débil, pero no podía pensar que eras un depravado».

En el interior de Le Chabanais, el príncipe de Gales disfrutaba de largas horas de placer en la habitación hindú, su favorita. Allí tenía su particular paraíso y lujos como una bañera de cobre en forma de cisne en la que el agua se sustituía por champán. Este artilugio se subastó el 8 de mayo de 1951, poco después de que el burdel cerrara sus puertas, por cien mil francos, una suma exagerada. En palabras de Lemonier, a la postre lo compró Salvador Dalí, quien lo instaló en el hotel Meurice.

Pero esta bañera no era más que una mera anécdota si se compara con un artilugio de depravación diseñado para él y llamado la «silla del amor» o la «silla de felación». El asiento le permitía mantener relaciones con dos mujeres al mismo tiempo mientras tenía las posaderas descansadas. Su sistema sigue siendo un misterio hoy. Lo que se sabe es que la forma del asiento obligaba al príncipe de Gales a permanecer con las piernas abiertas, de tal forma que una prostituta podía arrodillarse frente a él para practicarle sexo oral. La otra meretriz, según se cree, se apoyaba en las dos asas del invento para continuar la fiesta. En todo caso, lo que está claro es que el objetivo era que el futuro monarca gastara la menor energía posible.

Cuando los nazis llegaron a París en plena Segunda Guerra Mundial, dudaron. ¿Qué diantres podían hacer con aquel artilugio? ¿Quedárselo? ¿Destruirlo? Lo más curioso es que lo que les repugnaba de la silla no era su libertina función, que les parecía bien; lo que les disgustaba, según explica el autor Stephen Clarke en su obra *1000 Years of Annoying the French*, era que había sido diseñado y utilizado en exclusiva por el enemigo, Eduardo VII. Al final establecieron que se quedarían con él y que no quitarían el escudo de armas de la familia real. «Decidieron mantenerlo porque tenía una madre alemana», completa el autor en su popular obra.

Llega el nazismo

En 1940, después de que los alemanes iniciasen su avance hacia el corazón de Francia, la situación dio un giro drástico en los burdeles parisinos. En los palacios del vicio como Le Chabanais o el también popular Uno Dos Dos, cuyas habitaciones competían en lujo, las prostitutas abandonaron sus puestos de trabajo. En algunos casos por mero miedo, pero en otros como una forma de resistencia contra los teutones. Así, no era raro leer en las puertas de los lupanares un mensaje tan desconcertante como desesperante para los soldados y los oficiales nazis: «Casa cerrada. Personal movilizado».

Esta resistencia pasiva de las prostitutas duró poco. Para ser más exactos, el tiempo que tardaron los germanos en ordenar la reapertura de los burdeles y dividirlos atendiendo a los rangos militares. A partir de entonces el dinero teutón se convirtió en un aliciente que hizo que las meretrices galas trabajaran para contentar a los nuevos señores de Francia. La *madame* de Le Chabanais afirmó tras la Segunda Guerra Mundial que primaban a los clientes germanos sobre los locales porque pagaban mejor, eran exóticos, sabían hablar varios idiomas y eran más educados. La abundancia de *Reichsmarks* provocó que aumentara hasta diez mil el número de mujeres dispuestas a vender su cuerpo en París. Un número más que llamativo, si tenemos en cuenta que, al comienzo de la contienda, apenas había unas cuatro mil.

La llegada de los nazis activó estas casas del vicio. Todas ellas se vieron beneficiadas. Desde el Uno Dos Dos, cuyo salón decorado con ricos murales con pinturas sexuales cautivaba a los jerarcas nazis, hasta los más baratos y sucios, dedicados a los soldados. Le Chabanais, como era de esperar, quedó reservado para los altos oficiales alemanes de los tres ejércitos. «De los ciento setenta y siete burdeles o lugares de reunión diseminados por todo el departamento del Sena, inmediatamente se asignaron cinco a los oficiales y dieciocho a la tropa. Los signos en dos idiomas colocados en la puerta de las instituciones formalizan esta segregación», añade Buisson.

Le Chabanais fue así frecuentado por altos jerarcas del Reich, como Hermann Göring, quien, a pesar de todo, siempre prefirió el Uno Dos Dos. Estos disfrutaban de orgías y fiestas nocturnas en unos años en los que el pueblo galo sufría un toque de queda desde las once de la noche hasta las cinco de la madrugada. En ellas, los presentes llevaban chocolate, cigarrillos o champán a las mujeres para disfrutar de bailes eróticos o partidas de cartas. El resultado eran fiestas desenfrenadas que terminaban cuando un teutón proponía a una de las chicas subir a la zona de las habitaciones temáticas.

A cambio de su fe ciega en los hombres del Tercer Reich, las prostitutas de Le Chabanais obtuvieron multitud de ventajas. La principal de ellas era la comida, algo básico en un país que padecía por entonces una gran escasez de alimentos. Muchas de las prostitutas, de hecho, declararon a la postre que se dejaron seducir por los germanos porque era la única forma que tenían de alimentar a sus hijos. Sin embargo, los grandes jerarcas que acudían a Le Chabanais también solían regalar todo tipo de objetos de lujo a sus chicas para hacerlas felices. Por ello, cientos de ellas fueron acusadas de «colaboradoras horizontales» tras la Segunda Guerra Mundial y castigadas por la Resistencia gala.

Así vivieron los gaditanos el «infierno» de la guerra desde sus balcones: «Nos caían trozos de metralla»

Israel Viana

Es de sobra conocido que Franco se mantuvo neutral en la Segunda Guerra Mundial después del encuentro que mantuvo en Hendaya con Hitler y su ministro de Asuntos Exteriores, Joachim von Ribbentrop, el 23 de octubre de 1940. En primer lugar, porque las condiciones que puso el dictador español para entrar en el conflicto del lado de la Alemania nazi fueron excesivas para el Führer, y, en segundo, porque el general gallego sabía perfectamente que España no estaba en condiciones de mandar soldados al frente tras la grave crisis en la que estaba sumido el país tras la Guerra Civil.

Eso no significa, sin embargo, que los españoles fueran totalmente ajenos al conflicto y que en algunas regiones de España, incluso, pudieran ver los bombardeos desde su casa sin necesidad de trasladarse a una zona de conflicto. Solo tenían que asomar la cabeza por la ventana o salir al balcón para observar, en vivo y en directo, el espectáculo de la muerte como si fueran fuegos artificiales o una película en el cine.

Hablamos de algunos pueblos de la provincia de Cádiz, como Algeciras o La Línea de la Concepción, cuyos vecinos pudieron presenciar cómo los aviones de la Francia de Vichy —el Estado títere del régimen nazi— y los ingleses de Winston Churchill se enfrentaban en el aire y lanzaban sus bombas sobre Gibraltar el 24 y 25 de septiembre de 1940. Allí estaban para contarlo los enviados especiales de periódicos españoles como el *Diario de León*, *El Pueblo Gallego*, *El Correo de Zamora*, el *Diario de Ibiza*, la revista *Falange*, el *Yugo* de Almería, las agencias Cifra y Efe, y el diario *ABC*.

El día 26 este último publicaba en su portada el siguiente titular: «Nuevo bombardeo violentísimo sobre Gibraltar». Los periodistas transmitían sus crónicas por teléfono a nueve o diez kilómetros de distancia de la guerra, mientras veían a lo lejos las explosiones o las descargas de las baterías antiaéreas. Sabían perfectamente que no estaban en zona de conflicto, pero vivían los enfrentamientos con miedo. ¿Y si algún piloto se desorientaba y dejaba caer un obús sobre ellos?

«Continúan llegando aparatos sobre Gibraltar que arrojan constantemente un gran número de bombas. El bombardeo es incesante. Los aviones llegan en escuadrillas de cinco y, sin haber terminado su descarga, llegan nuevas formaciones que mantienen el bombardeo continuo. En la plaza se han originado muchos incendios. Uno de ellos, a juzgar por la gran columna de humo que despide, es de extraordinaria importancia», podía leerse también en *ABC*.

El primer ataque

En la madrugada del 24 de septiembre aparecieron por sorpresa más de ochenta bombarderos de la Francia de Vichy sobre el cielo de la colonia inglesa y dejaron caer las primeras bombas. Después de aquel primer ataque ya no se detuvieron a lo largo de ese día y del siguiente. En la primera jornada se contaron más de cien, que dejaron la colonia prácticamente destrozada, según contaban las diferentes crónicas. Así lo recogía la agencia Cifra:

> A la una menos diez de esta tarde se presentaron tres aparatos volando a muchísima altura sobre Gibraltar y soltaron varias bombas. Sobre el arsenal, en la parte derecha, cayeron dos, y cuatro más en el agua que levantaron grandes columnas de espuma. Uno de los aparatos siguió hacia el Estrecho y regresó de nuevo en unión de otros tres que continuaron arrojando bombas. Las baterías antiaéreas abrieron fuego contra ellos, oponiendo una intensa cortina de fuego. Diez minutos después se alejaron y, un cuarto de hora más tarde, regresaron otros tres bombarderos que dejaron caer sobre Gibraltar tres bombas más.

Se trataba de bombarderos del tipo Lioré et Olivier LeO 45 que despegaron desde distintas bases de Marruecos y que no tardaron mucho en llegar a su destino. Eso se debió a que alcanzaban una velocidad de 420 kilómetros por hora a pesar de transportar algunas bombas de más de mil quinientos kilos. «La impresión dominante es que se trata de aviones franceses», apuntaba *ABC* sobre lo que ocurría alrededor de las 15.00 horas. Y añadía: «Las cortinas de fuego de los antiaéreos es espesísima, pero no impide que los aviones efectúen sus bombardeos con una regularidad matemática. El ataque lleva ya dos horas de duración. Sobre Algeciras caen trozos de metralla con frecuencia, aunque hasta ahora no se ha producido ninguna desgracia en la localidad gaditana».

La venganza de Pétain

La ofensiva sobre la colonia inglesa era la venganza del mariscal Philippe Pétain, jefe del régimen pronazi de Vichy, por el ataque a traición ordenado por Churchill, tres meses antes, sobre el puerto argelino de Mers el-Kebir. Los británicos hundieron el buque Terre Neuve y dañaron seriamente otros cinco navíos en sucesivas oleadas y persecuciones en alta mar que acabaron con la vida de 1.297 marinos.

El ataque se consideró enseguida como uno de los mayores errores de Gran Bretaña en toda la guerra, pues supuso el fin de la neutralidad de la Francia de Vichy y su entrada en el conflicto del lado de las potencias del eje. Sin embargo, no era la primera vez que Pétain ordenaba bombardear el Peñón. El 18 de julio de ese mismo año mandó una escuadrilla de 74 aviones que provocaron algunos incendios y daños menores en la colonia.

En aquel momento, el régimen de Vichy pensó que el Gobierno británico se daría por enterado y decidiría volver a la vía de la diplomacia, tal y como había prometido anteriormente, pero no fue así. Pronto hubo nuevas ofensivas en Argelia, Dakar y, una vez más, Gibraltar, aunque esta vez con mucha mayor fuerza. Este último objetivo se eligió porque el mariscal sabía que en la colonia se acababan de construir una base aérea y una pista de aterrizaje donde antes había solo un hipódromo.

Por suerte, acababan de evacuar a dieciséis mil setecientos gibraltareños a Casablanca y de ahí a otros destinos como Londres (doce mil), Madeira y Jamaica (tres mil), además de Tánger y España. Otros miles decidieron quedarse, aun sabiendo que el Peñón era un enclave ansiado por Hitler. Por eso, cuando el 24 de septiembre se produjo el segundo bombardeo de Pétain, no los pilló por sorpresa.

La agencia Efe lo relataba así desde la relativa seguridad de la costa española: «Desde Algeciras se aprecian perfectamente las explosiones de los proyectiles, algunos luminosos. El aspecto que ofrecía Gibraltar las pasadas noches, con su magnífico alumbrado visto desde esta ubicación, es hoy muy diferente, ya que solo está alumbrada la parte de la población civil».

ABC hablaba de daños sobre el mismo centro de la colonia:

> Se presentó una escuadra formada por seis trimotores que descargaron las primeras bombas sobre la plaza, cayendo cuatro sobre el mar y ocho en la fortaleza. Los antiaéreos llegaron a formar una espesa cortina de fuego, lo que no impidió que una segunda escuadra de dieciséis trimotores dejara caer su carga sobre las calles. Uno de los aparatos fue tocado y se le vio alejarse, perdiendo velocidad y altura. Otro se precipitó sobre el mar envuelto en llamas y sus ocupantes se lanzaron en paracaídas: uno cayó junto al aparato, mientras que el otro se sostuvo en el aire durante bastante tiempo, indicando esa circunstancia que no llevaba peso. Se supone que el aviador cayó también al mar. Mientras tanto, nuevas escuadrillas se sucedían sin interrupción, bombardeando decididamente la plaza y lanzándose algunos aparatos en picado para precisar más los objetivos.

Aunque las diferentes crónicas hablaban de «numerosas víctimas», realmente los muertos fueron cuatro, a los que habría que sumar decenas de heridos e importantes desperfectos en las infraestructuras del Peñón. Ese fue quizá el daño más importante desde el punto de vista militar, porque el muelle meridional quedó destrozado. También numerosos edificios, barcos, depósitos de gasolina e instalaciones eléctricas.

Aquel fue el último ataque sufrido por Gibraltar hasta el día de hoy, que *ABC* calificó como «un verdadero infierno, pues las bombas caían por todas partes y las explosiones se oían sin interrupción». De hecho, tal y como se temían los vecinos, dos de las bombas terminaron cayendo sobre la localidad gaditana de La Línea de la Concepción, que se encuentra a tan solo cinco kilómetros de distancia..., y no fueron las últimas.

Menos de un año después, durante las dos primeras semanas de julio de 1941, los vecinos de La Línea de la Concepción se habían olvidado ya de aquellas dos bombas y se preparaban tranquilamente para su fiesta de la Velada que todos los años conmemora el nacimiento del municipio. Los vecinos llevaban cinco años sin poder celebrarla como consecuencia de la Guerra Civil y las penurias de la posguerra, por lo que estaban especialmente alegres.

No se imaginaban que Mussolini les iba a borrar la sonrisa y a convertirlos en una víctima colateral de la Segunda Guerra Mundial cuando, la noche del 11 al 12 de julio, un Savoia-Marchetti SM.82 Marsupiale despegaba de Cerdeña con tres bombas hacia la bahía de Algeciras. Su misión consistía en soltarlas sobre alguno de los mercantes o buques británicos anclados en la rada, en esa interminable lucha por conquistar el estrecho de Gibraltar, para convertir el Mediterráneo en un gigantesco bastión contra los aliados.

Sin embargo, algo salió mal. Los sistemas de detección acústica ingleses descubrieron al bombardero cuando se acercaba y comenzaron a sonar las sirenas. A pesar de ello, el avión italiano soltó las tres bombas antes de desaparecer. «Puede que fuera el fuerte viento o un trágico error de puntería, pero lo cierto es que ninguna cayó sobre los mercantes ingleses, sino en La Línea de la Concepción. Dos de ellas no hicieron explosión, quedando medio enterradas en las dunas de la playa de Poniente. La tercera, sin embargo, hizo blanco en la esquina que forman las calles Duque de Tetuán y López de Ayala, a la altura de los números 10 y 3, respectivamente, según la numeración de entonces. La explosión afectó a tres viviendas ocupadas por la familia Caballero, la familia Ruiz-Sánchez y la viuda de Valdés y sus hijos», detalla Juan José Molina en un artículo publicado en *Andalucía ADN*.

Todo el pueblo sintió la sacudida y los tres edificios quedaron reducidos a escombros. La explosión también destrozó el tendido eléctrico y todo el pueblo se quedó sin luz. El ejército español envió lo más pronto que pudo varios camiones para alumbrar la zona y comenzar rápidamente las labores de rescate de las víctimas. Soldados, policías y vecinos, algunos de ellos familiares de estas, estuvieron trabajando juntos a toda velocidad.

En total hubo cinco muertos: Joaquina Morilla, José Luis Valdés, Julia Rojas, Tomás Caballero y María Caballero. También se produjeron numerosos heridos, algunos de ellos de gravedad, que tuvieron que ser ingresados de urgencia en el Hospital Municipal. Al resto los atendieron allí mismo. No obstante, la tragedia pudo ser mucho mayor, ya que el tercer proyectil cayó dentro de un pozo que había en la intersección de las calles.

La censura

Ningún periódico español informó del suceso y *ABC* lo hizo de una forma un tanto confusa, seguramente por la acción de la censura. «Dos artilleros ingleses huyen de Gibraltar y llegan a nado a la playa de La Línea», informaba el 15 de julio de 1941. Luego daba cuenta de un bombardeo cercano a la localidad gaditana, sin especificar el lugar exacto donde habían ido a parar las bombas, como si los dos sucesos no tuvieran nada que ver:

> A las 22.55 horas se sintieron motores de aparatos extraños en Gibraltar. Los reflectores de la plaza inglesa entraron en acción para buscarlos en todas direcciones, pero no los descubrieron. Al mismo tiempo, las baterías antiaéreas de la colonia y de los buques situados en el puerto y en la bahía hicieron una verdadera barrera de metralla. Poco después se percibieron desde La Línea cuatro grandes explosiones, al parecer de cuatro bombas que debieron caer en la bahía, aunque de momento ignoramos si han causado daños.

En la localidad gaditana se decretó un día de luto y se aplazaron todos los actos programados con motivo de sus fiestas patronales. A la mañana siguiente se celebró el sepelio de las víctimas en el cementerio de San José, con la presencia del gobernador civil de Cádiz y todas las autoridades municipales. Miles de vecinos, aún consternados por lo sucedido, acompañaron la comitiva fúnebre.

Eso no impidió que, durante las siguientes tres madrugadas, otros bombarderos italianos siguieran realizando incursiones sobre la bahía. De hecho, en la noche del martes al miércoles, los reflectores británicos localizaron de nuevo un Savoia-Marchetti SM.82 y comenzaron a disparar contra él con las baterías. El piloto reaccionó a tiempo, viró hacia la localidad de Campamento, que en la actualidad pertenece al municipio gaditano de San Roque, y se deshizo allí de su carga. En total, dos bombas más que estallaron cerca de unas instalaciones de polo y una tercera en la ribera del río Cachón. Ninguna causó víctimas esa vez.

Días después, miembros del ejército localizaron las dos bombas que habían caído en la playa de Poniente y las identificaron como italianas. Las autoridades españolas elevaron una protesta oficial ante los representantes de Mussolini, pero no sirvió de mucho. Estos alegaron que las incursiones de sus bombarderos sobre la colonia británica habían sido contestadas por fuego antiaéreo procedente de nuestro territorio.

Con la derrota de las potencias del eje, el Gobierno italiano se vio obligado a pagar una indemnización de doscientos cincuenta mil dólares por los daños causados durante el conflicto a los vecinos de La Línea de la Concepción, así como a otros vecinos de las localidades cercanas. La dictadura franquista debería haber sido la encargada de hacer efectivo el pago a las familias de los fallecidos, a las de los heridos que tenían que hacer frente a sus gastos médicos y a todas aquellas que hubieran perdido bienes.

Nunca quedó muy claro si al final recibieron el dinero, pues España aún debía amortizar parte de la deuda contraída con Mussolini por la ayuda que este les había prestado a los sublevados durante la Guerra Civil.

Crónica desde el averno: veinte formas de malvivir y morir en el campo de Mauthausen

Manuel P. Villatoro

Aunque Mauthausen ya no está custodiado por miles de guardias de las SS ni alberga presos en su interior, todo aquel que pise este campo de concentración verá que en la zona se respira un halo de oscurantismo que difícilmente desaparecerá algún día. No es para menos, pues su exterior —similar al de una fortaleza medieval— se levanta de forma monolítica e imponente sobre un cerro que, en pleno mayo, muestra un espléndido color verdoso.

Sin embargo, el bello emplazamiento estará maldito para siempre por culpa de los uniformes ataviados con esvásticas que, hace más de setenta años, paseaban por su interior. Lo mismo sucede con el pueblo que, ubicado a pocos kilómetros del recinto y con el mismo nombre que el campo de concentración, llevará sobre sí la pesada carga de un nombre asociado a la maldad: la villa de Mauthausen.

Monolítico por fuera, este campo de concentración no es diferente a otros emplazamientos con un objetivo similar construidos por el Führer en pleno Tercer Reich. Su núcleo principal, el campo interior, está formado por una plaza central (Appellplatz) rodeada en su momento por más de una veintena de barracones.

Hoy en día esa zona aún se conserva, aunque apenas quedan en pie tres de las casetas en las que, en su momento, se apilaron miles de reos. ¿La razón? Según explica a este diario Christian Dürr, jefe de Archivos e Investigación Histórica del Memorial de Mauthausen, en pleno campo, el resto fueron destruidas o vendidas después de la Segunda Guerra Mundial para reducir los costes de mantenimiento del campo.

Con todo, y a pesar de la escasez de barracones, cada esquina de este tétrico lugar logra transmitir al visitante una extraña sensación de inquietud evocada por el recuerdo de aquellos que allí malvivieron y murieron durante el nazismo. Y es que en dichas barracas de una sola planta se arremolinaban una cantidad ingente de personas que tan solo disponían de unos precarios baños para hacer sus necesidades y de dos gigantescas pilas con un agujero en medio para asearse.

«En condiciones normales se alojaban mil presos, pero en algunos acabaron viviendo más debido a que dormían con esteras de paja en el suelo», explica Benito Bermejo, autor de *El fotógrafo del horror* mientras pisa los mismos tablones sobre los que, hace décadas, caminaron los reclusos confinados por los nazis.

Morir entre frío y dolor

Pueden parecer unas condiciones de higiene deplorables, y de hecho lo eran, pero muchos presos se conformaban con ello. La alternativa, si las tropas de las SS así lo deseaban, era someterse a las temibles duchas heladas. Esta práctica era una de las más de diez formas en que se podía morir dentro del campo de concentración y se daba cuando los alemanes obligaban a los presos a salir al patio y, bajo un terrible frío, les hacían darse un remojón con agua casi congelada.

Los que no fallecían por aquellas vejaciones lo hacían por los golpes de los guardianes o, incluso, se ahogaban en los charcos de agua sobre los que caían al no poder levantarse. Con todo, este tipo de prácticas se llevaron a cabo con mayor asiduidad en el campo anexo a Mauthausen, el de Gusen.

La sensación negativa que evoca el lugar está justificada, pues en el campo —y sus subcampos— fallecieron nada menos que cien mil de los doscientos mil presos confinados. Más de cuatro mil setecientos con acento español. Es una cifra increíble si se tiene en cuenta que la finalidad del lugar no era el exterminio masivo de personas.

«Mauthausen tenía unos objetivos diferentes de los de otros campos como el de Auschwitz, en el que una buena parte de los que entraban eran asesinados en el momento. Aquí los presos no venían, necesariamente, para ser aniquilados, sino para ser mano de obra esclava. Es cierto que al final morían, pero lo hacían por las pésimas condiciones de vida, la dureza del campo y la falta de comida», explica Dürr.

El lugar en el que solían trabajar hasta la extenuación los presos era una cantera ubicada a pocos metros del campo de concentración. Una gigantesca oquedad de entre setenta y ochenta metros de altura en medio de una montaña en la que picaban granito para, posteriormente, cargarlo sobre la espalda y subirlo a la carrera hasta Mauthausen por una escalinata de piedra de 186 peldaños.

Escalera a la desesperación

Si este trabajo y la falta de comida no acababan con su vida, lo hacían los crueles miembros de las SS al empujarlos desde arriba para que cayeran sobre sus compañeros. La «escalera de la muerte», como se la conoce, sigue generando vértigo a día de hoy para los ojos de un visitante que «disfrute» de ella por primera vez. Y eso a pesar de que ha sido reconstruida y no tiene peldaños de más de medio metro de altura, cosa que sí sucedía en la Segunda Guerra Mundial.

Con todo, y a pesar de que la mayoría de los reos morían debido al esfuerzo, también había otros tantos que, hartos de la existencia y las vejaciones de los miembros de las SS, se suicidaban arrojándose desde lo alto de esta cantera. Irónicamente, los alemanes solían llamar a estos prisioneros «los paracaidistas», y no era raro que los alentaran para que se lanzaran al vacío.

No era la única forma en que los reos decidían dejar este mundo, pues también solían arrojarse contra la verja electrificada del campo interior. Por otro lado, aquellos que no eran lo bastante vigorosos para trabajar acababan sus días asesinados en la única cámara de gas del campo de concentración, una minúscula habitación que nada tiene que ver con las gigantescas salas de la muerte de Auschwitz.

Así lo confirma Dürr mientras muestra a *ABC* los pormenores de la pequeña estancia en la que murieron decenas de presos: «En este campo la cámara de gas no era muy grande porque no se pretendía asesinar en masa. Aquí, según los datos, murieron tres mil quinientas personas gaseadas de un total de cien mil. No había, por lo tanto, un plan de asesinato masivo, simplemente se dejaba que los reos murieran por falta de comida y de atención médica».

Sin embargo, y a pesar de que no se buscaba el exterminio a gran escala como en otros campos, sí se contaba con dos hornos crematorios (Krematorium) para acabar con los restos humanos de los muertos en el campo. Estas instalaciones también permitieron a los guardias dar buena cuenta de los cuerpos de aquellos que asesinaban día tras día por diversión de un disparo, lanzándolos a los perros, obligándolos a ahorcarse o asesinándolos mediante una inyección letal.

Se acaba la locura

La locura continuó hasta 1945, año que tuvo un sabor agridulce para una Europa desgastada durante más de un lustro de Segunda Guerra Mundial y entre sesenta y ochenta millones de fallecidos.

Una cara de la moneda tenía serigrafiadas tragedias como la matanza sistemática de civiles por parte del Tercer Reich, pero los grabados de la otra denotaban la llegada de la esperanza tras haber destruido, al fin, las defensas de la Alemania nazi. El premio final era ver caer Berlín y los vientos dejaban tras de sí, al fin, un ligero perfume a victoria.

Por desgracia, la autopista hacia el Führerbunker obligó también a inspirar el pesado hedor de la muerte que sobrevolaba en los campos de concentración y exterminio con los que Hitler había forjado su Holocausto.

El 5 de mayo aunó ambas partes cuando el sargento Albert J. Kosiek, al mando de un pelotón de reconocimiento de la 11.ª División Acorazada norteamericana, formado por 23 hombres, se topó en su camino con lo que, tal y como explicó a la postre, eran «algunas personas que parecían estar en grandes jaulas». Aquel fue su primer contacto con Gusen III, uno de los centros satélites de reclusión cercanos al espeluznante campo de concentración de Mauthausen. A este lugar de pesadilla arribó poco después, tras convencer a sus mandos de que debía desviarse de su ruta original. Hizo bien y, como resultado, obtuvo el cariño eterno de los reos apresados en su interior, muchos de ellos republicanos españoles capturados al comenzar la guerra.

Hasta aquí la historia oficial; o la más conocida, si prefieren. Sin embargo, existe otra parte de la liberación del campo de concentración que se suele obviar, y es la que narra algunos pormenores sobre la llegada de Kosiek hasta el cerro en el que se asentaba el emplazamiento. Entre ellas, que el verdadero objetivo de los cuatro jeeps y los tres vehículos blindados del sargento consistía en explorar un puente cercano, que sus mandos se negaron en principio a que se desviara de la ruta o que, como bien explica Carlos Hernández de Miguel en *Los últimos españoles de Mauthausen. La historia de nuestros últimos deportados, sus verdugos y sus cómplices*, la irresponsabilidad de sus mandos le obligó poco después a abandonar a su suerte al desesperado ejército de reclusos.

Más allá de las bambalinas de la liberación, lo que es innegable es que aquel 5 de mayo de 1945 el sargento Kosiek se convirtió en la luz al final de un túnel de muerte; algo que quedó patente cuando los reos vislumbraron cómo ascendían por la carretera los soldados aliados. «¡Ya vienen! ¡Están aquí!». El momento fue tan impactante para algunos de los españoles presentes aquella jornada que dejaron constancia de ello tras la guerra. «No podía creérmelo. Me costaba creer que aquello era real. La gente gritaba, lloraba de alegría, se abrazaba...», afirmó Juan Romero, uno de los supervivientes.

1941

Operación Marita: cuando la megalomanía de Mussolini le costó a Hitler la guerra

Manuel P. Villatoro

Era una noche de 1940 en apariencia tranquila. Aquella jornada infausta, un cincuentón de cara ruda que luchaba todavía por mantener algo de pelo sobre la cabeza abrió la puerta que daba acceso a la habitación de su cuñada. «Italia nos ha atacado. Desde hoy estamos envueltos en la contienda. Yo esperaba ser un rey que no tuviese que ir a la guerra. Ahora, nuestro pueblo tendrá que sufrir mucho una vez más». Jorge II informó así, con una mezcla de resignación y añoranza, a Federica de Grecia de que las divisiones de Benito Mussolini habían arremetido contra sus fronteras. No por una cuestión táctica, tampoco por necesidad de recursos, sino por la obstinación personal del Duce.

Seis meses de contienda después, todo estaba perdido. A pesar de que el ejército griego se había batido con el mismo valor demostrado por las falanges de hoplitas, la entrada en el tablero de la poderosa Alemania el 6 de abril de 1941 había supuesto un golpe demasiado duro. Fue como combatir contra un gigante. Tras dos semanas, el primer ministro heleno, Alexandros Korizis, se encerró en el baño de su casa y se suicidó para escapar de aquella debacle. Y tan solo unas lunas más tarde, el 23, la familia real fue evacuada hacia Creta. «Nos subimos a un hidroavión Sunderland. Nadie hablaba. Yo llevaba en brazos a mi hijo Tino, que todavía tenía un año. Y a Sofía de la mano», escribió en sus memorias Federica, princesa en aquellos tiempos.

La pequeña a la que se refería Federica era la futura reina de España, Sofía de Grecia y Dinamarca. Y es que, aunque por entonces apenas sumaba dos primaveras de vida y faltaban décadas para que conociera a Juan Carlos I, fue una de las muchas damnificadas por la locura de Adolf Hitler, un líder megalómano que, aunque en la primavera de 1941 soñaba ya con asaltar la Unión Soviética, tuvo que detener sus planes e invadir Yugoslavia y Grecia para asegurar el llamado «flanco balcánico» y evitar el desastre militar del dictador italiano. «Si no hubiera tenido que enviar unidades a la zona, es posible que el Führer hubiera podido conquistar la URSS», explica David Solar, autor de múltiples obras sobre el conflicto, como *La caída de los dioses* o *El último día de Hitler*.

Emular al imperio

Las raíces de este conflicto, obviado hasta el extremo en los manuales más populares de la Segunda Guerra Mundial, no hay que buscarlas en el Tercer Reich. En palabras de Solar, el instigador fue un Benito Mussolini ávido de equipararse a la Alemania nazi. «Al ver que Hitler campaba a sus anchas por Europa, entendió que la Italia fascista no podía ser menos», desvela. Por ello, en octubre de 1940 se propuso emular al Imperio romano con la conquista de un territorio sobre el que las legiones republicanas se habían lanzado ya en el siglo III a. C. A sus generales, sin embargo, les insistió en la posición estratégica del país. «Grecia es al Mediterráneo lo que Noruega es al mar del Norte», les repitió una y otra vez.

No es exagerado decir que el italiano se veía como la reencarnación de los grandes líderes de las legiones. Un ejemplo es que se nombró dictador vitalicio, cargo que había ostentado Julio César, que se hizo llamar Duce (del latín *dux*, «general») o que instauró el saludo romano en el país. «Italia tiene, al fin, su imperio. Imperio fascista, porque lleva las insignias indestructibles de la voluntad y del poder del lictor romano», afirmó en 1936. De hecho, el mismo Hitler reiteró en repetidas ocasiones —la mayoría frente a sus invitados en el Nido del Águila (la Kehlsteinhaus)— aquella idea: «Si el Duce muriera, sería una desgracia muy grande para Italia. Paseando con él comprendí que era uno de los césares. Es indudable que es el heredero de uno de los grandes héroes de esa época».

El 15 de octubre de 1940, el Duce se reunió con sus jefes de Estado Mayor en el Palazzo Venezia para ultimar los detalles de la que, pensaba, sería su particular *Blitzkrieg*. «Esta es una acción que he madurado largamente, de mes en mes, antes de nuestra participación en la guerra y antes del conflicto», confesó frente a los oficiales del ejército italiano. La realidad es que aquello no llegaba siquiera a arrebato de infante. El 28 de ese mismo mes hizo palpable su capricho y, convencido de que apenas tardarían unas semanas en atravesar Grecia, empezó la invasión. «Führer, estamos avanzando. ¡Al alba de esta mañana las victoriosas tropas italianas han atravesado la frontera grecoalbanesa!», escribió orgulloso.

Pero la alegría fue perecedera. Días después, los defensores expulsaron a las divisiones italianas hasta las montañas de Albania, donde el conflicto llegó a un punto muerto. Y, por si fuera poco, el desembarco de una fuerza expedicionaria británica hizo aumentar la tensión. «Gran Bretaña no podía dejar sola a Grecia, era su salvaguarda para mantener su dominio sobre el Mediterráneo junto con Gibraltar. Además, ofrecía los enclaves de Malta (determinante para mantener las rutas de recursos navales hacia África) y Creta», añade Solar. Al final, ante el miedo a ser arrasado, Mussolini pidió auxilio a la Alemania nazi. Hitler correspondió en 1941 y organizó la Operación Marita para socorrer a su aliado. En principio, con ayuda de Hungría, Rumanía y Bulgaria.

Una vez decidido a conquistar Grecia, al Führer solo le quedaba un escollo por superar: Yugoslavia. Basta un vistazo rápido a los mapas de la época para entender que la zona se interponía en el camino directo hacia el territorio heleno. Alemania, en principio, se alió con el país el 25 de marzo de 1941. Sin embargo, el estallido de un golpe de Estado antinazi el 27, protagonizado por el general serbio Dusan Simovic, dio un giro a la situación internacional. Si Hitler quería acabar con los griegos, debía hacer lo propio con su nuevo enemigo para asegurar la retaguardia de sus tropas y abrir camino a sus carros de combate. Para líderes como Winston Churchill sonaban tambores de guerra: «El camino será arduo, doloroso y penoso».

Objetivo: Yugoslavia

A nadie le sorprendió que, el 6 de abril de 1941, hace más de ocho décadas, las tropas del Tercer Reich —apoyadas por italianos, búlgaros, rumanos y húngaros— se dirigieran hacia la frontera yugoslava. Lo que sí llamó la atención fue la inquina demostrada por jerarcas de la talla del líder de la Luftwaffe, Hermann Göring, quien instó a «borrar de la faz de Tierra» Belgrado, la ciudad más poblada del país. «Hay que aplastar Yugoslavia en el plazo más breve posible», añadió. Cumplió sus tristes amenazas y, antes siquiera de que la infantería comenzase a moverse, la fuerza aérea inició un estremecedor bombardeo contra la urbe que, según los datos ofrecidos por historiadores como Antony Beevor, provocó unos quince mil fallecidos.

Después, como escribió un oficial de la 11.ª División Panzer, la guerra relámpago arribó a los Balcanes: «Los carros blindados ya están avanzando. La artillería ligera abre fuego, la artillería pesada entra en acción. Aparecen los aviones de reconocimiento, luego cuarenta Stukas bombardean las posiciones, el cuartel arde en llamas. Una imagen magnífica al amanecer». Las fuerzas armadas yugoslavas, desfasadas, poco pudieron hacer ante el empuje del gólem germano y sus colegas. «¿Acaso creían que, con un ejército pobre en efectivos, anticuado y mal entrenado, tenían alguna posibilidad frente a la Wehrmacht alemana? ¡Es como si una lombriz de tierra pretendiera engullir una boa constrictor!», apuntó en su diario un miembro de las SS. La resistencia apenas se extendió doce jornadas.

La caída de los dioses

En lo que supuso un verdadero reto logístico que llevó a la Wehrmacht a atravesar los ríos búlgaros a golpe de pontones, la Alemania nazi invadió Grecia el mismo 6 de abril de 1941. Hitler reunió, en cifras redondas, setecientos cincuenta mil soldados del eje y multitud de blindados. Por su parte, los aliados contaban con un número escaso de antiguos tanques y quinientos mil infantes, unos sesenta mil de ellos pertenecientes a la fuerza expedicionaria británica (Contingente W). «En aquel momento de peligro mortal, los griegos se volvieron hacia nosotros para pedir socorro. Por muy agotados que estuvieran nuestros recursos, no podíamos negarnos. Lo contrario hubiera sido fatal para el honor del Imperio británico. Un acto vergonzoso que nos privaría del respeto del que ahora gozamos en todo el mundo», afirmó Churchill poco después.

Como solía pasar en los inicios del conflicto, cuando la Wehrmacht y la Luftwaffe funcionaban como un reloj suizo, el avance fue apabullante. Mientras la fuerza aérea castigaba las líneas defensivas a golpe de bombardeos, una primera ofensiva se lanzó contra la Línea Metaxás, formada por posiciones levantadas frente a Bulgaria. Allí, la resistencia helena fue tenaz. A la par, el XII Ejército de Lista atacó la zona que separaba el sur de Yugoslavia del norte de Grecia. A partir de entonces, solo quedó continuar hacia el sur. Poco a poco, con más celeridad que calma, cayó Tesalónica. Poco después, el general Bakopoulos se vio obligado a capitular junto con setenta mil de sus hombres en el que fue el primer golpe severo sobre la resistencia. A mediados de mes los británicos ordenaron la retirada hacia la retaguardia. El destino se tornaba oscuro.

Allá por el 18 de abril, el país vivió uno de sus momentos más amargos cuando los alemanes pisaron las proximidades de uno de sus mayores símbolos. Los partes de guerra germanos recogieron con orgullo aquella triste jornada: «Las tropas que actúan en Grecia han proseguido el ataque y han atravesado la región montañosa del noroeste del Pindo. La presión ejercida por nuestras tropas en ambos flancos del monte Olimpo ha sido causa de que la retaguardia del grueso de las fuerzas británicas haya sido batida y puesta en fuga». A su vez, el informe añadía que «los cazadores alpinos han izado la bandera de guerra alemana en la cúspide del monte Olimpo». La desazón llevó al primer ministro, Alexandros Korizis, a quitarse la vida tras escribir una nota en la que pedía al cielo por la supervivencia de su país.

En mitad de aquella locura, el general Wilson, al mando del Contingente W, ordenó a sus hombres que se ubicaran en el famoso paso de las Termópilas para proteger la retirada hasta la zona de reembarque de la Commonwealth. Allí, días después de que se firmara la capitulación de Grecia —la primera, el 21 de abril en el cuartel general de Larisa— tuvieron su particular batalla a la espartana. El 24, las unidades de montaña y los carros de combate germanos atacaron a los restos de las fuerzas del Imperio británico. Sin embargo, estas resistieron durante 24 horas que, a la postre, resultaron vitales para que sus compañeros subieran a los transportes en la costa. Una suerte de Dunkerque griego. El 27, los blindados teutones entraron en Atenas. Para entonces, ya se había evacuado a la familia real hasta la cercana isla de Creta.

Aunque la Operación Marita finalizó oficialmente el 28 de abril, la realidad es que no fue hasta el 3 de mayo cuando la conquista de Grecia se hizo efectiva de cara a Europa. Y fue con un gran desfile por las calles de Atenas. Sin embargo, la victoria terminó siendo agridulce para Adolf Hitler. «Alemania no salió ilesa de 1941. Tuvo que emplear bastantes recursos para vencer. Hombres, tanques y aviones que no pudo reponer después de la guerra balcánica y que habría necesitado en la URSS. Si a eso le sumas el contingente que envió a África para apoyar a Mussolini, unos treinta mil hombres y cientos de blindados, es sencillo ver cómo disminuyó su empuje», finaliza Solar.

Canibalismo y muerte en el abismo de Leningrado: «Hemos vuelto a la prehistoria»

Israel Viana

Todo iba a comenzar con un plano secuencia muy largo en un salón de conciertos repleto de músicos. Acaban de terminar el ensayo. Uno de ellos guarda el instrumento y se apresta a salir a la calle. Camina durante un rato por la ciudad destruida y acaba cogiendo un tranvía. Después llega a una estación y continúa andando hasta un edificio oscuro. Sube a uno de los pisos por las escaleras y, al abrir la puerta, le recibe una mujer que lo abraza apasionadamente. Iba a ser una escena bonita, hasta que la cámara se aleja de la pareja y enfoca hacia el exterior de la ventana, donde aparecen, de repente, miles de tanques nazis apostados en la otra orilla del río.

Sergio Leone lo tenía todo pensado, incluso al protagonista, Robert de Niro. Lo anunció en una rueda de prensa en Moscú, en enero de 1989: «Uno de mis sueños más queridos se hará realidad. Por fin voy a dirigir una película sobre el cerco de Leningrado». Hasta había conseguido la financiación, pero falleció tres meses después, repentinamente, de un ataque al corazón, con la idea de aquel plano en la cabeza, con el que el responsable de títulos tan célebres como *La muerte tenía un precio* quería escenificar el momento exacto en el que, el 8 de septiembre de 1941, los ejércitos de Hitler cortaban las últimas carreteras que conducían al actual San Petersburgo y empezaba el asedio más terrorífico y devastador de la historia. El instante en que, según las palabras de la poetisa rusa Olga Berggolts, «se estrechó la soga alrededor de la garganta de la ciudad».

Se trataba de una historia que ni el cine soviético se atrevió a abordar, ya que los testimonios aparecidos posteriormente superaban con creces cualquier ficción. Por ejemplo, el de la superviviente Zina Generalova recordando los primeros días del cerco:

> Cuando comenzaron los bombardeos, las alarmas sonaban cada quince o veinte minutos. Me resultaba muy duro ir a los refugios porque estaba embarazada y no podía correr. Pensaba que los ataques terminarían pronto, porque los periódicos aseguraban que íbamos a vencer a Hitler en dos meses. Mucha gente vino huyendo desde las poblaciones cercanas y Leningrado se convirtió en un lugar con demasiadas bocas que alimentar. Una gran cantidad de población fue evacuada a Siberia. Después los alemanes rodearon la ciudad y ya no hubo forma de salir. Durante todo septiembre seguimos siendo bombardeados. Vivíamos en un sótano con otras noventa personas donde hacía mucho frío y no había calefacción, luz ni agua. El frío era tan duro que no te lo puedes imaginar. Mi esposo se puso muy pálido por el hambre, casi azul. No podía moverse. Una mujer me dijo: «Tu hijo morirá, dale toda la comida a tu esposo y sálvalo. Si él sobrevive, podrás tener otro bebé». Le hice caso, pero mi hijo comenzó a llorar y decidí volver a darle la comida que le pertenecía. La gente estaba tan débil que, cuando se caían, ya no podían levantarse otra vez. Yo también estaba cada vez más débil, me estaba muriendo.

Hitler había dejado claro que aquel era un objetivo de primer orden, antes incluso de que la Operación Barbarroja se pusiera en marcha dos meses y medio antes, el 22 de junio de 1941, cuando sonó en plena madrugada el teléfono del cuartel general del distrito militar de Leningrado. No era normal que solicitaran desde Moscú una reunión «urgente» a esas horas con el máximo responsable de la ciudad, por lo que era obvio que algo grave pasaba. El operador de señales Mijaíl Neishtadt avisó al jefe del Estado Mayor, quien llegó cuarenta minutos más tarde con un humor de perros. «Espero que sea importante», gruñó, y este le entregó un telegrama: «Tropas alemanas han cruzado la frontera de la Unión Soviética».

Comienza la pesadilla

«Fue como una pesadilla. Queríamos despertarnos y que todo hubiese vuelto a la normalidad», contó Neishtadt, que pronto se dio cuenta de que aquello no era un sueño, sino un asalto colosal de tres millones de soldados y decenas de miles de tanques y aviones que avanzaban ya por un frente de dos mil quinientos kilómetros desde el mar Negro hasta el Báltico. El objetivo era conquistar Moscú, Kiev y, sobre todo, Leningrado. Esta última era tan importante que Hitler, incluso, visitó el cuartel general que se iba a encargar de ella, el del Grupo Norte. «La caída de Leningrado privará al Estado soviético del símbolo de su revolución, un símbolo que ha constituido un profundo sostén para el pueblo ruso durante veinticuatro años. Y aunque los reveses en el campo de batalla minen el espíritu de la raza eslava, la pérdida de esta ciudad provocará su colapso total», recordó a los comandantes.

Los Panzer salieron a toda velocidad, arrasando las ciudades que encontraban a su paso y cometiendo matanzas como la de Kaunas, en Lituania, donde un millar de judíos fueron concentrados en la calle, a la vista de todos, y asesinados a palos. Aquel era solo el aperitivo siniestro de lo que iba a ocurrir, un mes después, en Leningrado, ya que el Ejército Rojo era incapaz de alcanzar a los nazis y detenerlos. Joseph Goebbels, que se encontraba con Hitler en la Guarida del Lobo mientras el cerco se estrechaba, aseguró que este tenía la intención de «borrar del mapa toda la ciudad».

Las tropas al mando de Wilhelm von Leeb traspasaron pronto la línea del río Luga, la última gran posición defensiva soviética antes de llegar al objetivo. El general Georg-Hans Reinhardt encendía el corazón de sus tanquistas al grito de «¡abramos las puertas de Leningrado!». Faltaban menos de cien kilómetros y la retórica anticomunista dio paso a una racista, para que los soldados encontraran una justificación moral a la escabechina que estaban a punto de cometer: «Los eslavos pertenecen a una raza inferior que merece ser doblegada y, si en ocasiones son capaces de resistirnos en el campo de batalla, se debe únicamente a su condición de salvajes».

A mediados de agosto, el ejército soviético se desintegró por completo en las postrimerías del lago Ilmen y dejó el camino libre para la invasión. En ese momento, Goebbels volvió a visitar a Hitler en su cuartel general y se percató de que los planes habían cambiado. «El Führer quiere evitar bajas entre nuestros soldados —escribió en su diario— y, por lo tanto, ya no se propone tomar Leningrado por la fuerza, sino obligarla a pasar hambre hasta que se someta. No quedará gran cosa de aquel lugar».

El 8 de septiembre de 1941, los tanques de Reinhardt llegaron finalmente a Leningrado por el oeste, mientras que el resto de las tropas lo hicieron por el este, convirtiendo la ciudad en una isla rodeada de agua y tropas enemigas. Comenzaba el bloqueo que se iba a prolongar durante 872 días. «Ese venenoso nido que durante tanto tiempo ha vertido ponzoña sobre el Báltico debe desaparecer de la faz de la Tierra», insistía Hitler. A continuación organizó una macabra reunión con el profesor Ernst Ziegelmeyer, uno de los responsables del Instituto de Nutrición de Múnich.

Los cálculos de la masacre

Los nazis acudieron a este encuentro con una gran cantidad de datos sobre el censo de la población de Leningrado, la cantidad de alimentos que tenían almacenados y las temperaturas que iban a soportar durante el invierno. Después le pidieron que efectuara los cálculos necesarios para pronosticar qué les sucedería a sus habitantes cuando cayese en picado la ingesta de calorías, proteínas y grasas. Por último, plantearon las siguientes preguntas: ¿cuánto debían mantener el asedio, con las raciones existentes, para que comenzara a morir gente?, ¿cómo evolucionaría esa mortalidad?, ¿cuánto tardaría en fallecer toda la población civil?

Al día siguiente, el nutricionista llegó con la respuesta: tras un mes de aislamiento total, las autoridades de la ciudad tendrían que imponer una ración de doscientos cincuenta gramos de pan por persona. Con esa cantidad, es físicamente imposible sobrevivir mucho tiempo, así que debían mantener el cerco durante el invierno. Con eso sería suficiente. Por último, concluyó enérgicamente: «No merece la pena arriesgar la vida de un solo soldado. Los habitantes de Leningrado morirán de todas formas. Es esencial que nadie traspase nuestro frente. Cuantos más de ellos se queden en la urbe, antes morirán».

Alemania redactó entonces un informe secreto sobre varios flecos que era preciso tratar. Por ejemplo, si debían evacuar a los niños y ancianos o si, por el contrario, era preferible rodear la ciudad con una valla electrificada y con ametralladoras para que no saliese nadie. Al final se optó por la segunda solución. El jefe del Estado Mayor del ejército, Alfred Jodl, lo justificó asumiendo que, si la invadía, no podría mantener a sus tres millones de habitantes durante todo el invierno; que existía un «grave peligro» de que los petersburgueses sembraran las calles de minas para inmolarse con ellas cuando entraran los nazis y que, si entraban en contacto con la población local, podrían contagiarse de cualquier epidemia.

La suerte estaba echada. El ejército alemán se puso manos a

la obra. Lo primero que hizo fue arrojar medio centenar de bombas sobre los almacenes Badaev, los mismos en los que se encontraban todo el grano, la carne, la manteca de cerdo, el azúcar y la mantequilla de la ciudad. En total, dos mil quinientas toneladas de alimentos cuya pérdida resumió Yelena Skrjabina en su diario: «Nos acercamos al peor de los horrores. Cada día es más duro. Todo el mundo está preocupado por una sola cosa: dónde conseguir algo de comer para no morir. Hemos vuelto a la prehistoria».

A esto se sumaron otros 23 ataques aéreos con 987 bombas altamente explosivas y quince mil cien incendiarias solo en el mes de septiembre, con el hándicap de que las temperaturas cayeron en picado. En los balcones comenzaron a aparecer anuncios como: «Dispuesto a hacer trueques por comida». Se ofrecían máquinas de coser, una falda larga de lana, unos gemelos de oro..., lo que fuera. De la noche a la mañana, la ciudad se convirtió en una tumba. El respetado historiador ruso Gueorgui Knyazev llegó a instalar un gancho en el techo de su casa con una soga. «Si perdiese a mi amada esposa y viese a mi ciudad destruirse, ¿qué sentido tendría seguir viviendo? La forma más sencilla de terminar con todo es ahorcarse. No es un final bonito, pero sí fiable», escribió al ver que se acababan sus provisiones.

En ese momento, el mariscal Gueorgui Zhúkov fue enviado urgentemente para organizar la defensa de la ciudad en sustitución de Kliment Voroshílov, a quien Stalin acusaba de no haber conseguido rechazar el cerco. Lo primero que hizo fue dividirla en seis sectores defensivos, cavar trincheras, crear fortines, distribuir cañones antitanque y ordenar que cualquier soldado u oficial que intentara huir del asedio fuese ejecutado de inmediato. Las medidas estaban pensadas para frenar un asalto que nunca se produjo, lo que supuso un grave error. «Zhúkov se ha vuelto cada vez más cruel y despiadado», declaró uno de sus hombres, en referencia a las vidas que había despilfarrado en contraataques suicidas contra el muro nazi.

Gatos, perros y pegamento

El momento más atroz se vivió a principios de 1942, cuando quebró el sistema de distribución de provisiones y las raciones se redujeron a ciento veinticinco gramos de pan diarios, es decir, a una rebanada del tamaño de una pastilla de jabón que se amasaba con harina, celulosa, alpiste y serrín. Además, las cañerías se congelaron, el agua potable se acabó y el suministro eléctrico y la calefacción se cortaron justo en el momento en el que las temperaturas alcanzaban los cuarenta grados bajo cero.

En las calles comenzaron a desaparecer los gatos y los perros. Uno de los suplementos alimentarios más insólitos fue la cola de carpintero, que se obtenía raspando los muebles, ya que contenía proteínas de origen animal. Si se consumía en grandes cantidades, podía ser una fuente nutritiva. La artista Olga Grechina aprendió la receta por casualidad: poner en remojo el pegamento durante 24 horas, hervirlo, esperar a que se enfriara y se solidificara para, por último, ponerle un poco de vinagre y mostaza. Faina Prusova, otra superviviente, escribió en su diario: «Siguiendo los consejos de una anciana, he hervido el papel de las paredes. Sin embargo, me provocó tantas náuseas que lo vomité de inmediato. Después, a sugerencia del jardinero, intenté hervir un cinturón de cuero, pero he extraído de él agua sucia y turbia».

Muchos petersburgueses se desplomaban en las colas de racionamiento y no volvían a levantarse jamás. La muerte por inanición se convirtió en algo común y sus habitantes se acostumbraron a ella. Según contaba otra vecina: «Hoy, mientras caminaba por la calle, vi a un hombre que apenas podía poner un pie delante del otro. Al pasar a su lado no pude evitar mirar su cara azulada y cadavérica. Pensé que se moriría pronto. Tras avanzar un poco más, me di la vuelta y me detuve a mirarlo. Se sentó en una boca de riego con los ojos entornados y se deslizó lentamente hacia el suelo. Cuando corrí a su lado, ya había muerto».

Alexander Boldyrev, profesor de la Universidad de Leningrado, describió horrorizado lo que estaba presenciando: «La mortalidad ha alcanzado proporciones astronómicas. He visto con mis propios ojos una caravana de trineos, todos cargados de ataúdes, cajas y cadáveres metidos en sacos, desfilando hacia el cementerio. Allí he visto más cadáveres abandonados a la brava en la entrada, ennegrecidos. ¿Se acerca nuestro fin? Somos una ciudad de muertos amortajados con nieve». En la mayoría de las ocasiones, a los familiares los consumía el sobreesfuerzo durante la marcha y acababan abandonando los cuerpos de sus seres queridos en la calle. No era extraño encontrarse después esos cadáveres con las nalgas rebanadas en una esquina, pues el canibalismo terminó por hacer acto de presencia cuando se acabaron las mascotas.

Al otro lado del cerco, sin embargo, los soldados alemanes recibían una buena alimentación. Todas las noches llegaba una olla de sopa caliente a los búnkeres, la cual les proporcionaba una ración generosa de ternera o cerdo con patatas para la cena. También recibían hogazas de pan redondas y, por la mañana, mantequilla y queso para desayunar. Con frecuencia, la intendencia distribuía chocolate, botellines de vodka y café, mientras observaban desde lejos el espectáculo de la muerte y ametrallaban a todo petersburgués que se atrevía a huir. A veces explotaban sexualmente a las mujeres y niñas rusas hambrientas a cambio de alguna migaja.

El final del cerco

Al cabo de tres años, de los tres millones de habitantes que tenía Leningrado, habían muerto un millón y medio. Eso quiere decir que solo la mitad de su población pudo ser testigo del fracaso de Hitler, que no consiguió que la ciudad se rindiera. La mañana del 27 de enero de 1944, el general Leonid Góvorov, al mando del Frente de Leningrado, anunció orgullosamente que el cerco se había acabado y que ya eran libres. Todos los petersburgueses se congregaron en el parque del Campo de Marte para celebrarlo con las pocas fuerzas que les quedaban.

Se dispararon salvas de victoria desde 324 cañones y centenares de bengalas surcaron el cielo formando cascadas multicolores sobre los felices supervivientes. Mientras, los enormes focos de las naves de la Flota del Báltico iluminaban los edificios. «¡Los niños ya pueden caminar tranquilamente por el sol! Incluso pueden vivir en dormitorios donde entra la luz y dormir en paz por la noche sabiendo que no van a morir», escribió Olga Berggolts al despertar de aquel infierno.

El Gobierno soviético lo vendió como una victoria heroica de los valientes soldados del Ejército Rojo, aunque lo cierto es que el pueblo de Leningrado sentía que el mérito había sido todo suyo. «Creímos en que el final llegaría incluso durante los meses más negros, en enero y febrero del año pasado. Creímos en ello cuando murieron nuestros amigos y familiares, cuando tuvimos que enterrarlos en fosas comunes petrificados por el dolor, sin fuerzas ni siquiera para llorar. ¡Venceremos!», añadía esta respetada poetisa.

Varios días más tarde, un miembro de la unidad aérea de Kabirov recibió una carta de su familia desde Leningrado. Esta anunciaba: «¡Estamos vivos! Tu padrino guarda cama. Zoya y yo no nos encontramos bien, pero aún podemos movernos. Ahora tenemos algo de carbón y un poco más de pan. ¡Qué alegría sentimos cuando se rompió el cerco! Vivimos con un solo pensamiento: que ahora las cosas sean más fáciles. Llegará el día en que se levantará el asedio. Nos enteramos de tu victoria en el aire por la radio y el periódico. Estamos muy orgullosos de ti».

Stalin, sin embargo, quiso enmudecer todas aquellas celebraciones. No quería que el resto del país se enterase de la tragedia que había sufrido una de sus ciudades más emblemáticas sin que él hubiera sido capaz de evitarlo. Sobre todo, quería evitar que el resto de los ciudadanos de la URSS preguntase cuánta gente había muerto de hambre: un millón y medio de civiles inocentes era demasiado humillante para su causa y para el ánimo de su pueblo en plena guerra.

Cuando invitaron a Berggolts a Moscú para que hablara del asedio en la radio, se percató de que en la capital nadie sabía lo que había ocurrido. Así se lo reflejó en una carta a su familia: «Dicen que somos héroes, pero no saben en qué ha consistido nuestro heroísmo. No saben que pasamos mucha hambre, que la gente moría de malnutrición. En la radio no pude decir nada, según me advirtieron: "Puedes hablar de la valentía y el heroísmo de la población civil. De eso necesitamos que hables; del hambre, ni una palabra"».

Francotiradoras, tanquistas y aviadoras: las amazonas de Stalin contra la locura nazi

Manuel P. Villatoro

«Por fin te tengo, nazi cabrón, después de tanto tiempo sentada bajo un frío de muerte». Liudmila Mijáilova Pavlinchenko, sargento primera del Ejército Rojo, no gritó aquel improperio. Si lo hubiera hecho, una bala con sello alemán habría acabado con su vida aquel 23 de enero de 1942. Más bien fue un pensamiento que le cruzó por la mente antes de que cogiera aire y apretara el gatillo. ¡Bang! Un par de segundos después, el cuerpo inerte de su enemigo, un tirador de élite alemán que había segado la vida de cinco hombres en las últimas horas, se desplomó en su escondrijo, sobre un puente. Aquella fue la victoria 227 de una de las francotiradoras más letales de Iósif Stalin, aunque también el acto final de un duelo que se había prolongado durante dos jornadas y la constatación de que, durante la Segunda Guerra Mundial, la muerte también tenía rostro de mujer en la Unión Soviética.

Lady Muerte, tétrico apodo que se granjeó Pavlinchenko, abatió a trescientos objetivos en tres años. Los números la elevan al olimpo de los francotiradores y la convierten en una de las rusas más letales del conflicto, que fueron muchas. Cuentan los historiadores que más de ochocientas mil mujeres combatieron en la Gran Guerra Patria, el grandilocuente nombre que el Camarada Supremo dio al enfrentamiento contra la Alemania nazi. Lo hicieron por las gélidas estepas, en los buques de la armada y en los cielos de la URSS, aunque las que sedujeron a los propagandistas del dictador rojo fueron las tiradoras de élite, las tanquistas y las aviadoras. Muchas se presentaron voluntarias después de que Stalin llamara a los «ciudadanos, ciudadanas, hermanos y hermanas» a defender el país en julio de 1941; otras, después de que comenzara su reclutamiento obligatorio en la primavera de 1942. Pero, fuera por una u otra causa, allí estuvieron.

Asesinas silenciosas

Las francotiradoras, pacientes y efectivas, ocuparon una posición preponderante en la URSS. Muchas jóvenes habían aprendido a disparar antes de la guerra. Así, cuando los alemanes atravesaron la frontera, se dejaron llevar por las consignas del Komsomol —la organización juvenil del partido comunista, encargada del reclutamiento— y se presentaron voluntarias para las unidades de tiradores de élite. María Ivánovna Morózova fue una de ellas: «Fuimos a la oficina de reclutamiento; me había hecho una trenza muy bonita... y salí sin ella. [...] Allí mismo nos vistieron de uniforme, nos entregaron los macutos y nos metieron en vagones de mercancías». Una buena parte de ellas se formaron en la Escuela Central de Francotiradoras, ubicada cerca de Moscú, aunque hubo otros tantos centros similares. A su vez, veteranos prolíficos como Vasili Záitsev o Nina Pávlovna Petrova —de cuarenta y ocho años en 1941— adiestraron de forma paralela a sus propios pupilos en el arte de matar a distancia.

Cuesta rastrear el número de tiradoras de élite que combatieron por la URSS. Los cálculos más extendidos cifran en unas cien mil las chicas jóvenes que asistieron a los cursos básicos de entrenamiento. De ellas, solo dos mil lo superaron. Lógico, pues los testimonios recalcan su dureza. «Estudiábamos los estatutos, la guarnición, el código disciplinario, el camuflaje, la defensa contra armas químicas... Aprendimos a montar el fusil con los ojos vendados, a comprobar la dirección del viento, el movimiento del objetivo, a cavar los fosos de tiro, a deslizarnos a rastras...», explicaba Ivánovna. También les enseñaron a combatir en parejas, una característica de las unidades de francotiradores rusas. Las aptitudes de muchas de ellas sorprendieron a sus superiores. Cuando recibió a sus primeras reclutas, el coronel Borodkin se burló de ellas: «¡Me han asignado unas muñecas! ¿Qué clase de escuela de baile es esta?». Cuando las vio combatir, les pidió disculpas.

La historia guarda mil y un nombres de francotiradoras célebres. Pavlinchenko fue la más mediática. Tras resultar herida de gravedad, Stalin decidió que era demasiado popular para combatir y le ordenó extender la buena imagen de la URSS. Así, Lady Muerte visitó el Reino Unido y Estados Unidos, donde la recibieron como a una estrella mediática. Y, tras ella, otras tantas. Nina Lobkovskaya, por ejemplo, logró 89 bajas antes de empezar a entrenar a decenas de mujeres. Se calcula que su pelotón, exclusivamente femenino, abatió a 3.112 alemanes. Los números, sin embargo, son fríos y se olvidan de que eran seres humanos, y no asesinas con sed de sangre. «De la guerra regresé con canas. Tenía veintiún años y la cabeza toda blanca. Tras 1945, cerca de mi casa se hacían explotaciones de yacimientos y, cuando comenzaban las explosiones, yo solo corría...; tenía que escaparme», desveló Klavdia Grigórievna Krójina.

Féretros sobre orugas

Las unidades acorazadas del Ejército Rojo también incluyeron mujeres. Los soviéticos fueron pioneros en este sentido y adelantaron tanto a sus colegas norteamericanos y británicos como al Tercer Reich. La actitud de estos países era en parte normal por el carácter machista de la población. Cosas de una sociedad del primer tercio del siglo xx afincada en la idea del sexo fuerte y el sexo débil. Si por entonces ya resultaba difícil ver a chicas en el frente, contar con ellas para una labor que suponía un gran desgaste físico era una auténtica quimera. «Hacíamos grandes esfuerzos durante los combates. Uno de los momentos más pesados y duros para nosotros era el reabastecimiento de proyectiles. Con frecuencia nos encontrábamos siempre al límite de nuestras fuerzas», explicaba Ludwig Bauer, artillero destinado en un Panzer alemán.

Pero los rusos superaron ese estigma social y permitieron a las mujeres acceder a las divisiones de carros, motivados por la escasez de soldados tras la debacle que supuso el avance alemán en 1941. Por los blindados pasaron, así, miles de conductoras, artilleras o mecánicas. Con todo, cuesta ver la historia de las tanquistas soviéticas como un ente general. No existen datos sobre el número concreto; tampoco listas. Tan solo han trascendido un puñado de historias personales como la de Marina Lagunova. De cara ancha y pelo corto, a esta joven nacida en 1921 la rechazaron en principio como carrista, pero la muerte de su hermano en la guerra le abrió las puertas al ejército. Y vaya si le fue bien. Doce combates impolutos a los mandos de un blindado la hicieron famosa. Por desgracia, en el decimotercero, sucedido en septiembre de 1943, su vehículo recibió un impacto que resultó letal. Le tuvieron que amputar las dos piernas y pasó a ser instructora de tanques.

Entre las más populares se cuenta A. Boiko. Cuando empezó la guerra, ella y su marido escribieron una carta al mismísimo Stalin; querían colaborar con el Ejército Rojo. «Dimos cincuenta mil rublos para la fabricación de un tanque. Era mucho dinero, todos nuestros ahorros», explicó nuestra protagonista en una entrevista con la escritora Svetlana Alexiévich. En principio, el Gobierno les hizo llegar su agradecimiento; poco más. Pero en 1943 los enviaron a la academia técnica de carros de combate de Cheliábinsk. Al salir, los esperaba un regalo: un ISU-122, entre las moles acorazadas más pesadas de la URSS. Lo más llamativo es que ella fue la elegida para comandarlo. «Había muchas chicas en los tanques medios, pero ninguna en uno así». A. Boiko no se prodigó mucho en sus declaraciones a la autora. «Llegamos a Alemania, nos hirieron en combate y recibimos condecoraciones», finalizó.

Cuesta seleccionar historias de tanquistas, pues hay muchas. Desde la de Yekaterina Petlyuk, que combatió en un pequeño T-60 en Stalingrado y Ucrania y salvó de la muerte a varios oficiales, hasta la de María Oktyabrskaya, que vendió sus posesiones tras la muerte de su marido para adquirir un tanque T-34. No sucede lo mismo con las enfermeras de las divisiones acorazadas, mucho menos conocidas. Nina Vishnevskaya, una de ellas, describió tras el conflicto cómo muchachas que pesaban 48 kilos luchaban por sacar de blindados calcinados a tripulantes heridos; setenta kilos de peso muerto. «Era muy difícil, especialmente a los artilleros de torreta. Además, debías tener los pies lejos de las cadenas para que no te atropellaran». Nina Petrovna Sákova, de diecisiete años, opinaba lo mismo: «En mi primer combate todo estaba en llamas... El cielo ardía... El suelo ardía... El metal ardía... No sé por qué no me escapé de la batalla».

Día a día en el frente

«Tratábamos a todo el mundo como a un hermano. Lo compartíamos todo, nunca discutíamos». El carrista soviético Vladímir Alexéiev afirmó tras la Segunda Guerra Mundial que, sobre el terreno, nunca hubo diferencias entre hombres y mujeres en el Ejército Rojo. Era una verdad a medias. Tras los primeros meses de la Operación Barbarroja fueron muchos los oficiales que se mostraron escépticos por contar en sus filas con jovencitas de apenas veinte años. «¿Qué voy a hacer con vosotras si, en cuanto empiece el combate, os vais a poner a llorar?», recriminó un oficial de aviación a cuatro nuevas reclutas que se presentaron en su unidad allá por 1942. El paso de las semanas les demostró lo equivocados que estaban.

Con todo, expertos como Lyuba Vinogradova insisten en que no debemos caer en el tópico de ver el pasado desde los ojos del presente. Por mucho que la URSS fuese pionera a la hora de introducir mujeres en sus filas, la realidad es que aquel primer hito del feminismo trajo consigo algunas complicaciones prácticas. A muchas se les entregaron uniformes demasiado grandes y se vieron obligadas a arreglárselos ellas mismas con aguja e hilo. Y otras tantas padecieron la falta de productos de higiene íntima. «Las condiciones eran muy duras. Lo peor de todo era mi periodo menstrual. Rara vez disponía de algodón o vendas. Tenía que improvisar y usar cualquier cosa que pudiera encontrar. Era joven y tímida, quería mantener mi feminidad rodeada de tantos y tantos hombres», explicó la conductora de tanques Ekatarin Petluk.

Que hombres y mujeres lucharan juntos en el frente provocó también cierta tensión sexual en algunos momentos, entre otras causas, por la juventud de las reclutas llegadas del Komsomol. «Perdí mi virginidad antes de una gran batalla. Mi novio me preguntó si alguna vez había conocido varón. Le dije que por supuesto que no. Él respondió que nunca había conocido mujer. Aunque todo esto suene tonto, no queríamos morir sin haberlo probado antes», explicó una conductora de carros de combate en un testimonio recogido por Robert Kershaw en *Tank Men*. A pesar de todo, los soldados del Ejército Rojo no tardaron en normalizar la presencia de sus camaradas femeninas; normal, pues habían colaborado en otras tantas labores de hombres, como la construcción del metro de Stalingrado años antes de la invasión.

Convencer a las rusas de subirse a un aeroplano para combatir a los alemanes fue más sencillo incluso que lograr que se alistaran como tanquistas o francotiradoras. Cuando el Tercer Reich lanzó sus tentáculos contra la Unión Soviética, el amor por los cielos se había extendido entre el sexo femenino gracias a Marina Raskova, una heroína nacional que había superado varios récords mundiales de distancia de vuelo a finales de los años treinta. Las incontables noticias publicadas sobre sus gestas provocaron el despegue de los aeroclubes hasta tal punto que, en el verano de 1941, un tercio de los pilotos entrenados eran mujeres. Con esos mimbres, no resultó extraño que Stalin aceptase la petición de la propia Raskova de formar una unidad femenina. Y no solo por la necesidad de aviadores, sino porque sabía que aquellas jóvenes serían el carbón ideal para nutrir la propaganda del Ejército Rojo.

Así fue como nacieron el 586.º Regimiento de Aviación de Caza, el 587.º Regimiento de Aviación de Bombardeo y el 588.º Regimiento de Aviación de Bombardeo Nocturno; todos ellos sede de decenas de mujeres piloto, pero también de navegantes y mecánicas. A partir de entonces, cientos de chicas acudieron a la academia militar de Engels, donde la misma Raskova las preparaba para la pesadilla del frente. «Durante el entrenamiento perecieron dos tripulaciones. Cuatro ataúdes. Todas lloramos a lágrima viva. Ella nos dijo que secásemos nuestras lágrimas, pues habría muchas más pérdidas», explicaba la aviadora Klavdia Ivánova. Las dificultades fueron muchas —aprendieron el funcionamiento de sus nuevas monturas en medio año, en lugar de en dos—, pero se sobrepusieron hasta a los problemas físicos. «La altitud por sí misma era una enorme carga para el organismo femenino, a veces la barriga se nos pegaba a la columna, pero seguimos; los hombres nos admiraban».

De los tres regimientos, el más deseado por las mujeres siempre fue el 586.º. La idea de hacer acrobacias, acechar al enemigo entre las nubes y derribarlo a toda velocidad hacía estremecerse a las aviadoras. Por eso fue el que más voluntarias recibió. A esta unidad perteneció la popular Lidia Litviak, más conocida como la Rosa Blanca de Stalingrado. Definida por los periódicos soviéticos como una letal «doncella de cabellos dorados», fue siempre un dolor de cabeza para sus mandos por su carácter irreverente. Pero, en los cielos, era incontestable. Así lo atestigua el título de mejor piloto femenina, que consiguió tras derribar en solitario una docena de aviones del Tercer Reich. Murió durante una misión el 1 de agosto de 1943 en extrañas circunstancias. Poco antes había dejado claro su odio al enemigo en una carta a su madre: «Solo tengo el deseo ardiente de expulsar a esos reptiles alemanes cuanto antes».

Raskova sabía que los cazas eran un imán para los pilotos. Por ello, prefería narrar a las aspirantes las bondades de los regimientos de bombardeo. Con los años, el 588.º se ha convertido en el más famoso por las agallas que demostraron sus integrantes al atacar a los alemanes tras la caída del sol. Las aviadoras despegaban en intervalos de tres minutos, volaban muy bajo sin más ayuda para orientarse que una brújula y dejaban caer pequeños explosivos que impedían dormir a los nazis y los destrozaban a nivel psicológico. La leyenda afirma que resultaban tan molestas que los germanos las apodaron Brujas de la Noche, aunque los nuevos estudios confirman que fueron ellas las que se pusieron orgullosas el mote. Para añadir más peligro, montaban los viejos y lentos Polikarpov Po-2 y, al menos al principio, no llevaban paracaídas ni radios, pues la URSS no quería gastar demasiado en ellas.

Rosas para muchos, brujas para otros tantos, las aviadoras soviéticas demostraron a los alemanes y al mundo entero que las mujeres eran pilotos tan letales y eficientes como sus colegas masculinos; las treinta mil misiones que acumularon los tres regimientos lo atestiguan. Lo mismo sucedió con sus camaradas de tierra y mar. Y todas ellas lo hicieron, según declaró la comandante Mariya Smirnova, sin perder ni un ápice de su feminidad:

«Existe la opinión de que una mujer deja de ser mujer después de bombardear, destruir y matar... Esto no es cierto. Nos volvimos aún más femeninas y cariñosas con nuestros hijos, nuestros padres y la tierra que nos ha nutrido».

El problema de las cifras

El paso del tiempo no ha traído la claridad sobre uno de los mayores enigmas de la Gran Guerra Patria. Perseguir la cifra exacta de las mujeres que combatieron en el Ejército Rojo es una tarea imposible. Existen, de hecho, tantos números como autores se han zambullido en el conflicto. Por si no fuera bastante problema, la ambigüedad de los expertos ha provocado cierto caos en los estudios. La historiadora militar Reina Pennington, por ejemplo, afirma que uno de los mayores escollos que ha hallado a la hora de investigar es que sus colegas han utilizado como sinónimos los conceptos «mujeres movilizadas» y «mujeres reclutadas». «Es un error. Los voluntarios se movilizan; los reclutas acuden a la guerra obligados», explica.

Desde Rusia, la *Enciclopedia de la Gran Guerra Patria* ofrece una de las cifras más abultadas. Según recoge esta obra elaborada en 1985, combatieron en el conflicto la friolera de ochocientas mil mujeres, aunque especifica que es probable que hubiera decenas de miles más imposibles de cuantificar. A partir de aquí llega la locura de las cifras. Walter S. Dunn, historiador especializado en la Unión Soviética y en la Segunda Guerra Mundial, confirma que «más de dos millones sirvieron en las fuerzas armadas rojas hasta 1945»; cuatrocientas mil, en las Tropas de Defensa Antiaérea (PVO), y un millón seiscientas mil, en el Ejército Rojo y en el NKVD. Es uno de los más optimistas en este sentido. Los más cautelosos, como el militar ruso G. F. Krivoshéiev, rebajan las expectativas hasta las cuatrocientas cincuenta mil.

La batalla de las cuentas sigue abierta, aunque el abanico más aceptado por los expertos es el de entre quinientas mil y ochocientas mil mujeres en el frente. A ellas habría que sumar unas doscientas mil más presentes en las milicias locales y en los grupos partisanos tras las líneas enemigas. En todo caso, si cifrar el número general resulta ya arduo, saber cuántas francotiradoras, tanquistas y aviadoras lucharon durante la Gran Guerra Patria es una misión imposible. Ya lo dijo el historiador militar David Glantz: «Determinar el número exacto es uno de los temas más espinosos y controvertidos de la Segunda Guerra Mundial».

El enigma del último vuelo de Rudolf Hess: la delgada línea entre la locura, la traición y el deseo de paz

Israel Viana

El sábado 10 de mayo de 1941, Rudolf Hess llamó a su ayudante principal, el capitán Karlheinz Pintsch, que se extrañó al oír la voz de su jefe al otro lado del teléfono el día que libraba. El lugarteniente de Hitler le pidió que pasase a recogerle, sin falta, por la tarde. No le dio mucha más información, tan solo que el servicio meteorológico había anunciado tiempo favorable e iba a aprovechar para realizar un vuelo. Su subordinado, obviamente, no hizo preguntas; había aprendido a callar y a obedecer en los sombríos días de la guerra.

Por la mañana, Hess pasó un buen rato jugando con su hijo, Wolf Rüdiger. Después invitó a almorzar a Alfred Rosenberg, su viejo amigo de la Sociedad Thule, esa organización que habían fundado en 1918 con la esvástica como símbolo para convertirla en el germen del partido nazi. La comida fue escasa y se despachó rápidamente: un poco de carne fría, algo de ensalada y una salchicha. El invitado no se imaginó, ni por un segundo, que no volvería a ver a su compañero de juventud hasta los juicios de

Núremberg, cuando el mundo ya había sido arrasado y los aliados intentaban cerrar las heridas.

Como no había tiempo que perder, Hess fue rápidamente a su armario y se puso el uniforme de oficial de la Luftwaffe. Para no levantar sospechas, se quitó la chaqueta al ir al dormitorio a despedirse de su mujer, que se encontraba enferma en la cama. Aun así, Ilse se dio cuenta de que llevaba la camisa reglamentaria del Ejército del Aire, además de sus grandes botas forradas de piloto. Cuando le preguntó por ese detalle, él le mintió, un poco alterado, y le dijo que le habían convocado de urgencia en Berlín e iba a viajar en avión. A pesar de ello, le prometió que estaría de vuelta pronto, como muy tarde el lunes, pero ella no le creyó: «Vas a estar fuera mucho más tiempo, lo sé».

El lugarteniente de Hitler subió a su Mercedes oficial, donde le esperaban Pintsch, un escolta y el conductor. El vehículo se dirigió hacia la base de Augsburgo, en Alemania, a unos sesenta kilómetros de distancia. Una vez en el aeródromo, el guardia de seguridad levantó la barrera con presteza nada más reconocer a Hess. No le pidió la acreditación, por supuesto, y el director del centro tampoco. Este último le esperaba en posición de firmes, con su caza personal bimotor Messerschmitt Bf 110 (Me 110) preparado en la pista con un depósito suplementario lleno de combustible.

Nadie en la base notó el menor nerviosismo en aquel hombre de cuarenta y siete años que estaba a punto de jugarse la vida, a pesar de contar con miles de horas de vuelo a sus espaldas. Parecía tener un poco de prisa, puesto que cogió prestado el primer mono que vio, con tal de no perder el tiempo en buscar el suyo. Antes de despegar, echó un último vistazo a los boletines meteorológicos, encendió los dos grandes motores y pidió a los presentes que retirasen las cuñas de las ruedas. En ese instante, le entregó a Pintsch un sobre sellado con la orden de entregárselo a Hitler en cuanto despegara. Después, saludó con la mano a los presentes y, sin decir una sola palabra, aceleró por la pista sin que nadie, salvo él, supiera el destino.

Las incógnitas

Comenzaba el viaje más oscuro de la guerra, el que más interrogantes desató. El único enigma del Tercer Reich que nunca se ha esclarecido del todo y que, a día de hoy, sigue envuelto en sombras. «Tu viaje durará bastante más», insistió su esposa antes de verle desaparecer por la puerta. Ilse no se equivocó, puesto que su periplo duró nada menos que cuarenta y seis años. En concreto, hasta su muerte en extrañas circunstancias, el 17 de agosto de 1987, en la prisión de Spandau.

Cuando por fin estuvo en el aire, el lugarteniente de Hitler suspiró aliviado. Estaba convencido de que alcanzaría su objetivo, que se encontraba a 1.370 kilómetros de distancia, justo en el límite de la autonomía de vuelo del aparato. En concreto, en la costa oeste de Escocia: el castillo de Dungavel, propiedad del duque de Hamilton, a quien llevaba un plan de paz para los británicos. Su objetivo era poner fin al conflicto, justo cuando el Führer estaba a punto de comenzar la invasión de la Unión Soviética en la famosa Operación Barbarroja, para iniciar su «guerra de aniquilación» contra los comunistas.

La noticia de aquella salida inesperada y en secreto causó un terremoto gigantesco en toda Alemania y en el resto de Europa, como prueban los despachos diplomáticos de la época, puesto que su protagonista no era un soldado cualquiera, sino el colaborador más cercano de Hitler, el único hombre con quien el todopoderoso líder nazi se permitía muestras de afecto en público.

Tan incomprensible era aquella misión diplomática que Churchill no se la creyó al principio. Al parecer, se encontraba en su residencia viendo una película de los hermanos Marx cuando le comunicaron a gritos que Hess se había lanzado en paracaídas sobre Escocia. El primer ministro pensó que se trataba de una broma, un malentendido, así que volvió a sentarse y siguió disfrutando del largometraje. ¿Qué diantres iba a hacer allí la mano derecha de Hitler?

Desde hacía veinte años, los alemanes se habían acostumbrado a ver a aquel nacionalsocialista de silueta rígida y frente sombría al lado del Führer. Era su compañero de lucha más antiguo, desde los tiempos en los que el partido nazi apenas contaba con unos cientos de miembros. Cuando subió al poder en 1933, era imposible no encontrarle con su uniforme pardo o negro, al lado de su líder, durante los desfiles y las asambleas. Su vocación de servicio se basó durante años en ser la sombra del amo, hasta que se convirtió en uno de los personajes más queridos del pueblo alemán gracias a su simplicidad de costumbres y a su aparente integridad, solo puesta en duda cuando se subió a aquel avión en mayo de 1941.

El viaje

A una velocidad de 620 km/h, el pesado Me 110 sobrevoló primero Alemania evitando las zonas de exclusión aérea. El ruido de los motores le dejó medio sordo, a pesar de las orejeras de su gorro de cuero. Al cuello llevaba colgada la cámara de fotos de Ilse, como si fuera de vacaciones, y en el muslo, el mapa con el rumbo a seguir en cada momento. Pasada la isla de Holy, al norte de Gales, viró hacia el oeste y dejó atrás a dos Spitfire británicos que le seguían. Después perdió altitud y se ocultó en una espesa capa de niebla. Fue entonces cuando llegó a la frontera entre Inglaterra y Escocia. «Sobrevolé un terreno llano a pocos metros del suelo e hice pasadas rasantes por encima de los tejados de las casas, saludando con la mano a los hombres que trabajaban en el campo», recordó tras la guerra.

A continuación, pasó por encima de las localidades de Coldstream, Peebles y Lanark, hasta que la señal de alarma sonó en un puesto de vigilancia de la Royal Air Force: un caza bimotor nazi había entrado solo en el espacio aéreo británico. En concreto, un Me 110, lo que los llevó a pensar que los radares se habían estropeado, puesto que ese tipo de aviones no pueden aventurarse tan lejos de sus bases sin arriesgarse a caer por falta de combustible. Cuando se dieron cuenta de que se habían equivocado, ya no tuvieron tiempo de interceptarlo en el aire y el aparato terminó desapareciendo de las pantallas a varios kilómetros de distancia de Ardrossan, un pueblo costero escocés. Varios testigos informaron después de que le habían visto estrellarse en Eaglesham, al sur de Glasgow, alrededor de las 23.00, y de que el piloto había saltado en paracaídas.

El desconcierto entre la población y el ejército fue importante: ¿qué demonios iba a hacer un alemán a este rincón del planeta? ¿Había sufrido una avería? ¿Había sido un error de pilotaje? ¿Se trataba de un desertor? Hess, por su parte, estaba contento porque había completado la primera parte del plan y, poco después, llegaba a pie al castillo del duque de Hamilton, uno de los cancilleres del Gobierno de Churchill.

Llevaba el documento con sus cuatro condiciones para firmar la paz y lograr la unión entre los británicos y los alemanes para aplastar luego a la Unión Soviética: la primera, que Alemania controlaría Europa, mientras que Gran Bretaña recuperaría todo su imperio; la segunda, que al Tercer Reich se le devolverían todas sus antiguas colonias; la tercera, que los súbditos de ambas naciones recibirían una indemnización por los daños ocasionados en el conflicto, y la cuarta, que firmarían un tratado de paz en el que incluirían a la Italia de Mussolini.

El lugarteniente de Hitler quiso, además, que le condujeran ante el primer ministro británico y el rey Jorge VI, pero nada de eso ocurrió. En ese mismo instante, le tacharon de criminal de guerra y le recluyeron en la torre de Londres, donde permaneció hasta 1945.

La reacción de Hitler

En Alemania, Pintsch sabía que tenía que cumplir con la orden y llevarle al Führer el sobre sellado que su jefe le había entregado antes de despegar. Estaba muy nervioso, incluso asustado, pero se levantó muy temprano a la mañana siguiente y cogió el primer tren desde la estación sur de Baviera hasta Berlín. Una vez en la residencia, Hitler se sorprendió de verle allí un domingo por la mañana.

El oficial le entregó el sobre y ambos se retiraron a su despacho para abrirlo y leer su contenido juntos. «Mi Führer, cuando reciba esta carta estaré en Inglaterra...», anunciaba la misiva. A continuación le explicaba que, habiendo fracasado todas las tentativas de poner fin al conflicto, había decidido presentarse él mismo en casa del enemigo para hacer una última propuesta, aun sabiendo que tenía pocas posibilidades de éxito. «¡Precisamente en esta fase de la guerra esa expedición puede ser peligrosa!», gritó furioso Hitler, mientras intentaba explicarse lo inexplicable. ¿Cómo había podido despegar? ¿Por qué le había traicionado? ¿Se había vuelto loco?

Eva Braun interrumpió la escena justo en ese momento para anunciar que el almuerzo estaba listo, lo que tranquilizó al aterrorizado ayudante de Hess, pues había sido invitado a la mesa y pensó que ya no corría peligro. Se confundió. Aquello había sido solo un breve respiro. Nada más terminar de comer, las SS le arrestaron y le encarcelaron hasta 1944, momento en que fue liberado y enviado al frente de Rusia.

Allí corrió peor suerte, puesto que le capturaron los soviéticos, cuyos servicios secretos seguían interesados en conocer las intenciones de aquel misterioso vuelo de su jefe, el cual seguía intrigando a media Europa. Para ayudarle a recordar, le rompieron todos los dedos uno a uno y le torturaron hasta convertirlo en un harapo. En 1950, convencidos de que no sabía nada, le liberaron finalmente.

Las incógnitas siguen sin despejarse desde el día en que Hitler abrió la carta de despedida, que terminaba con una sugerencia para su fiel amigo: «Si esta misión fracasa y la suerte me es adversa, ni usted ni Alemania tendrán que padecerlo: siempre os será posible declinar toda responsabilidad. Diga simplemente que he perdido la razón». Y así fue, en efecto, porque los primeros en declararle loco fueron los mismos nazis en un comunicado oficial hecho público pocas horas después de que se conociera la noticia:

> El camarada Rudolf Hess, que sufre una enfermedad desde hace varios años y al que se le prohibió formalmente volar, ha tomado posesión de un avión en Augsburgo, saltándose dicha prohibición, y no ha regresado. Una carta dejada por él muestra señales características de desorden mental y se teme que haya sido víctima de sus alucinaciones.

Esa locura a la que aludía el Gobierno alemán le venía como anillo al dedo a un hombre como Hess, teniendo en cuenta su afición por el esoterismo, el ocultismo, la astrología y las medicinas alternativas. También su comportamiento errático en los juicios de Núremberg y su actitud a lo largo de los cuarenta y seis años que estuvo preso en Gran Bretaña y Alemania, así como sus tentativas de suicidio al límite de lo tragicómico, eran una buena prueba. Y su fisonomía tampoco ayudaba: rasgos afilados, estructura facial rectangular, cejas pobladas y una mirada fría e inquietante que parecía ocultar algo.

Los británicos y la BBC quisieron sacarle un beneficio político a todo aquello y defendieron la tesis de que el lugarteniente de Hitler había viajado a Escocia, en un vuelo desesperado, para «escapar de la Gestapo y del régimen nazi». «El Tercer Reich está en plena quiebra y Hess, asqueado, ha huido. El gusano está en la fruta», fue uno de los comentarios que se oyeron en la radio. Era la batalla por la opinión pública, donde un bando quiso hacerle pasar por loco y el otro, por refugiado.

La depresión del Führer

Hitler se sumió en una profunda tristeza de la que no salió hasta mucho tiempo después. No podía soportar que su leal amigo hubiera tomado aquella decisión sin consultarle. Alguna vez, incluso, se le oyó lamentarse en la intimidad: «¡Hess se ha alejado de mí!». Parecía que la traición le pesaba más que la posibilidad de que este pudiera revelar los entresijos de la gigantesca Operación Barbarroja que estaba a punto de comenzar.

La lista de preguntas sobre el caso Hess sigue siendo infinita y se amplía con las que surgen en Núremberg y de su vida en Spandau. ¿Cómo puede concebirse que, después de que le hubieran declarado inocente de las acusaciones de crímenes de guerra y de crímenes contra la humanidad, le condenaran a cadena perpetua, mientras que Albert Speer, culpable de la esclavitud de millones de hombres y mujeres durante la Segunda Guerra Mundial, tan solo a veinte años de prisión? ¿Por qué se le mantuvo durante décadas, y hasta su muerte, aislado en una prisión con 696 celdas en la que él era el único inquilino y cuyo mantenimiento costaba cientos de millones al año? ¿Por qué estuvo vigilado por un ejército gigantesco con soldados de cuatro nacionalidades, en una cárcel que contaba con medidas de seguridad impensables para su época?

Cuando el 18 de agosto de 1987 llegó a España la noticia de que Hess había muerto estrangulado con un cable eléctrico, según la versión oficial de la primera autopsia, era imposible no cuestionarse otros detalles. ¿Cómo un anciano de noventa y tres años, artrítico y medio ciego, pudo suicidarse en un cobertizo del jardín sin que ninguno de los quinientos guardias lo viera? Quien primero dudó de la tesis oficial fue su propia familia, que encargó una segunda autopsia ese mismo año. Esta determinó que su fallecimiento se había producido por asfixia y no por suspensión. Ese fue el primer momento en que se apuntó a la posibilidad de que lo hubieran matado. Su hijo, Wolf Rüdiger Hess, declaró también públicamente en muchas ocasiones que su padre se encontraba en buenas condiciones psicológicas y que el tipo de suicidio que se le imputaba era físicamente imposible para él. Desde entonces, la posibilidad del asesinato siempre ha estado sobre la mesa.

En su contra jugaba el hecho de que el lugarteniente de Hitler había intentado suicidarse en varias ocasiones a lo largo de su vida, la cual osciló siempre entre la lucidez y los periodos de depresión. En febrero de 1945, por ejemplo, se vistió con su uniforme de oficial —símbolo del soldado que muere en misión— y se clavó dos veces un cuchillo de cortar pan en el pecho, pero no consiguió quitarse la vida. Tan solo tuvo que recibir varios puntos de sutura.

Minutos antes de hacerse pública la noticia de su muerte, el cuerpo del anciano nazi había sido trasladado a un hospital de Berlín sin escolta ni dispositivos especiales, lo que extrañó a muchos investigadores de la época. El Gobierno militar británico se justificó más tarde asegurando que Hess ya había fallecido antes de que su cuerpo fuera sacado de la prisión, de ahí que no fuera custodiado. Sin embargo, había otra pregunta más difícil de responder: ¿por qué Rudolf Hess había esperado hasta 1987 para suicidarse si los jerarcas nazis lo habían hecho inmediatamente después de conocer su sentencia en Núremberg?

Dos años después, el Gobierno de Margaret Thatcher se negó a facilitar a la policía británica los informes relativos a las sospechosas circunstancias de su muerte, tales como los que recogía la investigación oficial realizada por los servicios de información de las fuerzas armadas. Eso alimentó los rumores. Según la BBC, una enfermera que cuidó del dirigente alemán durante sus últimos cinco años de vida declaró que el prisionero había sido asesinado. Y según el funcionario que halló el cuerpo cuarenta minutos después de que dejara de respirar, el reo mostraba huellas de un forcejeo para defenderse, a pesar de que sus manos se hallaban completamente inutilizadas por la artritis y de que no podía atarse ni los zapatos.

La polémica ha rodeado a Hess hasta hace muy poco. En concreto, hasta 2011, cuando la sepultura en la que fue enterrado el lugarteniente de Hitler en Wunsiedel, Baviera, fue desmantelada de madrugada, sin previo aviso, con el objetivo de quemar sus restos y esparcirlos en alta mar. Las autoridades alemanas no querían que la tumba siguiera siendo un lugar de peregrinaje para los simpatizantes del Tercer Reich. El pasado nazi del país hacía tiempo que se había convertido en una vergüenza que había que borrar.

«No trato de juzgar a mi padre, pero como hijo existen algunas preguntas que me hubiera gustado hacerle —comentaba Rüdiger Hess a *ABC* en 1970—. Pero nunca se las pude hacer. Y nunca supimos si se había vuelto loco de verdad, si era un hombre de paz o cuáles fueron las razones exactas de su vuelo».

Sigmund Rascher: las torturas del médico de las SS que quería revivir a los muertos con sexo

Manuel P. Villatoro

En pleno siglo XXI existen pocas personas que no hayan oído hablar de las torturas perpetradas por Josef Mengele en Auschwitz, el campo de exterminio más tristemente famoso del Tercer Reich. Pruebas con niños gemelos, extracción de órganos... Sin embargo, el centro no fue el que acogió las pruebas más crueles realizadas en seres humanos. Este horrible honor lo tenía Dachau, donde el desconocido médico Sigmund Rascher protagonizó algunos de los test más sádicos de toda Alemania.

Sigmund Rascher nació en Múnich bajo el paraguas de una familia adinerada. Era un niño bien al que la vocación de médico le venía de su padre, también facultativo. En 1930, a los veintiún años, comenzó sus estudios de medicina y tan solo tres veranos después se afilió al Partido Nacionalsocialista Alemán y a las SA. Aquello significó el despegue de su carrera. Poco después de acabar sus estudios, allá por 1939, entró al servicio de la Luftwaffe.

Pronto demostró su compromiso con el régimen de Hitler. Como explica el autor Manuel Moros Peña en *Los médicos de Hitler*, su fanatismo era tal que en 1939 denunció a su propio padre a la Gestapo. Aquello le hizo ganar todavía más puntos ante el alto mando germano. Su ascenso a la cima terminó a los treinta años, cuando se casó con Nini, una antigua amante de Heinrich Himmler. A partir de entonces, el líder nazi empezó a colmar de presentes y de atenciones a la pareja. Era, en definitiva, un buen contacto.

De la mano de Himmler, Rascher accedió a la sección de investigación paracientífica de la Ahnenerbe con el cargo de SS-Sturmführer. ¿Se merecía su suerte? Tal y como afirma el historiador Nikolaus Wachsmann en *KL. Historia de los campos de concentración nazis*, no: «La rapidez con la que ascendió se debió a su ambición, unida a la de una esposa no menos resuelta que supo exprimir su relación con Himmler». A cambio, sus compañeros no le querían. Uno de ellos, el jefe médico de las Waffen-SS, Karl Gebhardt, solía afirmar que, si los informes que entregaba Rascher fueran de uno de sus alumnos de primer curso, le expulsaría de su despacho.

Comienzos

Con la llegada de la primavera de 1941, Rascher vio su sueño hecho realidad cuando el Reich hizo un llamamiento a sus médicos para solventar un serio problema. Por entonces, los alemanes andaban inmersos en una serie de proyectos para superar a los molestos cazas británicos. Tras mil y una batallas perdidas, habían ideado un tipo de avión que podía ascender más que ellos para tener ventaja en las peleas de perros.

Todo parecía idóneo, pero, en las primeras pruebas que se hicieron con dichos aeroplanos, en las que se utilizaron monos para simular pilotos, se observaron varios problemas. El más importante era que, al ascender tanto, unos doce mil metros, si la cabina se rompía durante un enfrentamiento, los aviadores se verían sometidos a un fuerte cambio de presión al lanzarse en paracaídas; es decir, que sufrirían de una falta de oxígeno considerable. ¿Sería suficiente para matarlos? Sabedor de que era un momento idóneo para poner en práctica sus habilidades y ganar puntos ante el Reich, Rascher envió una carta a su gran amigo Himmler solicitándole una auténtica barbaridad:

> Lamentablemente no se han podido hacer experiencias sobre material humano, porque estas experiencias eran muy peligrosas y nadie se prestaba a ellas voluntariamente. Por eso me he decidido a plantearle una cuestión de capital importancia: ¿puede usted poner a nuestra disposición dos o tres criminales profesionales con fines experimentales? Estas experiencias, en el curso de las cuales los sujetos de las mismas pueden morir, se harían, por supuesto, con mi activa participación.

Por «criminales» el médico entendía los reos a los que se había enviado a campos de concentración. A su vez, señalaba que sería una buena forma de redimir a los «débiles de espíritu», que podrían así «servir de material de experimentación». La respuesta llegó poco después, y firmada por el secretario personal de Himmler: «Puedo decirle que los presidiarios serán puestos a su disposición gustosamente para los experimentos».

El 14 de febrero de 1942 arribaron, además, al campo de concentración de Dachau, donde estaba destinado Rascher en un laboratorio, cuatro oficiales alemanes para supervisar las pruebas. Sería la primera vez que seres humanos se verían obligados a participar en los experimentos médicos del Tercer Reich. Fue entonces cuando, como explica el periodista Óscar Herradón en su obra *La Orden Negra. El ejército pagano del Tercer Reich*, nuestro protagonista dio rienda suelta a toda su brutalidad.

Primeros experimentos

Los primeros experimentos que realizó Rascher fueron en una extraña cámara de descompresión. Era de forma esférica y de ella se podía extraer el aire. Su objetivo era simular las condiciones que sufrían los pilotos germanos cuando se lanzaban desde miles de metros.

Ya solo le quedaba poner cara y cuerpo a los presos que iban a ser sacrificados en favor de la ciencia nazi. Los pobres incautos incluso se ofrecieron voluntarios cuando se les dijo que no sufrirían ningún daño y que los liberarían tras los experimentos. Lo único que solicitó el médico fue que los que llegaran a su despacho tuvieran las mismas características físicas que un aviador de la Luftwaffe. Se presentaron setenta reos y se seleccionó a diez.

El 22 de febrero se llevó a cabo la primera prueba. Su objetivo era determinar la máxima altitud a la que se podía arrojar un piloto desde su avión sin fallecer. Los test consistían en introducir al reo en la cámara de descompresión con una máscara de oxígeno. Posteriormente, se extraía el aire de su interior. Se hacía poco a poco en un intento de recrear las condiciones que tendrían que soportar en un ascenso los pilotos de la Luftwaffe.

Cuando se llegaba a una supuesta altitud, los médicos ordenaban al reo quitarse la máscara... Y comenzaba el sufrimiento. El caso de una de aquellas cobayas humanas lo explica Herradón en su obra, en la que señala que se obligó a un judío de treinta y siete años a caer hasta en tres ocasiones desde una altitud de doce kilómetros. «Tras la tercera caída, entró en estado agónico, muriendo poco después», completa el autor. Los que más suerte tenían eran aquellos que fallecían al instante. El resto padecían convulsiones. Después, su cuerpo se agitaba.

Hubo multitud de casos más. Otro reo se puso rígido a los catorce mil metros y se sentó como un perro. Luego empezó a jadear y a emitir gruñidos. Sus miembros estaban contraídos y los ojos a punto de salírsele de las órbitas. Comenzó a llorar, su rostro se deformó y se mordió la lengua. Cuando le sacaron no podía andar y no recordaba su nombre.

De poco sirvieron aquellos experimentos. Más bien, Rascher disfrutaba con el sufrimiento ajeno y el espectáculo de la lucha al límite por la supervivencia. Por si eso no fuera ya horrible, este doctor solía diseccionar los cadáveres de sus víctimas con el objetivo, según decía, de investigar cómo habían respondido sus órganos internos a los diferentes grados de presión. En las imágenes que han sobrevivido a los años se pueden apreciar reos fallecidos, con el cráneo abierto y el cerebro al aire, preparados para ser estudiados.

Posteriormente, llevó a cabo una segunda tanda de pruebas, pero esta vez mucho más crueles. En este caso, introdujo a los reos en la cámara, aunque sin máscara de oxígeno. El resultado lo expuso el ayudante de Rascher en un informe que, años después, salió a la luz: «He observado personalmente cómo a un prisionero encerrado le estallaban los pulmones. Cierta clase de ensayos han producido tal presión en la cabeza de estos hombres que se volvían locos y se arrancaban los cabellos en un esfuerzo desesperado por mitigar aquella cruel sensación».

Agua helada

Estos no fueron, con todo, los experimentos más bárbaros de Rascher. Después de no haber obtenido ningún dato de interés en sus pruebas en la cámara de despresurización, el médico decidió aportar su pequeño y sádico granito de arena en lo referente al rescate de los pilotos de la Luftwaffe.

En este caso acometió la congelación; una dificultad mortal que sufrían los aviadores cuando caían sobre las aguas. El problema era que la mayoría, a pesar de ser rescatados, morían poco después debido a la hipotermia. ¿Cuál era la forma más eficaz de calentar el cuerpo humano en esos casos para evitar la muerte? ¿Se podía detener su fallecimiento? Todas estas cuestiones se las planteó nuestro infame doctor. Y, para resolverlas, contactó de nuevo con Himmler.

Así, logró que, en agosto de 1942, se le permitiera utilizar a prisioneros soviéticos para experimentar. No era algo nuevo para él, al fin y al cabo. Sin embargo, desde la sede del Reich no se fiaban demasiado de Rascher, así que le enviaron dos «niñeras», Ernst Holzlohener y August Finke, ambos profesores de fisiología en la Universidad de Kiel. Bajo su supervisión, Rascher comenzó a introducir a los prisioneros en un tanque de agua gélida que contaba con una temperatura de entre dos y doce grados.

«Algunos fueron metidos en el tanque con los trajes protectores y los chalecos de la Luftwaffe, pero otros fueron dejados en el agua helada desnudos», señala Moros. Allí los abandonaban una hora, tiempo tras el cual perdían el sentido debido a la hipotermia. Algunos debían soportar el trauma de ser sedados, un método mediante el que sus músculos se relajaban. El objetivo, en este caso, era comprobar la respuesta del cuerpo bajo esas premisas.

Pasado el periodo de tiempo que Rascher consideraba más adecuado, sacaban a los reos de allí. Entonces se les trataba de reanimar de diferentes formas. Las más habituales eran inyectándoles agua hirviendo en el estómago; sumergiéndolos en agua caliente; introduciéndolos en sacos de dormir; tapándolos con mantas; dándoles de beber alcohol y haciéndoles tomar fármacos. La conclusión fue que el mejor método consistía en un baño de agua a cuarenta grados, algo que ya se sabía desde el siglo XIX.

Aquellos experimentos solo sirvieron para generar un gigantesco sufrimiento. En palabras de Wachsmann, un ejemplo claro de ello fueron los gritos desesperados de un hombre que, tras pasar más de una hora en el líquido elemento, empezó a pedir en un mal alemán que le sacasen de allí: «¡Ninguna más agua! ¡Ninguna más agua!». Uno de los pocos que sobrevivieron fue Leo Michalowski, quien, durante los juicios de Núremberg, definió así su estancia en la piscina: «Sentía que me estaba congelando en aquella agua; tenía los pies agarrotados como el hierro, y las manos también. Era incapaz de llenarme los pulmones de aire».

Experimentos sexuales

A pesar de la barbarie, los germanos quedaron contentos de los resultados obtenidos por Rascher. Pero, como todo en esta vida tiene un final, las pruebas se terminaron y las dos niñeras del doctor abandonaron Dachau y regresaron a la capital del Reich. Aquello podría haber supuesto el final de los test del cruel médico..., pero este tenía otros planes. Sin supervisión, y sabedor de que contaba con el total apoyo de Himmler, comenzó una serie de locos experimentos con los que llenar su tesis doctoral.

El primero fue uno de los más bárbaros, y consistió en introducir a dos reos rusos desnudos en aguas gélidas durante dos horas. Algo inhumano. Pero Rascher quería más. Al médico le fascinaban tanto las pruebas que le propuso a su pupilo que tratara de reanimar a los presos con lo que él llamaba «calor animal» o «calor sexual». Al poco tiempo, llegaron del campo de concentración de Ravensbrück cuatro prisioneras para servir de conejillos de Indias para los nazis.

Las formas de calentar a los presos con hipotermia mediante mujeres eran varias. La más básica consistía en que estas se ubicaran a sus lados para, simplemente, transmitirles temperatura mediante su cuerpo. A partir de ese punto, la imaginación de Rascher hizo el resto. Un ejemplo es que intentó varias veces que las chicas hiciesen tocamientos o masturbaran a los reos noqueados para que volviesen a su ser.

El método era del todo ineficaz, pero el médico siguió intentando que funcionase. Rascher instaló un espacioso lecho en su laboratorio, donde colocaba a los prisioneros congelados entre las mujeres. Desnudas, estas debían arrimarse lo más posible a uno de ellos y tratar de provocar el coito. Los experimentos interesaron tanto a Himmler que él mismo se desplazó hasta el campo de concentración de Dachau para disfrutarlos en primera persona.

Una de sus visitas más sonadas se produjo el 13 de noviembre de 1942, cuando vio con sus propios ojos cómo dos mujeres eran obligadas a mantener relaciones sexuales con un hombre que había sido arrojado a un tanque de agua helada. A pesar de las pruebas, no se logró verificar la teoría, aunque Rascher terminó considerándola una forma alternativa de salvar a los pilotos cuando el resto fallara. Simplemente, por dar la razón a Himmler.

Eso no le sirvió para salvar su vida. Cuando el mundo se enteró de que los hijos de Rascher no eran suyos y de que los había robado de otra pareja, se le mandó ahorcar junto a su mujer en el mismo campo de concentración de Dachau. El verdugo probó el triste sabor de su propia hacha.

Escapar o morir: la gesta de tres españoles en la trampa mortal de Mauthausen

Israel Viana

Contaba Agustín Santos que, cuando llegó a Mauthausen, el 27 de agosto de 1941, entró en contacto «con unos hombres de silueta esquelética». Se refería a algunos de los aproximadamente siete mil doscientos españoles que pasaron por aquel siniestro campo de concentración entre 1939 y 1945. Y añadía: «Sus ojos no tenían ninguna expresión. Parecían dos boquetes abiertos a un mundo donde la única vegetación era la nada. Entre ellos reconocí a varios de mis antiguos camaradas de lucha, que no eran ni una sombra de ellos mismos».

Poco después de dejar escrito este testimonio —publicado por Eduardo Pons y Mariano Constante en *Los cerdos del comandante* (Argos Vergara, 1978)— se le perdió la pista. Nadie sabe dónde ni cuándo falleció este exsoldado republicano, ya que es poco probable que siga vivo todavía con más de cien años. Según los pocos datos que consiguió reunir el director Diego González para su documental *5105. Historia de una fuga de Mauthausen*, de 2015, después de su hazaña vivió en el exilio en Francia, se casó y tuvo dos hijos.

Hasta la muerte de Franco no regresó a España, donde seguramente escribió el relato rescatado por estos dos historiadores ya fallecidos. Una hazaña que Santos protagonizó junto con una pareja de españoles: un catalán llamado Juan Adelantado Andreu y un andaluz, Francisco López Bermúdez. Se sabe que al primero le enviaron a otro campo de concentración, que protagonizó una segunda fuga y que le capturaron, pero no le ejecutaron. Murió en Montagnac, Francia, en 1966. El segundo, sin embargo, acabó en Gusen y no logró sobrevivir.

Con la llegada de la democracia, todo lo que concierne a Santos es un misterio. El director del documental logró contactar con algunos de sus familiares en Cataluña, pero ninguno de ellos había podido averiguar qué fue de él. Conocían su lugar de nacimiento: la pequeña localidad cacereña de El Gordo. Y el año: 1918. También que procedía de una familia humilde dedicada al campo y que, cuando tenía diecisiete años, su madre le aconsejó que se marchara de casa en busca de oportunidades. Se fue a Oropesa, donde vio con horror cómo todo saltaba por los aires el 18 de julio de 1936. La Guerra Civil fue el comienzo de una pesadilla que no terminó hasta que, el 5 mayo de 1945, los aliados liberaron el siniestro campo de concentración de Mauthausen-Gusen, donde se había asesinado a entre ciento veintidós mil y trescientos veinte mil inocentes.

A Santos le reclutó el ejército republicano en la localidad castellonense y tuvo que combatir en la batalla del Ebro entre julio y noviembre de 1938. Fue uno de los episodios más devastadores de la contienda, como demuestra el hecho de que, si uno pasea hoy por las tierras que rodean pueblos como Pinell, Miravet, Ribarroja, Flix, Ascó o Fatarella, todavía se pueden ver sobre el terreno los restos de muchos soldados. Él, sin embargo, salvó el pellejo por los pelos, pero ante el avance imparable de los franquistas tuvo que cruzar la frontera francesa e ingresar en el campo de Le Barcarès junto con miles de compatriotas.

Así lo relataba él en 1978: «Cuando se declaró la Segunda Guerra Mundial, después de la invasión de Polonia por los alemanes, creí que mi deber era alistarme en los batallones de marcha franceses para continuar la lucha que había empezado en mi tierra. Después de unos meses de guerra, el 6 de junio de 1940, los nazis me hicieron prisionero y me enviaron al Stalag VII-A, a Moosburg [uno de los campos de prisioneros del Tercer Reich], donde estuve hasta el 25 de agosto de 1941. Ese día, sin que supiéramos la razón, nos trasladaron a un campo que adquirió una triste celebridad: Mauthausen».

303 EXTREMEÑOS

En su ensayo *Una breve historia del exilio extremeño: deportación y desarraigo migratorio* (Ambroz, 2017), Laura Rodríguez Fraile informa que, de los 9.328 españoles que pasaron por los campos de concentración, 303 eran de Extremadura. Al igual que Santos, a la práctica totalidad de ellos los hacinaron en Mauthausen y Gusen. Los dos campos formaban parte del mismo complejo, que estaba reservado a los presos del nivel 3 o «Stufe III», según la categoría establecida por el historiador británico David Wingeate; es decir, para aquellos que Hitler consideraba casos perdidos para la sociedad, cuyas acciones eran tan reprobables que ninguna condena podría redimirlas. Verdaderos criminales que solo merecían la muerte.

El joven extremeño llegó a los barracones de madera de Mauthausen, con sus alambradas electrificadas y sus férreos controles de seguridad, cuando tenía veinte años. El mismo día en que ingresó perdió su nombre y le rebautizaron con el número 5.106. Mientras estuviera allí, ya no sería Agustín. A continuación descubrió que las cocinas y los baños estaban de adorno, que la enfermería se había convertido en un auténtico quirófano del horror y que una vez rapados y desparasitados no eran más que «cerdos».

De ahí el título del libro de Pons y Constante, *Los cerdos del comandante*, que los historiadores justificaban en la introducción contando el siguiente episodio:

> En estas páginas se da fe de la existencia de porquerizas en varios de los campos de concentración. Por testimonio de compatriotas nuestros internados en Rawa-Ruska (Ucrania) y Mauthausen (Austria), sabemos que más de una vez el jefe del campo, un comandante de las SS por lo general, dirigiéndose a algún español, le espetó: «¿Ves a todos esos desgraciados que andan por ahí? Son todos subhombres. —Y, levantando la voz, agregaba—: ¡Pero vosotros, los españoles, sois todavía menos que ellos, valéis menos que los cerdos de mis porquerizas! ¡Sois unos cerdos! ¡Eso es lo que sois, los cerdos del comandante! Que no se os olvide: ¡Sois mis cerdos!».

Santos explicaba que dentro del campo se encontró con Azuaga, otro español al que le unía una gran amistad. Le pareció «el más agotado de todos», aunque en sus ojos se podía ver «una luz de esperanza». Esta, sin embargo, desapareció enseguida. «Un día quise darle parte de mi ración, puesto que yo acababa de llegar y todavía conservaba parte de mis fuerzas, pero él dijo: "No, guárdalo para ti, que lo vas a necesitar muy pronto. A mí ya no me sirve de nada, es demasiado tarde. Estoy en la pendiente que, inevitablemente, conduce al abismo, pero tú aún estás robusto y puedes llegar al final del viaje"». Quince días más tarde dejó de respirar.

El plan de fuga

Por extraño que parezca, aquella pérdida le dio a Santos la fuerza de voluntad necesaria para intentar sobrevivir al infierno y «contarle al mundo la muerte de tantos Azuagas». En ese momento pensó en la evasión por primera vez, aunque sabía que todos los que lo habían intentado habían pagado con su vida las pocas horas de libertad disfrutadas. Eso sin hablar de las graves represalias sufridas por sus compañeros. Pero entonces vio una luz al final del túnel:

> Esta perspectiva me hundía en las tinieblas de la desesperación. Sin embargo, el 12 de octubre de 1941, cuando empezaba a perder confianza en mi propósito, el jefe del campo seleccionó a los más robustos para mandarnos a trabajar al *Komando* de Vöcklabruch, dentro de un grupo formado de españoles destinado a construir una carretera. Al llegar, lo primero que comprobé fue que las alambradas no estaban electrificadas y que los españoles, aunque bastante esqueléticos, conservaban cierta viveza en su mirada. Hice amistad con Juan Adelantado y los dos coincidimos en el proyecto de evasión.

El 17 de octubre por la noche hicieron su primera tentativa. El extremeño salió de su barracón por la ventana y, cuando se aproximaba al aposento de su compañero, los focos se encendieron de repente y comenzaron a moverse en busca de movimientos sospechosos. Regresó corriendo y otro español le sorprendió. Se llamaba Facila. Al día siguiente se acercó a él y le pidió, por favor, que no revelara sus intenciones. «Yo no he visto nada», le respondió de inmediato, y allí se quedó la cosa.

Decidieron retrasar la fuga hasta que pasara el invierno. Durante los meses de frío se dedicaron a preparar el plan, pero un día los oyó otro paisano, Francisco López Bermúdez, que les suplicó que le dejaran formar parte de la expedición. «Aceptarlo era correr un gran riesgo por su avanzada edad, pero rechazarlo era inhumano. Lo aceptamos y decidimos no hablar más de ello hasta la primavera», argumentaba Santos.

La segunda tentativa

La nieve paralizó las obras y a nuestro protagonista le enviaron a un taller junto con un pequeño grupo de prisioneros. Allí conoció a una sirvienta piadosa que, burlando la vigilancia, le proporcionó algunos alimentos sobrantes. Gracias a esa confianza pudo hacerse con las tenazas que necesitaba para cortar las alambradas y, cuando llegó la primavera, Santos y sus compañeros se encontraron con fuerzas suficientes para intentarlo de nuevo. Había llegado la hora, tal y como contaba nuestro protagonista:

> El campo estaba dominado por cuatro torretas-miradores. Tan solo había un espacio de un par de metros, debajo de una de ellas, que no era visible desde las otras tres por la proximidad de la barraca de los retretes. Teníamos que abrirnos paso debajo de ese mirador y esperar a que al centinela no le diese por echar una mirada hacia los lados justo en ese momento. Todo estaba dispuesto para el 5 de abril de 1942. Ese día, cuando sonó el silbato para que nos metiésemos en la barraca, Adelantado, el viejo y yo nos escondimos en los retretes. Nos quedaban diez minutos de margen antes de que el jefe del *Komando* pasase revista. Esperamos dos o tres, hasta que las puertas y las ventanas de las barracas se cerraron, y me deslicé por el suelo hacia las alambradas. Corté las tres primeras hileras, les hice una seña con la mano y, uno tras de otro, nos deslizamos entre las matas de hierba y salimos al exterior.

No se habían alejado ni quinientos metros cuando empezaron a oír los silbatos de los guardianes. Los habían descubierto, por lo que comenzaba la parte más peligrosa de la evasión. Todos los focos de Mauthausen empezaron a buscarlos con desesperación mientras los gritos de los centinelas crecían en intensidad. Ya no podían seguir arrastrándose, así que se levantaron y echaron a correr hacia el bosque. Tenían que aprovechar la primera noche para llegar a las montañas del Tirol. En los días siguientes sobrevivirían con la comida y la ropa que robaban de las granjas por las que pasaban. Y cuando se deshicieron del traje de rayas, empezaron a avanzar también por las mañanas.

Una noche, en la parte trasera de una de esas granjas, se encontraron un gran plato de patatas fritas y pedazos de tocino. Parecía una alucinación, hasta el punto de que pensaron que lo habían colocado los nazis, con veneno, para que cayeran como ratas. Pese a encontrarse muertos de hambre, Santos y Adelantado decidieron no caer en la tentación, pero Bermúdez no se lo pensó dos veces y limpió el plato en menos de un minuto. Era el mayor de todos, así que recuperó algunas fuerzas.

Cuando llevaban veinte días fuera de Mauthausen, todo un hito, tuvieron el primer encontronazo con un soldado alemán. Así lo recordaba Santos:

> Llevaba uniforme y la cruz gamada en el brazo. Nos preguntó quiénes éramos y nos pidió que le siguiésemos. Nosotros intentamos explicarle algo, pero el sujeto no atendía a razones, por lo que me vi obligado a soltarle un puñetazo en plena mandíbula. Lo dejé sin sentido. De haber tenido instintos criminales, lo habríamos rematado allí mismo, pero echamos a correr y recobró el sentido enseguida. Se puso a gritar y fue a la aldea que se divisaba a lo lejos. Como ya anochecía, en la huida perdimos a Adelantado, que fue detenido en un pueblecito de aquella región.

El guarda forestal

Bermúdez y nuestro protagonista continuaron solos varios días más en dirección a la frontera de Suiza. Era mayo y seguían libres, por lo que aprovecharon el buen tiempo para caminar de noche. Día a día aumentaba su esperanza de salir vivos, pero una tarde que descansaban escondidos en lo alto de una montaña un guarda forestal los sorprendió y comenzó a dispararles. Cuando quiso darse cuenta, Santos se había separado también de su último compañero, por lo que decidió ascender hasta la cima para ponerse a salvo. Allí se encontró una choza construida en el hueco de una roca, que tenía paja en su interior. Pensó echarse a dormir, pero a los pocos minutos le despertó un ruido. Al levantarse sobresaltado, descubrió a Bermúdez acercándose lentamente.

> Al verme se sorprendió y estuvo a punto de huir, pero al fin se echó en mis brazos llorando de emoción. Estaba completamente helado. Cuando quise meterlo en la paja para tratar de reconfortarlo, se quejó del brazo y vi que estaba herido. Como no podía hacer otra cosa, salí fuera y le limpié la herida con la nieve y se la vendé con un pedazo de mi camisa. El cabrón del guarda le había incrustado en la piel una gran cantidad de perdigones, por lo que empecé a extraérselos con una vieja bayoneta oxidada que había en la choza. Solo pude sacar unos pocos.

A las pocas horas de reiniciar la marcha, Bermúdez dijo: «No puedo seguir. Estas montañas son mucho para mí y solo voy a ser un estorbo para ti». Nuestro protagonista le recordó la promesa que se habían hecho: se ayudarían mutuamente hasta el final. Estaba convencido de que estaban cerca de Suiza y no se equivocaba: habían recorrido trescientos cincuenta kilómetros desde Mauthausen y solo les quedaban treinta hasta la frontera. Animados, se acercaron a la carretera y aceleraron la marcha. Aquello fue su perdición, pues llegaron a un pueblo llamado Landeck, en Austria, y dos soldados nazis los cazaron.

Esa vez no pudieron escapar. El golpe fue tan duro que, sumidos en una depresión, confesaron rápidamente. A Santos le enviaron al campo de prisioneros de Rava-Ruska, en Ucrania, el mismo en el que fueron torturados y ejecutados dieciocho mil soldados soviéticos durante la Segunda Guerra Mundial. El 21 de agosto de 1942, sin embargo, dos inspectores de la Gestapo fueron a buscarle y le condujeron a Cracovia, donde tuvo que soportar «varios interrogatorios de los suyos». Así lo recordaba:

> Tres días después vinieron dos miembros de SS desde Mauthausen y, el 27 de agosto, entraba de nuevo en el más siniestro de todos los campos. Sospeché que, después de la ceremonia ritual, mi cuerpo no tardaría en balancearse con una cuerda de lino

> como última corbata. Para mi sorpresa, me mandaron a una compañía disciplinaria, donde resistí ocho meses gracias a la solidaridad de mis compañeros.

A Bermúdez le enviaron a Gusen y murió. Santos, sin embargo, se curó de las heridas con la ayuda del jefe de la enfermería y volvió al régimen normal de Mauthausen, donde resistió como pudo hasta el día de la liberación de los aliados, el 5 de mayo de 1945. Tres días antes, los soldados nazis y los mandos de las SS abandonaron el campo y huyeron desesperadamente.

«Esto es lo que nos ocurrió a los tres evadidos. Si la narración no ha sido contada con el arte que lo hubiese hecho una pluma diestra, tiene la virtud de ser la exacta realidad, sin poner ni quitar una coma», concluyó.

Dos sabios consejos que Hitler despreció y que le hubieran hecho aplastar a sus enemigos

Manuel P. Villatoro

Heinz Guderian era ya un versado oficial en 1941. Para entonces, el hombre que perfeccionó y aplicó la *Blitzkrieg* en la vieja Europa había paseado de manera exitosa sus carros de combate por Polonia y Francia. O eso se esforzó en contar la propaganda del Tercer Reich. Kenneth Macksey —quien había participado en la Segunda Guerra Mundial antes de centrarse en la historia militar— jamás albergó dudas sobre su maestría. En *Guderian, general Panzer*, describió sus capacidades sin remilgos: «Ningún otro consiguió cambios tan radicales e intrínsecos en el arte militar en tan poco tiempo». En sus palabras, era un maestro en «la dirección sutilmente táctica de formaciones que, al inicio de cada campaña, solían estar superadas en número».

Valgan las loas de Macksey, quien fuera también miembro del Royal Armored Corps, para entender que Guderian no era un «lametraserillos» que se hubiera topado con el mando por casualidad o que hubiera recibido el puntapié hacia arriba de un superior. Tampoco existen dudas sobre la buena relación que mantuvo con el Führer durante el ascenso del nazismo hasta la poltrona. Aunque en principio era monárquico, el general no tardó en entender que el retorno de los reyes a Alemania era imposible y apostó —como otros tantos— por ponerse en manos de un líder tan carismático como el Cabo Bohemio. «Los hombres como Guderian pensaban que alguien como Hitler podía gobernar con la mano de hierro necesaria, aun manteniéndole bajo el control del ejército», añade Macksey.

El reconocimiento de Guderian dentro de las fuerzas armadas era más que reseñable cuando Hitler empezó a barruntar la necesidad de abalanzarse contra el cuello de Stalin. La razón oficial: conseguir petróleo y cereales con los que sustentar el esfuerzo de guerra contra Gran Bretaña. En junio de 1940 tomó la decisión y poco después, el 18 de diciembre, publicó la famosa Directiva n.º 21: «La Wehrmacht alemana ha de estar preparada para, incluso antes de terminada la guerra contra Inglaterra, aniquilar a la Unión Soviética en el curso de una campaña rápida (Operación Barbarroja). El ejército habrá de poner a disposición de este fin todas las unidades con que cuenta, con las limitaciones impuestas por la necesidad de mantener protegidas contra sorpresas las regiones ocupadas».

No atacar

A pesar de su carácter impulsivo —la oficialidad germana le equiparaba a un toro deseoso de abalanzarse sobre el enemigo al precio que fuese—, la realidad es que Guderian recibió con el hocico torcido los planes de invasión de la Unión Soviética. Desde el principio, el general se opuso de forma diametral a la Operación Barbarroja. Estaba convencido de que los planes de Hitler convertirían la guerra en un inmenso frente imposible de defender y que, además, dividir las fuerzas otorgaría cierto aire a Gran Bretaña.

En sus memorias, *Recuerdos de un soldado*, el veterano oficial dejó escrito que no había podido evitar sorprenderse cuando Hitler presentó al alto mando su plan definitivo tras mantener una reunión con el ministro de Asuntos Exteriores ruso, Viacheslav Mólotov:

> Poco después de la visita de Mólotov fueron llamados para celebrar una conferencia en el despacho del jefe del Estado Mayor del ejército mis, en aquellos momentos, jefes del Estado Mayor: el barón Von Liebenstein y el comandante Bayerlain. Recibimos las primeras instrucciones sobre el plan Barbarroja en el caso de la guerra con Rusia. Cuando, después de esta conferencia, vinieron a informarme y desplegaron ante mí el mapa de Rusia, no podía creer lo que veía. ¿Iba a convertirse en realidad lo que yo nunca había considerado posible?

Guderian vio en aquel plan la crónica de un desastre anunciado y una infinidad de paralelismos con la Gran Guerra: «Hitler, que con tan duras palabras me había hablado de la dirección de la política alemana de 1914, porque comprendió que debía ahorrarnos la guerra en dos frentes, ¿quería ahora, antes de terminar la guerra con Gran Bretaña, empezar otra por propia decisión contra Rusia y crear el doble frente contra el cual le habían advertido con tanta insistencia todos los militares y que él mismo había descrito tantas veces como erróneo?». En sus términos, la esperanza era que el Führer no estuviera convencido del ataque y que solo anhelara engañar con falsas promesas de conquista a su alto mando.

Pronto se descubrió que sus miedos eran más que fundados. Guderian, que había estudiado las expediciones militares previas a Rusia, le desaconsejó el ataque a Hitler e insistió en que lanzarse de bruces contra la Unión Soviética era una verdadera locura. Repitió lo mismo después de que la Operación Barbarroja se retrasase cuando el Tercer Reich se vio obligado a intervenir en Yugoslavia y Grecia. Así lo explicó, una vez más, en sus memorias:

> El invierno y la primavera de 1941 transcurrieron en una horrible pesadilla. El renovado estudio de las campañas de Car-

> los XII de Suecia y de Napoleón I, y de la que esperábamos con preocupación, ponía claramente ante nuestra vista todas las dificultades del teatro de operaciones y demostraba nuestra falta de preparación para la ingente empresa.

Pero Hitler, como era habitual en él, obvió el consejo de Guderian y del resto de los oficiales, y ordenó comenzar la Operación Barbarroja un mes después de lo que estaba previsto. Una verdadera locura. «Los éxitos obtenidos hasta entonces, sobre todo la victoria conseguida en Occidente en un tiempo sorprendentemente corto, habían ofuscado de tal modo a la jefatura suprema que esta había borrado de su lenguaje la palabra "imposible"», dejó escrito en sus memorias. Junto con él, otros tantos oficiales aconsejaron al líder abandonar aquella locura y mantener la paz con la Unión Soviética. De lo contrario, sabían, Alemania podría ser aplastada por multitud de frentes.

No sirvió de nada. El Führer, obsesionado con la idea de que debía adquirir las tierras del Este para obtener el famoso «espacio vital», ordenó movilizar a sus hombres bajo la promesa de que atravesarían las tierras de Stalin cual cuchillo.

Retirada

El segundo consejo se lo dio Guderian a Hitler durante la llegada del mitificado General Invierno. A finales de noviembre de 1941, y después de un inicio algo lento del avance, el ejército alemán alcanzó Briansk, al norte de la actual Ucrania. Las temperaturas empezaban a bajar y la ropa de invierno escaseaba. «El 30 de noviembre, Halder nos llevó órdenes para lo que, a pesar de los veinte grados bajo cero, el alto mando seguía llamando la "campaña de otoño". Los nuevos objetivos eran Moscú y el Volga», escribió. En la práctica, los obligaban a avanzar unos cuatrocientos kilómetros en unas condiciones pésimas. «Los vestidos para el invierno no habían llegado, los abastecimientos eran precarios por las dificultades de los transportes en las vías férreas y porque las guerrillas nos hostigaban», añadió.

Siempre en palabras de Guderian, todos los oficiales que asistieron a la conferencia en la que los informaron de las órdenes se horrorizaron. El avance, planeado para el 2 de diciembre, tuvo que retrasarse por el mal tiempo. Al final, los ejércitos salieron hacia su destino dos jornadas después. Fue un desastre. «Los sufrimientos de las tropas se hicieron horribles. Todas las armas automáticas se trababan como consecuencia de la congelación del aceite», dejó escrito en sus memorias. Tan solo tres lunas después fue necesario detener la marcha por las duras inclemencias de los temporales. Según los oficiales del Reich, vivieron una auténtica pesadilla en la que era necesario calentar los motores durante doce horas para poder arrancar y muchos soldados murieron congelados a la hora de hacer sus necesidades.

A mediados de mes, un Guderian sobrepasado por los acontecimientos solicitó una reunión con Hitler. Buscaba detener el avance hacia Moscú por las bravas para evitar el desastre. «Tomé la decisión de ir a verle personalmente. Era yo uno de los raros generales que podía permitirse esa audacia. Hitler me había recibido en varias ocasiones y me había escuchado siempre, aunque obviara mis consejos», desveló el militar. Voló hasta Prusia Oriental y mantuvo con el Führer una serie de conversaciones que se extendieron durante cinco horas. «Le describí el estado del ejército delante de Moscú y traté de hacerle comprender que las tropas no podían dar más esfuerzos de aquellos que se les exigía», incidió. Como ya ocurrió unos meses atrás, volvió a hacer las veces de profeta:

> Le advertí que íbamos hacia el desastre. No por causa del enemigo, sino del frío. Le dije que era necesario suspender la ofensiva, evacuar el terreno conquistado, porque era insostenible, y colocar a las tropas en los cuarteles de invierno transformando los carros en abrigos. Le afirmé que era la única manera de salvar al ejército y le prometí que, a cambio, tomaríamos Mos-

> cú en primavera. Hitler se negó a creer el cuadro que yo le trazaba. Me reprochó ser como los otros generales: tener muchas preocupaciones por mis hombres y mi material. Decía que quería Moscú y tendría Moscú. Me dictó nuevas órdenes de ataque que yo llevé conmigo.

Huelga decir que aquella ofensiva solo causó una infinidad de bajas a la Wehrmacht, tantas que al mismo Hitler no le quedó más remedio que dar la orden de retirada menos de un mes después de que se lo hubiera sugerido Guderian. Algo similar acaeció con la invasión de Rusia, considerada por multitud de historiadores como la tumba del Tercer Reich. Los datos no mienten. Según las cifras recopiladas por el historiador Jean López, en aquella misión suicida hubo que contar más de seis millones y medio de bajas alemanas.

Pavelic: el carnicero fascista de Croacia que horrorizó (incluso) a Hitler y que está enterrado en Madrid

Israel Viana

En 1941, poco después de haber asumido la cartera de Educación y Cultura, Mile Budak definió el carácter macabro que iba a tener el recién instaurado Gobierno croata: «Para minorías como los serbios, judíos y gitanos, tenemos tres millones de balas». Las consignas estaban claras, hasta el punto de que a su jefe, el recién elegido caudillo de Croacia, Ante Pavelic (1899-1959), se le considera todavía hoy el líder del movimiento fascista más cruel de la historia. Es su currículo: más de un millón de asesinatos.

Pavelic era un abogado sin mucho éxito que había comenzado su carrera política en el movimiento nacionalista croata. Lo eligieron diputado nacional en 1927, en los años del incipiente Reino de los Serbios, Croatas y Eslovenos. Con veintiocho años ya se bregaba en el Parlamento a favor de la independencia de su país, que no llegaría hasta la invasión de Hitler, más de una década después.

El dictador nazi le puso en bandeja la oportunidad que llevaba tiempo esperando, pero el camino hasta llegar ahí no fue fácil. Cuando solo llevaba dos años metido en política, tuvo que huir al instaurarse la dictadura de Alejandro I. El rey disolvió la cámara de representantes y rebautizó el país con el nombre de Yugoslavia, después de que Pavelic se hubiera hecho célebre por la crudeza de su discurso antiserbio y proindependentista.

Durante su exilio deambuló por Austria, Alemania, Bulgaria, Francia y, finalmente, la Italia de Mussolini. El primer régimen fascista de la historia le acogió con los brazos abiertos y, durante su estancia en Verona, creó la Organización Revolucionaria Croata Insurgente, la Ustacha. Se trataba de una pequeña organización terrorista nacionalista que, aunque no tenía una ideología muy definida, supuraba odio por los cuatro costados.

Pronto comenzaron los atentados, que protagonizaron una escalada de violencia sin precedentes en el país y que tuvieron su punto álgido el 9 de octubre de 1934 con el asesinato del rey en Marsella. Alejandro I había viajado a la ciudad gala para estrechar lazos con la Tercera República francesa. Anteriormente, tres familiares suyos habían muerto un martes, lo que hizo que el monarca desarrollara una gran fobia a aparecer en eventos públicos ese día de la semana. Pura superstición a la que justo el día de su muerte decidió no prestar atención.

La muerte del rey

El atentado —en el que también fallecieron el ministro francés de Asuntos Exteriores, Louis Barthou, y tres espectadores— fue portada en la prensa española. «El autor poseía un pasaporte visado regularmente en Yugoslavia. Al saltar al estribo del coche real hizo varios disparos y gritó: "¡Viva el rey!". El drama se produjo tan rápidamente que parte de la muchedumbre continuó dando vivas al monarca cuando este, ya moribundo, llegaba en coche a la prefectura manchado de sangre», contaba *ABC*.

Investigaciones posteriores demostraron que Pavelic había contratado a un sicario de la Organización Interna Revolucionaria de Macedonia (VRMO) para perpetrar el magnicidio. También formó un comando de ustachas para supervisar la operación y que nada fallara. Después de aquello, el futuro dictador croata adoptó un discurso mucho más antisemita, al tiempo que comenzaba a establecer lazos mucho más fuertes con los fascistas italianos y a defender la idea de que Croacia debía convertirse en un Estado independiente y católico.

Durante los siguientes años, Mussolini le acogió bajo su protección e, incluso, se negó a cumplir la orden de extradición que solicitaba el Gobierno francés. Eso no impidió que fuera juzgado en París y condenado a muerte sin estar presente. Mussolini, por su parte, ordenó que se llevara a cabo un simulacro de detención, una operación de maquillaje de cara al exterior que le permitió a Pavelic cumplir una pequeña condena en una lujosa residencia de Turín.

Los vínculos con el Duce no podían ser más sólidos, pero el tiempo pasaba y los sueños de Pavelic iban perdiendo fuerza. Su grupo también redujo el número de adeptos, hasta que llegó el milagro en forma de invasión por parte de la Alemania nazi el 24 de marzo de 1941. Las tropas de Hitler, en plena expansión durante la guerra, entraron en Yugoslavia. El Führer había ocupado Francia unos meses antes y quería hacer lo mismo con todos los Balcanes, por lo que dio un ultimátum al Gobierno de Alejandro I: o se aliaba con las potencias del eje o se convertiría en su enemigo.

Pavelic, en el poder

El 29 de marzo, Pavelic se reunió formalmente por primera vez con Mussolini, que le ofreció hacerse con el poder si respaldaba la ocupación. El líder ustacha aceptó y, siete días más tarde, las tropas nazis entraban en Yugoslavia. Hitler dirigió a sus soldados uno de sus habituales discursos por radio: «Sed humanos allí donde el adversario se comporte humanamente. Donde muestre su brutalidad habitual, le quebrantaréis duramente, sin piedad».

Unas palabras que pronunció al mismo tiempo que su aviación bombardeaba Belgrado y dejaba sobre las calles más de diecisiete mil cadáveres.

La invasión permitió hacer realidad el sueño de Ante Pavelic. Croacia se convirtió en un Estado independiente, al menos en teoría, porque en la realidad era un país supeditado al poder de Hitler. Comenzaba el año cero del infierno que iban a vivir a partir de ese momento los gitanos, serbios y judíos residentes en el país, masacrados por aquel antiguo abogado que se acababa de autoerigir como el Poglavnik, algo así como la versión autóctona del Duce o del Führer.

Al asumir el poder, no solo se hizo con el control de la mayor parte de Croacia, sino también de Bosnia-Herzegovina. Aunque las tropas italianas y alemanas controlaban militarmente la zona, dieron a Pavelic toda la autonomía para que organizara un Estado totalitario a su antojo. Copió el culto a la personalidad y la parafernalia propagandística propios de los regímenes fascistas.

Según defiende Pedro Arturo Aguirre en *Historia mundial de la megalomanía. Desmesuras, desvaríos y fantasías del culto a la personalidad en la política* (Debate, 2014), el problema de Ante Pavelic era que no tenía ni la mitad de la personalidad de aquellos otros líderes a los que admiraba y que le habían ayudado: «El pobre carisma de este tirano dificultó mucho las cosas. Era un hombre gris, pésimo orador, un acomplejado irremediable que por más que estudiaba para imitar las gesticulaciones y las poses de Hitler y Mussolini, jamás lograba prender a sus auditorios».

Una persecución brutal

A pesar de ello, poco después de subir al poder no perdió ni un minuto en seguir la senda de los nazis e impulsar leyes antijudías y antiserbias. Comenzó entonces una persecución brutal contra estos dos pueblos con el objetivo de eliminar al menos a una tercera parte de ellos y convertir al resto en católicos. Era la forma más rápida de que perdieran el principal elemento diferenciador de su identidad. Esa fue la razón de que, en un principio, la jerarquía de la Iglesia católica croata acogiera su llegada al poder como una buena noticia, ya que convertiría al país en el último baluarte de los Balcanes contra los ortodoxos.

Los principales blancos del Poglavnik fueron los sacerdotes ortodoxos, las mujeres y los niños. La crueldad con la que se empleó contra ellos quedó de manifiesto en una frase, pronunciada en aquellos días, que se le atribuye: «Un ustacha que no puede sacar a un niño del vientre de una madre con una daga no es un buen ustacha». Y lo cierto es que muchos de sus hombres llevaron a cabo prácticas de ese tipo. Según explica el historiador británico Michael Burleigh en su libro *Causas sagradas. Religión y política en Europa* (Taurus, 2013), Pavelic tenía entre sus dirigentes a un número importante de asesinos y terroristas.

El aumento del número de ejecuciones y los métodos empleados para llevarlas a cabo escandalizaron a parte del alto clero católico e, incluso, a sus aliados alemanes e italianos, por muy acostumbrados que estos estuvieran al exterminio de minorías durante la guerra. Los ustachas parecían haber dado un paso más allá en lo que a terror se refiere.

En 1998, *ABC* recordaba la anécdota contada por el investigador Jorge Camarasa durante una entrevista en Zagreb. La protagonizaban el escritor italiano Curzio Malaparte (1898-1957) y el mismo Pavelic. Cuando el primero le preguntó por una copa que tenía sobre la mesa rebosando de algo que parecían ostras, el dictador le respondió tranquilamente: «No son ostras, son los ojos de mis enemigos que me mandan mis ustachas».

Al poco de llegar los ustachas al poder, el obispo de Mostar escribió al arzobispo de Zagreb para informarle de la detención y asesinato de serbios. A muchos de ellos, mujeres y niños incluidos, los arrojaron vivos por despeñaderos o los ejecutaron al borde de grandes pozos. Este clérigo, además, se enteró de que Pavelic estaba conspirando con los nazis para deportar a los campos de concentración alemanes a los judíos que habían sobrevivido a su matanza. Asimismo, le advirtió de que algunos frailes franciscanos estaban participando en las atrocidades que se perpetraban en el de Jasenovac, ubicado en Croacia.

Campos de concentración

Pavelic construyó más de veinticinco en todo el país durante el conflicto, donde se masacró a setecientos mil inocentes. Algunas de las víctimas no habían cumplido el primer año de vida, muchas otras rondaban los diez. Los relatos que llegan de los supervivientes son siniestros: niños quemados vivos en presencia de sus padres, otros ahogados en el río Sava, niñas de doce o trece años violadas en presencia de las madres y bebés en pañales acribillados o asesinados a hachazos.

La crueldad de los ustachas se extendió más allá de los campos de exterminio. Algunos serbios recordaban después las matanzas de campesinos que habían presenciado en sus respectivos pueblos, apoyando a las víctimas encima de barriles para recoger las cabezas después de degollarlas. El historiador alemán Alfred Miller cifró en más de un centenar los niños empalados que se hallaron en varios pueblos. Otro historiador, Karl Jans Geischer, describía también algunas torturas practicadas por los fascistas croatas: «Antes de asesinar a los prisioneros, les metían agujas debajo de las uñas y ponían sal en las heridas abiertas. Les encantaba cortar la nariz y las orejas a las víctimas mientras estaban vivas. Luego mutilaban sus cuerpos».

Hasta los mandos nazis enviados a Croacia expresaron su horror ante tanto sadismo. Consideraban los métodos «excesivos y poco eficaces», como así se lo hicieron saber a Hitler, quien consideraba la forma de proceder de su Reich más mecánica y eficaz. El responsable de la «solución final» no daba crédito a las escenas que describían los informes.

El mismo Herman Neubacher, principal representante político y diplomático del Führer en los Balcanes, hablaba del «crimen más feroz de la historia, solo comparable al infierno de Dante». El historiador austriaco y general de la Wehrmacht Edmund Glaise von Horstenau dejaba descrito en su diario, en 1942, el siguiente episodio: «Los ustachas degollaban cientos de personas en los dos lados del río Sava. Cuando degollaban en nuestra parte, nosotros difícilmente podíamos soportar los gritos de hombres, mujeres y niños. Los degollaban y les abrían el abdomen antes de tirarlos al río».

Pavelic, un mito

Una vez expulsado del poder, un sector de la población croata ha revindicado la figura de Pavelic hasta épocas muy recientes. En 1991, la prensa todavía aseguraba que la figura del líder de los ustachas era un mito para una parte del país : «El responsable de la mayor matanza de serbios de la historia es aún cantado en himnos patrióticos entonados con las armas en la mano. Su tumba en Madrid, donde murió en secreto, es considerada un símbolo mítico, una "tumba de oro" de la que el temido caudillo debe levantarse algún día», podía leerse en *ABC*.

Cuando cayó el Tercer Reich y se acabó la guerra, Pavelic huyó a la Argentina de Juan Domingo Perón. Hasta allí le persiguieron los servicios secretos de Yugoslavia, que atentaron contra su vida en varias ocasiones. Fue después de uno de estos últimos intentos de asesinarle cuando escapó a España sin armar el más mínimo revuelo y sin apenas aparecer en la prensa.

El genocida llegó en secreto a la capital en 1957. En abril de ese año, *ABC* incluso informaba de que Pavelic había desaparecido, pero en realidad vivía tranquilamente en la capital de España, acogido por Franco, como tantos otros líderes nazis. Murió en el antiguo Hospital Alemán de Madrid, ubicado en la calle de La Masó, en la zona de Mirasierra, el 28 de diciembre de 1959. La causa: complicaciones derivadas de las heridas provocadas por uno de los atentados sufridos antes de salir de Croacia en 1945. Lo enterraron en el cementerio de San Isidro, donde aún permanece su panteón. Junto a él están enterrados su esposa, Maria, y su hijo Velimir.

1942

La «artillería sinfónica» del maestro Shostakóvich para sobrevivir al brutal cerco de Leningrado

Israel Viana

La escena vivida por Xenia Matus el día que la convocaron para el primer ensayo, en la primavera de 1942, refleja a la perfección el infierno que tuvieron que atravesar ella y sus compañeros para convertir aquella partitura en el momento más grandioso y emocionante de la historia de la música: «Cuando llegué con mi oboe al estudio casi me caigo redonda de la impresión. De una orquesta de más de cien personas solo quedábamos quince. Y no los reconocía, eran esqueletos». Minutos más tarde, el director Karl Eliasberg levantó los brazos para empezar a tocar y nadie reaccionó: «Todos estaban temblando. El trompetista no tenía fuelle para tocar su solo. "¿Por qué no empiezas?", le pregunté. "Lo siento, maestro, no tengo fuerza en los pulmones"».

Parecía imposible que aquellos músicos enfermos y muertos de hambre, tras siete meses del feroz cerco de los nazis que les hemos contado en un capítulo anterior, pudieran sacar fuerzas de flaqueza para aprenderse las 252 páginas que componían la partitura de la *Sinfonía n.º 7* de Dmitri Shostakóvich. Menos aún para interpretarla ese mismo verano, tal y como pretendían hacer las autoridades soviéticas en el recinto de la Filarmónica de Leningrado. La obra duraba una hora y veinte minutos, y no tenía un solo descanso. Requería 105 músicos a pleno rendimiento, lo que resultaba impensable en aquellos momentos en los que estos se alimentaban con ciento veinticinco gramos de pan diarios.

Lo mismo pensó el director de la orquesta cuando recibió la partitura, que hubo que llevar hasta Leningrado en un avión sobrevolando las líneas alemanas. «Cuando la vi, pensé: "Nunca podremos tocar esto. Son cuatro tomos de música demasiado gruesos"», aseguró. Le preocupaba el esfuerzo que exigía a los intérpretes de cuerda y viento en una ciudad sin alimentos y con los pulmones destrozados. Sin embargo, tenía que conseguirlo, porque así se lo habían ordenado desde el Kremlin después de ver el enorme éxito que la obra había cosechado en Londres, Nueva York y Moscú.

En este último concierto, la escritora Olga Bergholz vio que Shostakóvich, menudo y con un aire todavía infantil, se levantaba para recibir un torrente de aplausos: «Miré a aquel hombre pequeño y frágil con gafas grandes y pensé: "Es más poderoso que Hitler"». No obstante, aquella sinfonía que el compositor ruso había bautizado como *Leningrado* debía encontrar su máxima resonancia no en los conciertos del resto de Europa o en América, sino cuando fuera interpretada en la maltrecha y sangrante ciudad que le daba nombre. Querían que se erigiese como un desafío a los nazis.

Fue entonces cuando las autoridades comunistas dieron la orden de que la partitura llegara a Leningrado lo antes posible y «por los medios que fuera», con el objetivo de que el concierto se celebrara en la emblemática Gran Sala de la Filarmónica. En dicha misión, el piloto tuvo que burlar el cerco alemán en una operación suicida que le obligó a hacer una última aproximación, casi rozando las olas del lago Ládoga. Era la única forma de escapar del fuego enemigo, siempre atento a masacrar a todo aquel que intentase entrar o salir de la ciudad, según las órdenes que había dado Hitler. «Ese venenoso nido que durante tanto tiempo ha vertido su ponzoña sobre el Báltico debe desaparecer de la faz de la Tierra», fueron sus palabras exactas. Estaba convencido de que, si hacía desaparecer aquella ciudad, símbolo de la Revolución rusa, provocaría el colapso total de la Unión Soviética.

El cerco se cierra

Shostakóvich había empezado a componer la sinfonía a mediados de julio de 1941, en la misma ciudad de Leningrado donde había nacido en 1906, durante la época de los zares, cuando todavía se llamaba San Petersburgo. Escribió las primeras notas tan solo un mes después de que sonara el teléfono en el cuartel general de su distrito la fatídica madrugada del 22 de junio. La noticia los dejó conmocionados: tres millones de soldados nazis y miles de tanques y aviones habían cruzado la frontera de la URSS y avanzaban por un frente de dos mil quinientos kilómetros hacia el Báltico.

Había comenzado la Operación Barbarroja, cuyo objetivo era conquistar Moscú, Kiev y la mencionada Leningrado. Por el camino arrasaron todas las ciudades que encontraron a su paso y cometieron matanzas injustificadas en cada una de ellas. Baste recordar lo sucedido en Kaunas, Lituania, donde concentraron a un millar de judíos en la calle y los asesinaron a palos a la vista de todos.

Cuando empezó a estrecharse el cerco, el compositor ruso escribió las primeras notas en la partitura como un impulso irrefrenable. Sin embargo, como ya era una figura en la Unión Soviética, a principios de octubre de 1941 las autoridades decidieron sacarlo de Leningrado en un avión con rumbo a Moscú. Le acompañaron su esposa, sus dos hijos pequeños y los dos primeros movimientos de la *Séptima* garabateados en varias hojas. La familia Shostakóvich ya había huido de la ciudad cuando el ejército soviético se desintegró a mediados de agosto.

Los tanques nazis tenían el camino libre y pudieron avanzar

rápido hasta rodear por completo Leningrado el 8 de septiembre. Comenzaba el bloqueo, que se iba a prolongar durante 872 días. Poco antes, sin embargo, también se había evacuado a la Orquesta Filarmónica de Leningrado, la principal de la ciudad, como parte del éxodo cultural dirigido por el Kremlin. Habían enviado a sus integrantes a Novosibirsk, una de las ciudades más seguras de Siberia. Su director, Yevgueni Mravinski, que se había encargado del estreno de la quinta y sexta sinfonías de Shostakóvich, se marchó con ellos.

«La orquesta no está operativa»

La única opción disponible era la Orquesta de la Radio, dirigida por Eliasberg. El problema era que, a lo largo del invierno de 1941-1942, más de la mitad de sus músicos habían muerto, mientras que la otra mitad se encontraban débiles y traumatizados. Su última actuación había tenido lugar el 14 de diciembre, pero el siguiente ensayo ya no se pudo celebrar, según informaba la escueta nota del director: «Srabian está muerto. Petrov está enfermo. Borishev está muerto. La orquesta no está operativa».

Antes de comenzar el bloqueo, Hitler ya había calculado cuánto tiempo tardarían en morir todos los habitantes de Leningrado después de privarlos de los alimentos: sería suficiente con mantener el bloqueo durante el invierno para que no quedara ni uno con vida. Y no parecía equivocarse, porque en los tres primeros meses habían fallecido de hipotermia y desnutrición doscientos cincuenta mil civiles, que fueron en aumento cuando la nieve comenzó a derretirse con la llegada de la primavera de 1942.

El deshielo dejó al descubierto los muertos que permanecían en las calles, cuyas familias no habían tenido fuerzas para enterrarlos. Como ya les hemos contado en un capítulo anterior, algunos de ellos aparecían parcialmente devorados. Así lo relataría después el clarinetista de la orquesta, Viktor Kozlov: «Piernas amputadas a las que les faltaban trozos de carne y pechos cortados. Llevaban todo el invierno sepultados, pero ahora estaban ahí para que la ciudad pudiera ver cómo había logrado sobrevivir». Xenia Matus se acordó toda su vida del día en que una vecina aporreó su puerta y le suplicó que la dejara entrar en su casa porque su marido estaba intentando matarla para comérsela.

Con este panorama y la orden de las autoridades soviéticas de que el concierto se celebrara sí o sí, Eliasberg tuvo que darse una batida por el frente en busca de músicos. Los encontró entre lo que quedaba de las bandas militares. Uno de ellos era el trombonista Mijaíl Parfiónov, al que le entregó un carnet especial en el que ponía «Orquesta de Eliasberg». Solo así podría evitar que le fusilaran por desertor cuando tuviera que acudir a los ensayos.

Estos se celebraron con una única condición: que todos los músicos tendrían que abandonar el estudio a toda velocidad y ocupar sus puestos en el frente si sonaban las sirenas. «Muchos compañeros de la banda murieron antes del estreno —rememoraba Parfiónov—. La gente caía como moscas, así que ¿por qué no iba a ocurrir lo mismo con los miembros de la orquesta? Hacía frío y teníamos mucha hambre. A veces la gente se desmayaba sin más mientras tocaba».

El solo de la sinfonía

Nikolái Nosov, un antiguo trompetista de jazz sin experiencia en música clásica, se paralizó del miedo cuando le anunciaron que el trompetista principal había sufrido un edema pulmonar y que él tendría que tocar el solo. «Empezábamos a ensayar y nos mareábamos. La cabeza nos daba vueltas cuando soplábamos nuestro instrumento, pues la sinfonía era demasiado larga. La gente se desmayaba. A veces charlábamos con el compañero de al lado, pero solo de comida, nunca de la música», subraya.

Los músicos supervivientes aguantaban como podían, con la presión añadida de que, si alguno de ellos llegaba tarde o tocaba mal, se quedaba sin su ración de pan. Todos recordaban el día en que uno de los componentes se retrasó porque había ido a enterrar a su esposa y el director le dijo que no era excusa, que ese día no le darían ningún alimento.

En julio de 1942, tan solo un mes antes del estreno, la orquesta se trasladó a la Sala Filarmónica y empezó a ensayar algunos de los fragmentos por separado. Poco a poco fueron añadiendo más, pero, como recordó Matus: «Nunca la tocamos entera hasta el ensayo general que hicimos el 6 de agosto de 1942, tres días antes del concierto. Fue la primera y única vez que tuvimos fuerzas suficientes para ensayarla de principio a fin».

El mismo día del último ensayo, Hitler se reunió con sus mandos militares visiblemente alterado, durante uno de sus ricos almuerzos vegetarianos. Había muerto ya uno de los tres millones de habitantes de Leningrado, pero tenía que darles un mensaje muy importante: la ciudad tenía que desaparecer del mapa de una vez por todas y tenía que hacerlo ya, porque su población estaba aguantando demasiado.

El día del estreno

El domingo 9 amaneció frío y la artillería nazi empezó a disparar sobre Leningrado a las nueve de la mañana, tal y como hacía siempre, pero aquel día era diferente: por la tarde se iba a estrenar por fin la *Sinfonía n.º 7* de Shostakóvich en la Gran Sala de la Filarmónica. Toda la ciudad esperaba aquel concierto como un resplandor de luz en medio de la oscuridad.

Para mantener a raya el fuego alemán durante la actuación, se organizó una feroz contraofensiva, pues los rusos eran conscientes del impacto que aquella música podría tener en el resto del mundo. Por eso la bautizaron como la «artillería sinfónica».

A primera hora de la tarde, la multitud empezó a dirigirse a la plaza de las Artes. Desde soldados que acudían a pie desde el frente hasta un grupo de mujeres de la fábrica Sverdlovsk. Una trabajadora del departamento de propaganda del partido, a la que apodaban Dolores Ibárruri, por la líder comunista española, instó a las obreras a ponerse guapas. «Dijo que no estaría de más que nos adecentáramos un poco la ropa y el peinado. Eso hicimos, pero nos miramos unas a otras después y, realmente, éramos una procesión patética», comentó una de ellas.

Al llegar allí había tanta gente buscando asiento que apenas cabía un alfiler. El cielo estaba de un color azul brillante y todos consideraban un milagro haber sobrevivido 335 días a aquel asedio infernal. Como las lámparas de araña del interior llevaban meses apagadas, al igual que el resto del alumbrado público, los asistentes tuvieron que entrecerrar los ojos para no quedarse ciegos.

Cuando faltaba media hora para el comienzo, la artillería rusa comenzó la ofensiva. Así recordaba la operación uno de sus mandos: «Atacamos sin compasión los puntos de donde sabíamos que provenían los proyectiles nazis, desde las baterías hasta los puestos de observación, pasando por los centros de comunicación. Después apuntamos a su cuartel general y los mantuvimos bajo un fuego incesante durante dos horas y treinta minutos. ¿El resultado? En las calles de Leningrado no cayó una sola bomba durante el concierto. La tormenta de granizo abarcó todo el frente y garantizamos la interpretación de la *Sinfonía n.º 7*». El acierto fue pleno, porque la plaza del auditorio se encontraba abarrotada y, de haber caído alguna bomba, habría sido una escabechina.

No cabía ni un alfiler

Dentro del auditorio tuvieron que retirar los asientos de la última planta para hacer sitio al público, que se apretujaba de pie en todas las esquinas. Como rememoraba el trombonista Mijaíl Parfiónov: «Nos quedamos asombrados de la cantidad de gente que acudió. La mayoría estaban famélicos y descarnados, pero nos dimos cuenta de que aquellas personas no solo estaban hambrientas de comida, sino también de música, así que nos propusimos tocar lo mejor que podíamos».

Matus se sentía «extrañamente feliz» mientras esperaba entre bambalinas con su oboe: «Las mujeres se habían puesto sus mejores vestidos, pero parecía que estaban colgados de perchas por lo delgadas que estaban».

El programa de mano citaba el artículo que Alexéi Tolstói había publicado sobre la obra en el diario *Pravda*, que decía: «La sinfonía sale de la conciencia del pueblo ruso, que entró sin vacilar en la batalla contra las fuerzas de la oscuridad. Leningrado se convirtió en arte para el mundo entero, un arte que puede comprenderse en todas las latitudes y meridianos del mundo, porque cuenta la verdad sobre el ser humano en unos años de grandes sufrimientos».

También había una dedicatoria del mismo Shostakóvich: «A nuestra lucha contra el fascismo, a nuestra inminente victoria sobre el enemigo, a la ciudad donde nací». Junto a los textos se mencionaba a los ochenta músicos que, supuestamente, saldrían al escenario, pero el historiador ruso Yevgueni Lynd, autor del libro *La Séptima*, descubrió después que 27 de ellos habían participado en los ensayos, pero no en el día del estreno: 25 habían muerto de inanición y los otros dos habían caído en el frente como soldados.

La actuación

Antes de que sonara la primera nota, todos los músicos se preguntaban si tendrían que salir de allí corriendo por los bombardeos y, sobre todo, si serían capaces de tocar la obra entera sin desmayarse. A las seis de la tarde, Eliasberg subió al podio con su frac, que parecía estar colgado de un esqueleto demacrado, y dio un pequeño discurso:

> La *Séptima* de Shostakóvich nos invoca a la fuerza en el combate y a la fe en la victoria. Su interpretación en la propia ciudad sitiada es el resultado del invencible espíritu patriótico de los vecinos de Leningrado. De su fuerza, de su fe en la victoria, de su voluntad de luchar hasta la última gota de sangre y de lograr la victoria. Escuchad, camaradas.

No hizo ninguna mención a Stalin ni al partido comunista antes de que comenzara la sinfonía tras unos segundos de silencio para coger aliento. El sonido de la orquesta llegaba al exterior del edificio, donde se agolpaban los miles de personas que no habían podido acceder. Para que así fuera, dejaron las puertas abiertas y en los ojos de todos comenzaron a brotar las lágrimas que no habían podido derramar cuando enterraban a sus familiares o abandonaban los cuerpos en la calle.

En el frente, los soldados soviéticos escuchaban la retransmisión por unos altavoces mientras los movimientos de la obra se iban intensificando en un *crescendo*. «Todos los de mi unidad cerraron los ojos para oírla. Daba la impresión de que, por encima de nosotros, el cielo despejado se había convertido en una tormenta repleta de música», explicó un artillero.

Uno de los asistentes al auditorio describió así el momento: «Hacía que se te partiera el corazón. Una vez más, volvían a cobrar vida las imágenes del comienzo de la guerra. Los rostros de los músicos eran irreconocibles, con aquellos pómulos prominentes y la piel apergaminada. ¿De dónde sacaban las fuerzas? ¿De una ración adicional de sopa de levadura?».

El técnico de sonido de la radio sentía que aquel momento era histórico: «Nunca he vuelto a experimentar la misma impresión incomparable que me dejó aquel concierto interpretado por personas famélicas que eran mis compañeros de trabajo, los mismos con los que había montado guardia durante los anteriores ataques de la artillería enemiga y de los bombardeos que engullían nuestra querida ciudad».

Tal vez no sonara tan grandiosa como en Moscú, París o

Nueva York, con sus orquestas bien alimentadas y con sus músicos vivos, pero todos coincidieron en que aquel estreno tenía algo de auténtico, algo que aunaba el vendaval del combate alrededor de la ciudad y la tempestad provocada por la famosa sinfonía. La poetisa ucraniana Vera Ínber, desde su asiento, pensó: «Los músicos y el director estaban emocionados. Mientras escuchaba, me di cuenta de que la música hablaba justamente de Leningrado. El estruendo de los carros de combate alemanes acercándose estaba en aquellas notas».

El trombonista, que escuchó unos segundos de silencio tras la última nota, apuntó: «Cuando se acercaba el final, la música sonaba tan fuerte y potente que estuve a punto de desmayarme después de darlo todo».

A continuación rompieron unos aplausos en el fondo y la ovación fue creciendo hasta hacerse atronadora. El recuerdo de Eliasberg sobre ese momento se le quedó grabado para el resto de su vida:

> La gente sencillamente estaba de pie, llorando sin parar. Sabían que aquello no era un episodio pasajero, sino el comienzo de algo. Lo habíamos oído en la música. El auditorio, la gente en sus casas, los soldados en el frente y la ciudad entera se habían reconciliado con su humanidad. En aquel momento triunfamos sobre la desalmada máquina de guerra nazi.

Por la megafonía pidieron que, en cuanto terminaran los aplausos, todo el mundo se marchara rápido a su casa, pues los alemanes habían empezado a bombardear de nuevo. Sin embargo, la gente no hizo caso y se quedó allí, de pie, durante un largo rato, sin poder moverse. Como si quisieran que el concierto no acabase o volviera a empezar.

El fin del cerco

El asedio se rompió cinco meses después del concierto, cuando las tropas de Hitler empezaron a desangrarse en Stalingrado. En ese momento, las guarniciones de Leningrado tuvieron la fuerza suficiente como para enfrentarse, por fin, al invasor. El comandante Leonid Govórov comparaba a sus hombres con los músicos de la *Séptima*. «Todos los soldados de nuestra "orquesta de artillería" se sabían de memoria la melodía de Shostakóvich», declaró a mediados de enero de 1943.

A mediados de la década de 1970, muy poco antes de fallecer casi olvidado, al director Karl Eliasberg le abordó un grupo de turistas alemanes en Leningrado. Se extrañó mucho, pues jamás le habían reconocido por la calle. La sorpresa fue aún mayor cuando le confesaron que habían viajado hasta allí únicamente para verle a él.

Todos ellos habían formado parte del ejército nazi que había asediado Leningrado. Le comentaron que aquel día pudieron interceptar las señales radiofónicas y escuchar la retransmisión de la *Sinfonía n.º 7*. Y, por último, le confesaron: «Tuvo un efecto lento pero poderoso sobre nosotros. Comenzamos a darnos cuenta de que nunca tomaríamos aquella ciudad. Y sucedió algo más, percibimos que allí había algo más fuerte que el hambre, el miedo y la muerte: la voluntad de seguir siendo humanos».

Una imagen de archivo sin fecha muestra a la heroína de la Unión Soviética Mariya Dolina posando para una foto junto a su avión. Las aviadoras rusas causaron estragos entre las tropas alemanas tanto física como psicológicamente (AFP / *ABC*).

El 6 de septiembre de 1939, pocos días después del comienzo de la Segunda Guerra Mundial, los mitificados carros de combate alemanes cruzan un río en dirección al territorio polaco (AFP / *ABC*).

Bombardeo de la línea de abastecimiento alemana. Un Douglas A-20 Havoc de la Novena Fuerza Aérea regresa a su base después de lanzar sus bombas a poca altitud sobre la línea de abastecimiento enemiga en una fecha sin determinar (Pando / *ABC*).

París (Francia), 1940. Las tropas alemanas desfilan victoriosas por París. Al fondo, el Arco de Triunfo (*ABC*).

París, 22 de junio de 1940. Entrada de las tropas alemanas en París. Bandera alemana sobre el Arco de Triunfo en la plaza Charles de Gaulle, antiguamente denominada plaza de la Estrella, fotografiada por el fotógrafo de Hitler, Hoffmann (Hoffmann / *ABC*).

Los voluntarios españoles de la División Azul abriendo fuego con una ametralladora pesada contra las posiciones enemigas en Rusia, durante 1941 (Transocean / *ABC*).

El mariscal Rommel revisa personalmente la primera línea defensiva de sus tropas en el sector de El Alamein, en 1942 (Transocean / *ABC*).

El teniente coronel Lyle Bernard, distinguido durante los desembarcos en Italia, habla con el general George S. Patton, jefe del Séptimo Ejército de Estados Unidos (Pando / *ABC*).

Un tanque británico armado con un cañón de 17 libras sale de sus posiciones para entrar en acción en el frente francés, en 1944 (*ABC*).

El mariscal Montgomery, que según los médicos pudo haber padecido Asperger, junto al almirante sir Bertram Ramsay poco antes de la llamada «batalla por los puentes» (*ABC*).

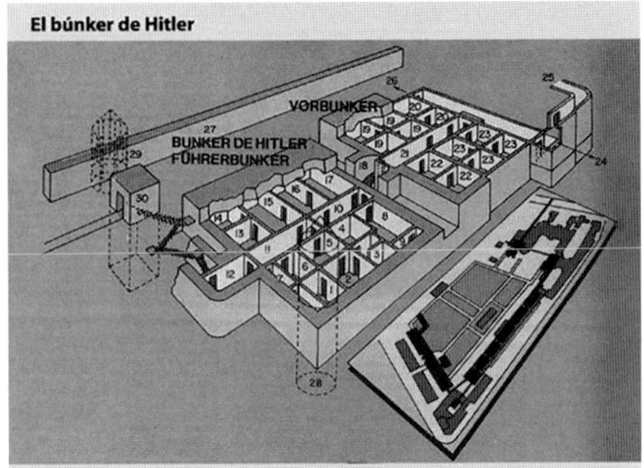

FÜHRERBUNKER
1-Habitación de Hitler
2-Salón privado de Hitler
3-Baño y vestidor
4-Habitación y salón de Eva Braun
5-Despacho de Hitler
6-Sala de conferencias
7-Cuarto de basuras
8-Servicios
9-Cuarto del cuadro eléctrico
10-Pasillo
11-Sala de reuniones
12-Cuerpo de la Guardia personal de Hitler
13-Habitación de Goebbels
16-Centralita telefónica y despacho de Bormann
17-Generador y planta de ventilación
18-Escaleras de comunicación con el «Vorbunker»

VORBUNKER
19-Habitaciones de la familia Goebbels
20-Cuartos del servicio
21-Pasillo y cantina
22-Despensa, cámaras frigoríficas y bodega
23-Cocinas

EXTERIOR
24-Entrada desde la nueva Cancillería
25-Pasillo de conexión con el Ministerio de Asuntos Exteriores y el Ministerio de Propaganda
26-Salida al jardín del Ministerio de Asuntos Exteriores
27-Muro de la Cancillería
28-Torre de observación y ventilación
29-Torre de ventilación (no llegó a construirse)
30-Saluda de emergencia a los jardines de la Cancillería

ABC

Gráfico clásico que muestra el Führerbunker. El último refugio de Hitler contaba con unas 30 habitaciones y estaba protegido por una espesa capa de hormigón de entre 2,2 y 4 metros de grosor (*ABC*).

DIARIO ILUSTRADO DE INFORMACION GENERAL. 25 CENTIMOS

ABC

DIARIO ILUSTRADO DE INFORMACION GENERAL. 25 CENTIMOS

FUNDADO EN 1905 POR D. TORCUATO LUCA DE TENA

DESDE LAS LANCHAS DE DESEMBARCO A LA PLAYA

Con todo su equipo y casi cubiertos por el agua, los soldados de las tropas aliadas salvan los últimos metros que les separan del lugar asignado para su desembarco. (Foto Calpe.)

Una de las primeras portadas de *ABC* narrando el desembarco de Normandía (*ABC*).

Un soldado norteamericano da el biberón a un bebé en algún lugar de Normandía, después del desembarco (*ABC*).

Tanques Tiger alemanes preparados para entrar en combate en 1944, durante los estertores del Reich. Este tipo de carros de combate se convirtieron en la pesadilla de los aliados a pesar de sus problemas mecánicos (*ABC*).

Miembros de la tripulación del USS Joyce observando el hundimiento del submarino alemán U-550, en aguas del Atlántico, el 16 de abril de 1944 (*ABC*).

DIARIO ILUSTRADO. AÑO VIGESIMOCTAVO
10 CTS. NUMERO

ABC

DIARIO ILUSTRADO. AÑO VIGESIMOCTAVO
10 CTS. NUMERO

MUSSOLINI, MOTORISTA

EL «DUCE» Y LOS DEPORTES

Portada de *ABC* del 12 de marzo de 1932, con una imagen de Mussolini montando en moto. Hitler aún no había llegado al poder (*ABC*).

ESPAÑA

1922

SEMANARIO DE LA VIDA NACIONAL

EL FASCISMO ESPAÑOL

Portada del semanario *España* del 4 de noviembre de 1922, en la que puede leerse el editorial titulado «El fascismo español», un mes después de la instauración del fascismo en Italia con Mussolini (Biblioteca Nacional de España).

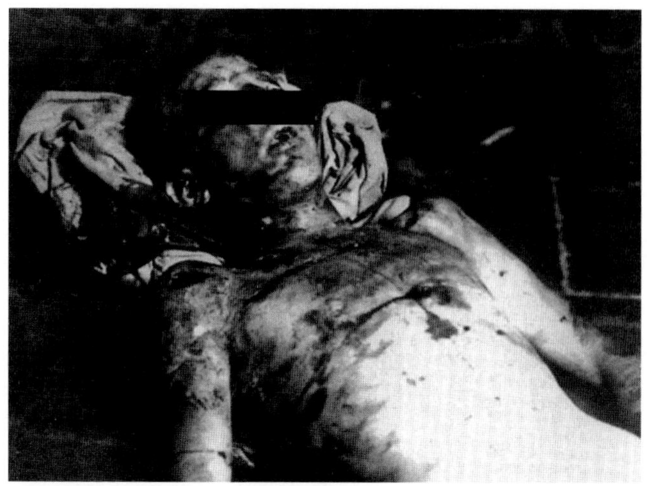

El cadáver de Anteo Zamboni, tras intentar asesinar a Mussolini de un disparo el 31 de octubre de 1926. Una horda de fascistas linchó al joven de quince años. Su cuerpo presentaba catorce puñaladas, un balazo y signos de estrangulamiento (Archivo Ando Gilardi).

El Yamato en una de sus primeras pruebas en alta mar, en 1941, después de haber sido construido en secreto en los años previos a la Segunda Guerra Mundial (dominio público [Wikipedia]).

Los defensores polacos de la Oficina de Correos de Gdansk caminan con los brazos en alto después de ser capturados por las tropas alemanas durante la invasión de Polonia, en septiembre de 1939 (Archivo Nacional Digital de Polonia).

Republicanos camino del exilio por la carretera de Le Perthus, en la frontera de Francia, en dirección a uno de los campos de concentración galos tras la guerra civil española (*ABC*).

El Shinano no llegó siquiera a entrar en acción, porque lo hundió un submarino de Estados Unidos durante su traslado al puerto de Kure el 29 de noviembre de 1944, solo diez días después de entrar en servicio (Collection of Kure Maritime History Science Museum / dominio público [Wikipedia]).

Un Douglas DC-3 de BOAC en Gibraltar, recortado por reflectores en el Peñón, mientras se prepara para un vuelo al Reino Unido durante la guerra (colección del Imperial War Museum [Wikipedia]).

Un matrimonio arrastra un cadáver por la avenida Nevski durante el asedio de Leningrado (Borís Kudoiarov [Wikipedia]).

Rudolf Hess (derecha) y Hermann Göring, en el momento en que escucharon el veredicto del tribunal en los juicios de Núremberg en 1946 (Associated Press / *ABC*).

Momento en el que Hitler y Ante Pavelic se conocieron, el 9 de junio de 1941, en el Berghof, la residencia del Führer en Baviera (United States Holocaust Memorial Museum [dominio público, Wikipedia]).

Dmitri Shostakóvich, autor de la *Sinfonía nº 7*, en 1955 (*ABC*).

Vicente Giner en su residencia de San Juan en 2018, que vio cómo su padre ayudó a escapar a España a miles de judíos durante la ocupación de Francia por parte de los nazis (Juan Carlos Soler / *ABC*).

Cartel de *Kolberg*, la película rodada por los nazis durante la guerra.

Los hermanos Lizarraga, Víctor y Miguel Ángel, supervivientes de la matanza de españoles en Manila en 1945 (*ABC*).

El centro de Manila, devastado a causa de la batalla de febrero de 1945 (Victor Jorgensen / *ABC*).

Elena Lizarraga y su hijo Tirso, en Manila, poco antes de la masacre (*ABC*).

El avión de Degrelle, tras estrellarse en La Concha, San Sebastián, el 8 de mayo de 1945 (Vicente Martín Zugasti / *ABC*).

De izquierda a derecha, los cadáveres de Nicola Bombacci, Benito Mussolini, su amante Claretta Petacci, Alessandro Pavolini y Achille Starace exhibidos en la plaza de Loreto de Milán en 1945 (*ABC*).

Orden 227: la cruel norma de Stalin de asesinar a sus propias tropas si se retiraban

MANUEL P. VILLATORO

Afueras de Stalingrado, 1942. En una pequeña trinchera, un grupo de no más de cincuenta reclutas del Ejército Rojo cargan sus fusiles Mosin Nagant en espera del comienzo de la batalla. De repente, las balas silban cerca de sus oídos y se percatan de que los alemanes llegan a cientos. No importa, deben defender a la Madre Rusia. Así pues, cada uno levanta el arma y dispara tantas veces como puede a las siluetas ataviadas con la esvástica. Aunque muchas de ellas caen entre quejidos, la fuerza de los alemanes es demasiada y, en pocos minutos, los soldados soviéticos empiezan a caer bajo el plomo enemigo.

En el desconcierto, se oye un grito: «¡Es imposible; corred, camaradas!». Guiados por esa voz, los soldados se dan la vuelta e inician una rápida carrera para salvar la vida. Es en ese momento cuando otra voz, esta vez la de un comisario, se alza por encima del ruido: «¡Ni un solo paso atrás, Stalin lo ordena. No hay retirada!». Pero nadie le escucha, pues la desbandada es total. Acto seguido, el oficial hace una señal al soldado que, a su lado, maneja una ametralladora pesada y le ordena disparar... sobre sus propios compañeros. Atrapados entre el fuego nazi y el amigo, los reclutas que aún vivían caen al suelo muertos.

A pesar de que lo explicado en las líneas anteriores parece la escena de una película, lo cierto es que es una situación que se vivió en no pocas ocasiones por culpa de la Orden 227. Esta fue una normativa dictada por Iósif Stalin en la que se establecía que a todo aquel soldado soviético que se retirase sin el permiso expreso del alto mando le dispararían sus camaradas oficiales sin juicio previo. La máxima era sencilla: había que luchar hasta la muerte para que la Madre Rusia sobreviviese a la invasión fascista costase los hombres que costase. Por ello, a todo el que huía se le consideraba un cobarde y un traidor.

Amargas causas

La orden llegó en 1942, un momento de desesperación para un Stalin que se veía superado en todos los frentes. Los soldados escaseaban, los alemanes se hallaban a las puertas de la ciudad que llevaba su nombre y no parecía haber forma de detener a la apisonadora rusa. Fue entonces cuando movió ficha y nació la 227. La razón era sencilla: si sus hombres seguían retirándose, dejarían en manos de los nazis urbes de gran importancia para el ánimo nacional. A su vez, abrirían a Hitler las puertas a las fábricas de armas soviéticas que se habían trasladado «tornillo a tornillo», como explicaron posteriormente los rusos, hacia el este. Medidas desesperadas para momentos desesperados, se podría decir.

Conocida como la Orden n.º 227 del Comisario del Pueblo para la Defensa de la URSS, y fechada el 28 de julio de 1942, esta normativa comenzaba con una explicación del mismísimo Stalin de la penosa situación que vivía su país en aquellos aciagos momentos:

> El enemigo envía cada día más efectivos al frente y, sin consideración alguna hacia las bajas, avanza hacia el interior de la

> Unión Soviética apoderándose de nuevos territorios, devastando y saqueando nuestros pueblos y ciudades, y violando, asesinando y robando al pueblo soviético. El invasor alemán se dirige a Stalingrado [...] y está dispuesto a pagar el precio que sea preciso por hacerse con Kubán y el Cáucaso Norte, por su abundancia de petróleo y trigo.

En las siguientes líneas, Stalin afirmaba que conocía de primera mano que la población soviética se sentía «absolutamente defraudada» al ver que unas tropas que, en principio, infundían honor y respeto habían optado por huir hacia lugares más poblados de forma cobarde. «Muchos son los que maldicen al Ejército Rojo por retirarse al este y abandonar a nuestro pueblo bajo el yugo alemán», explicaba el líder. Para él, suponía una conducta intolerable que no podía permitirse, ya que, tras de sí, los militares abandonaban «padres, madres, esposas, hermanos e hijos». Una afirmación curiosa para alguien que, a la postre, obligaría a miles de ciudadanos a quedarse en Stalingrado contra su voluntad para morir ante el yugo alemán. Las siguientes líneas dejaban claro que llegaba un cambio de paradigma:

> Algunos se consuelan con la idea de que podemos seguir retirándonos hacia el este, pues disponemos de amplios territorios, extensas porciones de tierra, población numerosa y trigo en abundancia. Con estos argumentos tratan de justificar su vergonzante conducta y su retirada [...]. El territorio de la URSS ocupado por los fascistas y los territorios que estos planean capturar son el pan y los recursos de nuestro ejército y nuestros civiles, el petróleo y el acero de nuestra industria, las fábricas que suministran armas y munición a nuestras tropas, nuestros ferrocarriles... [...]. Cada porción de territorio que entregamos a los fascistas los fortalece a ellos y debilita nuestras defensas y nuestra patria.

Por todo ello, el líder supremo de la URSS argüía que era de gran importancia erradicar aquellas voces que hablaban de retirada y llevaban a los soldados a querer «traicionar» a su patria huyendo del frente de batalla: «¡Ni un paso atrás! De hoy en adelante, esta será nuestra divisa. Debemos proteger con tenacidad hasta el último bastión, hasta el último metro de suelo soviético, protegerlo hasta la última gota de sangre». Posteriormente, señalaba también que era de suma importancia saber que en cualquier situación, aunque fuera desfavorable, se podía vencer al enemigo, pues los alemanes no eran «tan fuertes como aseguraban las voces de los derrotistas».

A su vez, el líder destacaba que la URSS no podía seguir tolerando el hecho de que hubiera militares dispuestos a permitir que un solo centímetro de tierra soviética cayera en manos de Hitler, por lo que todo aquel que se retirase sería «exterminado en el acto». Esta orden era, por supuesto, extensible a los altos mandos. «De hoy en adelante, la férrea ley disciplinaria de todo oficial, soldado y comisario será: ni un solo paso atrás sin orden del alto mando. Todo comandante de compañía, batallón, regimiento o división, así como todo comisario político que se retire sin órdenes, será considerado como un traidor a la patria, y como tal será tratado», añadía el líder en el texto.

No obstante, lo más preocupante de la Orden 227 no era la verborrea previa de Stalin, sino las represalias que implicaba el ser considerado un «traidor a la patria». Estas variaban dependiendo del escalafón militar en el que se hallara el susodicho cobarde, pero lo cierto es que eran crueles en todos los casos. Los que salían mejor parados con esta normativa eran los gerifaltes. Y es que el texto establecía que los comandantes del frente debían «arrestar sin excepciones a aquellos oficiales que promuevan la retirada sin autorización del alto mando, y enviarlos a la Stavka («comandancia») para su comparecencia ante un consejo de guerra».

Aunque enviar a los oficiales a vérselas con los burócratas de Moscú podía acabar en una condena a muerte, al menos estos mandos tenían una posibilidad de sobrevivir. No sucedía lo mismo con los soldados, que recibirían un trato mucho menos favorable si abandonaban su posición: «Se ordena a los sóviets militares del ejército y a los comandantes de ejército formar de tres a cinco unidades de guardias bien armados, desplegarlas en la retaguardia de las divisiones poco fiables y darles orden de ejecutar a derrotistas y cobardes en caso de retirada desordenada, para que así nuestros fieles tengan la oportunidad de cumplir con su deber ante la patria».

A su vez, se instaba a los oficiales y comisarios a que ayudaran a estas unidades en sus funciones. Es decir, que sacaran su pistola de la funda y se liaran a balazos con todo aquel que corriera por su vida.

Batallones penales

Con todo, morir no era el peor castigo que podía recaer sobre un soldado. Si un militar cometía un acto de cobardía en el frente, la Orden 227 también establecía que podía ser enviado a los temibles batallones penales. Estos grupos estaban formados por todos los que, considerados como traidores a la patria, no habían fallecido en el frente de batalla y habían conseguido regresar a casa. Su característica principal era que siempre se los situaba en primera línea de batalla y en los lugares más peligrosos para que redimieran sus pecados. Una vez más, esta medida era aplicable tanto a los militares rasos como a los oficiales.

Con todo, en la supuesta cobardía también existían clases. Así, se crearon batallones específicos para comandantes y comisarios políticos, y unidades concretas para suboficiales y soldados. En cualquier caso, todos tenían los mismos objetivos: «Estos batallones deben situarse en las secciones más peligrosas del frente para que sus soldados tengan la oportunidad de redimir con sangre los crímenes cometidos contra la patria», señalaba el texto. Curiosamente, estos grupos estaban basados en unos similares creados meses antes por los alemanes, algo que encandiló a Stalin, quien consideró que gracias a ellos los nazis estaban ganando la guerra.

El misterio de Attu y Kiska: la invasión más extraña e inexplicable de la guerra

ISRAEL VIANA

Attu y Kiska son dos islas diminutas situadas en el extremo occidental del archipiélago volcánico de las Aleutianas, al sudoeste de Alaska. En 1942 la primera estaba habitada por medio centenar de personas y tenía 56 kilómetros de largo y 32 de ancho. La segunda, con 35 y 10, respectivamente, solo la vigilaban doce soldados. Ninguna tenía importancia estratégica, pues eran prácticamente inaccesibles y se encontraban muy alejadas de las rutas marítimas importantes. Además, el clima de ambas era impredecible, con tormentas, niebla y fuertes rachas de viento de hasta ciento sesenta kilómetros por hora durante todo el año.

¿Quién querría invadir un territorio así? ¿Qué razones podría tener un país para querer poseer aquellos dos terruños olvidados, pertenecientes a Estados Unidos desde 1867, y perdidos entre el mar de Bering y el océano Pacífico? La respuesta ha sido objeto de un amplio debate entre los historiadores desde que a Japón le dio por conquistarlos el 2 de junio de 1942. La decisión dejó estupefactos y desconcertados a los aliados en medio de la guerra. ¿Tenían valor estratégico y se les había escapado? ¿Ocultaban algún tesoro? ¿Era una simple maniobra de distracción en medio del ataque principal contra las islas Midway?

Al autorizar esta última operación, el famoso almirante Isoroku Yamamoto quería hundir los portaaviones estadounidenses que se habían salvado del ataque contra Pearl Harbor seis meses antes. Creía que solo así podría cimentar su superioridad naval en el océano Pacífico y ganar tiempo para consolidar las otras conquistas que tenía en marcha. Para llevarla a cabo, utilizaron cuatro grupos de combate que navegaron por separado hacia el objetivo, formados por cinco portaaviones, ocho cruceros pesados, ocho destructores y cinco acorazados, incluido el gigantesco y famoso Yamato, del que les hemos hablado ya en otro capítulo.

Hasta ahí todo era razonable. Lo que resultó extraño y muy cuestionable fue la decisión de los japoneses de enviar una quinta flotilla para invadir aquellas dos islas insignificantes. «La ocupación de Attu y Kiska ha sido descrita a menudo como un ataque para distraer la atención de la ofensiva sobre Midway, pero formaba parte del intento de Japón por conquistar y mantener un perímetro defensivo de su imperio en el Pacífico. Al margen del valor de poseer unos pocos puestos avanzados aislados en las Aleutianas, puede afirmarse también que aquella campaña podría haberse pospuesto hasta la conclusión de la operación Midway, pero no lo consideraron necesario», explica el historiador Craig L: Symonds.

La conquista japonesa

A principios de junio de 1942, las fuerzas niponas desembarcaron en las islas de Kiska y Attu con dos mil seiscientos hombres y establecieron una pista de aterrizaje para facilitar su aprovisionamiento. Inicialmente, la única presencia militar de Estados Unidos en la primera era una estación meteorológica ocupada por doce soldados y un perro llamado Explosión. Los japoneses no tenían nada que temer. Cuando irrumpieron en las instalaciones el día 6, mataron a dos de ellos y capturaron a otros siete. De los tres restantes, dos no se encontraban presentes y el tercero, el suboficial en jefe William C. House, logró huir.

Salieron de inmediato en su búsqueda, pero el clima los hizo retroceder a las pocas horas. Estaban convencidos de que no aguantaría vivo mucho tiempo, pues no podía salir de la isla a pie y no tenía forma de comunicarse. Dos meses después, sin embargo, el suboficial apareció medio muerto de hambre y frío, y se rindió. Su peso se había reducido hasta los 36 kilos por haberse alimentado únicamente a base de plantas y gusanos. Era la primera vez que una potencia extranjera ocupaba Estados Unidos desde la guerra contra Gran Bretaña en 1812.

Al día siguiente de su entrada en Kiska, los japoneses desembarcaron en Attu y la ocuparon sin oposición. Capturaron a toda la población, un total de 45 aborígenes y dos estadounidenses blancos que no habían empuñado un arma en su vida. Al primero, Charles Foster Jones, un reportero meteorológico, terminaron asesinándolo cuando se negó a arreglar la radio para que la usaran los nipones; mientras que el segundo, su esposa Etta, era una maestra y enfermera de New Jersey. Trasladaron a los supervivientes a un campo de prisioneros cerca de la ciudad de Otaru, en Japón, de los cuales dieciséis murieron durante el cautiverio.

Aunque los norteamericanos intentaron repeler la conquista bombardeando las islas por mar y aire, el mal tiempo lo impidió. Lo que parecía un éxito para Japón, sin embargo, era en realidad un fracaso. Los dos mil seiscientos soldados destinados a aquellos desamparados puestos estuvieron tan aislados durante un año que era como estar en un campo de concentración enemigo. Si de verdad hubieran sido prisioneros, habrían contribuido más al desgaste de los estadounidenses, pues habrían tenido que hacerse cargo de su manutención. De esta forma solo eran una carga adicional para las mermadas capacidades de transporte niponas.

Durante todo ese tiempo, sin embargo, no estuvieron con

los brazos cruzados. Cavaron túneles, plantaron jardines y construyeron una base aérea y numerosos búnkeres para las ametralladoras con las que debían defenderse de la probable venganza de los estadounidenses. Para sus previsiones, lo cierto es que esta se retrasó bastante, como si el enemigo tuviera cosas más importantes en las que pensar. Simplemente se dedicaron a observar desde sus puestos más cercanos: uno en la isla de Adak y otro en la de Unalaska, a setecientos y mil trescientos kilómetros respectivamente. ¿Y si lo que querían era conquistar Alaska desde allí?

Cortar el suministro

Durante meses, los estadounidenses optaron por enviar varios submarinos y una fuerza de superficie de dos cruceros y cuatro destructores a las órdenes de Charles H. McMorris. El objetivo del contraalmirante, conocido con el apodo de Sócrates por su brillante expediente, era cortar el paso a todos los convoyes japoneses que intentaran llegar a Attu y Kiska con provisiones.

El ataque más importante de este tipo se produjo el 26 de marzo de 1943. Tras ser informado de la presencia de dos grandes buques de transporte, dos cruceros ligeros y un destructor en las inmediaciones de las islas Komandorski, al oeste de Attu, McMorris puso rumbo hacia ellos. Al acercarse se percataron de que los primeros eran, en realidad, dos cruceros pesados, lo que los dejaba en inferioridad. El contraalmirante ordenó huir de aquella encerrona cuanto antes.

El vicealmirante japonés al mando de las fuerzas enemigas, Bushirō Hosogaya, emprendió su persecución y comenzó un intenso bombardeo que duró cuatro horas. El crucero Salt Lake City de McMorris fue alcanzado varias veces y sus motores colapsaron. Parecía que le había llegado la hora, porque estaba quieto y escorado a merced del enemigo. El contraalmirante, sin embargo, consiguió salir de aquella difícil situación ordenando a sus destructores que crearan una densa cortina de humo que le hiciera invisible a los ojos del enemigo.

Los estadounidenses contaron aquella batalla como una victoria, ya que el convoy de suministros no llegó a su destino. McMorris, de hecho, fue condecorado, y Hosogaya, destituido, pero los norteamericanos llegaron a la conclusión de que no podían perder más tiempo con aquellos encontronazos de desgaste en los que no conseguían nada. Attu y Kiska habían dejado de tener valor para los inquilinos al confirmar que cualquier avance sobre Alaska era imposible por la climatología, pero recuperarlas se convirtió en una cuestión de honor para la Casa Blanca. No podía esperar a que Japón las abandonara.

Aprovechando que ya solo mantenía una guarnición de quinientos hombres en Attu, empezaron a elaborar los planes para invadir esta isla en primer lugar. Se realizaron numerosos ensayos para garantizar el éxito del desembarco. La fecha de la operación quedó fijada para el 7 de mayo de 1943, pero hubo una serie de retrasos por las deficiencias en el equipo y, una vez más, por los problemas climatológicos. Al final se llevó a cabo cuatro días después con una gran flota en la que destacaba la presencia de un portaaviones y tres acorazados.

Con la lluvia, el barro y la niebla como aliados, los nipones ofrecieron una resistencia encarnizada que obligó a los estadounidenses a desembarcar doce mil quinientos hombres. A diferencia de Japón, al que le costó un día conquistar la isla, su enemigo necesitó veinte. Finalmente, aquel pedazo de tierra se recuperó el 27 de mayo, después de un ataque suicida por parte de los japoneses supervivientes que no sirvió para nada.

La batalla de los «pips»

A continuación, planearon el asalto de Kiska. Para no cometer los mismos errores, lo aplazaron hasta mediados de agosto. Querían someter la isla a través de un intenso bombardeo naval con acorazados, cruceros y destructores que acabaran con el campo de aviación y las instalaciones portuarias japonesas. El 27 de julio, sin embargo, se produjo el que se ha calificado como uno de los sucesos más extraños y misteriosos de la Segunda Guerra Mundial.

La mayor parte de los radares de los barcos estadounidenses que había en esas aguas empezaron a hacer señales desconocidas, como si una formación de buques japoneses estuviera acercándose. Al recibirlas, dieron la orden de abrir fuego contra la supuesta flota imperial. Durante media hora, dos acorazados y cuatro cruceros de la U.S. Navy lanzaron 518 proyectiles de 360 mm que fueron apagando uno tras otro los «pips» de los radares, por lo que dedujeron que habían hundido los barcos enemigos.

Varias patrulleras se digirieron después al lugar donde tenían que aparecer los restos de la Armada Imperial japonesa y no encontraron absolutamente nada en doscientas millas a la redonda. Brian Garfield, novelista y escritor, investigó después la bautizada como «batalla de los pips», ayudado por los modernos capitanes de las embarcaciones pesqueras aleutianas, y comprobó que en aquellas fechas ningún barco japonés surcó esas aguas. Hasta el día de hoy, jamás se ha podido aclarar la naturaleza de la flota fantasma.

Una de las teorías defiende que las señales procedían de un banco de pardelas sombrías o pardelas de Tasmania, dos especies de aves migratorias que todos los años pasan por las Aleutianas durante el mes de julio. Otra asegura que hay que atribuirlo a la inexperiencia de las tripulaciones en el manejo del entonces innovador radar, pero ambas hipótesis parecen improbables.

El enigma se complicó cuando las tropas norteamericanas desembarcaron en Kiska y se sorprendieron de que los japoneses no abrieran fuego contra ellos pese a estar invadiéndolos. Temerosos de que se tratase de una trampa, no se atrevieron a avanzar, pero, ante la ausencia de fuego antiaéreo, cuatro aviones P-40 tuvieron el valor de aterrizar en el aeródromo japonés. Al salir de sus aparatos, los aviadores comprobaron que, efectivamente, no había absolutamente nadie.

¿Qué había ocurrido? Más adelante se supo que, el 28 de julio, los mandos nipones habían ordenado que, aprovechando que la flota norteamericana se había retirado un instante para reabastecerse de combustible, varios barcos llegaran al puerto y embarcaran a toda la guarnición en medio de la espesa niebla. En tan solo media hora y sin hacer ruido, consiguieron sacar a los cinco mil cien soldados de la guarnición y todos sus equipos.

Se ponía punto final a la batalla de las Aleutianas, conocida como Operación Al, que en apariencia había sido un éxito. En realidad puede considerarse un fiasco en el que Estados Unidos hizo un ridículo tremendo. Pese a no tener enfrente a un solo enemigo, la invasión de Kiska se saldó con 313 bajas. Algunas de ellas fueron causadas por las explosiones de las minas terrestres y las trampas que había diseminadas, pero la mayoría se produjeron por el fuego amigo procedente de los cañones de la propia flota norteamericana.

Los secretos de los comandantes para superar el claustrofóbico confinamiento en los submarinos alemanes

Manuel P. Villatoro

Una buena parte de las películas, con la salvedad de la archiconocida *Das Boot*, no han conseguido llevar con éxito a la gran pantalla cómo era el día a día de la dotación de los submarinos alemanes, los mitificados U-Boote. ¿Cada cuánto tiempo se cambiaban de ropa?, ¿cuál era su menú diario? A veces, y si me permiten el juego de palabras inverso, una frase vale más que mil imágenes. Sirvan como ejemplo las conclusiones que Herbert A. Werner, oficial en cinco sumergibles germanos durante la guerra, escribió en su obra magna, *Ataúdes de acero*: «Llenaba el estrecho tambor de acero un hedor horrible, emanado de muchos cuerpos sudorosos, del combustible, de la grasa lubricante y de los rebosantes recipientes sanitarios».

Otro tanto ha pasado con el escaso espacio que los miembros de la dotación tenían para su disfrute. Poco se parecía a lo que nos ha mostrado Hollywood... El sumergible Tipo VII, el más popular de la Segunda Guerra Mundial, apenas contaba con un piso dividido en varias y minúsculas estancias, la mayor parte lo bastante angostas como para que los marineros se vieran obligados a caminar en fila india debido a las estrecheces. La palabra para definir aquel ambiente es «claustrofóbico». El espacio era tan escaso que, como explicó el mismo Werner en su libro, era habitual utilizar uno de los dos retretes de la nave como despensa y que los marineros se valieran del sistema de camas calientes, dormir en dos turnos en las literas, para ahorrar unos centímetros vitales.

Súmenle a todo ello la desesperación de permanecer durante semanas lejos de puerto, una parte de ese tiempo bajo las aguas, para terminar de redondear una suerte de enclaustramiento en el que, como bien señalaban los comandantes de la época, cualquier chispa podía provocar una tensa riña entre dos marineros. Desde «cómo hablaba y roncaba uno» hasta, en palabras de Werner, «cómo bebía su café y se acariciaba la barba el otro». Todo valía para sulfurar a aquel medio centenar de lobos de mar. ¿Cómo evitar la locura y superar la angustia de saberse en un cascarón en mitad del Atlántico? Los oficiales lo tenían claro: rutina, manejo de la psicología, compañerismo y recompensas especiales para evitar las revueltas.

Díganme si, después de haber pasado una cuarentena por la pandemia de coronavirus, no tenemos mucho que aprender de los marinos que, hace más de ocho décadas, dejaban a un lado sus diferencias. O díganselo al mismo Werner después de que escribiera las siguientes palabras tras un mes de misión:

> Los hombres, enjaulados en el tambor que no cesaba de sacudirse, tomaban el movimiento y la monotonía con estoicismo. Ocasionalmente alguien estallaba, pero los ánimos se mantenían bien altos. Todos éramos pacientes veteranos. Todo el mundo a bordo tenía aspecto similar, olía igual y adoptaba las mismas frases y maldiciones. Aprendimos a vivir juntos en un estrecho cilindro no más largo que dos vagones de ferrocarril.

Vida entre estrecheces

Tal y como afirma el historiador y periodista Jesús Hernández, la jornada en el interior de aquellos ataúdes de metal podía llegar a desesperar. «Pese al glamour que rodea a las tripulaciones de los U-Boote, su vida a bordo era todo menos glamurosa. El primer problema era la falta absoluta de espacio en los primeros días, ya que se aprovechaba hasta el último centímetro para estibar provisiones», desvela el que, en la actualidad, es uno de los mayores expertos de España sobre la contienda que sacudió Europa. El mismo Werner dejó claro en su obra lo que le costó aclimatarse a las estrecheces del primer submarino que pisó:

> Después de unos pocos pasos me desorienté completamente. Me golpeé la cabeza contra tuberías y conductos, contra manivelas e instrumentos, contra las bajas y redondas escotillas en los mamparos que separaban los compartimentos estancos. Fue como arrastrarse por el cuello de una botella. Lo más engorroso de todo era que el barco se mecía vigorosamente en el mar crecientemente agitado. A fin de conservar mi equilibrio tenía que buscar apoyo frecuentemente mientras me bamboleaba como un borracho sobre las planchas del piso. Aparentemente tendría que agachar la cabeza, caminar con suavidad y moverme junto con el barco, o no sobreviviría un día dentro de ese tubo.

Hasta el hueco más angosto se utilizaba para algo. No había espacio desaprovechado. «Los torpedos también ocupaban un espacio en el que, después de lanzados, se colocaban hamacas. Los turnos eran normalmente de cuatro horas, y los de los maquinistas, de seis. Había una litera para cada dos marineros, que se turnaban en ella según el principio de las "camas calientes"», explica el historiador. La escasez de agua tampoco ayudaba a que la higiene fuese habitual. De hecho, estaba prohibido introducir utensilios de afeitado para ahorrar el líquido elemento. Aunque, todo sea dicho, los marineros adoraban arribar a puerto luciendo una larga y frondosa barba que, en la práctica, demostraba cuánto tiempo llevaban en alta mar.

Y no era lo único. Había solo un retrete útil para la cincuentena de marineros que formaban la tripulación. Era frecuente que se embozasen, por lo que, cuando uno lo utilizaba, debía apuntar su nombre en una lista que había en la puerta para saber quién había sido el responsable. Entre las cosas más molestas se hallaba el hedor que se respiraba en aquel cascarón. Una suerte de cóctel formado por el tufo que expelían los cuerpos por la falta de duchas y un calor de hasta cincuenta grados, la peste constante a gasóleo y el olor a humedad. Los marineros intentaban esconder este problema con una colonia al limón conocida como Kolibri, encargada de eliminar el salitre, pero servía de poco.

A pesar de la tensión que suponía mantenerse enclaustrado, la disciplina y las normas eran básicas. Estaba prohibido colgar fotografías de chicas ligeras de ropa y no estaban bien vistos los libros subidos de tono. Eso no hacía más que aumentar una tensión en la que la comida tampoco ayudaba. La dieta, al principio de la misión, era variada. Se desayunaba café, huevos y pan con mantequilla y mermelada. Para el almuerzo y la cena se disponía de verdura, carne, patatas, salchichas o pescado. Pero conforme pasaban los días se acababan los productos frescos y el moho hacía su aparición y estropeaba los alimentos.

Problemas psicológicos

Aislados en mitad del océano y a veces bajo las aguas —pues los U-Boote, a pesar de lo que se ha divulgado, operaban de forma habitual en superficie—, podían sucederse episodios de ansiedad entre los tripulantes. Así lo confirma la psicóloga y psicoanalista Pilar Crespo Fessart: «Un periodo de confinamiento prolongado, de más de varias semanas, puede tener consecuencias variadas. De entrada, se trata de un doble encierro, ya que la tripulación está confinada en un espacio reducido, el submarino, que, a su vez, se halla inmerso en una inmensidad sin límites». La experta es partidaria de que «una temporada larga sin tener un contacto con el exterior puede dar lugar a fenómenos parciales de deprivación sensorial si llega a faltar la estimulación adecuada».

María Hurtado, psicóloga sanitaria en la clínica AGS Psicólogos Madrid, es de la misma opinión. «De buenas a primeras, el contexto y el entorno son dos factores fundamentales para abordar el tema. En este caso nos encontramos con medio centenar de personas que se hallan hacinadas y que deben manejar su gestión emocional». Tal y como desvela, lo más habitual al vivir en las tripas de estos gigantes de metal podía ser la aparición repentina de ansiedad y, a la larga, tendencias depresivas. «La depresión surge por verse en un aislamiento forzado del cual no pueden salir», añade. Fessart coincide: «Puede producirse una ansiedad generalizada que convierte casi todos los momentos del día en estados depresivos».

Al final, los primeros enemigos eran, sin duda, la ansiedad y el miedo a sentirse aislado. «Podían surgir episodios fóbicos, en su mayor parte claustrofóbicos dada la situación de encierro y la dificultad de poder pensar o representarse mentalmente escapatorias posibles. En este tipo de situaciones, en casos extremos, pueden aparecer funcionamientos mentales regresivos, pues el aparato psíquico del individuo se ve desbordado y no llega a poder contener y elaborar de manera adecuada todas las ansiedades que despierta la situación», señala Fessart.

Hurtado y Fessart apuntan además que, al no ver la luz en varios días, los marineros podrían sufrir alteraciones en los patrones de sueño y desajustes en los ritmos circadianos. «La ausencia de contacto prolongado con el exterior también puede dar lugar a una relativa desconexión con el mundo externo, pudiendo llegar a veces a una cierta pérdida del sentido de la realidad», explica la segunda. Para terminar, Fessart es partidaria de que, al hallarse sumergidos en las profundidades marinas, podía nacer en los soldados un extraño sentimiento de «insignificancia respecto a la naturaleza, representada por los abismos oceánicos».

Esta lista se completa con el nacimiento de las tensiones habituales entre personas. «Pueden aparecer ansiedades muy primitivas, de aniquilamiento y destrucción despertadas por las terribles vivencias de impotencia y no ver salida posible. A nivel grupal, pueden aparecer conflictos larvados que se manifiestan de manera mucho más cruda, sentimientos de rivalidad, de envidia y de odio que en circunstancias normales permanecen en un estado latente», explica Fessart. Todos estos problemas eran los que, a diario, debían acometer los comandantes de los U-Boote.

Secretos para superar el confinamiento

1. *La rutina, la clave de los marineros*

Werner incide una y otra vez en que, dentro de los U-Boote, era clave mantener una rutina determinada para evitar que los marineros se desquiciaran. El hecho de levantarse y saber que tenían que llevar a cabo varias tareas a lo largo de la jornada les permitía escapar de la claustrofobia y la ansiedad. En *Grey Wolves. The U-Boat War, 1939-1945*, el historiador Philip Kaplan confirma que, según los testimonios de los marineros supervivientes, tareas tan aburridas en apariencia como la vigilancia interna en la nave les provocaban «una sensación tranquilizadora» y evitaban que cayeran en «el tedio, la fatiga o el terror absoluto».

Así pues, las labores cotidianas se convertían en el mejor aliado de los marineros. Y estas eran muchas, según recoge en su obra Kaplan: monitorear instrumentos y medidores, escanear el horizonte en todas las direcciones, escuchar a través de auriculares, limpiar los equipos, ayudar en la preparación de alimentos, hacer simulacros de emergencia de incendios e inmersión, practicar el disparo de los torpedos o mantener limpio el submarino.

Hurtado explica por qué tiene tanta importancia la rutina: «Es fundamental. Nos ofrece la posibilidad de sentirnos estables;

de saber que tenemos una serie de tareas que cumplir, cada una con sus tiempos». No solo nos ayuda a «mantener cierto equilibro mental», sino que evita que la ansiedad controle nuestra mente. La clave, para ella, es mantenerse siempre ocupados. «Estar ocioso de forma continua es lo peor que podemos hacer. Esto queda más claro en el interior de un submarino. Por eso tenían unas rutinas muy concretas que debían llevar a cabo en un orden determinado (ejercicio, entrenamiento). Les permitía ocupar su tiempo y acotar su jornada».

2. *Disfrutar de la luz del sol*

A pesar de lo que se ha repetido hasta la saciedad en las películas, la realidad era que los U-Boote estaban la mayor parte del día en superficie. Solo se sumergían de manera aislada para evitar a los buques enemigos que pudiesen causarles verdaderos problemas. A su vez, no solían pasar mucho tiempo bajo el mar debido a que, en esas circunstancias, tan solo podían descubrir a sus objetivos mediante el hidrófono. Las limitaciones de los motores —debían recargar el eléctrico, que se usaba en las inmersiones, al aire libre— también influían en este sentido.

A pesar de estar en superficie, no era habitual que la tripulación pasase el tiempo en cubierta durante una misión por miedo a posibles ataques. Sin embargo, y en palabras de Kaplan, de cuando en cuando los «buenos oficiales» organizaban en fila a los marineros y les permitían salir a respirar aire fresco. «Así tomaban un poco el sol, disfrutaban del cielo, fumaban un cigarrillo y, en definitiva, se relajaban», añade el experto en su obra.

3. *Juego de luces y tiempo libre*

En los U-Boote, hasta el más mínimo detalle servía para mantener la cordura. Un ejemplo era que, en su interior, había dos luces. Aunque tenían diferentes funciones, una de ellas era diferenciar entre el día y la noche. Cuando el color rojo tomaba el interior de aquel tubo metálico, era que el sol se había despedido.

Aunque, en el interior, las veinticuatro horas discurrían bajo la luz eléctrica, se trataba de seguir un horario como si fuera un día normal, marcado por sus comidas correspondientes. Para combatir el aburrimiento se solía poner música en el tocadiscos, se jugaba al ajedrez o las damas, o se charlaba con los compañeros. Pero toda la tensión nerviosa acumulada podía estallar de golpe en lo que se llamó *Blechkoller*, algo así como «pánico a estar encerrado en una lata», una reacción de histeria violenta que solía aparecer cuando el submarino estaba sometido a un ataque con cargas de profundidad.

4. *La importancia de las ocasiones especiales*

Los comandantes de los submarinos alemanes sabían también que era importante romper, aunque solo fuera de vez en cuando, la rutina para mantener alta la moral de la tripulación. Y, para ello, nada mejor que las ocasiones especiales. «Se encargaban de hacer fiestas, en las que se servía pastel, un poco de coñac y cerveza. Estas se amenizaban también con algo de música, ya fuera de un fonógrafo o hecha por alguien que tocara el acordeón», explica Kaplan. Lo habitual era que se anunciaran con anterioridad para que todos se acicalaran, se vistieran de gala y, en cierto modo, se ilusionaran con ella.

El comandante Lothar-Günther Buchheim, uno de los mejor considerados de la Segunda Guerra Mundial, dejó claro en *U-Boot War* lo importante que era para todos los miembros de su dotación saber que, a eso de las tres de la tarde, iban a comerse un buen trozo de tarta:

> El cocinero ha hecho siete pasteles grandes de Madeira; quiere que les tome una fotografía. Apenas me puedo mover en la

> cocina. No hay forma de que pueda retroceder lo suficiente para hacerla. Pero le he prometido que, en el momento en el que estén en la mesa del comedor, les tomaré la foto. He informado de que tomaremos café y pastel a las 15.30 y uno de los marineros ha gemido. Es un deseo sincero de la fiesta que está por venir.

Además, el alcohol se reservaba para las celebraciones, ya fuera cuando hundían un barco, una fecha señalada o el paso del ecuador. Cualquier pequeña cosa valía, en definitiva, para recompensar a los soldados.

5. *Mentalidad de equipo*

Otro secreto de los comandantes para mantener unida a su tripulación era favorecer el espíritu de equipo. En un confinamiento bajo los mares, cualquier conflicto entre los hombres podía enquistarse y provocar una situación de tensión. Por ello, y según explica el capitán Werner en *Ataúdes de acero*, la clave era que todos aprendieran a tolerar las manías de sus compañeros. Esos pequeños, y a veces desesperantes, tics, como atusarse la barba de forma compulsiva o tener un gramófono con la misma canción sonando una vez tras otra. «Aprendimos a aguantarnos», explica.

Hurtado confirma que, en una situación de aislamiento, es normal que surjan los «precipitantes», desde tics hasta comportamientos que pueden sacar de quicio a una persona. «La clave es, en primer lugar, saber identificarlos. Conocer qué reacción se genera en mi cuerpo cuando están a mi alrededor —alarmas como calor corporal, tensión en los músculos, nudos en el estómago...—. Si consigo ver el momento en el que me estoy enfadando, puedo cortar el enfado antes de que llegue la ira, que es su máxima representación», sentencia.

Otras posibilidades son, siempre según su criterio, buscar una distracción mental, lo que llama el «tiempo fuera», que permita que el foco de atención no se centre en ese tic o comportamiento molesto. «También está la opción de hablar con la persona. Plantear y proponer un cambio. Es posible que el otro no sepa que lo que está haciendo me molesta», completa Hurtado.

En ese sentido, la psicóloga explica que en casos extremos, como hallarse bajo los mares con medio centenar de personas —o en cuarentena, en familia—, ayuda mucho saber que existen más personas en tu misma situación. «El grupo deber ir apoyando a aquellos sujetos que se sientan más débiles en un momento determinado. Al haber más personas implicadas, existen más recursos para superar los momentos más difíciles», finaliza. Fessart es de la opinión de que, en momentos de enclaustramiento como los que vivían los marineros en los submarinos germanos, salía a relucir su mentalidad más grupal.

6. *La figura de autoridad del comandante*

Por último, Fessart considera que la figura del comandante del submarino era básica en aquel pequeño mundo de metal. Pero no para aminorar la tensión, sino para «evitar en la medida de lo posible la aparición de tales fenómenos». A su vez, considera que la suya debe ser una autoridad natural. Es decir, que emane de la persona y no del rango. «En estas situaciones colectivas y jerarquizadas, puede ocurrir que los integrantes del grupo renuncien a parte de su individualidad para identificarse con el líder natural del grupo, aquel que ostenta el mando. Si resulta una figura de autoridad confiable, es posible que transmita una capacidad de contención que limite y minimice el desbordamiento de angustia. De la misma manera estas cualidades pueden ayudar a transmitir serenidad y control de la situación si la sintomatología aparece», completa.

La insólita guerra que los indios iroqueses quisieron librar por su cuenta contra el Tercer Reich

Israel Viana

El 8 de diciembre de 1941, apenas veinticuatro horas después del bombardeo por sorpresa de Pearl Harbor, Roosevelt declaraba la guerra a Japón en su famoso «Discurso de la infamia». «El Gobierno japonés ha engañado deliberadamente a Estados Unidos con falsas declaraciones y expresiones de esperanza para que continuase la paz. El ataque de ayer en las islas de Hawái causó graves daños a nuestras fuerzas navales y militares. Lamento decir, además, que se han perdido muchas vidas», justificaba el presidente estadounidense ante el Congreso.

Solo seis meses después, el 13 de junio de 1942, un grupo de indios encabezados por Angus Horn, jefe de la tribu de los mohawk, ubicada en la reserva de Kahnawake, llegaba a la escalinata del Capitolio de Washington con gesto serio y solemne. Ante la sorpresa de los transeúntes, comenzó a pronunciar su propio discurso: «Existe un estado de guerra entre nuestra Confederación de las Seis Naciones, por una parte, y Alemania, Italia, Japón y sus aliados, por otra, contra quienes Estados Unidos tiene ya la guerra declarada por su parte».

¿A quién representaba aquel jefe indio? ¿Por qué esa Confederación Iroquesa acababa de declarar la guerra a Hitler y a sus aliados sin contar con el Gobierno de Estados Unidos al que ella misma pertenecía? ¿Por qué se refería Horn a la «otra» declaración como si ellos fueran un país independiente? Y lo más importante de todo: ¿cómo gestionaban su poder al margen de la Casa Blanca? Todas estas cuestiones son importantes para entender la historia, organización e idiosincrasia de uno de los pueblos nativos más importantes de América del Norte.

Los iroqueses —o la Liga de las Seis Naciones, según se los conocía en el pasado— son un conjunto de grupos amerindios que ocuparon una gran parte del territorio alrededor de los Grandes Lagos, al sudeste de Canadá, y del nordeste de Estados Unidos. En total contaban con once idiomas y se denominaban a sí mismos los *nadowa* o los *haudenosaunee*, es decir, «los de la casa extensa», en alusión a la gran cabaña alargada situada en su capital, Onondaga, ubicada en el actual estado de Nueva York. Era allí donde tomaban las decisiones. El término actual, sin embargo, lo adoptaron los colonizadores franceses para referirse a estos indios nómadas que se volvieron sedentarios cuando comenzaron a dedicarse a la agricultura, a la recolección de frutos y al intercambio de pieles y otros productos.

Cinco pueblos

La Confederación Iroquesa se formó con la unión de cinco pueblos indios en la segunda mitad del siglo XVI: los oneida, los onondaga, los cayuga, los seneca y los mohawk. A este último pertenecía Angus Horn. En 1722 se sumaron los tuscaroras. La población de estos pueblos fue creciendo hasta los setenta mil habitantes en 1940: treinta y cinco mil mohawks, dieciséis mil oneidas, nueve mil cien senecas, tres mil quinientos cayugas, dos mil onondagas y mil cuatrocientos tuscaroras. Según el censo de 2010, esa población se situó en los cuarenta y dos mil miembros, a los que se suman otros treinta y ocho mil mestizos por los matrimonios mixtos que se han ido formando y los cuarenta y cinco mil que viven en Canadá. Es decir, alrededor de ciento veinticinco mil iroqueses en total.

La leyenda dice que la Confederación la fundó Deganawida, el Gran Pacificador, después de una visión inspirada por el Gran Espíritu, que le incitó a imponer la paz entre todas las tribus y a proponer una unión entre ellas. Consiguió llevarla a cabo con la ayuda de dos de los líderes de los distintos pueblos, Jigonhsasee y Hiawatha, quienes creían que aquella iniciativa podría fin a las constantes guerras que lastraban su progreso.

La Gran Ley de la Paz

Deganawida dictó entonces la Gran Ley de la Paz, una especie de norma fundamental escrita que contaba con 117 artículos en los que se otorgaba la igualdad jurídica y política a las cinco tribus fundadoras. No son pocos los estudios que apuntan en la actualidad a que la Constitución de Estados Unidos aprobada en 1787 se inspiró en ella. Y lo cierto es que parecía adelantada a su tiempo. Establecía consejos de representantes de ambos sexos con derecho equitativo de voto, quienes elegían a sus jefes para formar un consejo central. Era algo así como un parlamento primitivo que tomaba las decisiones finales mediante el voto. El jefe supremo no tenía el poder absoluto, sino que este recaía en los diferentes consejos, y podía destituirse.

El consejo central también elegía a una serie de caudillos de guerra y a un consejo de ancianas. Este último era el encargado de proponer los temas que debían tratarse en las asambleas y seleccionar a los candidatos entre los que se debía elegir al gran jefe. Asimismo, crearon un consejo femenino con el objetivo de establecer un control férreo del poder. Todas estas instituciones sirvieron para mantener la paz entre las distintas tribus durante siglos. Eso no implicaba que la Confederación no pudiera declarar la guerra a otros pueblos indios, como fue el caso de los algonquinos, los hurones y los innus en la famosa guerra de los Castores que tuvo lugar en la segunda mitad del siglo XVII, cuando estos últimos se aliaron con los franceses.

Era una especie de democracia asamblearia, que fue la que se puso manos a la obra cuando se planteó la posibilidad en el seno del consejo central, y tras la sugerencia del consejo de ancianas, de declarar la guerra al entonces todopoderoso Tercer Reich en plena guerra mundial. Una declaración completamente independiente de la realizada por Roosevelt medio año antes, igual que las que habían hecho otros estados soberanos y que se basaba en criterios éticos y de justicia.

La declaración

El 12 de junio de 1942 se aprobó de forma unánime y, al día siguiente, el jefe Horn la leyó en la escalinata del Capitolio de Washington. El comunicado decía:

> Representamos a la democracia más antigua, aunque la más pequeña, del mundo de hoy. Es un sentimiento unánime entre la gente india que las atrocidades de las naciones del eje son violentamente repulsivas a todos los sentidos según la justicia de nuestro pueblo. Esta matanza despiadada de la humanidad no puede ser tolerada. Por eso el consejo de las Seis Naciones de Indios ha decidido declarar el estado de guerra entre nuestra Confederación de las Seis Naciones, por una parte, y Alemania, Italia, Japón y sus aliados, por otra.

La decisión no debió de ser fácil de tomar, no tanto por las implicaciones internacionales que pudiera tener —ninguna, obviamente—, sino porque la Confederación ya había vivido una situación parecida en el pasado, cuando estalló la Revolución de las Trece Colonias en 1775. En aquella ocasión, los británicos invitaron a los iroqueses a luchar en su bando, reactivando así una antigua alianza contra los franceses. Cuando se debatió el asunto dentro del consejo central, los distintos miembros no se pusieron de acuerdo: los mohawk y los seneca estaban a favor, los oneidas y tuscaroras preferían apoyar a los independentistas, y los cayugas y onondagas optaban por mantenerse neutrales. No había unanimidad, tal y como exigía la Gran Ley de Paz.

Esta situación trajo problemas en el seno de la Confederación y generó una tensión que puso a prueba la paz entre ellos. Y, además, provocó la desconfianza de los colonos al recordar que los mohawk habían luchado antes al lado de la Monarquía británica, partidaria de que el futuro territorio de Estados Unidos siguiera perteneciendo a la Corona. Así que, en 1779, George Washington decidió no arriesgar y ordenó al general John Sullivan que realizara un ataque por sorpresa contra los indios.

La protesta

Las diferentes tribus fueron arrasadas y, tras proclamarse la independencia, las que habían votado a favor de apoyar a los partidarios de esta fueron indemnizadas con extensos territorios y con numerosos privilegios. Las otras fueron obligadas a ceder sus tierras y la mayoría de los supervivientes tuvieron que emigrar a Canadá, por aquel entonces todavía colonia británica. Esto provocó que se organizara en el país vecino otra confederación paralela a la que había en Estados Unidos.

Estas tensiones habían desaparecido cuando estalló la Segunda Guerra Mundial. En 1942, los iroqueses de Canadá y los de Estados Unidos se consideraban hermanos. Por esa razón, los miembros del consejo central de la Confederación no tuvieron el más mínimo problema en votar unánimemente a favor de declarar por su cuenta la guerra contra Hitler, tal y como habían hecho ya durante la Primera Guerra Mundial.

La decisión escondía una acción de protesta por una sentencia dictada por el Tribunal de Apelaciones en 1940, según la cual las tribus norteamericanas estaban sujetas a la ley federal, a pesar de que un tratado las había declarado antes soberanas históricamente.

Hasta ese momento, se suponía que los tratados firmados por las tribus indígenas con el Gobierno de Estados Unidos tenían validez y eran considerados perpetuos, aunque estos se refirieran únicamente a cuestiones relacionadas con la propiedad de la tierra, los derechos tribales y el modo de vida. Esta nueva ley, sin embargo, implicaba que los indios tendrían que cumplir con el servicio militar obligatorio.

Este punto generó un gran disgusto entre los indios, ya que implicaba que su Confederación no era la nación independiente que ellos creían. La declaración era un intento de los jefes indios por autorizar a los suyos a alistarse en los ejércitos aliados que quisieran para luchar contra las potencias del eje reclamando ser considerada una nación aliada más.

¿Qué hicieron entonces los iroqueses para prolongar aún más sus críticas contra la Casa Blanca y el poder de Washington? Pues nombrar a Stalin su jefe honorario.

Los mitos de Rommel, el zorro que no pudo escapar a la cacería del Führer

Manuel P. Villatoro

Cuando el sol se desperezó el 14 de octubre de 1944, Erwin Rommel, en otro tiempo el mariscal predilecto de Hitler, ya sospechaba que no sería una jornada más dedicada a recuperarse de sus heridas. Esperaba visita en su casa, una generosa mansión en mitad de los bosques de Herrlingen. «¿Vienen a proponerle un nuevo puesto? —le preguntó su hijo Manfred, que rondaba los dieciséis años, durante un paseo—. Eso es lo que han dicho». Los invitados fueron puntuales: llamaron a la puerta a las doce. Eran tres hombres en un automóvil verde: dos oficiales y un conductor de las SS. El chico percibió que su padre, apodado el Zorro del Desierto por sus genialidades con el Afrika Korps —derrotado dos años antes, en 1942—, estaba inquieto.

Para los generales Burgdorf y Ehremberg, ocultos mensajeros de la Parca, se subió el telón cuando entraron en la vivienda. Según dejó escrito Desmond Young —oficial aliado en la Segunda Guerra Mundial y gran biógrafo de Rommel—, interpretaron el papel de buenos amigos hasta el final. Dieron un cálido apretón de manos a los presentes, se presentaron a su mujer y repitieron los manidos cumplidos de cualquier invitado indeseable.

Minutos después pidieron hablar a solas con el militar, así que madre e hijo subieron las escaleras. El Zorro del Desierto, un cincuentón de pronunciadas entradas, hizo lo propio tras la charla, aunque con una expresión de terror en la cara. «Vengo a decir adiós. Dentro de una hora estaré muerto. Me han denunciado...».

La vida de Erwin Rommel, mago de la guerra en África, mando respetado, defensor del buen trato hacia los prisioneros y héroe del pueblo germano, acabó aquel día. Para él no hubo plata o plomo; solo plomo. Se subió al coche y, a unos cientos de metros, ingirió la cápsula con cianuro que los oficiales habían llevado consigo. Un triste regalo de despedida. Sobre el papel no se le había acusado de nada, aunque Hitler sospechaba que había participado en el complot del 20 de julio para asesinarle en la Guarida del Lobo; aquel bombazo, conocido como Operación Valkiria, del que salió vivo para sorpresa de Alemania entera. Eso bastó para obligarle a suicidarse.

Poco antes de morir con resignación, se sabe que dirigió una frase a aquellos generales que, como Caronte, le escoltaron a través de la laguna Estigia: «No he tenido participación alguna en el asesinato. Únicamente he procurado servir a mi país». Todavía hoy existen dudas de su colaboración en el complot, y son muchos los historiadores que, como Young, apoyan su inocencia. No porque careciera de motivos, pues estaba en contra de los campos de exterminio e insistía en que los nazis tenían las manos manchadas de sangre, sino porque siempre fue un hombre de honor habituado a combatir allí donde Alemania le llamase.

La repulsión hacia los crímenes nazis, la elegancia con la que trató a sus enemigos y sus éxitos con el Afrika Korps han transformado a Rommel en un mito de la Segunda Guerra Mundial. Un icono que vapuleó a su némesis, Bernard Montgomery, a todos los niveles. Sin embargo, expertos en su figura, como el historiador y periodista Jesús Hernández, autor de una veintena de obras sobre el conflicto, son partidarios de huir del maniqueísmo. «A todos nos encanta alabar sus grandes victorias en las ardientes arenas del desierto. Su mayor éxito fue, sin duda, la captura de Tobruk. No obstante, aunque era un genio de la táctica, también es real que su desprecio de la logística condenó a su ejército», afirma en declaraciones para este libro.

Un zorro sin ayuda

Rommel nació a finales de 1891 en el mismo pueblo que le vio morir. Su modesto origen burgués le convirtió en una sombra de lo que la vieja Prusia esperaba de un militar de alto rango, aunque eso no le impidió ingresar en la escuela de oficiales cadetes en 1910. En la Gran Guerra demostró ser un guerrero nato y, allá por 1917, obtuvo la prestigiosa medalla Pour le Mérite por haber capturado a tres mil doscientos enemigos durante la ofensiva de Caporetto. El resto es historia. Tras el fin de las hostilidades siguió en el ejército y, en 1934, se sintió atraído por la figura de un Hitler que prometía devolver a los militares la gloria que el Tratado de Versalles les había arrebatado.

A partir de entonces participó en las ofensivas más destacadas del Tercer Reich, desde la toma de los Sudetes hasta la conquista de Polonia. Pero fue en 1940 cuando demostró su buena mano en los avances mecanizados. Ese año, durante la invasión de Francia, su 7.ª División Panzer, apodada la División Fantasma por la rapidez con la que se desplazaba, se convirtió en una pesadilla para los galos. Obsesionado por cumplir con su deber, Rommel apenas descansó. Todo por la victoria. «Me encuentro más a vanguardia que el resto. Estoy ronco de tanto gritar órdenes. He dormido tres horas y comido algo», explicó a su esposa, Lucia.

Con ese currículum no parece raro que le entregaran el mando del Afrika Korps, el contingente que Hitler hizo llegar al norte de África en apoyo de unas maltrechas fuerzas italianas al borde del colapso. Uno de los primeros mitos en torno al general es que fue enviado a un frente que el Führer consideraba prioritario. «Hitler nunca entendió el complejo escenario mediterráneo. Siempre lo vio como un estorbo para su auténtico objetivo: la Unión Soviética. Así que, cuando no le aburría, le desconcertaba. Para él era un objetivo secundario que no debía detraer demasiadas tropas», explica Hernández.

Rommel pisó Libia una semana después y lo hizo con órdenes muy concretas. «El Afrika Korps debía limitarse a impedir que los británicos expulsasen a las fuerzas italianas de África, pues corrían el peligro de ser aniquiladas. Pero si enviaron a Rommel para establecer una sólida línea defensiva, está claro que se equivocaron de persona», desvela el historiador. El 31 de marzo, el alemán inició una ofensiva que sorprendió a británicos e italianos y que le permitió tomar Bengasi aplicando los principios de la *Blitzkrieg*. Después avanzó como una centella sobre Tobruk, un puerto clave por las posibilidades que ofrecía para obtener refuerzos por mar.

No consiguió conquistarlo hasta mucho después, en junio de 1942, tras una infinidad de idas y venidas. Con todo, durante ese año se ganó el respeto de sus enemigos valiéndose de tácticas tan desconcertantes para los británicos como los ataques en pinza, el uso revolucionario de cañones antiaéreos de 88 mm para destruir carros de combate o, incluso, algunos trucos de tahúr. Así definió él mismo una de las tretas que más esgrimía: «Cerca de Mechili [...] tropezamos con una formación avanzada inglesa. [...] Aunque no disponíamos de más de tres vehículos, [...] avanzamos rápidamente hacia ella levantando una gran nube de polvo que le impidió ver cuántos transportes venían. Aquello engañó a las tropas enemigas, que abandonaron la posición».

Esta y otras tantas artimañas le valieron el apodo del Zorro del Desierto. Su leyenda se engrandeció hasta tal punto que C. J. Auchinleck, comandante en jefe de las Fuerzas de Oriente Medio, prohibió en una directiva hablar sobre el germano: «El hecho de que nuestro amigo Rommel se haya convertido para nuestras tropas en una especie de mago o coco representa un serio peligro. [...] No es un superhombre. Es importante que, cuando hablemos de nuestro enemigo de Libia, no mencionemos jamás el nombre de Rommel; debemos referirnos a los alemanes o al eje». A las tropas les costó no mitificarle, pues ya se había divulgado que había quemado la orden de Hitler de ejecutar sin juicio a los comandos ingleses.

Hernández no niega esto, pero mantiene que «ese mismo arrojo táctico que nos resulta fascinante le condujo a un callejón sin salida» después de que se hiciera con Tobruk y pusiera sus ojos en El Cairo. Y es que, a pesar de que sabía que carecía de las fuerzas necesarias para acabar con las tropas del recién llegado Montgomery, se obcecó en estirar más y más el frente. «Para llevar a cabo su ambiciosa estrategia ofensiva en África era necesario contar con unas líneas de suministros fluidas y seguras, de las que no disponía debido al poder de la Royal Navy. La marina italiana, que casi ni se atrevía a salir de sus bases, resultaba inútil para protegerlas».

A su vez, el historiador es partidario de que, para mantener un ejército en otro continente, hacía falta un despliegue de carácter industrial que el eje no podía permitirse. «Estaba sentenciado. Si hubiera tomado El Cairo, se habría encontrado como Napoleón en Moscú, diciendo "¿y ahora qué?". En cambio, el general Montgomery, muy tosco en el plano táctico y carente del aura que rodea a Rommel, dominaba a la perfección esos condicionantes decisivos», sentencia. Al final, su voracidad le pasó factura y, tras atacar las posiciones enemigas de El Alamein, antesala de su preciado objetivo final, tuvo que retirarse en noviembre de 1942 por falta de blindados. Intentó defender su último bastión en Libia, pero, tras conseguir algunas victorias pírricas, el Octavo Ejército británico le devolvió a Alemania en 1943.

Antinazi, pero leal

La capitulación en África no le hizo caer en desgracia, sino que impulsó su figura en el seno del alto mando. Así nos lo explica Pere Cardona, divulgador histórico especializado en la contienda y en el desembarco de Normandía: «Tras la derrota africana, fue destinado a Grecia e Italia, donde lideró el Grupo de Ejércitos B. En julio de 1943 los aliados desembarcaron en Sicilia y Hitler, temeroso ante la inminente caída italiana, lo destinó a tareas defensivas. En noviembre de 1943, el Zorro del Desierto recibió un nuevo encargo, el de reforzar el Muro Atlántico ante la más que probable invasión. A su llegada a Francia, recorrió incansable el litoral en busca de puntos débiles».

Según Cardona, fue a lo largo de aquellos meses, «mientras sembraba las playas de minas y de otros elementos defensivos como puertas belgas, rampas, postes, erizos checos y alambradas», cuando empezó a sellarse el que sería su trágico destino. Por entonces era ya un secreto a voces que la guerra estaba perdida para Alemania y que los aliados no tardarían en devolver la democracia al continente. Ante ese horizonte varios oficiales del Reich se propusieron acabar con la vida de Hitler en un intento desesperado por firmar la paz. Rommel, leal al país, pero también a su superior, afrontó durante aquellos meses la disyuntiva entre participar en los complots o mantenerse al margen. Decidió no colaborar, aunque tampoco informó de ellos.

Lo que sí hizo fue insistir a Hitler en que, si los aliados pisaban Francia, la única solución sería negociar la paz. El memorando que envió al Führer poco después del Día D así lo atestigua: «Nuestras tropas combaten heroicamente en todas partes, pero la desigualdad de la lucha precipita el final. Deben deducirse las consecuencias políticas de la situación». Hastiado y decepcionado después de tener noticia de las barbaridades que se perpetraban en los campos de exterminio, recibió la visita de varios conspiradores durante el verano de 1944. Fue su ambigüedad en aquellas reuniones la que le costó la vida. Caesar von Hofacker, entre los líderes de la conjura, regresó a París convencido de que le había atraído para la causa, y así se lo hizo saber al resto. No parece extraño que, cuando la Gestapo los detuvo y los ajustició, de la boca de los reos saliese su apellido.

La reveladora entrevista en 1993 al piloto nazi más letal: «Hitler me dijo que Dios le había perdonado»

Israel Viana

A Erich Hartmann (1922-1993) se le considera el mejor piloto de caza de la historia y, por lo tanto, el más letal y temido de todos cuantos participaron en la Segunda Guerra Mundial. Combatió a las órdenes de Hitler, siempre en el frente oriental, y sus adversarios llegaron a conocerle como el Diablo Negro. El récord que consiguió es impresionante: derribó 352 aviones enemigos sin que le alcanzaran una sola vez. Tan solo se vio obligado a estrellar su aparato contra el suelo en catorce ocasiones, debido a fallos mecánicos o a los daños provocados por los trozos que salían despedidos cuando abatía a algún adversario.

Nuestro protagonista había aprendido a volar casi de niño instruido por su madre, una de las primeras mujeres piloto de Alemania. Los Hartmann, de hecho, tuvieron su propio planeador hasta que una mala racha económica los obligó a venderlo. Cuando Hitler llegó al poder en 1933, sin embargo, se pusieron de moda las clases de vuelo y decidieron crear una escuela. En 1936, con tan solo quince años, el pequeño Erich ya era instructor.

Realizó su primera misión en la guerra en octubre de 1942. Su primera victoria la obtuvo un mes después, con veinte años, al derribar un caza Shturmovik Il-2 soviético. En julio de 1943, durante la batalla de Kursk, abatió siete aviones en un solo día y terminó el año con 159 victorias. En 1944 ya acumulaba 172, lo que le valió que Hitler le condecorara personalmente con la Cruz de Caballero de la Cruz de Hierro.

El último derribo

El avión de Hartmann, el mítico Messerschmitt Bf 109, tenía marcas distintivas que lo hacían reconocible ante los pilotos soviéticos: el morro pintado de negro en forma de tulipán y un corazón atravesado por una flecha en la que había escrito el nombre de su novia, Úrsula. En el fuselaje llevaba pintado el número 1, para que no hubiera dudas de quién era el líder de su escuadrón.

Al final de la guerra, en mayo de 1945, el piloto desobedeció la orden de volar al sector británico y abandonar a sus hombres para evitar que a él, convertido ya en un símbolo, le capturaran los soviéticos. Decidió permanecer con su unidad y el 8 de mayo de 1945, el último día de la guerra, consiguió su último derribo cerca de Brno, en la República Checa. Era el número 352, un caza ruso Yakovlev Yak-9.

Tenía veinticuatro años y no le tembló la mano al ordenar que se destruyeran los veinticinco aparatos de su legendario escuadrón, el JG52, poniendo fin a la unidad más exitosa de la historia de la aviación militar. Después se rindió a la 90.ª División de Infantería del ejército de Estados Unidos, que se encontraba en el área. Esta, a su vez, lo entregó a los rusos en aplicación de los acuerdos de Yalta. Hartmann pasó diez años en un gulag acusado de haber matado a setecientos ochenta civiles en Briansk, una ciudad a trescientos ochenta kilómetros de Moscú, y haber destruido más de trescientos cincuenta aviones soviéticos.

Tras ser liberado se mudó a la República Federal Alemana para asumir el mando de la primera unidad de cazas a reacción de la posguerra. Permaneció en el cargo hasta 1970, cuando decidió abandonar la vida militar y dedicarse a la enseñanza hasta su muerte, en 1993.

Sin embargo, antes de fallecer a los setenta y un años, el antiguo piloto nazi accedió a conceder una entrevista para hablar de todos los asuntos espinosos de su pasado al servicio de Hitler. Hasta ese momento, siempre lo había evitado. De aquella larga charla, que se puede consultar hoy en la web de MiGFlug, una compañía suiza especializada en la formación de pilotos, extraemos aquí las respuestas más reveladoras sobre la vida de Erich Hartmann.

Entrevista:

—¿Por qué se convirtió en piloto?

—Por la misma razón que la mayoría de los chicos de mi edad entonces: obtener la gloria que habían alcanzado otros en la Primera Guerra Mundial. Además, mi madre también era piloto y nos enseñó. Obtuve mi licencia a los catorce años y volaba muy a menudo. A los quince ya era instructor de las Juventudes Hitlerianas. Como a mi hermano Alfred le capturaron en Túnez al principio de la guerra, mi padre no quería que yo le siguiera los pasos. Le habría gustado que fuéramos médicos, como él.

—Pero se unió a la Luftwaffe...

—Sí. Comencé el entrenamiento militar de vuelo en octubre de 1940, en Prusia, y me gradué como teniente en marzo de 1942, en Zerbst. Justo antes de que empezara el invierno llegué a Rusia y me enviaron al escuadrón JG52.

—*¿Qué ocurrió en su primera misión, el 14 de octubre de 1942?*

—Bueno, salí a volar como escolta del piloto Paule Rossmann. En un momento dado, él me informó por radio de que había avistado a diez aviones enemigos por debajo de nosotros, que estábamos a doce mil pies. Yo no podía ver nada, pero seguí a Rossmann en la picada y llegamos hasta ellos. Pensé que debía obtener mi primera victoria, así que aceleré y abandoné a Rossmann para disparar a uno de los aviones, pero fallé y a punto estuve de chocar contra el enemigo. Tuve que enderezar de emergencia el aparato. Me hallaba rodeado de soviéticos y fui a cubrirme en unas nubes bajas para poder escapar. Entonces sonó la alarma del combustible y el motor se apagó. Tuve que aterrizar con la panza y el caza se destruyó. Sabía que había violado todas las reglas por las que debe regirse un piloto. Estaba convencido de que me expulsarían de las fuerzas aéreas, pero solo me condenaron a trabajar tres días con los mecánicos.

—*¿Cuándo derribó su primer avión?*

—El 5 de noviembre de 1942. Nunca lo olvidaré. Fue un Shturmovik Il-2, que tenía un blindaje muy grueso y era el más difícil de derribar. Tenías que disparar al líquido refrigerante que había debajo del motor, de otra manera no podías acabar con él. Ese fue también el día de mi segundo aterrizaje forzoso, ya que volé a través de los restos del avión que había derribado e impactaron contra mi aparato.

—*¿Cuántas victorias obtuvo antes de ganar la Cruz de Caballero de la Cruz de Hierro?*

—Fueron 148. Un poco tarde, supongo. Fue injusto, porque muchos pilotos la habían obtenido con cincuenta.

—*Le capturaron por primera vez en 1943...*

—Sí, en agosto. Nuestra misión era apoyar a los Stukas de Hans Ulrich Rudel en un contraataque, pero tuve que hacer un aterrizaje forzoso en el que me capturaron los soviéticos. Les hice creer que estaba herido cuando llegaron a mi avión. Me trasladaron a su cuartel general para que los doctores me examinaran. Me pusieron en la parte trasera de un camión, tumbado en una camilla, y pude golpear al guardia para escapar. Este se desplomó y salí corriendo a través de un enorme campo de girasoles. Varios hombres salieron corriendo detrás de mí, pero conseguí escapar hacia la zona de la que yo había llegado volando. Al anochecer llegué a una zona que parecía segura y me dormí un rato. Al despertar me dirigí hacia el oeste; me topé con una patrulla de diez rusos y decidí seguirlos en la distancia. La patrulla desapareció sobre una pequeña colina en la que había un pequeño incendio y supuse que debían de ser las líneas alemanas cuando vi a los hombres retroceder a toda prisa. Entonces pasé al otro lado de la colina y me detuvo un centinela que, aterrorizado, me disparó y me rasgó el pantalón.

—*Cuente, por favor, la ceremonia en la que recibió de Hitler la Cruz de Caballero de la Cruz de Hierro.*

—Fue extraño. En primer lugar, porque la mayoría de los que la recibimos estábamos ebrios. Otro de los ases de la Luftwaffe, Walter Krupinski, aseguró años después que había tenido que ayudar a mantenernos en pie. Habíamos bebido mucho coñac y champán, una combinación mortal cuando no has comido nada en un par de días. La primera persona que vimos fuera del tren de Hitler fue al oficial adjunto de la Luftwaffe, el mayor Nicolaus von Below, que se quedó conmocionado al vernos en aquellas condiciones. Nos manteníamos en pie con mucha dificultad, pero Hitler nos recibiría igualmente un par de horas después.

—La biografía de Walter Krupinski escrita por Ray Toliver y Trevor Constable cuenta un incidente con su gorra.

—Sí. No la encontraba y decidí coger una que había colgada en un gancho; me estaba muy grande. En ese momento, Von Below se dirigió a mí furioso preguntándome qué hacía con ella, que pertenecía a Hitler. Todos se rieron mucho, menos él. Incluso hice alguna broma sobre la gran cabeza de Hitler, lo que provocó más risas.

—¿Cuál fue su impresión de Hitler?

—Un poco decepcionante, aunque pareció muy interesado en la guerra en el frente y estaba muy bien informado. Sin embargo, tenía una tendencia a centrarse en detalles menores y eso me aburría. Fue interesante, pero no me impactó. También me percaté de su falta de conocimiento sobre la guerra del Este en el aire, ya que estaba más preocupado por el frente aéreo en el Oeste y en el bombardeo de las grandes ciudades. Aunque lo que más le interesaba era la guerra en tierra. Hitler escuchaba a los hombres del frente oeste y les aseguraba que la producción de armas y de cazas se estaba incrementando, aunque luego comprobamos que no era cierto. Y luego habló sobre la guerra submarina y cómo esta destruiría el comercio marítimo y todo eso... Me pareció un hombre aislado y enfermo.

—¿Cuál era el sentimiento común de sus compañeros sobre la guerra en esos momentos?

—No recuerdo a nadie hablar de una posible derrota, pero sí recuerdo que comentábamos el gran número de pilotos muertos que teníamos. También hablábamos de las noticias que nos llegaban sobre cómo los Mustang americanos estaban adentrándose en Alemania.

—¿Y cuál era la atmósfera cuando obtuvo la Cruz de Caballero de la Cruz de Hierro con Hojas de Roble, Espadas y Diamantes en 1944?

—El 3 de agosto de 1944 fui a visitar a Hitler de nuevo para la ceremonia de entrega. Éramos unos diez miembros de la Luftwaffe en total. Hitler no era el mismo hombre. Esto fue poco después del atentado del 20 de julio. Su brazo derecho temblaba y parecía exhausto. Tenía que colocarse la mano en la oreja izquierda cuando alguien le hablaba, porque había quedado medio sordo por la explosión. Hitler discutió el cobarde acto para matarle y atacó la calidad de sus generales, con algunas excepciones. También declaró que Dios le había perdonado la vida para que pudiera librar a Alemania de la total destrucción y que echarían a los aliados de Europa inevitablemente. Me hallaba muy sorprendido por todo esto, quería dejarle y ver a mi novia, como así hice.

—¿Y cómo fue su reunión con Hitler cuando recibió la Cruz de Diamantes? ¿En qué se diferenció de las otras reuniones?

—Mis compañeros me organizaron una fiesta antes de partir y, al día siguiente, estaba tan borracho que no podía mantenerme en pie. Parece que fuéramos alcohólicos, pero no. Cuando llegué a Wolfsschanze [uno de los mayores cuarteles de Hitler durante la guerra, ubicado en la aldea de Gierloz, en Polonia], el mundo había cambiado. Hitler había comenzado a juzgar y ejecutar a aquellos que habían estado envueltos en su atentado, pero resultaba que para él todos eran sospechosos. Debías pasar por tres áreas de seguridad y nadie podía llevar un arma. Le dije al guardia de las SS que le dijera al Führer que no recibiría la Cruz de Diamantes si no me permitía llevar mi pistola Walther. Al final me permitieron portarla. Me colgué mi pistolera, me puse mi gorra y, cuando Hitler me vio, me dijo: «Desearía que hubiera más hombres como usted y Rudel». Entonces me entregó la cruz. Tomamos café y, durante el almuerzo posterior, Hitler me confió: «Militarmente la guerra está perdida». Luego me dijo que seguramente yo ya sabía eso. Después comentó que, si esperábamos lo suficiente, los aliados occidentales y los soviéticos entrarían en guerra los unos contra los otros. También me habló sobre el problema de los partisanos y me pidió mi opinión sobre las tácticas usadas en la guerra contra los bombarderos americanos y británicos. Además, le informé sobre las deficiencias en el entrenamiento de los pilotos, ya que muchos de ellos apenas estaban entrenados y desperdiciaban su vida. Por último, se refirió a las nuevas armas y a sus tácticas y, a continuación, nos despedimos. Esa fue la última vez que lo vi, un 25 de agosto de 1944.

—*¿Cuáles fueron sus peores temores durante la guerra?*

—Ser capturado por Rusia y el bombardeo de nuestras ciudades, por nuestras familias. Después me enteré de que los soviéticos sabían perfectamente quién era yo e, incluso, que Stalin había puesto una recompensa de diez mil rublos por mi cabeza. Esta fue en aumento progresivamente y Rudel y yo fuimos los soldados con mayor recompensa después de Hitler y algunos altos funcionarios nazis. Cada vez que ascendía al aire sabía que alguien me buscaba. Me sentía marcado y me di cuenta de que, cuando usaba el tulipán negro, tenía dificultades para encontrar oponentes. Necesitaba camuflarme.

—*¿Cómo eran las condiciones de vida en Rusia?*

—Bueno, en el invierno se puede imaginar. A veces no teníamos un techo para dormir, por lo que debíamos hacerlo en tiendas de campaña. Los piojos eran lo peor y había poco que hacer aparte de quitarte la ropa y acercarla a una fogata hasta oírlos reventar. Teníamos DDT [dicloro difenil tricloroetano, el compuesto principal de los insecticidas] y nos bañábamos en él cuando se podía. Las enfermedades, como la neumonía y el pie de trinchera, eran terribles, particularmente para los mecánicos. La comida siempre fue una preocupación, sobre todo en los últimos tramos de la guerra.

—*¿Cómo trataban ustedes a los soviéticos a los que capturaban? ¿Había un abierto racismo hacia ellos?*

—Para nada. De hecho, una parte de nuestro grupo encontraba el nacionalsocialismo un poco enfermizo. Una vez, nuestro comandante, Dietrich Hrabak, llegó a explicarles a los nuevos pilotos que, si pensaban que combatían por el nacionalsocialismo o por Hitler, debían ser transferidos a las SS. Él no tenía tiempo para la política, peleaba una guerra contra un enemigo. Creo que esa actitud dañó su imagen a los ojos de Göring. Hannes Trautloft, Adolf Galland y la mayoría de los grandes mandos de la Luftwaffe eran igual, con algunas excepciones. Algunos prisioneros rusos, incluso, nos enseñaron cosas sobre la mecánica de nuestros aviones. Yo estaba triste por esos hombres que no odiaban a nadie y a los que habían forzado a ir a la guerra.

—*¿Cuáles son las situaciones más memorables de sus experiencias en combate que recuerda?*

—Una vez estaba en un duelo con un Yak-9 ruso pilotado por un tipo muy bueno. Intentaba ponerse detrás de mí y luego viraba y se dirigía de frente hacia mí mientras disparaba. Realizó este movimiento en dos ocasiones, hasta que yo giré en picado y, con un tirabuzón, le alcancé por detrás y lo dejé en llamas. El piloto saltó del avión y le capturaron. Luego lo conocí y hablé con él. Era un capitán muy agradable. Le dimos comida y le permitimos andar por la base cuando nos dio su palabra de que no escaparía. Estaba feliz y confundido a la vez, porque sus superiores le habían dicho que a los pilotos soviéticos los ejecutaban en cuanto los capturaban. Él, en cambio, tuvo las mejores comidas de la guerra e hizo amigos. Me gusta pensar que regresó a casa y les contó a sus compatriotas la verdad sobre nosotros, no la propaganda que surgió después de la guerra. Recuerdo otra vez que vi a unos veinte mil soldados alemanes muertos sobre un valle donde los habían rodeado los soviéticos. Aún hoy cierro los ojos y puedo verlo. ¡Qué tragedia! Recuerdo que lloré mientras volaba sobre ellos.

—¿Cómo superaba usted al enemigo en el aire?

—Yo sabía que, si un piloto enemigo comenzaba a disparar pronto, lejos del máximo alcance de sus armas, sería una victoria fácil. Pero si un piloto se acercaba y contenía el fuego, como observando la situación, sabía que era un piloto experto. Y desarrollé diferentes tácticas según las condiciones del vuelo, como girar siempre hacia los cañones de un enemigo que se aproximaba o girar con fuerza para forzarle a seguirte o alejarte. En esta situación siempre generaba ventajas.

—Hubo algunos mandos nazis que cuestionaron sus victorias.

—Hermann Göring no se creía las impresionantes victorias que conseguimos en 1941. Había incluso un piloto de mi unidad, Fritz Obleser, que cuestionó mis victorias. Entonces le pedí a Rall que lo nombrara mi compañero de ala por un tiempo y, poco después, se convirtió en un ferviente defensor, llegando a firmar como testigo de muchos de mis derribos. Luego nos hicimos amigos.

—¿Cómo cayó preso de los soviéticos la última vez?

—Fue el 8 de mayo de 1945. Despegué a las ocho de la mañana del aeropuerto de Checoslovaquia con dirección a Brünn. Mi compañero de ala y yo vimos ocho Yaks debajo de nosotros. Derribé uno, que fue mi última victoria. Decidí no atacar a los otros y nos dirigimos a un área donde el humo del bombardeo podría ocultarnos. Cuando salimos del humo, aterrizamos y nos comunicaron que la guerra había terminado. Debo decir que durante la guerra nunca desobedecí una orden, pero cuando el general Hans Seidemann me ordenó que volara hacia el sector británico y me rindiera para evitar que los rusos me capturaran, no quise dejar a mis hombres [a los que sí había ordenado a su vez que se rindieran a los soviéticos]. Sabía que yo era conocido y que Stalin quería capturarme, pero no lo hice. Entonces me fui con toda mi unidad hacia una unidad blindada americana para rendirnos y ellos nos entregaron a los soviéticos. Graf me dijo que probablemente ejecutarían a todos los poseedores de la Cruz de Caballero con Hojas de Roble, Espadas y Diamantes. Yo sabía que llevaba razón, así que antes de entregarnos ordené que se destruyeran nuestros veinticinco cazas.

—*¿Qué ocurrió cuando se rindió?*

—Me destinaron a un campo de prisioneros americano cuyas condiciones eran terribles. Pasé ocho días sin comida y luego nos llevaron a campo abierto. Cuando los camiones se detuvieron, nos esperaban las tropas soviéticas, que separaron a las mujeres de los hombres. Allí fue donde ocurrieron las cosas más horribles, pero no las puedo contar aquí. Nosotros lo vimos, los americanos lo vieron y no pudimos hacer nada para detenerlo. Hombres que habían combatido como leones lloraron como bebés al ver cómo violaban repetidamente a varias mujeres. A algunas de esas mujeres las ejecutaron después de violarlas. Recuerdo a una niña de doce años, a cuya madre habían violado y ejecutado, a la que asaltaron muchos soldados rusos. Durante la noche, familias enteras se suicidaron. Algunos prisioneros mataron a sus esposas e hijas y luego a sí mismos. Sé que muchos nunca se creerán esta historia, pero es verdad. Más tarde llegó un general ruso y ordenó que se detuvieran esas atrocidades e, incluso, ejecutó a algunos de sus hombres que decidieron no acatar sus órdenes.

—*¿Cuántas misiones realizó durante la guerra?*

—Alrededor de 1.456, creo, pero no estoy seguro del número exacto.

—*¿Qué influyó en su liberación?*

—Mi madre había escrito a Stalin y Mólotov pidiendo mi liberación, pero no recibió respuesta alguna. Entonces escribió al canciller Konrad Adenauer y él sí que respondió personalmente diciendo que estaba trabajando en ello. Los soviéticos querían un acuerdo comercial con Alemania del Oeste y parte de este trato conllevaba la liberación de todos los prisioneros de guerra. Sabía que algo había ocurrido cuando, un día, se nos permitió ir al cine con ropa nueva que no era de prisionero. Entonces nos metieron en un camión hacia Rostov y allí cogimos un tren hasta Herleshausen. Una vez allí pude enviar un telegrama a mi novia, Ushi, contándole que todo había acabado.

—*¿Cuáles fueron las ventajas y desventajas de llegar a casa en 1955?*

—Supe que mi hijo, Peter Erich, y mi padre habían muerto durante mi cautiverio, lo que fue muy duro para mí. El hecho de que mi madre y mi amada Ushi me estuvieran esperando me dio fuerza y seguridad para soportar la más terrible de las torturas y el hambre. Otra cosa triste fue cuando el tren se detuvo y nosotros salimos. En la estación había cientos de hombres y mujeres que sujetaban fotografías de sus hijos, hermanos, esposos y padres preguntándonos si los habíamos visto. La mayoría de ellos habían muerto, pero raramente se les comunicaba a sus familiares lo ocurrido. Era una escena muy triste.

—*¿Cómo consiguió no odiar a los rusos después de sus experiencias en cautividad?*

—Una cosa que he aprendido de esta experiencia es que no debes permitirte odiar a un pueblo por las acciones de unos pocos. El odio destruyó a mi nación y millones de personas murieron. Yo esperaría que la mayoría de la gente no odiara a los alemanes por los nazis y que no odiaran a los americanos por los esclavos. Nunca odies, porque el odio te come vivo. Mantén una mente abierta y busca siempre a la gente buena y deja que te sorprenda.

La dolorosa mentira con la que Hitler extendió el odio hacia el Imperio español

MANUEL P. VILLATORO

Cada día más y más personas secundan la lucha contra la leyenda negra que persigue desde hace cinco siglos a España. Gracias a autores como la incombustible Elvira Roca Barea o el clásico Stanley Payne —por citar a un experto local y uno foráneo— la sociedad está, al fin, siendo iluminada por una verdad histórica tergiversada durante muchas décadas. Pero todavía quedan mucho camino por andar y no menos mitos por derrumbar. Falacias preservadas y expandidas a lo largo de años por todo tipo de personajes. Más allá de los famosos Bartolomé de las Casas o Guillermo de Orange, en el siglo xx hubo un líder que ayudó a apuntalar estas mentiras con sus absurdas opiniones: Adolf Hitler.

El artífice del Holocausto, probablemente sin saberlo, se convirtió en un auténtico dispensador de mitos y clichés sobre España. Y es que, además de incidir en que los habitantes de nuestro país eran unos «vagos» que adoraban a una «reina ramera» como era Isabel la Católica, cayó en los tópicos que, todavía hoy, existen sobre la Inquisición. «En Madrid, el olor nauseabundo de la hoguera de los herejes se mezcló durante más de dos siglos con el aire que se respiraba», afirmó en una conversación privada que mantuvo en febrero de 1942. El Führer también tuvo palabras contra Hernán Cortés, al que acusó de cometer «atrocidades» que, no obstante, «eran la imagen de la moderación» si se comparaban con las de los aztecas.

Inquisición

Si por algo destacó Adolf Hitler fue por ser un gran opinador. Tuviera o no conocimientos para ello, el Führer no tardó en hacerse famoso entre sus allegados por divagar durante horas cuando se sentaba a la mesa. Sus conversaciones predilectas versaban sobre las bondades del vegetarianismo y la necesidad de evitar el alcohol para mantener pura la mente. Sin embargo, en la noche del 3 al 4 de febrero de 1942 varió los temas de forma sensible. En lugar de hablar sobre el judaísmo o las virtudes de la guerra, prefirió empezar narrando el día en el que, de improviso, un gigantesco perro negro se abalanzó sobre su coche en mitad de la noche y el conductor tuvo que dar un volantazo para esquivarlo.

De ahí, y tras hacer un recorrido por temas tan variados como la pasión por el automóvil o la reconstitución del Partido Nacionalsocialista, pasó a dar a sus correligionarios una absurda clase de historia sobre la Inquisición europea. Así queda claro en *Las conversaciones privadas de Hitler* (Crítica, 2004). Tal y como se especifica en esta obra, todo comenzó después de que el Führer hiciera referencia a que ciudades como Tréveris, cerca de Fráncfort del Meno, habían sufrido siglos de represión religiosa:

> Cerca de Würzburg hay pueblos en los que, literalmente, fueron quemadas todas las mujeres. Se sabe de jueces del tribunal de la Inquisición que tenían a gloria haber hecho quemar a veinte mil o treinta mil brujas.

A continuación, Hitler hizo referencia también a que «la larga experiencia de tales horrores tiene que dejar huellas indelebles en un pueblo». Una afirmación contradictoria para alguien que orquestó la matanza sistemática y estatalizada de más de seis millones de judíos y otros tantos miles de gitanos, homosexuales y soviéticos. Poco después cargó contra el Santo Oficio español:

> En Madrid, el olor nauseabundo de la hoguera de los herejes se mezcló durante más de dos siglos con el aire que se respiraba. Si en España vuelve a estallar una revolución, habrá que ver en ella la reacción natural a una interminable serie de atrocidades. No se puede llegar a concebir cuánta crueldad, ignominia y mendacidad ha supuesto la intromisión del cristianismo en nuestro mundo.

A continuación, Adolf Hitler incidió en la importancia de los «crímenes del cristianismo» a lo largo de la historia. Poco después, durante la noche del 20 de febrero de 1942, volvió a referirse a la Inquisición. Aunque, en este caso, para dar las gracias a aquellos que habían luchado contra ella:

> El cristianismo es la peor de las regresiones que ha podido sufrir la humanidad. [...] Lo único aún peor sería la victoria de un judío a través del bolchevismo. [...] En todo caso, debemos estar agradecidos a la providencia, que nos hace vivir mejor que hace tres siglos. En cada esquina había entonces una hoguera ardiendo.

Dichas opiniones no eran las únicas que el Führer esgrimía en contra de la religión y la Inquisición, ya fuera esta última germana, española o italiana. De hecho, apenas un año antes, en julio de 1941, ya había cargado contra los jesuitas y contra Lutero:

> El fanatismo es cuestión de clima, pues también el protestantismo ha quemado a sus brujas. En Italia nada semejante. [...]

> Pero Lutero tuvo el mérito de alzarse contra el papa y la organización de la Iglesia. Fue la primera de las grandes revoluciones. ¡Y gracias a su traducción de la Biblia, Lutero sustituyó nuestros dialectos por la gran lengua alemana!

Realidad frente a ficción

La imagen que Hitler tenía de la Inquisición española era, no obstante, una mera ilusión forjada a fuego durante siglos por los enemigos de España. Así lo han demostrado historiadores como el propio Payne. Un experto que, en *La España imperial*, desmonta a golpe de cifra la barbarie del Santo Oficio y de la presunta quema de brujas en el país. En sus palabras, el tribunal condenó a cincuenta mil conversos a diversos castigos, pero solo ejecutó «a tres mil reos, entre los que se encontraba un reducido número de protestantes, en un periodo de trescientos años».

Según Payne, basta como ejemplo el que «el número de herejes ejecutados en España en el siglo XVIII es inferior a la cifra, tanto católicos como protestantes, que se mataron en Alemania durante la caza de brujas de ese periodo». La realidad es que el fantasma de la Inquisición española ha sido muy socorrido durante siglos como chivo expiatorio. El autor no se detiene en este punto, sino que afirma también que, cuando en España ocurrieron brotes de violencia popular contra supuestas actividades nigrománticas —como pasó en Navarra y Cataluña en 1527-1528, y de nuevo en Navarra en 1610—, la Inquisición procedió a calmar la histeria.

Por si fuera poco, el hispanista ahonda también en otro de los grandes mitos del Santo Oficio, el que habla de torturas sistemáticas a los presos: «La mayoría de los reos que pasaron por sus cárceles no fueron torturados». Con todo, el experto incide en que esto no significa que fuera una institución modélica, pero huye de la versión que se ha extendido durante siglos gracias a personajes como el mismo Adolf Hitler.

La mayoría de las críticas huecas que se hacen contra el Santo Oficio, según afirma Pedro Insua en *1492. España contra sus fantasmas*, arguyen también lo mismo que afirmó Hitler aquella noche de 1942: que el principal castigo contra los prisioneros era la hoguera y que era muy fácil acusar a un inocente de forma infundada. Dos errores recurrentes, ya que ninguno de los ejecutados fue quemado vivo y se omiten especificaciones como la relativa al castigo que recibía el que promoviese acusaciones falsas o, incluso, a que la Inquisición mantenía en secreto a los informantes y testigos para evitar represalias contra ellos.

Colonización y Cortés

Pero Adolf Hitler no opinó solo de temas tan controvertidos como la Inquisición. Ni mucho menos. El 22 de agosto de 1942, en plena tarde, decidió abordar junto a sus invitados otro igual de controvertido, el colonialismo y el supuesto genocidio español de nativos en el Nuevo Mundo. Aunque hay que señalar que, en este caso, cargó de forma acertada contra los ingleses y su aniquilación de la población local a base de epidemias y armas. El problema es que, de paso, también recibieron un coscorrón infundado los españoles:

> Acabo de leer algunos libros cuya lectura debería ser obligatoria para todo alemán que salga para el extranjero. Habría que empezar por el libro de Aladorff, y proporcionárselo a todos nuestros diplomáticos. De su lectura se deduce que no son los ingleses quienes han enseñado el mal a los indios. Cuando los primeros blancos desembarcaron en la India, encontraron ciudades cuyas murallas estaban construidas con cráneos humanos. Asimismo, tampoco fue Cortés quien enseñó la crueldad a los mexicanos. Esta ya existía en ellos en estado endémico. Los mexicanos practicaban los sacrificios humanos y llegaban a sacrificar hasta veinte mil hombres a la vez. Por comparación, las atrocidades atribuidas a

Cortés son la imagen de la moderación. De todo ello se desprende que es completamente inútil querer pintar a las razas indígenas como razas más sanas que las nuestras.

Equiparar la colonización española a la inglesa supone uno de los mayores absurdos históricos que pueden perpetrarse. Así lo afirmó el propio Payne a finales de 2017. En sus palabras, el genocidio y las barbaridades de Hernán Cortés o Francisco Pizarro en el Nuevo Mundo suponen «el origen de la Leyenda Negra clásica». Unas mentiras que levantó el cronista español de la época Bartolomé de las Casas en su *Brevísima relación de la destrucción de las Indias* exagerando enormemente las cifras. «No hubo un verdadero genocidio», explicó el experto a *ABC*.

La realidad es que los británicos hicieron todo lo contrario. Cuando comenzaron su colonización de Virginia, esgrimieron que no querían repetir los errores y los crímenes españoles. Pero luego, durante sus guerras con los indios, tuvieron que luchar de forma muy vigorosa contra ellos. Atacaron los pueblos y las aldeas de los nativos para reducirlos, en lugar de combatir contra ellos en el campo de batalla. Fue una locura que escondieron a nivel histórico. Los ejemplos se cuentan por decenas. En el siglo XVIII, Jeffrey Amherst entregó mantas con viruela a los nativos para acabar con ellos y lograr que abandonasen el sitio de su fuerte. En el caso español, las enfermedades fueron un arma contra los nativos, pero involuntaria. Hitler, de nuevo, desconocía la verdad histórica.

1943

Miguel Giner: el español que burló las leyes de Franco para salvar a cientos de judíos del Holocausto

Israel Viana

Vicente Giner (Altea, 1930) tenía trece años cuando aquel grupo de quince o veinte judíos polacos llegó hasta su casa de Les, en Lérida, durante la Segunda Guerra Mundial. «Me acuerdo perfectamente de todo... aunque ojalá no recordara nada. Fue un horror», asegura. Había ido a parar a aquel pequeño pueblo de seiscientos habitantes, con su familia, al finalizar la Guerra Civil. «Mi padre estaba trabajando en la aduana de Barcelona, que era zona roja. Cuando Franco ganó, fue expedientado y desterrado allí, que en ese momento no sabíamos ni dónde estaba. Fue como un castigo», añade.

Aquel rincón perdido en el valle de Arán era la última localidad española antes de llegar a la Francia ocupada por los nazis. A su padre, Miguel Giner, le nombraron administrador del puesto fronterizo a comienzos de 1940. Le acompañaron su mujer, Dolores; su otra hija, Isabel, y el pequeño Vicente. «Vivíamos en la misma aduana, donde estaban la casa y la oficina. Mi padre conoció al oficial de la Wehrmacht que vigilaba la frontera del otro lado como responsable del cuartel de Bagnères-de-Luchon.

Se estableció una relación de convivencia entre ellos, de aduanero a aduanero, y hasta alguna vez comió en nuestra casa. Todo iba muy bien hasta que a finales de junio de 1943 la cosa se torció», cuenta.

Sobre las nueve de la mañana de uno de aquellos días de verano toda la familia oyó voces en la carretera. Su padre bajó del despacho para ver qué pasaba, puesto que no era muy habitual que la gente cruzara por allí. Su madre y él le siguieron detrás para ver a aquellas personas que hablaban en un idioma extranjero y entre las que había unos cuantos niños. Caminaban rápido arrastrando una serie de maletas. Uno de ellos chapurreaba un poco de español y empezó a pedirle a Miguel Giner que, por favor, les dejaran entrar aunque no tuvieran visado. Vicente recuerda a escena:

> Se lo suplicaron llorando, pero mi padre insistía en que no podía, que tenía que cumplir con las órdenes que le habían dado de no dejar entrar a nadie que no tuviera visado. Yo, mientras, jugaba con los niños. Mi madre luego les dio de comer a todos y otra vecina de la vaquería les dio leche... pero al final avisó. No es disculpar a mi padre, pero era considerado un rojo desde el final de la guerra y, si no hubiera avisado, algunos dicen que lo habrían fusilado por rebelión. No lo sé, pero a la cárcel iba seguro. Y, además, cuando llegó el camión, los alemanes le aseguraron a mi padre que solo iban a llevarlos a un campo de trabajo, que no los iban a matar. La escena fue un drama, con todos llorando al marcharse.

Oleada de refugiados

Aquel grupo era parte de la avalancha de refugiados que se produjo en toda la frontera de los Pirineos con motivo de la invasión de la «zona no ocupada» de la Francia de Vichy, por parte de los alemanes e italianos, a finales de 1942. En este momento, al frente del Ministerio de Asuntos Exteriores español estaba el general Francisco Gómez-Jordana, que luchaba por enderezar la posición española y conseguir una mayor neutralidad.

Esa actitud le llevó a mostrarse un poco más receptivo respecto a la llegada de refugiados. Según un estudio de Antonio Marquina, director de la Unidad de Investigación sobre Seguridad y Cooperación (Unisci), los aliados evacuaron a través de España a veinte mil quinientos refugiados en 1943: dieciséis mil franceses y otros cuatro mil quinientos aliados y apátridas. El mismo informe defiende que la cifra de judíos de todas las nacionalidades que lograron entrar por los Pirineos desde que se inició la Operación Torch en noviembre de 1942 —con el desembarco de las tropas angloestadounidenses en África y su avance hacia Túnez— hasta el desembarco de Normandía, en el verano de 1944, se sitúa entre cinco mil y seis mil.

A pesar de ello, conseguir visados para los judíos —a los que el franquismo consideraba todavía enemigos del régimen junto con los masones y comunistas— no era tarea fácil. De hecho, el ministro Jordana barajó la posibilidad de enviar a los judíos españoles que residían en Francia a Salónica, Estambul, Esmirna o a algún otro punto de los Balcanes al entrar en el país. Finalmente, la idea se desechó.

En junio de 1943, cuando aquel grupo de veinte polacos llegó al puesto fronterizo de Les, la cadencia de entrada era de uno o dos al día, una cantidad que demuestra la dificultad de movimientos y los controles que sufrían estos en la Francia de Hitler. Y aunque la llegada a aquella España neutral suponía de alguna manera la salvación, Miguel Giner no se atrevió a actuar de otro modo. Tanto él como los policías y los carabineros que le acompañaban cumplieron las órdenes y se quedaron más o menos tranquilos tras escuchar la promesa de que a sus visitantes, procedentes de una colonia de judíos polacos de Francia, no les iba a pasar nada.

Una semana después, sin embargo, apareció el oficial de la Wehrmacht en la casa de Giner y comentó con toda tranquilidad: «¿Se acuerda de las personas que devolvió usted? Pues los han fusilado en Toulouse». La misión del aduanero nazi era organizar las patrullas de los soldados por las montañas para controlar el tránsito de fugitivos en los Pirineos, a los cuales a menudo los ayudaban guías franceses.

Vicente Giner continúa: «Parece que lo estoy viviendo ahora. Al escucharlo, mi padre subió al piso de arriba blanco como la cera. Se lo contó a mi madre. La contestación de ella, que era muy valiente, no la olvidaré en mi vida: "Miguel, tienes que hacer algo ya". Y él respondió: "¡No devuelvo a nadie más!"». Su padre fue después a ver a los policías y carabineros que estaban a su cargo, que también habían visto la escena en la aduana, para contarles lo que había revelado el oficial de la Wehrmacht.

Lo siguiente que hizo, sin saber cómo iban a reaccionar sus compañeros, fue comunicarles que él no iba a volver a ser cómplice de semejante barbarie, que no iba a detener a nadie que llegara huyendo por su frontera, a pesar de las órdenes dadas por el Gobierno de Franco. Su hijo recuerda cuál fue la respuesta de estos:

> Le escucharon y se convirtieron en cómplices también, mirando para otro lado cuando llegaron más judíos hasta esa frontera. Sin embargo, el que se merece un monumento de verdad es el pueblo de Les. Cuando sus vecinos se enteraron de que mi padre había tomado esa decisión, comenzaron a acoger en sus propias casas a otros grupos de judíos que llegaban huyendo. Los ocultaban, les daban de comer y, por la noche, los ayudaban a pasar el puerto de la Bonaigua. Sabían que en el otro lado había gente que los ayudaba después a llegar a Barcelona, Portugal y Vigo.

Entre trescientos y quinientos judíos

Giner calcula que su padre dejó cruzar la frontera a entre trescientos y quinientos judíos en los siguientes dos meses y medio. Judíos que no habían sido interceptados por los nazis en las montañas y que habían conseguido llegar a su puesto fronterizo sin visado. «Hubo una especie de efecto llamada cuando se enteraron de que por allí se podía cruzar. Pasaban de forma regular grupos de quince o veinte. Yo oí y vi a varios, siempre por la mañana temprano. Huían de los alemanes, se resguardaban por la noche en los montes y al amanecer bajaban a Les. De alguna manera, mi padre era considerado el cabecilla de todo, pero sin la colaboración del pueblo no hubiera podido hacer nada, porque si alguno de ellos hubiera hablado o el oficial nazi se hubiera enterado... ¡imagínate!», explica.

Añade después Vicente Giner: «No creo que fuera un acto de heroísmo, sino de humanidad. Mi padre no podía devolver a esa gente sabiendo ya con seguridad que los iban a asesinar. Salvó a muchos de aquellos judíos a los que nunca volvió a ver y que nunca se lo agradecieron».

Desde aquel funesto día de junio de 1943 y hasta la muerte de Miguel Giner en 1970, así como de su esposa en 1980, ni Vicente ni su hermana comentaron el episodio con sus padres ni una sola vez. «Jamás. Ni tampoco de la gente que salvó. No querían hablar, era como un tema tabú. En primer lugar, porque se la jugaba con Franco vivo. En segundo, porque mis padres debieron temer que mi hermana y yo tuviéramos algún problema psicológico por ello, sabiendo que yo había estado jugando con los niños antes de que se los llevaran. Ten en cuenta que mi padre, sin saberlo, envió a la muerte a cerca de veinte personas. ¿Cómo crees que vivió con eso el resto de su vida?».

El día en que Hitler condenó a muerte a una mujer por hacer un chiste sobre él: «¡Pues salta de la torre!»

Manuel P. Villatoro

Dicen los expertos que las carcajadas alargan la vida y que aprender a reírse de uno mismo es bueno para la autoestima. No debió de pensar lo mismo Hitler cuando, a través de uno de sus bien conocidos Tribunales del Pueblo, condenó a muerte a una mujer alemana por contar un inocente chiste crítico con su figura. Amante de la censura y poco amigo de las bromas, el Führer prefirió guillotinar a la «exaltadora», como la denominó, acusándola de derrotismo. Una forma rápida y triste de cortar el problema de raíz.

Corría por entonces el año 1943, una época de decadencia para el nazismo en términos militares. Por un lado, el eterno aliado italiano de Hitler, Benito Mussolini, andaba a tiros con unos invitados poco deseados, los aliados, quienes habían decidido entrar en sus tierras por mar a base de fusiles y granadas. No iban mejor las cosas en el norte de África, donde, después de años a cañonazos, el Afrika Korps había tenido que marcharse a tierras más seguras. Para terminar, la situación tampoco era idónea para el Führer en el último gran frente de guerra, Rusia, un páramo congelado en el que los soldados alemanes tocaban a retirada con los soviéticos pisándoles la esvástica.

Con este panorama, ni todo el equipo de comunicación de Goebbels valía para apaciguar a los alemanes. La sociedad se sentía cada vez más cerca de la derrota y recelaba del, hasta entonces, genio militar Hitler. «A pesar de todas las jugadas maestras propagandísticas, el Gobierno alemán no podía ocultar que la guerra no iba precisamente viento en popa. La generación que había tomado parte en la Primera Guerra Mundial, por ejemplo, comenzó a tener la sospecha de que Hitler se había excedido definitivamente con el ataque a la Unión Soviética», afirma Rudolph Herzog en su obra *Heil Hitler, el cerdo está muerto*, un análisis de la comedia durante el conflicto.

Chistes derrotistas

Bajo una tensión constante por la más que posible derrota del Reich y el final del nacionalsocialismo, Hitler dio rienda suelta a su desconfianza y cargó contra el enemigo interior, a saber, todo aquel que pusiera en duda la victoria del Tercer Reich dentro del territorio alemán. Si con las primeras victorias el clima era de absoluta tranquilidad —¿quién es capaz de poner mala cara ante un triunfo?—, las derrotas fueron provocando, poco a poco, la persecución de todo aquel que osara criticar o burlarse del Führer, de sus ideas o, si la situación lo requería, de su perfecto e incorruptible bigote. Y vaya si se dieron casos.

La obsesión de Hitler por evitar a los críticos llegó hasta tal punto que ordenó a uno de sus subordinados favoritos, el sádico general Wilhelm Keitel, en cuyo currículum había ejecuciones masivas de prisioneros de guerra, crear una ley que castigara a aquellos que osaran atacar a Alemania con la palabra. En la norma se podía leer lo siguiente:

> Se aplicará la pena de muerte en caso de desmoralización de las fuerzas defensivas a aquel que exhorte o incite a rehusar el cumplimiento del deber de servicio en el ejército alemán o de

> uno de nuestros aliados, o a quien intente públicamente paralizar o socavar la voluntad del pueblo alemán o de alguno de sus aliados.

La temible Gestapo se puso manos a la obra y, a base de chivatazo por aquí y denuncia por allá, capturó y asesinó de mil y una formas a cualquiera que se atreviera a hablar en contra del nazismo. Los primeros en ser atrapados fueron aquellos con la suficiente valentía como para contar un chiste sobre Hitler delante de un nutrido grupo de gente; un acto que podía parecer inocente pero que, al igual que otros tantos, podía ser castigado con un amplio abanico de métodos. Estos incluían desde la mera amonestación hasta la pena de muerte en los casos más extremos.

Una de las personas que sufrieron este tipo de persecuciones por parte del nazismo fue Marianne Elise K., una viuda de guerra alemana de ascendencia checa que trabajaba en una fábrica de armas. La pesadilla de esta dibujante técnica residente en la región de Berlín-Mariendorf comenzó durante un día de trabajo normal. El problema vino cuando contó un inocente chiste relacionado con Hitler y Göring a uno de sus compañeros:

> Hitler y Göring están en la torre de radiodifusión de Berlín. Hitler dice que quiere darles una alegría a los berlineses. A lo que Göring le contesta: «¡Entonces, salta desde la torre!».

La broma fue demasiado para un nacionalsocialista convencido como era el compañero de trabajo y amigo de Marianne. Acusada de ser una antipatriota, su caso fue remitido al Tribunal del Pueblo, conocido por los alemanes como el Volksgerichtshof, una audiencia nazi que se encargaba de juzgar los delitos políticos y de derrotismo. Por desgracia para Elise, también se vanagloriaba de ser una de las más crueles y despiadadas de la época.

Por si fuera poco, se informó a la mujer de que su juicio sería presidido por Roland Freisler, un excéntrico abogado que gozaba del favor de Hitler y que no parpadeaba a la hora de enviar a los reos a la muerte. Según la leyenda popular, era conocido por burlarse de los acusados durante los procesos judiciales, los cuales convertía en una pantomima, pues tomaba las decisiones antes de escuchar los alegatos. Tras un juicio más parecido a una función de circo que a un verdadero proceso judicial, el 26 de junio de 1943, el Tribunal del Pueblo dictó la siguiente sentencia:

> La señora Marianne K., en su condición de viuda alemana de guerra, ha intentado socavar nuestra sólida moral de defensa y nuestro trabajo eficiente en aras de la victoria en una fábrica de armas haciendo uso de palabras malévolas contra el Führer y el pueblo alemán, expresando con ello el deseo de que perdamos la guerra. Por eso, y debido a que se ha comportado como una checa, aunque es alemana, se ha situado al margen de nuestra comunidad patriótica. Ha perdido el honor para siempre y por lo tanto es condenada a muerte.

Dicho y, para desgracia de una inocente, hecho. A los pocos días, a Elise la pasaron por la guillotina. De nada sirvió que su marido hubiera combatido y muerto por el Führer en la guerra a la hora de atenuar su condena, sino que, de hecho, fue un agravante. ¿La razón? El Tribunal del Pueblo consideró que había cometido un mal todavía mayor al manchar la memoria de su esposo. Sin duda, con esta condena Freisler hizo honor a lo que su predecesor le había escrito antes de abandonar el cargo: «En general, el juez del Tribunal del Pueblo se debe habituar a considerar que lo primordial son las ideas e intenciones del Gobierno y lo secundario, el destino humano que está en sus manos».

«Kolberg»: los ciento ochenta y siete mil soldados que Goebbels retiró del frente para rodar una superproducción con la que humillar a Hollywood

ISRAEL VIANA

La única pega que Hitler le encontró a *Lo que el viento se llevó* fue que la había rodado el enemigo. Al igual que millones de espectadores en todo el mundo, el dictador alemán quedó encantado con aquella historia de amor protagonizada por Vivien Leigh, Olivia de Havilland y Clark Gable justo al inicio de la Segunda Guerra Mundial. Los espectaculares decorados, los colores, las cuatro horas de duración, los miles de extras, el éxito en taquilla... Todo era impresionante y al Führer le irritaba.

Su reacción no tardó en llegar. Hitler convocó a su Gobierno para que comenzara a preparar una superproducción propia con la que eclipsar y humillar al drama más famoso de la historia del cine, por muchos premios Oscar que hubiera conseguido. En concreto, diez. Si se tenía que enfrentar a Estados Unidos también en las pantallas, lo haría. Todos los frentes eran válidos y Hollywood era otro enemigo.

La idea de su película fue un tanto abstracta y nació de la cabeza del ministro de Propaganda, Joseph Goebbels, que quiso ilustrar con ella el espíritu de resistencia y sacrificio del pueblo alemán. No hay que olvidar que la Segunda Guerra Mundial fue el primer gran momento del cine como arma de propaganda. Las tres grandes potencias del momento —Alemania, Estados Unidos y la Unión Soviética— usaron el séptimo arte para hacer proselitismo de sus ideas, aleccionar a sus ciudadanos y difundir fotogramas con los que intimidar a sus rivales.

Sin embargo, la herencia que dejaron los germanos en este sentido fue impresionante: más de mil películas, a las que habría que sumar un buen número de documentales y noticiarios. Pero ninguno de ellos fue tan importante para el Führer como *Kolberg*, la mencionada superproducción, que tiene el dudoso honor de ser el último filme producido por el Tercer Reich.

Presupuesto desorbitado

Goebbels no reparó en gastos para llevar su historia a la gran pantalla, que trataba de un pueblo alemán de la costa del mar Báltico que, en 1806, resiste el asedio del todopoderoso ejército de Napoleón. Para ello reclutó a un prestigioso grupo de actores y guionistas bajo la dirección de Veit Harlan, un cineasta que ya había dado sobradas muestras de su adhesión a la causa rodando varias películas antisemitas.

Por todas estas producciones fue juzgado como criminal de guerra, pero absuelto después al argumentar que había sido obligado por el régimen a realizar esos trabajos. En su favor contaba con un episodio triste: que su primera esposa, la actriz y cantante judía Dora Gerson, había muerto en Auschwitz junto con su segundo marido y sus dos hijos pequeños. Como curiosidad, la sobrina de la estrella alemana estuvo casada con el director Stanley Kubrick.

El rodaje contó con un presupuesto inicial de nueve millones de marcos, una cantidad desorbitada para la época. El proyecto, sin embargo, fue creciendo hasta convertirse en algo primordial para el Tercer Reich. Se rodó con uno de los sistemas más caros de la época, Agfacolor, que no era sino la versión alemana del Technicolor que había utilizado *Lo que el viento se llevó* en 1939.

La epopeya no se quedó ahí: se recreó la ciudad de Kolberg con toneladas de madera y cartón piedra, se confeccionaron diez mil uniformes del ejército francés de principios del siglo XIX, se trasladaron más de seis mil caballos, se movilizaron cien vagones con sal para simular la nieve y se construyeron decenas de casas según el modelo de la época, con la idea de que, al final del metraje, fueran destruidas por el fuego y las inundaciones. Para esto último se llegó, incluso, a desviar un río.

De entre todos estos datos, no obstante, hay uno que llama especialmente la atención. Poco después de que comenzara el rodaje, en noviembre de 1943, el Reich permitió que se retiraran ciento ochenta y siete mil soldados del frente para que participaran como extras del filme. No importó que fuera el momento en el que peor iban las cosas para Alemania. Las bajas y las derrotas parecían menos importantes que la superproducción, en un momento en el que el aporte de hombres era más necesario que nunca según iba la guerra.

Cañonazos ficticios y reales

La película de Goebbels pretendía ser el reflejo de una epopeya, pero lo realmente épico fue conseguir que el rodaje terminara. Se vivieron momentos tan demenciales como que se entremezclaran los cañonazos ficticios con los bombardeos reales de los aliados, en los que acabaron muriendo dos figurantes y varios resultaron heridos. Otra decisión insólita fue que, mientras en el frente escaseaban las armas y la munición, el Führer diera la orden de que la industria armamentística fabricara todo aquello que el largometraje necesitara.

El estrés durante el rodaje alcanzó unos niveles tan demenciales que Harlan y Goebbels decidieron rebajar la intensidad de las explosiones ficticias. El trabajo de las tropas en el filme había llegado a un punto en el que percibieron que estas estaban afectando psicológicamente a su moral y a la de los habitantes de los pueblos cercanos.

El rodaje duró un año y en él se volcaron todos los esfuerzos posibles, pero a Goebbels no le gustaron algunas de las escenas en las que aparecía la ciudad de Kolberg reducida a escombros. Le dio igual que hubieran costado más de dos millones de marcos, porque al ministro de Propaganda no le tembló la mano para suprimirlas. Aun así, no logró ni de lejos que la película alcanzara la calidad de títulos como *El acorazado Potemkin* (1925) o *Metrópolis* (1927).

Por si no fuera suficiente, la superproducción nazi tuvo que estrenarse el 30 de enero de 1945 con el sonido de fondo de las bombas que caían sobre Alemania. Los soviéticos se acercaban, pero la película tenía que proyectarse sí o sí. Los mandos nazis eligieron tres salas. La primera, una medio derruida en La Rochelle, el enclave francés en la costa atlántica donde resistía una guarnición alemana rodeada de enemigos, en la que las bobinas tuvieron que lanzarse en paracaídas. La segunda, en Berlín, con un público formado por los soldados acuartelados en la ciudad y las Juventudes Hitlerianas. La tercera, en un pase privado para Hitler el mismo día en que dio su último discurso.

La proyección de *Kolberg* parecía más un mensaje para la posteridad que una llamada a la resistencia de su pueblo. La derrota de Alemania parecía algo inevitable. Ni siquiera Goebbels creía que se pudiera dar la vuelta a la guerra en ese momento. El costoso testamento cinematográfico del Führer y su ministro de Propaganda solo lo vieron unos pocos soldados y algunos ciudadanos que, en los días sucesivos, se atrevieron a abandonar sus refugios para acudir a los escasos cines que quedaban en pie.

Ninguno de aquellos espectadores sabía que los soviéticos, en la vida real, ya habían tomado y destruido la ciudad de Kolberg. La noticia se ocultó.

Superarmas nazis: colosos con pies de barro en Leningrado

Manuel P. Villatoro

El cañón ferroviario Gustav era lo más parecido a un dinosaurio metálico que se podía ver en la Segunda Guerra Mundial. Medía unos seis pisos de altura, eran necesarios casi dos mil operarios para ponerlo en marcha y sus proyectiles provocaban unos cráteres en los que podrían haberse aparcado varios coches. Sin embargo, su tamaño no era equivalente a su eficacia. Fue un gigante torpe; un coloso con pies de barro sin apenas precisión que no sirvió al Tercer Reich para vencer a la Unión Soviética. Y, como él, otras tantas y aparatosas superarmas. Ni los obuses Karl ni los míticos carros de combate Tiger permitieron a los germanos doblegar Leningrado, la urbe que el Führer consideraba el corazón del Báltico. El tamaño, que no siempre lo es todo. En 1943 el cerco empezaba a tambalearse...

Rara obsesión

El origen de estas armas hay que buscarlo en una única persona, y todos sabemos cuál. Adolf Hitler albergaba un *je ne sais quoi* que lo convertía en irresistible entre los oficiales. El general Hasso von Manteuffel, por poner un ejemplo, dijo de él que tenía una «personalidad magnética y casi hipnótica»; un hechizo capaz de convencer a cualquiera de que era un experto en todos los ámbitos de la guerra. Pero la verdad es que no pasaba de sabelotodo de barra de bar. Sus invitados debían resistir estoicamente interminables monólogos sobre el veganismo, la raza aria o el papel de las mujeres en la sociedad. Aunque había un tema que le seducía en especial: el armamento. El Führer adoraba la nueva tecnología militar. «Toda invención novedosa deprecia el antiguo material y, [...] en la guerra, el mejor soldado es aquel que dispone de los medios técnicos más modernos», afirmó en una ocasión.

Su máxima, como hacía saber a todo aquel con el que compartía mesa en el Berghof, era que la mejor arma era la de dimensiones más colosales. Estaba ofuscado con los cañones y carros de combate gigantescos. Cuanto más grande, mejor. Y eso aunque provocara la quiebra del Reichsbank. Para su desgracia, personajes como Gustav Krupp von Bohlen und Halbach, el presidente del principal proveedor de armamento del Tercer Reich, conocían también esa debilidad. El industrial, de escaso pelo blanquecino y pómulos marcados, supo ganarse el cariño de Hitler con el diseño de algunas de las más afamadas superarmas de la contienda. A cambio, obtuvo mano de obra gratuita llegada de los campos de concentración —en su mayoría, presos soviéticos que trabajaban hasta la extenuación— y condecoraciones como la Medalla de Oro del NSDAP. Y lo mismo pasó con empresas como Skoda o Henschel.

Gran Gustav

De todos los cañones de la Segunda Guerra Mundial, hubo uno que ha pasado a la historia por su espectacularidad y por su capacidad de devastación, el Kanone Gustav-Gerät de 80 cm. Su esbozo comenzó en 1935. Por entonces, a cuatro años de que estallara la contienda, Hitler propuso a Krupp diseñar un arma que pudiera acabar con las posiciones defensivas instaladas por los franceses en la afamada Línea Maginot. Las condiciones eran muy concretas: debía lanzar un proyectil capaz de penetrar un metro de blindaje, siete metros de hormigón armado o treinta metros de tierra compactada. Se ha afirmado que el líder nazi lo encargó pensando en la invasión del país, pero la realidad es que lo que le quitaba el sueño era que la artillería ubicada por los galos en la frontera disparase de forma impune contra Renania.

El personal de la fábrica se puso manos a la obra y presentó un informe en el que proponía forjar una pieza de artillería sobre raíles de un calibre que rondara entre los setenta y los cien centímetros. El Führer, ilusionado, se reunió con Krupp en marzo de 1936 para preguntar si el diseño era viable. Gustav, zorro viejo, respondió que era plausible, aunque no sencillo. Poco más necesitaba el dictador. El industrial adelantó entonces siete millones de marcos para que el proyecto, calificado de alto secreto, comenzase a recorrer un extenso camino que terminó en el verano de 1940. Casi cuatro años en los que la compañía tuvo que solventar dificultades como que el bloque del cañón pudiera dividirse en cuatro partes para ser transportado de una forma más sencilla o que la recámara soportase las altísimas presiones provocadas tras cada disparo.

El resultado, bautizado como el mandamás de Krupp, era estremecedor. El cañón, cuya boca tenía casi un metro de ancho, pesaba 1.465 toneladas, medía 12 metros de alto y podía disparar a una distancia máxima de 47 kilómetros. Algo similar sucedía con los proyectiles: alcanzaban los cinco mil kilogramos y estaban cargados con hasta cuatrocientos de explosivo. Además, las primeras pruebas, realizadas en Hillersleben y presididas por Adolf Hitler y por el ministro de Armamento, Albert Speer, invitaron al optimismo. En ellas, los jerarcas vieron con asombro que generaba cráteres de diez metros de ancho y otros tantos de profundidad. Sin embargo, Gustav no llegó a tiempo para la invasión de Francia. A cambio, el Führer planteó utilizarlo contra las defensas de Gibraltar, pero la negativa de Francisco Franco a aliarse con la Alemania nazi impidió su estreno.

En todo caso, no se puede decir que el cañón le saliese caro, pues Krupp decidió regalárselo al Reich para demostrar su compromiso con el esfuerzo de guerra. Así lo atestigua una misiva enviada por el propio Gustav el 24 de julio de 1942: «*Mein Führer*, la gran arma que se ha fabricado con sus directrices ha demostrado su eficacia. [...] Es un orgullo para mí y para mi esposa entregársela, y le pedimos como un favor que la fábrica Krupp se abstenga de cobrar por este primer producto. Gracias por la confianza depositada en nuestro trabajo y en nosotros». Lo que no explicó fue que aquella pieza de artillería era un auténtico engorro. Los datos hablan por sí solos: necesitaba mil quinientos hombres para ser operativa, debía acompañarse de defensas antiaéreas para evitar que los aviones enemigos la destruyeran y apenas podía realizar dos disparos por hora.

Tras el inicio de la Operación Barbarroja, la invasión de Rusia, Gustav se trasladó hasta Sebastopol, uno de los escollos más molestos para el Tercer Reich. Cuando esta urbe se rindió había disparado 48 proyectiles y, aunque Hitler se esforzó en demostrar lo contrario, tan solo uno de cada cinco había dado en el blanco. Por si fuera poco, fue necesario enviarlo de nuevo a Alemania para una puesta a punto.

Ya listo, tanto él como su gemelo, Dora, se trasladaron al Grupo de Ejércitos Norte para participar en el asedio de Leningrado. Se llegaron a excavar posiciones para ellos, pero no se utilizaron por culpa de un contraataque enemigo. A partir de entonces existe cierta controversia sobre su paradero. Marc Romanych y Martin Rupp (autores de *World War II. German Super-heavy Siege Guns*) son partidarios de que el primero fue destruido y los aliados lo hallaron cerca de la urbe. A su vez, están convencidos de que su hermano fue dañado por los aviones soviéticos y tuvo que ser llevado hasta Auerswalde, donde fue almacenado y olvidado. Pero existen infinidad de teorías. Una de ellas es la de David Porter, quien sostiene que los historiadores han cometido un grave error y que Dora fue un apodo cariñoso que los soldados alemanes pusieron al único Kanone Gustav-Gerät de 80 cm construido.

Morteros gigantes... e inútiles

Krupp no fue la única empresa que construyó superarmas para los alemanes. Entre las compañías más reconocidas en la lista de proveedores de Hitler se hallaba también Skoda. Aunque por obligación más que por interés. Su turbulenta relación comenzó cuando la Alemania nazi invadió Checoslovaquia en 1939. Las factorías quedaron entonces sometidas a los designios del implacable Reich teutón y de sus fábricas salieron cientos de carros de combate y cañones. A la larga, su labor fue clave para descongestionar la sobrepasada industria del eje. Hasta el propio Führer, escéptico con respecto a los checos, admitió su valía: «Aunque carecen de dotes para la invención, son trabajadores y aplicados». No se le olvidó señalar, sin embargo, que «en los orígenes de Skoda hay austriacos y alemanes».

Skoda no era novata en el diseño y la construcción de material militar. Entre sus especialidades destacaban los carros ligeros, pero también los morteros autopropulsados, que habían demostrado sus capacidades en las batallas más destacadas de la Primera Guerra Mundial. Uno de los más grandes con los que surtieron al Tercer Reich fue el Autohaubitze M.17 de 42 cm, el nombre técnico de un obús con solera perfeccionado desde que su primera versión viera la luz en 1917. Es posible que no tuviera las dimensiones del Gustav, pero también es real que fue uno de los más grandes de toda la contienda. Ideado en principio para destruir objetivos navales y reconvertido luego en una pieza de artillería móvil, pesaba cien toneladas y podía disparar a una distancia de más de catorce kilómetros. Un pequeño gigante que prometía sembrar el pánico entre sus enemigos.

Como los cañones ferroviarios, los morteros Skoda se le asignaron al Undécimo Ejército alemán. Su destino: Sebastopol, la mayor fortaleza soviética en el Este. Y, al igual que el Gustav, su actuación fue muy discreta. Aunque dispararon casi dos centenares de proyectiles, no lograron destruir ninguna de las fortificaciones permanentes de los rusos. Tras la caída de la ciudad, y más por convicción de los mandos que por la utilidad que habían demostrado, los enviaron al frente de Leningrado. La lógica dictaba que su poder destructivo podría doblegar la resistencia, pero su llegada no sirvió de nada. La falta de precisión y los continuos ataques soviéticos hicieron que se utilizaran como mera artillería de apoyo. Otro gran fiasco.

No tuvieron mejor suerte los morteros autopropulsados conocidos con el nombre de Karl. Los cañones, en sus dos versiones (la Mörser-Gerät 040 y la Mörser-Gerät 041), se cuentan hoy entre las piezas de artillería de mayor tamaño de toda la Segunda Guerra Mundial. Pero, una vez más, sus cinco metros de altura no sirvieron de nada. En Sebastopol dispararon contra la posición mejor protegida, la batería de costa del fuerte Maxim Gorki, sin provocar ningún daño severo a sus operadores. En 1942 se enviaron varias unidades a Leningrado, pero ni siquiera se llegaron a armar. Las dificultades a la hora de emplazarlas y los contraataques soviéticos hicieron que ni siquiera pudieran acercarse a la urbe. Algo parecido sucedió en Stalingrado.

Tigres sobre la nieve

Si dar vida a un cañón colosal fue uno de los sueños dorados del Führer, crear un vehículo gigantesco que se transformara en el terror de los aliados se convirtió en una obsesión. «Para Hitler, el principio fundamental a la hora de construir un tanque era que tuviera un armamento muy pesado. Y luego, la velocidad y el blindaje», explicó el general Heinz Guderian, famoso por ser uno de los gurús de la guerra acorazada germana en los años treinta. La idea ya se había barruntado en 1937, pero no fue hasta mayo de 1941 cuando el líder nazi dio la orden a sus empresas favoritas, Porsche y Henschel, de diseñar un tanque que pudiera traspasar la coraza de cualquier enemigo. Así lo atestiguó el Oberst Fichtner en una carta dirigida al ministro de Armamento: «Tras evaluar las experiencias de la guerra, el Führer demanda aumentar la potencia de penetración».

Contra todo pronóstico, y para disgusto de Hitler, amigo personal de Porsche, fue Henschel la que ganó la partida. Así, en 1942 comenzó a ensamblarse el Panzerkampfwagen VI Ausf. E o Tiger I. El resultado fue un carro de combate que el as de los Panzer Otto Carius definió así en sus memorias: «Aunque no era bonito, su robustez nos llenaba de entusiasmo [...]. La fortaleza de un carro reside en su blindaje, en su movilidad y en su armamento. Se deben combinar estos tres factores para conseguir el máximo de rendimiento. Este ideal se hacía realidad en nuestro Tiger. El cañón de 8,8 cm era lo suficientemente bueno como para derrotar cualquier objetivo [...]. Además, era fuerte como para soportar varios disparos».

El problema, como ocurrió en toda la Segunda Guerra Mundial, fue que el dictador se obcecó con que el Tiger debía marchar a toda prisa hacia el frente sin haberse fogueado antes. Craso error. En agosto de 1942, las primeras unidades se le entregaron al 502.º Batallón Panzer Pesado. Su destino no podía ser peor para perder la virginidad operativa: el Grupo de Ejércitos Norte y la URSS. «A Hitler le consumía el deseo de probar su nueva arma y por eso ordenó que los Tiger participaran [...] en un terreno que era absolutamente inadecuado, ya que en los bosques pantanosos cerca de Leningrado los carros de combate pesados solo podían avanzar en columna por las sendas forestales», escribió Guderian.

El combate inaugural de los flamantes supertanques de Hitler fue una calamidad. El 29 de agosto de 1941, cuatro Tiger se destinaron a la población de Mga. Debían avanzar a través de los bosques, entablar contacto con el enemigo y demostrar su capacidad de destrucción. Sin embargo, los soviéticos los hicieron añicos. El informe que el alto mando envió poco después al Tercer Reich no podía ser más claro con el resultado: «El primer, y quizá desafortunado ataque, ha terminado con tres de los cuatro Tiger empleados destruidos. [...] Pero eso no debe conducir a la suposición de que este vehículo es inútil. En un terreno más propicio (en este caso solo se disponía de una franja muy estrecha de ataque que las armas antitanque enemigas podían controlar) podrán conseguir éxitos». Solo llegó a su destino uno de los carros, que, además, tuvieron que abandonar por problemas mecánicos.

Su actuación mejoró en los meses siguientes, de eso no hay duda. De hecho, al final de la Segunda Guerra Mundial se convirtieron en los tanques más temidos por los aliados. Sin embargo, su estancia en Leningrado dio serios quebraderos de cabeza al alto mando. El terreno hizo sufrir la mecánica de los vehículos hasta límites insospechados y el Oberkommando der Heeresgruppe Nord informó de una gran cantidad de fallos, como fugas en los engranajes de los ventiladores, incendios en el carburador, daños en la transmisión o pérdidas de agua constantes. «Pedimos que se tomen las medidas correspondientes [...] para evitar la sobrecarga de los, ya de por sí, sobrepasados servicios de mantenimiento y reparación». Hasta Hitler, tras recibir los datos, ordenó utilizar los blindados con reservas en este frente.

Los órganos de Stalin

Adolf Hitler no fue el único líder que contó con ingenios secretos. En la primavera de 1941, poco antes de que Alemania rompiese el tratado de no agresión y atravesara la frontera rusa, se ultimaba en la Unión Soviética el desarrollo de una pieza de artillería que pudiera destruir por saturación una posición enemiga. El arma en cuestión se gestó en el Laboratorio de Dinámica de Gases de Leningrado y se le presentó al Camarada Supremo en los primeros días de junio: un lanzacohetes múltiple que disparaba dieciséis proyectiles de forma simultánea. A Iósif Stalin, a pesar de los problemas que observó en las pruebas iniciales, le encandiló el proyecto.

Así nació el BM-13, más conocido por el Ejército Rojo como Katiusha, un diminutivo cariñoso del nombre Katerina y, por entonces, también una famosa canción de Matvéi Blánter y Mijaíl Isakovski. Los nazis, por su parte, terminaron llamándolo Órgano de Stalin por el sonido característico que hacía cuando arrojaba su carga. Aunque los lanzacohetes que machacaron a los alemanes en batallas tan determinantes como las de Stalingrado o Leningrado fueron los M-8, un modelo más barato de producir que disparaba proyectiles de un calibre más pequeño y que se montó sobre el chasis de un camión a partir de agosto de 1941. En cualquier caso, lo que es innegable es que causaron estragos entre los soldados del Tercer Reich al utilizarse en masa.

Huelga decir que, en principio, el diseño de estos lanzacohetes se mantuvo bajo el más estricto secreto, hasta tal punto que, cuando estalló el conflicto, las escasas unidades disponibles se organizaron en pequeños grupos a las órdenes del NKVD (el Comisariado del Pueblo para Asuntos Internos).

Una batería de siete de estos lanzacohetes se utilizó por primera vez el 14 de julio de 1941 en la región de Orsha, al sudoeste de Smolensk. Bajo el mando del capitán Flerov, y a eso de las tres de la tarde, los BM-13 dispararon varias salvas sobre los trenes enemigos ubicados cerca de una estación ferroviaria. Los estragos fueron tan llamativos que los supervivientes informaron de que les había caído encima un «mar de fuego» o «un huracán». Esa misma tarde, las tripulaciones —que apenas habían recibido cuatro días de instrucción debido a la extrema simplicidad del sistema de recarga del aparato— arrojaron más explosivos sobre los nazis que pretendían cruzar el río Orshitsa. Fue igual de efectivo.

Además de la ingente cantidad de proyectiles que podía dejar caer, el Katiusha era especialmente dañino para la moral alemana. Los prisioneros capturados por los soviéticos no tardaron en desvelar que el característico sonido de las andanadas provocaba el caos y la desorganización entre sus compañeros. Orgulloso, Stalin permitió que se generalizara su construcción. Se ensamblaron unos diez mil de estos lanzacohetes hasta el final de la Segunda Guerra Mundial. Pocos, menos de un 1 por ciento del total de las piezas de artillería soviéticas en realidad, pero tan eficaces que se convirtieron en un icono del Ejército Rojo.

Cuando Hitler ordenó fusilar a ocho mil doscientos soldados de la Italia fascista: la masacre que Estados Unidos ocultó

Israel Viana

En la prensa española tan solo encontramos una mención acerca de esta masacre perpetrada por las tropas de Hitler contra los fascistas italianos, que hasta ese momento eran sus aliados. La publicó el diario falangista *Duero* cuando se estaba produciendo la matanza. El titular apuntaba: «En Cefalonia, los italianos de Pietro Badoglio fueron aniquilados por los soldados alemanes». Se refería al mariscal del ejército que había sustituido a Mussolini como presidente del Consejo de Ministros poco antes.

El periódico explicaba que la División Acqui italiana, estacionada en la mencionada isla griega, se había negado a deponer las armas «después de la traición de su propio Gobierno». Los soldados consideraban que sus mandos en Roma los habían dejado abandonados a su suerte, con los nazis avanzando sin piedad por todo el territorio heleno.

Una matanza que el escritor Louis Bernières contó muy bien en *La mandolina del capitán Corelli*, una novela en la que reflejó con fidelidad la alteración de la vida en Cefalonia por parte de los soldados italianos y alemanes; los primeros con una invasión que se podría calificar como de guante blanco y los segundos instaurando después la represión y el terror.

Prácticamente no hay más referencias sobre este episodio, que puede ser considerado como uno de los más injustamente olvidados de la guerra. Toda la documentación relacionada con el aniquilamiento de esta división a finales de septiembre de 1943 fue secuestrada por el Gobierno de Estados Unidos durante la Guerra Fría. La Casa Blanca nunca quiso publicarla. Hasta 1980 ni siquiera existía un memorial para las víctimas de Cefalonia.

El recuerdo de los miles de soldados ejecutados era difícil de encuadrar en una causa, puesto que no luchaban exactamente contra el fascismo ni por el fascismo, sino por su supervivencia. En 2003, la asociación de supervivientes y familiares de las víctimas de Cefalonia recordaron que, setenta años antes, «los alemanes asesinaron a casi doce mil de nuestros soldados, una tragedia que algunos oficiales alemanes siguen negando. Y a nosotros, ¿quién nos pide disculpas?».

El armisticio

El detonante de aquella venganza de los nazis contra sus socios fue el armisticio que los últimos firmaron con los aliados el 8 de septiembre de 1943. Entre las condiciones que se establecieron estaba la obligación de no ayudar más al ejército alemán, entregar a todos los prisioneros y regresar de inmediato a Italia dejando allí a los germanos. Como era de esperar, Hitler se tomó aquello como una traición a la causa fascista y respondió con la mayor crueldad contra la 33.ª División Acqui.

Esta unidad había participado cuatro años antes en la campaña de Francia. Después había pasado por Albania y, más tarde, se había incorporado a la invasión de Grecia, para establecerse al fin en Cefalonia en mayo de 1943. En total, 12.025 hombres, de los cuales 525 eran oficiales y 11.500, suboficiales y soldados. Contaban también con baterías costeras, lanchas torpederas, barcos de suministros y dos aviones de reconocimiento. Al mando de todo, el general Antonio Gandin.

El general Carlo Vecchiarelli, comandante de todas las fuerzas italianas en Grecia, había ordenado a este que no atacara a los nazis y que no hiciera «causa común» con los partisanos griegos para enfrentarse a aquellos ahora que habían capitulado. Unas directrices muy confusas si tenemos en cuenta que, por su parte, el presidente Badoglio había ordenado también a su ejército que respondiera con contundencia ante cualquier amenaza de los alemanes. Nada parecía tener sentido en aquellos momentos de confusión.

La gota que colmó el vaso para aquella división fue la orden que recibió Gandin de enviar a Brindisi todas sus unidades navales. El objetivo era cumplir con los términos del acuerdo firmado con Francia y Reino Unido, que dejaba a las tropas de Cefalonia sin posibilidad de escapar ante cualquier ataque. Una situación a la que hay que sumar el hecho de que Badoglio, una vez derrocado Mussolini, cedió el mando del pequeño destacamento precisamente a los nazis para tener contentos a los dos bandos. Aquel movimiento sin sentido dio a los alemanes la justificación para tratar como traidores a todos los que desobedecieran sus órdenes.

Desarmar a los italianos

Desde ese momento, el teniente coronel al mando de ambas tropas en la isla fue Johannes Barge. El 9 de septiembre este comunicó a Gandin que no había recibido órdenes desde Berlín, pero estaba mintiendo. El Alto Mando de la Wehrmacht (OKW) —que en la práctica ejercía la función del Ministerio de Guerra del Tercer Reich— había comunicado ya que debían desarmar a los italianos para evitar cualquier motín. La orden se transmitió al día siguiente y después se advirtió que, si se negaban, tenían la directriz de fusilarlos a todos.

El general Gandin se encontraba ante una gran disyuntiva: deponer las armas ante los nazis y dejar que se hicieran con todo el poder de Cefalonia o, por el contrario, negarse, combatir y afrontar las consecuencias. En su cabeza seguían rondando unas órdenes poco concretas y hasta contradictorias: evitar el enfrentamiento con los que hasta entonces habían sido sus aliados y no colaborar con los partisanos griegos o responder a cualquier agresión. ¿Qué debía hacer, sabiendo que ya no contaba con barcos para evacuar la isla?

La tarde del 11 de septiembre Gandin recibió un comunicado de Barge en el que le daba tres opciones: seguir combatiendo al lado de los alemanes, combatir contra los alemanes o entregar las armas. Aunque la mayoría de sus soldados no eran partidarios de enfrentarse a los nazis, el general italiano decidió acatar una última orden que le acababa de llegar por parte de Vecchiarelli: ni desarmarse ni unirse a los nazis.

Tomada la decisión, el general Gandin envió una carta a los mandos alemanes tres días después, exigiendo que le enviaran una respuesta al día siguiente:

> La división tiene el firme propósito de mantener sus armas y municiones y solo en el momento de embarcar hacia Italia entregaríamos la artillería. La misma división asegura, bajo palabra de honor y con garantías, que no volverá a las armas contra los alemanes. Si esto no es aceptado, la división prefiere combatir a ceder. Y yo, aunque con sumo dolor, renuncio definitivamente a tratar con la parte alemana porque soy la cabeza de mi división.

La batalla

La consecuencia a la misiva no se hizo esperar: el 15 de septiembre comenzó una cruenta batalla entre estos dos bandos que, hasta hacía poco, habían sido aliados. El primer movimiento lo hicieron los Stukas de la Luftwaffe, que bombardearon las posiciones italianas y lanzaron folletos incitando a sus soldados a abandonar las armas. Aun así, en un primer momento, Gandin consiguió imponer su superioridad numérica y capturar cerca de quinientos prisioneros, pero solo fue un espejismo.

Dos días más tarde desembarcaron en Cefalonia dos batallones de la División de Montaña de Harald von Hirschfeld, un cuerpo de élite que se había hecho famoso por la brutal represión perpetrada poco antes contra la población civil griega de Kommeno. La carta de Gandin, además, había causado un gran malestar a Hitler, que dictó la orden de ejecutar sumariamente a todos los oficiales italianos que se resistieran a deponer las armas. El mandato lo confirmó más adelante el OKW, que comunicó a sus tropas que no hicieran prisioneros. Había que aniquilarlos a todos.

El malestar de Hitler

Fue en ese momento cuando empezó la escabechina. El 18 de septiembre morían en combate los primeros cuatrocientos soldados italianos. El 21, otros ochocientos. La supremacía de la aviación alemana era indiscutible y el general italiano, encima, no encontró respuesta por parte de sus jefes cuando pidió apoyo aéreo. Los mandos aliados obligaron a regresar a dos torpederas que iban de camino hacia la isla. Los soldados italianos de Cefalonia y Corfú estaban solos, abandonados a su suerte. Ni siquiera los efectivos del ELAS (Ejército Popular de Liberación Nacional griego) pudieron hacer nada para socorrerlos.

Lo peor, sin embargo, estaba por llegar. Desde el mediodía del 21 de septiembre hasta el mediodía del 22, se fusiló a 189 oficiales y más de cinco mil soldados en diferentes puntos de la isla. Esa misma jornada, las tropas de Gandin se quedaron sin municiones y no tuvo más remedio que ordenar a sus soldados la rendición. Una decisión que, a la mayoría de ellos, les supuso igualmente la muerte.

El 24 de septiembre se ejecutó a otros 129 oficiales en San Teodoro, entre los que se encontraba el mismo Gandin. Al día siguiente, otros siete oficiales enfermos y heridos corrieron la misma suerte en el hospital de campo donde se encontraban ingresados. La masacre se extendió luego a la mayoría de los municipios de la isla: en Troianata fusilaron a 631 prisioneros; en Fragata, a 461; en Pharsa, a trescientos cincuenta; en Kuruklata, a trescientos; en Valsamata, a otros trescientos; en Prokopata, a 148, y en Kardakata, a 114 más.

Los nazis pusieron fin a la escabechina el 26 de septiembre con la ejecución de otros seiscientos soldados y veinte oficiales más en Corfú. En total, más de ocho mil doscientos combatientes fascistas fueron asesinados por orden del Führer, a pesar de que se habían rendido y estaban indefensos. Tantos eran los cadáveres que, tras ser despojados de sus botas y el resto del equipo, fueron incinerados en grandes piras que extendieron el olor a carne quemada por toda la isla. En algunos casos, como el de Gandin y sus oficiales, embarcaron los cuerpos y los arrojaron al mar, lejos de la costa.

Cantando y rezando

En algunos pueblos como Fragata, las ametralladoras estuvieron disparando más de dos horas sin parar, regando de sangre las calles, los jardines y el interior de algunas casas donde los vecinos habían alojado a italianos heridos. Muy pocos testimonios han llegado hasta nosotros de aquella atrocidad. Uno de ellos, el del capellán Romualdo Formato, asegura que lo acontecido allí se podría comparar con la persecución de los primeros cristianos en la antigua Roma. El sacerdote recordaba a los soldados esperando la muerte mientras cantaban y rezaban. Otro testimonio fue el de Alfred Richter, un soldado austriaco que reconoció la impotencia y repugnancia que sintieron él y otros compatriotas ante aquel exterminio en el que participaron.

Los cerca de cuatro mil supervivientes no corrieron mejor suerte. Tras ser embarcados en tres buques para dirigirse al continente, se hundieron al chocar con minas en el mar Jónico. Más de tres mil murieron ahogados.

El único oficial alemán acusado de la matanza de Cefalonia fue el teniente general Hubert Lanz. Durante los juicios de Núremberg alegó que él solo cumplía las órdenes de Hitler. Fue condenado a doce años de prisión, pero únicamente cumplió tres. En 1951 ya estaba en libertad, convertido en asesor militar del FDP. Poco después de ese año se exhumaron unos tres mil cadáveres en Cefalonia, pero no se juzgó a ningún responsable más.

De hija del comandante de Auschwitz a supermodelo en la España de Franco

Manuel P. Villatoro

Para alegría o desconsuelo, nadie puede elegir a sus padres. La diosa Fortuna es la que se encarga de dilucidar si naceremos en el seno de una familia rica, pobre, bondadosa o cruel. A partir de ese momento no queda más que asumir quiénes son nuestros progenitores y vivir con ello. Aunque, en algunos casos, pueda ser una tarea casi imposible. Uno de los ejemplos más claros en este sentido es el de Brigitt Höss, supermodelo en la España de Francisco Franco, gran descubrimiento del diseñador Balenciaga y, para su desgracia, hija del comandante de Auschwitz, Rudolf Höss, responsable de la muerte de millones de personas y artífice de las cámaras de gas del campo en 1943. Su vida fue una suerte de montaña rusa, pues pasó de residir entre lujos en la Alemania nazi a verse obligada a escapar de su país tras el fin de la contienda.

Höss, el mismo personaje que se enorgullecía de haber encontrado una forma rápida y eficaz de acabar en masa con los reos judíos, era también un hombre que le daba gran importancia a la vida familiar. Así lo demuestra el que tuviera cinco hijos con su esposa en poco más de una década. El primer niño en llegar fue Klaus, y lo hizo tan solo tres meses después de que la pareja contrajera matrimonio en 1930. Luego vinieron al mundo, de forma respectiva, Heidetraut (1932), Inge Brigitt (1933), Hans-Jürgen (1937) y Annegret (1943). Los tres primeros arribaron a una Alemania que, como bien recuerda Tania Crasnianski en *Hijos de nazis*, estaba en plena ebullición política. «Durante ese cambio, la familia Höss vivía aislada, en una granja sobre el mar Báltico», explica la investigadora gala.

Todo cambió cuando Höss entró en las SS y lo destinaron al campo de concentración de Dachau, allá por 1934. Fue en ese instante cuando comenzó su viaje hacia las cloacas más pestilentes del régimen nacionalsocialista: la futura aniquilación de cientos de miles de judíos en las cámaras de gas. Poco después acudieron a reunirse con él su mujer y sus, por entonces, tres pequeños. Allí, en una casa ubicada en las cercanías de la prisión, vivieron sin privaciones y rodeados de los lujos típicos de un oficial de su cargo. Nuestra protagonista, la joven Brigitt, pasaba aquellas jornadas en el colegio para hijos de oficiales y en el hogar, con su madre. Mientras, su progenitor se convertía, poco a poco, en uno de los hombres de confianza del líder de las SS Heinrich Himmler y del propio Hitler.

Lo cierto es que Höss se ganó su fama de cruel y eficiente gracias a una sencilla máxima: seguir al pie de la letra las órdenes de sus superiores. A esta unió una enfermiza obsesión por el trabajo que, a la postre, convirtió Dachau en el perfecto ejemplo de lo que debía ser una prisión del Tercer Reich. «La temible eficacia de Höss y su sentido estratégico y práctico contribuyeron a su ascenso», añade la autora en su obra. Todo ello hizo que, en 1938, el alto mando le enviara hasta el campo de concentración de Sachsenhausen como primer adjunto. De nuevo, y como si fuera una letanía, su familia se trasladó hasta una vivienda ubicada en las cercanías del recinto. Por entonces, la pequeña Brigitt disfrutaba de la vida en familia junto a su padre sin saber que, fuera de los muros de su nuevo hogar, este se dedicaba a orquestar la matanza sistemática de miles de prisioneros.

La autora gala describe en su obra cómo era la vida cotidiana de Höss... y lo cierto es que la lectura es escalofriante. No ya por su triste labor como oficial al mando de la barbarie organizada en aquella cárcel, que también, sino porque, cuando regresaba a su hogar, representaba a la perfección el papel del buen padre de familia. Ya en la tranquilidad de la casa, el germano no tenía reparos en poner música a sus hijos en un gramófono o contarles cuentos antes de que se acostaran. Le encantaba la historieta de dos niños que desobedecían a los adultos y eran severamente castigados. Aquella doble vida forjó en Brigitt la idea de que su padre era un hombre sencillo que pasaba demasiadas horas trabajando fuera de casa. La candidez de la infancia.

Lo cierto es que llevaba razón en parte, pues Höss era un enamorado de su trabajo y pasaba horas fuera de casa. En todo caso, la confianza que tenían en él los altos cargos del Tercer Reich quedó patente cuando Himmler le ofreció la dirección de un nuevo campo de concentración ubicado en las cercanías de Cracovia, Auschwitz. Por entonces el calendario marcaba el mes de mayo de 1940. Una vez construido el lugar, el resto de la familia fue a vivir con él en una casa vecina. La vivienda estaba separada de las cámaras de gas por un escuálido muro y por una reja que permitía a Brigitt y a sus hermanos convivir a diario con la muerte, aunque lo hacían rodeados de lujos como chocolate, azúcar y leche, alimentos escasos en aquellos años. Tampoco le faltaban a la pequeña una pléyade de sirvientes, desde un sastre hasta un peluquero, todos ellos reos.

La pequeña solía codearse con los altos cargos del nazismo. Personajes como Adolf Eichmann (uno de los arquitectos del Holocausto) o Richard Glücks (jefe inspector de los campos de concentración) pasaban de forma recurrente por la casa de los Höss para conocer las novedades del lugar y saludar a los niños. Aunque la visita que más gustaba a los chiquillos era la de «tío Heini», Heinrich Himmler. Rudolf adoraba fotografiar a sus hijos ataviados con sus mejores ropas sobre las rodillas del Reichsführer. Estos mandamases parecían vivir ajenos al expolio de alimentos, ropa y riquezas que hacía el comandante de aquel centro de muerte. El botín se extraía directamente del Canadá, el barracón al que se llevaban las pertenencias de los presos.

La vida de los Höss era similar a la de una familia adinerada de Alemania. Ropa fina, ricas viandas, fiestas nocturnas... Aunque, eso sí, con vistas a las chimeneas de los hornos crematorios. Así definió Brigritt aquellos días de bonanza:

> Algunos detenidos-jardineros arreglaron todo el jardín. Plantaron flores hermosísimas y arbustos. De todos los colores. Nos enviaban regularmente a casa miles de macetas de flores y semillas. A mamá le gustaba pasar el tiempo en el jardín y plantar nuevas flores. También teníamos una huerta, en la que cultivábamos diferentes legumbres. Papá hizo instalar una piscina en la que podíamos bañarnos, y un gran tobogán de madera solo para nosotros. Papá hizo que nos llevaran toda clase de animales: conejos, tortugas, gatos, culebras, martas. Nada es demasiado bello para nosotros.

Tras la pesadilla

Pero la vida de lujo de los Höss tenía fecha de caducidad. Su final empezó a fraguarse desde el mismo instante en que, tras casi dos años aguantando el envite del ejército alemán en Stalingrado, los soviéticos rompieron el cerco nazi e iniciaron su avance sobre Berlín. A partir de entonces los germanos comenzaron, desesperados, una carrera contra el tiempo, cuyo objetivo era acabar con las pruebas de la temible Solución Final, el exterminio masivo de judíos en las cámaras de gas. A lo largo y ancho de las fronteras del Tercer Reich, se obligó a decenas de presos a caminar cientos de kilómetros hacia el interior de Alemania en las llamadas «marchas de la muerte». La finalidad era que, cuando el Ejército Rojo liberara los campos, no hallara testigos que pudiesen contar las tropelías que habían perpetrado.

Höss, uno de los oficiales más apreciados en el Reich tras haber mantenido las cámaras de gas de Auschwitz a pleno rendimiento, sabía que le ejecutarían si caía en manos de los aliados. Por ello, en 1944 empezó a planear su huida. Y esta se materializó poco después de que Hitler se suicidara en el búnker de la Cancillería el 30 de abril de 1945. Después de aquel golpe moral, Rudolf partió hacia Flensburgo junto con su hijo. Su delirante objetivo era alistarse en el supuesto último ejército nazi que estaba organizando Himmler. Mientras, su mujer y las pequeñas se quedaron en el norte de Alemania. Por entonces, la familia todavía creía en la posibilidad de un contraataque. Pero aquello era una mera fantasía que quedó destrozada en mil pedazos cuando el líder de las SS recibió al comandante de Auschwitz con unas palabras tan sinceras como descorazonadoras: «Todo ha acabado».

La máxima estaba clara: salvar la vida. Al menos, el que pudiera. Höss tuvo suerte en principio, pues logró hallar un escondrijo cerca de la casa en la que también se escondía su familia. Pero no le sirvió de mucho cuando los cazadores de nazis dieron con la pista de su mujer y sus hijas y las interrogaron. Brigitt, de trece años entonces, recordaba que los oficiales ingleses le gritaban: «¿Dónde está tu padre? ¿Dónde está tu padre?». Al final, la que desveló su paradero fue su esposa. El resto, como se suele decir, es ya historia. Capturaron al cruel comandante del campo de concentración más efectivo de Reich, le juzgaron en Núremberg y le colgaron por su participación directa en el Holocausto. Durante el juicio, el altivo oficial tuvo la sangre fría de corregir al tribunal cuando este afirmó que el nazismo había terminado con millones y millones de vidas: «Solo fueron dos millones y medio. Los demás murieron de hambre, agotamiento o enfermedad».

Exilio español

Rechazada por su íntima relación con el régimen nazi, la familia Höss vivió los años siguientes en la más extrema pobreza. Su respuesta a la persecución que los aliados hicieron de los criminales de guerra y de sus familias fue la negación; obviar que habían tenido relación alguna con Rudolf. Después del ajusticiamiento del comandante de Auschwitz se mudaron al pueblo de Sankt Michaelisdonn, al norte de Hamburgo. Allí vivieron nada menos que diez años soportando la animosidad de muchos de los vecinos. Compartir edificio con la familia de uno de los verdugos de Hitler no suponía un orgullo para una población que, en muchos casos, se sentía culpable por el ascenso del Tercer Reich.

Así se mantuvieron hasta 1950, época en la que Brigitt decidió abandonar el hogar familiar para buscarse una nueva vida fuera de aquellas fronteras. La joven, apenas una veinteañera, viajó hasta España. Su objetivo no era otro que huir de los bárbaros actos de su padre; intentar que nadie la relacionara con él. Por entonces ya sabía que usar el apellido Höss era peligroso, así que lo evitaba. Una vez en nuestro país, la germana conoció a Cristóbal Balenciaga, a quien debió de impresionarle su figura, pues la contrató como modelo. No parece raro, ya que, según los testimonios recogidos por el diario *New York Times* en 2013, se había convertido en una mujer alta, rubia, extremadamente bella y con un porte de rudeza ideal para las pasarelas.

Brigitt trabajó tres años como modelo para Balenciaga en la España dirigida por Franco. Su carrera fue fulgurante. Lució caros vestidos frente a grandes figuras de la política de entonces, como la misma Carmen Polo. De hecho, la soltura y firmeza con las que desfilaba hacían que el diseñador la llamara, cariñosamente, «mi pequeño soldado alemán». La ropa que llevaba la utilizaron grandes personalidades, como Jackie Kennedy y otras tantas mujeres famosas en toda Europa. En aquellos años, como desveló en varias entrevistas posteriores, rechazaba el Holocausto y las ideas que había defendido su padre, aunque no podía evitar recordar a Rudolf con cierto cariño. «Parecía el mejor hombre del mundo. Siempre dulce y amable con los que le rodeaban. Debía de haber dos caras en él. El que yo conocía y otro. Para mí era el hombre más bueno del mundo», afirmó.

Con el paso de los meses, Brigitt conoció a un norteamericano de origen irlandés que trabajaba para una empresa establecida en Estados Unidos. El trabajo de ambos los llevó a recorrer medio mundo, desde Liberia hasta Irán. Así hasta que contrajeron matrimonio en 1961 y tuvieron dos hijos. «Poco después de conocerse, Brigitt le habló a su futuro marido de su filiación. Este dijo que la noticia le impactó, pero que, después de discutir el asunto, comprendió que ella también había sido una víctima. Brigitt no era más que una niña cuando tuvieron lugar esos hechos y, de la noche a la mañana, había pasado de una vida de lujos a la miseria», explica la autora francesa.

Con el paso de los años se trasladó a Estados Unidos, donde se estableció. Al otro lado del charco trabajó durante 35 años en una tienda de ropa (Saks Jandel) propiedad de dos judíos. Allí llegó a vestir a personajes como Nancy Reagan, Hillary Clinton o Barbara Bush. Todo parecía irle sobre ruedas hasta que los directores de la cadena se enteraron del pasado de su padre. Sin embargo, y según determinó la propia Brigitt en una entrevista posterior, fueron bastante comprensivos en lo que a este tema respecta: «No hubo recriminaciones. Me dijeron: "No podías evitar lo que hizo, solo eras una niña. Tienes que aceptar lo que sucedió"». Ella es partidaria de esa teoría, aunque también sabe que lo que hizo su familia será imborrable: «Cuando lo supe me dije: "No puede ser", pero hay que aceptarlo. Ocurrió en mi familia y me pongo muy triste cuando lo pienso. A pesar de todo, mi padre era el hombre más agradable del mundo. Era muy bueno con nosotros. Pero él hizo lo que hizo».

1944

La venganza de Canadá en Juno: el peligroso salto al abismo del Día D olvidado por la historia

Israel Viana

El teniente John Russell Madden tuvo que gritar por encima del ruido de los motores del bombardero Albemarle para que sus hombres le oyeran. Tenía solo veinte años, pero estaba al frente de los nueve paracaidistas de la Compañía C del 1.º Batallón Canadiense que se preparaban para saltar sobre la playa de Juno, en Normandía. Eran la primera avanzadilla de la invasión y la tensión que se respiraba era insoportable. Apenas podían mantenerse en pie con los más de cuarenta y cinco kilos de equipo que cargaban, y tampoco eran capaces de ponerse completamente erguidos, ya que el techo del avión era demasiado bajo.

Sin embargo, nada de aquello importaba ya. Tan solo tenían que esperar unos minutos hasta que el reloj marcara las 0.20 para lanzarse de cabeza al vacío, cuando se encendiera el piloto verde, y perderse en la oscuridad de la noche. Madden esperaba el momento arrodillado, con las manos apoyadas a ambos lados de la escotilla del suelo, mientras miraba hacia la bruma que se extendía abajo, sobre la costa. De repente, el Albemarle se precipitó hasta los quinientos pies, la altitud acordada para el salto. El teniente sería el primero e, inmediatamente después, le seguirían sus hombres con el objetivo de asegurar la zona sobre la que descenderían, 28 minutos después, otros dos batallones de paracaidistas, uno británico y otro canadiense.

Llegada la hora, a Madden le pareció oír que alguien gritaba detrás de él: «¡Verde encendido!». El teniente vaciló: «¿Has dicho verde?», preguntó a gritos por encima del estruendo. «Sí, he dicho verde», respondió la voz. Y se zambulló de cabeza sin pensárselo dos veces. Oyó el fuerte crujido del paracaídas al abrirse y, después, el silencio. Cuando llegó al suelo localizó a cinco de sus soldados. De los otros cuatro, ni rastro. Y cuando miró al cielo en busca de los Douglas C-47 Dakota que iban a traer al resto de los paracaidistas... nada.

Aterrorizado, pensó que la Operación Overlord se había pospuesto en el último segundo, como ya había ocurrido el día anterior por el mal tiempo. La confusión era tan grande allá arriba que era posible que no hubiera oído la orden de dar media vuelta en el instante de saltar. Tampoco tenía forma de saber si el resto de la compañía había saltado. «Dios mío, han decidido no continuar y hemos comenzado la invasión cinco muchachos y yo», pensó desconcertado.

Aunque el teniente Madden no lo sabía, no fue el único que se perdió. Según contó décadas después Jan de Vries, paracaidista de otro batallón canadiense, aterrizó a varios kilómetros de la zona prevista. «Me preguntaba dónde diablos estaba. Me pasé toda la noche tratando de encontrar en la oscuridad el punto de encuentro cerca de la costa de Juno, esquivando las patrullas enemigas durante todo el camino». Sin embargo, no estaban solos, la Operación Overlord estaba en marcha y las siguientes 24 horas iban a ser las más decisivas de toda la guerra.

«Nos consideramos los mejores»

Hacía ya un año que la 3.ª División de Infantería canadiense había recibido la orden de comenzar los preparativos mediante una carta del teniente general Andrew McNaughton, considerado hoy el «padre» del ejército canadiense y «el soldado más importante de su país durante el siglo xx». Esta estaba fechada el 3 de julio de 1943 y en ella advertía lo siguiente: «Los detalles de la operación no se facilitarán a los soldados durante los próximos meses».

Todo se iba a planificar en el más absoluto secreto, ya que el factor sorpresa era primordial. Así lo recordaba también Fred Moar, teniente de la unidad de infantería de los North Shore Regiment que desembarcó en Nan, uno de los tres sectores en los que Canadá dividió la playa de Juno para la invasión: «No teníamos ni idea de en qué nos estábamos metiendo, pero estábamos preparados para cualquier cosa. Nos considerábamos los mejores».

Este y los demás supervivientes canadienses han podido comprobar cómo, a lo largo de su vida, su participación en el Día D ha pasado desapercibida en comparación con la de los ejércitos británico y estadounidense. Su sacrificio, sin embargo, no solo fue importante, sino imprescindible para el éxito final de la operación.

Los canadienses eran los únicos soldados con experiencia directa a la hora de atacar el Muro Atlántico de los nazis, aunque el precio que pagaron por ello fuera muy alto: novecientos muertos y mil novecientos capturados que acabaron en campos de concentración, en agosto de 1942, como consecuencia de otro desembarco, el de Dieppe. Una pesadilla que todavía hoy se considera uno de los mayores desastres de la historia del país.

El trauma fue tal que los quince mil canadienses que desembarcaron en Normandía lo hicieron llenos de odio y ansias de venganza. Así lo reflejó en su discurso el general Harry Crerar, máximo responsable del ejército en el Día D: «Los planes, los preparativos, los métodos y las técnicas que emplearemos se basan en el conocimiento y la experiencia adquiridos y pagados en Dieppe. La contribución de esa peligrosa operación no puede ser infravalorada. Demostraremos que fue el preludio esencial de nuestro próximo y definitivo éxito».

Después ofreció a sus oficiales banderas de Canadá para exhibirlas en las sedes de sus brigadas por primera vez en la historia, un gesto osado si tenemos en cuenta que todavía dependían y tenían la obligación de luchar bajo la enseña británica. Aunque no se parecían a las actuales, el general quería dejar constancia en aquella gesta de que el suyo era ya un país que comenzaba a volar solo, alejado a nivel político de los ingleses.

El inicio del infierno

Sin embargo, no iba a ser tan fácil como insinuaba. Los ocho kilómetros de playa que formaban Juno, entre las poblaciones de La Rivière y Saint-Aubin-sur-Mer, eran un hueso muy difícil de roer. Se trataba de un asalto especialmente peligroso, puesto que los pueblos se encontraban muy cerca de la costa y las casas se convertían en el refugio perfecto para los francotiradores alemanes, que podían acribillar con facilidad a todo aquel que asomara la cabeza por el agua. Además, el terreno estaba rodeado de dunas que complicaban el movimiento de las tropas y los tanques.

Los otros dos sectores en que quedó dividida la playa, además de Nan, fueron Mike y Love, aunque en este último no se produjo ningún desembarco. El primero debían conquistarlo efectivos de la 7.ª Brigada de Infantería, formada por los regimientos Royal Winnipeg Rifles y Scottish Canadian Rifles. Y Nan, la 8.ª Brigada de Infantería, formada por las unidades The Queen's Own Rifles of Canada y los mencionados North Shore Regiment, a los que seguirían otras tropas canadienses y británicas.

El soldado Leonard W. Brockingham, que iba a bordo del destructor canadiense HMCS Sioux, contó años después que, durante la travesía, oyó a un oficial británico sentado junto a él calificar la invasión como «lo que Felipe de España intentó y falló, lo que Napoleón quiso y no pudo, y lo que Hitler nunca tuvo el coraje de intentar». «Entramos en esta fase decisiva de la lucha con plena fe en nuestra causa —añadió Crerar—, con una confianza serena en nuestras habilidades y con la determinación necesaria para terminar de manera rápida e inequívoca este trabajo que hemos venido a hacer en el extranjero».

Mientras, el joven teniente Russell y sus hombres seguían perdidos en la espesura de la noche cuando oyeron al Albemarle que los había transportado lanzar las primeras bombas. Se aliviaron al saber que no estaban solos. Le siguió un grupo de bombarderos Lancaster, que dejaron caer otras cinco mil toneladas de explosivos hasta poco después de las cinco de la madrugada. El objetivo de este primer movimiento era destrozar las defensas costeras alemanas y sembrar el caos entre los nazis mientras los pilotos de combate canadienses recorrían los cielos, por encima de ellos, en busca de los cazas de la Luftwaffe.

La travesía por mar

El resto de las tropas canadienses llevaban varias horas de travesía por el mar. El proceso de carga había durado cinco días en los que se habían calculado minuciosamente los vehículos y el número de soldados que debía transportar cada una de sus 110 embarcaciones, todos con sus mochilas de 27 kilogramos y sus fusiles Lee Enfield. A muchos de aquellos jóvenes se les quedó grabada la imagen «de miles y miles de barcos de todas clases extendiéndose por el horizonte» cuando estaban reunidos en la conocida Área Cebra —llamada coloquialmente Piccadilly Circus—, en medio del canal de la Mancha.

Tom Gunning, un marinero canadiense de dieciocho años que navegó en la fragata HMCS Cape Breton, manifestó años después que le resultaba «imposible describir el asombroso poder que tenía aquella imagen». El mayor Lockhart Ross Fulton, por su parte, sabía que miles de barcos rodeaban a su HMS Canterbury en la impenetrable oscuridad de la noche y, sin embargo, los únicos sonidos que percibía eran el suave murmullo del mar, el latido de los motores y la conversación ocasional en voz baja entre los miembros del Royal Winnipeg Rifles, «los pequeños diablos negros», que iban a encabezar el extremo más difícil de la invasión.

A mitad de travesía, Fulton abrió un saco cerrado con candado y vació sobre el suelo una pila de mapas muy detallados sobre el punto exacto del desembarco. Después les dio una breve sesión informativa y les aconsejó que «intentaran dormir un poco». Fue imposible, puesto que el viaje había sido una prueba de resistencia infernal por las fuertes sacudidas del mar. Algunos de los muchachos vomitaron por la borda y otros directamente sobre sus botas. Todo apestaba a una perniciosa mezcla de vapores de gasóleo y devuelto, cuando, con los primeros rayos de sol, divisaron la costa y se dirigieron a toda velocidad hacia la orilla.

Mientras se acercaban vieron que los bombarderos seguían arrasando el litoral desde el cielo y los buques desde el agua, sobre todo la peligrosa batería nazi de Bény-sur-Mer, de cuatro cañones de 100 mm. Los soldados canadienses daban gracias a Dios por no ser el blanco de semejante furia mientras Fulton trataba de borrarse la idea de que iba a entrar en combate con una compañía de hombres medio mareados que debían haber pisado Juno a las 7.30, una hora más tarde que los estadounidenses Omaha y Utah, pero que lo hicieron a las 7.49. Fue entonces cuando los soldados del Royal Winnipeg Rifles comprobaron que el impacto del ataque aéreo había sido menor de lo esperado y que aquello iba a ser un infierno. Y así fue, porque tuvieron que defenderse como leones durante tres horas debido a que los acorazados no hicieron acto de presencia hasta las once.

Star Trek

Entre estos primeros soldados se encontraba Ted Gregoire, un granjero canadiense de veinticuatro años. «Estaba tan mareado y asustado que habría pagado a alguien para que me pegara un tiro allí mismo. Tuve que saltar por encima de los cadáveres de mis compañeros en la lancha y, también, en la arena», rememoraba hace no mucho.

Poco después desembarcó allí mismo la unidad del actor que, años después, daría vida a Scotty en la famosa serie *Star Trek*, James Doohan, que tenía veinticuatro primaveras y que consiguió abatir, nada más pisar tierra, a dos francotiradores germanos y llevar a sus hombres hasta un terreno más alto. Lo hizo después de atravesar un campo sembrado de minas antitanque sin que nadie sufriera daños, pero poco después tuvo la mala suerte de que un compañero lo confundiera con un soldado nazi y le disparara seis balazos. El del pecho impactó contra su pitillera de plata y salvó la vida, pero otro de ellos le hizo perder un dedo, una lesión que tuvo que ocultar durante el resto de su larga carrera cinematográfica hasta que falleció en 2005.

Un poco más fácil lo tuvieron los miembros del Scottish Canadian Rifles, ya que, en su zona, más al este, los bombarderos sí acabaron con la mayoría de las defensas, incluido un cañón de 75 mm con el que los nazis pensaban arrasarlo todo. A las 8.30 ya habían eliminado los focos de resistencia y comenzaron a limpiar de minas y de enemigos los dos caminos por los que debían transitar las siguientes oleadas. Todo ello a la máxima velocidad posible.

El sector de Nan, por su parte, se convirtió en una odisea para los hombres del Regina Rifle Regiment desde el mismo instante en que pisaron la playa. Fueron recibidos desde varias defensas cercanas por tres cañones de 75 y 88 mm y un sinfín de ametralladoras y morteros.

Las tropas germanas convirtieron los doscientos metros de playa en una pesadilla para los canadienses, puesto que dispararon sin descanso contra ellos durante toda la mañana. Sufrieron numerosas bajas y no pudieron avanzar hasta la llegada de los tanques Duplex Drive. Uno de ellos llegó a acercarse hasta el interior de un búnker para disparar a quemarropa y dar un respiro a sus hombres.

Allí combatió Ernie Defoe, un trabajador ferroviario de Nelson que aterrizó en este sector de Juno en la segunda ola canadiense. A punto estuvo de saltar por los aires cuando una mina explotó muy cerca de la orilla al acercarse su lancha. Vio cómo dos de sus compañeros «volaban en pedazos» con la explosión. Para no correr el mismo destino, otro soldado y él se cortaron el equipo mutuamente para poder saltar por la borda sin hundirse y, después, esquivar el fuego enemigo para llegar a la orilla. Él lo consiguió, pero su amigo no.

«Se llamaba Harry Dreider, nunca lo olvidaré. Vi cómo le abatían de un disparo en aquel momento. Era un buen tipo», recordaba después. Sin embargo, la unidad de la que formaban parte ambos logró su objetivo: conquistar un puente y protegerlo hasta que llegaran los refuerzos. Hace poco, la esposa de Defoe confesó en un encuentro de veteranos que «tuvieron que pasar muchos años después de su boda para que Ernie le contara algo de lo que había vivido en la invasión». «No me quiero ni imaginar lo que fue para él», apostilló.

En Nan, los soldados del The Queen's Own Rifles of Canada y del ya mencionado North Shore Regiment tuvieron que esquivar como pudieron el fuego de los francotiradores apostados a lo largo de un kilómetro de playa, que estaban escondidos en las casas de Bernières-sur-Mer que había junto al mar. La única cobertura con la que contaban era el dique rompeolas y parecía prácticamente imposible llegar hasta el muro.

Frederick Perkins reveló una imagen realmente terrorífica: la de una joven que abrió fuego varias veces desde una iglesia hasta que lograron derribarla con un cañón Bofors: «Después dijeron que era la novia francesa de un soldado alemán a la que había dejado allí con su uniforme y su rifle».

Durante aquella larga jornada, la enfermera canadiense Ruth Muggeridge estuvo trabajando en una sala de quemados en Farnborough, muy cerca de los puertos del sur de Inglaterra de donde habían partido los barcos de sus compatriotas: «Recuerdo que llegó un tren pocas horas después del inicio de la invasión y alrededor de las tres, otro. En cada uno de ellos había alrededor de trescientos heridos o más».

Finalmente, conquistaron los diferentes sectores de Juno, que hoy, junto con Utah, se considera la playa donde la Operación Overlord tuvo más éxito aquel 6 de junio. La previsión de los mandos canadienses era de dos mil bajas, pero al final sufrieron mil, de los cuales cuatrocientos resultaron muertos. Sin embargo, la imagen de la arena sembrada de cadáveres fue difícil de olvidar para los supervivientes. Cuando se hizo el silencio, empezaron a enterrarlos rápidamente para evitar que sus propios blindados aplastaran sus cuerpos al pasar hacia el interior de Normandía. No había tiempo que perder.

En la retaguardia nazi: la gesta de las tropas aerotransportadas en Normandía

Manuel P. Villatoro

El primer soldado aliado que tocó tierra francesa el 6 de junio de 1944 no lo hizo con los pies. Unos veinte minutos después de que las manecillas del reloj dieran las doce, el piloto Jim Wallwork perdió el control de su planeador y no pudo evitar que, tras un difícil aterrizaje, se deslizara a toda velocidad por la húmeda campiña gala. Este aparato, una suerte de autobús volador de contrachapado y tela que carecía de motor para ser más silencioso, solo se detuvo cuando se dio de bruces contra una alambrada. El golpe fue tan fuerte que el británico salió despedido de su asiento, atravesó el parabrisas de metacrilato y cayó de cabeza. «La herida fue tan escandalosa que se me llenó un ojo de sangre y, por un momento, creí que me había quedado ciego», admitió tras la Segunda Guerra Mundial.

Segundos después, del planeador de Wallwork salió un pelotón dispuesto a conquistar los puentes de Bénouville y Ranville antes de que despuntaran las primeras luces de la mañana. Eran parte de los veintitrés mil soldados, entre infantería aerotransportada y paracaidistas, que se arrojaron tras las líneas alemanas durante el Día D para cumplir tareas clave como destruir las baterías de cañones con capacidad de abrir fuego sobre las costas de Normandía; sembrar el caos entre los germanos; proteger las salidas de las playas donde desembarcarían sus compañeros y, por último, controlar los nudos de carreteras y los pasos sobre los ríos para segar los contraataques del Tercer Reich. Y todos ellos eran voluntarios a pesar de que Trafford Leigh-Mallory, jefe supremo de las fuerzas aéreas aliadas, había previsto que entre un 50 y un 70 por ciento morirían aquella noche.

Nuevas y extrañas ideas

La primera pata de la guerra aerotransportada en el Día D fueron los planeadores. Saber por qué a los aliados se les ocurrió una idea tan rocambolesca como arrojar a sus hombres enlatados en aviones sin motor requiere retroceder hasta 1940, cuando los alemanes dejaron boquiabierta a Europa al conquistar el fuerte belga de Eben-Emael con una técnica revolucionaria: remolcar este tipo de aeroplanos mediante aviones de transporte para, llegado el momento, dejarlos caer tras las líneas enemigas. Aquella jornada, británicos y estadounidenses entendieron que lo que en principio parecía una locura ofrecía múltiples ventajas estratégicas: desde posicionar una unidad entera sobre el terreno sin que sus miembros se dispersasen —cosa que no sucedía con los paracaidistas— hasta transportar carros de combate y artillería.

El *premier* británico Winston Churchill, obsesionado cual niño con las novedades militares, ordenó idear «una división aerotransportada que siga el modelo alemán» e impulsó la utilización de estos aviones como arma ofensiva. A su favor habría que decir que, por entonces, Gran Bretaña necesitaba el acero para los cazas y que los planeadores podían elaborarse con madera y lona. Estados Unidos, por su parte, decidió no usarlos en primera línea, sino como meros transportes para hacer llegar suministros a las tropas del frente. Aunque eso no impidió que el país produjese cientos de ellos con la ayuda de carpinteros especializados en fabricar féretros o del empresario automovilístico Henry Ford, quien ofreció un buen precio a las fuerzas armadas a cambio de que sus antiguos negocios con Hitler quedasen olvidados.

Sobre el papel la idea era revolucionaria. Sin embargo, en la práctica se transformaba en un verdadero reto para los pilotos. «Imagina dirigir un planeador completamente cargado remolcado detrás de un avión [...] a través de un cielo turbulento y nublado a mil pies, y luego deslizarte a través de cortinas de fuego antiaéreo y armas pequeñas para aterrizar en el campo de patatas de un granjero... Ahora, imagina hacerlo también de noche», explicó el general Matthew B. Ridgeway, presente el Día D. Y eso sin contar con el ruido, que desesperaba a los tripulantes. «Era como viajar dentro de un bombo; una estructura rodeada por madera y tela. No había aislamiento alguno y el viento era ensordecedor en el interior», recordaba el veterano de la Segunda Guerra Mundial Bob Swenson.

A las molestas turbulencias, al peligro de ser presa de la artillería antiaérea y a la dificultad de dirigir el aeroplano hasta la zona de aterrizaje se sumaba, además, el riesgo de estrellarse al tomar tierra o el de explotar al chocar con alguna de las estacas coronadas con explosivos que Erwin Rommel había hecho colocar a cientos en la costa de Normandía. Las infinitas posibilidades de morir hicieron que estos aviones se ganasen pronto el apodo de «ataúdes voladores». «Te lo diré directamente: si tienes que entrar en combate, no lo hagas en un planeador. Camina, gatea, lánzate en paracaídas, nada, flota... Cualquier cosa, pero no vayas en un planeador», explicó el corresponsal de guerra Walter Cronkite, destinado en uno de ellos durante el Día D.

Ataúdes contra fortalezas

Por su duro entrenamiento y su experiencia, el alto mando decidió que los comandos británicos destinados en planeadores (los miembros de la 6.ª Brigada de Desembarco Aéreo, más conocidos como Red Devils, «Diablos Rojos», debido a su característica boina del mismo color) serían los encargados de acometer dos misiones clave en el sector de Sword. La primera, conquistar los puentes alemanes de Bénouville —sobre el canal de Caen— y de Ranville —en el río Orne— con el objetivo de garantizar el avance aliado. La segunda, aterrizar en el interior de la batería de Merville, una suerte de fortaleza protegida por ametralladoras, minas y alambre de espino, y silenciarla para evitar que disparara sobre las playas.

Para la primera misión se seleccionó a ciento cuarenta hombres de la Infantería Ligera de Oxfordshire y Buckinghamshire. Todos ellos a las órdenes del mayor John Howard, un curtido soldado que antes había ejercido como policía y corredor de bolsa. Despegaron a las once en seis planeadores sabedores de que, aunque lograran conquistar los puentes, tendrían que resistir durante horas hasta que las tropas de la playa enlazaran con ellos. Durante el trayecto cada uno combatió los nervios como pudo. El oficial, por ejemplo, pasó casi todo el viaje con la mano en uno de los bolsillos de su guerrera; el mismo en el que guardaba el pequeño zapato de su hijo Terry, de dos años. Otros se limitaron a pensar. «Éramos la punta de lanza del ejército más colosal jamás visto. Me sentía insignificante», recordó el sargento Oliver Boland.

A eso de las doce, los planeadores se soltaron de sus remolcadores y se lanzaron de bruces contra los puentes. La mitad a Bénouville y el resto a Ranville. En el avión de Howard reinó el silencio hasta que el piloto, Wallwork, lo destruyó con un grito: «¡Sujetaos!». Esa era la señal para que pasasen los brazos sobre los hombros de sus compañeros y levantasen las piernas; una posición conocida como «agarre del carnicero», que impedía, en teoría, que saliesen despedidos. No les sirvió de nada. El impacto contra el suelo fue de tal calibre que todos quedaron inconscientes durante unos segundos. Al despertarse, el mayor creyó que había perdido la visión, pero luego se percató de que el golpe había hecho que se le bajara el casco. Así fue como comenzó la primera gran batalla del Día D.

La operación se llevó a cabo a la velocidad del rayo. Según explicó Howard, sus hombres se lanzaron sobre el puente levadizo de Bénouville como «una manada de sabuesos desatados». Su ímpetu, así como su aspecto fantasmagórico —feroces y con la cara pintada de negro—, hicieron que muchos defensores arrojaran sus armas al suelo y se retirasen a la carrera. Además, la rapidez de soldados como Bill Gray, que consiguió derribar a un alemán antes de que pidiera refuerzos con su pistola de bengalas, fue también determinante. Tras su momento de gloria, por cierto, el joven apoyó el arma en una pared, se desabrochó la bragueta y se tomó un minuto para orinar. El café que se había tomado antes de partir le había hecho efecto.

Un cuarto de hora después el asalto había terminado en ambos puentes. Todos acabaron asombrados. Los alemanes, los mismos soldados ingleses y, por último, Georges Gondrée y su esposa, Thérèse. Su negocio, un pequeño café ubicado justo al lado del puente de Bénouville, se convirtió en el primer edificio liberado por los aliados durante el desembarco de Normandía. Como gratitud, la amable pareja desenterró 99 botellas de champán que habían escondido en su jardín y, en las semanas siguientes, invitaron a una copa a todos los soldados que pasaron por allí. Aunque eso fue tras varias jornadas de aguerrida defensa por parte de los hombres de Howard, quienes solo pudieron descansar tranquilos cuando oyeron la música entonada por el gaitero personal de lord Lovat. Los refuerzos habían llegado.

Por desgracia, esa suerte no la compartieron sus compañeros en Merville. Al igual que sobre los puentes, tres planeadores debían aterrizar, al abrigo del silencio absoluto, en el interior de la batería poco después de las doce. La idea era que provocaran el desconcierto en el interior mientras, desde fuera, los paracaidistas de la 6.ª División Aerotransportada británica atacaban la posición. Pero todo fue un desastre. El primer aparato no pudo salir de Inglaterra, el segundo cayó a un kilómetro del objetivo y el tercero a punto estuvo de explotar cuando tocó tierra cerca de un campo de minas. Al final, el teniente coronel Terence Otway, al mando de las fuerzas exteriores, ordenó el asalto. «¡Adelante todos, vamos a tomar esa maldita batería!», bufó el soldado Mower antes de lanzarse contra ella. Dos centenares de bajas después, la misión estaba cumplida.

Paracaidistas: la élite norteamericana

Aunque valerosos, la realidad es que el número de hombres destinados a los planeadores era ínfimo si se compara con el de paracaidistas. De estos combatientes participaron unos veinte mil; y, de ellos, más de quince mil pertenecían a Estados Unidos, donde se los consideraba los soldados más letales de las fuerzas armadas junto con otras unidades especiales, como los Rangers. Por parte norteamericana, en el Día D lucharon la 82.ª División Aerotransportada (más conocida como All American por contar con soldados de todas las regiones del país) y la 101.ª División Aerotransportada (los Screaming Eagles o «Águilas Aulladoras»). «Teníamos un sentimiento especial, íntimo y de unidad de élite en la unidad», explicó el famoso «paraca» Richard Winters.

Si los Red Devils y los paracaidistas británicos recibieron las órdenes de asegurar el flanco este, los estadounidenses fueron destinados al oeste; de forma más concreta, a la retaguardia de la playa de Utah. A grandes rasgos, las zonas de salto de las Águilas Aulladoras fueron los pueblos de Turqueville, Angoville y Vierville. Por su parte, a la 82.ª se le asignaron Sainte-Mère-Église y sus alrededores. Su trabajo, una vez más, consistía en acallar las baterías alemanas y controlar los puentes sobre los ríos Merderet y Douve.

Para cumplir sus objetivos contaban con un entrenamiento sin igual y un pesado equipo que, en muchos casos, superaba los cincuenta kilogramos. Entre los utensilios más curiosos que portaban se hallaban los famosos *crikets* (pulsadores de juguete para reconocerse en mitad de la noche con un «cric»), los chalecos salvavidas Mae West (apodados así porque, al inflarse, recordaban a la exuberante delantera de la susodicha actriz) o un paracaídas de reserva. Esta última fue una ventaja que los ingleses no tuvieron hasta el año 1955 porque, en palabras de Napier Crookenden, oficial de la 6.ª División Aerotransportada británica, «su uso demostraba la falta de confianza en la fiabilidad del paracaídas principal», «suponía un gasto injustificado» y «dificultaba los movimientos de los hombres».

Los días previos al desembarco fueron los más tensos para los paracaidistas. En un ambiente enrarecido, los capellanes militares hicieron jornadas maratonianas y recorrieron los diferentes campamentos para confesar a estos soldados. «Ningún sermón tiene más capacidad de hacer que un hombre se dé cuenta de que tiene que estar en paz con Dios que la perspectiva de saltar desde un avión», explicó en sus memorias el sacerdote de las Águilas Aulladoras Francis Sampson. Por si fuera poco, los nervios empeoraron cuando Eisenhower confirmó que la operación se retrasaba una jornada, aunque los mandos dominaron la situación con música a todo volumen, dónuts y café. El día 5, cuando el sol empezó a caer, subieron a los aviones. «Serían en torno a las diez cuando despegamos», afirmó Don Jakeway, de la 82.ª División. Como a sus compañeros, el exceso de comida le provocó mareos y arcadas durante el cruce del canal de la Mancha.

Héroes perdidos

Poco antes de la una de la madrugada, los primeros transportes vislumbraron la costa y las baterías antiaéreas alemanas. El saludo fue recíproco y los nazis contestaron con una sinfonía de disparos que alumbró el todavía negro cielo. En el mejor de los casos, los pilotos, muchos de ellos sin experiencia, se vieron obligados a modificar su rumbo original para escapar de las balas; en el peor, los aviones, los míticos C-47, fueron derribados con todos los «paracas» dentro. El infierno que se desató provocó que cientos de soldados cayeran a varios kilómetros de su zona original de salto y que perdieran sus armas en la caída debido a las sacudidas. Uno de ellos fue el mismo Winters, que pisó suelo francés solo con un cuchillo.

El resultado fue un caos general que provocó infinidad de situaciones de película. Jakeway, por ejemplo, se quedó colgado de un árbol muy lejos de su objetivo. «Estaba aterrado, pero mantuve la calma», afirmó. Cuando se liberó de sus ataduras, tuvo que esconderse dentro de un montón de estiércol para no ser detectado por una patrulla enemiga. Su caso es menos conocido que el de John Steele. Este soldado acabó colgado del campanario de la iglesia de Sainte-Mère-Église mientras, bajo sus pies, se desataba un incendio y corrían las balas. Para sobrevivir se hizo el muerto, e interpretó tan bien su papel que un teniente norteamericano recordó años después al «paracaidista muerto que colgaba del campanario». Sobrevivió y le hicieron prisionero. Otros, con mucha menos fortuna, se ahogaron en pequeñas marismas de no más de dos palmos de profundidad por la imposibilidad de darse la vuelta debido al gran peso que portaban.

Ya en tierra, fueron muchos los que desconocían el punto concreto en el que se hallaban. Al teniente coronel Robert Cole, de la 82.ª, la desesperación le hizo romper todas las normas y llamar a la puerta de una casa con la esperanza de poder situarse. De ella salieron unos amables franceses que le confirmaron, para su desgracia, que estaba a ocho kilómetros de la zona de salto. Más hilarante todavía fue lo que le ocurrió al teniente Smit. Tras varias horas oyó cómo se acercaba una unidad y, asustado, reptó hacia el ruido en silencio. Quería ver qué sucedía. A los pocos minutos, una figura se situó frente a él. «¿Qué haces aquí?», preguntó el oficial agazapado en el suelo. «No lo sé, pero puedo decir lo que haces tú. Estás haciendo el idiota delante del 12.º de Infantería estadounidense en pleno ataque». Para todos ellos, aquel fue el día más largo; uno que no olvidarían jamás.

Amor y odio

Existen ocasiones en las que un rayo de bondad consigue alejar la oscuridad de la batalla. Eso es lo que ocurrió en la pequeña iglesia de Angoville-au-Plain, entre Cherburgo y París. Cerca de este edificio cayeron, en la noche del 5 al 6 de junio de 1944, los sanitarios Ken Moore y Robert Wright, de la 101.ª División Acrotransportada. Cuando se vieron obligados a atender a decenas de heridos, transformaron la capilla en un improvisado hospital de campaña y sus bancos, donde todavía quedan restos de sangre, en camas. El lugar se convirtió así en un oasis para ambos bandos a pesar de que cambió de manos varias veces. «Al poco llegó un oficial alemán. Me preguntó si podía hacerme cargo de sus heridos, y lo aceptamos», recordó después uno de los enfermeros. Ambos cuidaron de unos ochenta adultos y un niño durante el desembarco de Normandía.

Por desgracia, algunos paracaidistas británicos y estadounidenses protagonizaron también episodios de pillaje y abusos. Un miembro de la policía militar de las Águilas Aulladoras confirmó, por ejemplo, que había visto el cadáver de un oficial germano al que habían cortado un dedo para robarle su alianza matrimonial. Otros tantos agruparon a decenas de presos enemigos para ejecutarlos cuando las playas ya estaban aseguradas. Con todo, uno de los momentos más estremecedores se dio cuando un soldado aerotransportado observó que su compañero había cambiado sus guantes amarillos por otros. O eso creía. «Le pregunté dónde había encontrado esos guantes rojos y, tras rebuscar en uno de los bolsillos de su pantalón de salto, sacó una sarta de orejas. Había estado cortando orejas toda la noche y las había cosido a un viejo cordón de zapatos». Era sangre fresca.

El desconocido suicidio colectivo de japoneses en Cowra: la fuga con más cadáveres de la guerra

Israel Viana

No hay ni una sola referencia en los periódicos españoles de 1944 que contara la fuga más multitudinaria y letal de toda la Segunda Guerra Mundial. La que más cadáveres dejó sobre el terreno en el intento de escapar de las garras del enemigo. Tampoco se encuentran reseñas en los años siguientes. Es difícil imaginar una sola justificación por la que este asombroso acontecimiento apenas aparezca ni en la prensa ni en los libros de historia, a excepción de alguna pequeña mención en obras de divulgación.

Una de las razones podría ser que no tuvo lugar en Alemania, Italia, Francia, Estados Unidos o la Unión Soviética; es más, ni siquiera se produjo en Europa o Asia, sino en la lejana Australia. Quizá por eso casi nadie se acuerda hoy de este episodio. Puede que se deba, también, a que los campos de concentración nazis y los gulags soviéticos se llevaron toda la atención de los medios de comunicación. Tampoco ayudó el hecho de que la fuga de un grupo de oficiales aliados del Stalag Luft III, un campo de prisioneros de Silesia, fuera llevada al cine por John Sturges, en 1963, con Steve McQueen, Charles Bronson o Richard Attenborough como protagonistas.

Sin embargo, en la que vamos a contarle a continuación participaron muchos más prisioneros que en *La gran evasión* de McQueen y dejó sobre el terreno varios cientos de cadáveres. De hecho, en la mencionada fuga de Silesia, ocurrida también en 1944 y en la que se llegó a excavar un túnel de más de cien metros bajo tierra, solo tres de los 76 hombres que lograron escapar se salvaron finalmente: Bram van der Stok, Per Bergsland y Jens Müller. A los que no murieron en el intento los arrestaron y los fusilaron después por orden de Hitler, para que sirvieran de escarmiento frente a futuros intentos.

La fuga del campo de prisioneros de guerra de Cowra, situado en el valle Lachlan de Nueva Gales del Sur, a trescientos kilómetros de Sídney, se produjo nueve meses antes de que se pusiera punto final a la guerra en Europa. Fue antes de que el cadáver de Mussolini fuera colgado bocabajo en una plaza céntrica de Milán y de que Hitler se suicidara en su búnker. Este hecho fue, quizá, lo que dio la esperanza en Australia a unos cientos de prisioneros italianos y japoneses para intentar escapar de las garras de los aliados.

Veinte mil presos

La denominación oficial del recinto en el que se encontraban era Prisoner of War Camp Number 12. Se había construido para albergar a dos mil prisioneros capturados en el norte de África, la mayoría del ejército italiano y algún nazi del Afrika Korps. Sin embargo, al estallar la guerra del Pacífico en 1941, estos aumentaron hasta cuatro mil con la llegada de otros dos mil japoneses y coreanos del Ejército Imperial de Japón, así como algunos colaboracionistas indonesios.

A pesar de la masificación del campo, no hubo incidentes hasta 1943, fecha en que estalló una revuelta entre los prisioneros que obligó a los centinelas a instalar ametralladoras Vickers y Lewis en las torres de vigilancia. Al año siguiente, en 1944, la población de prisioneros del eje ascendió a 18.528 internos, entre los que había 14.720 italianos, 2.223 japoneses y 1.585 alemanes, además de los mencionados colaboracionistas coreanos e indonesios. Unos veinte mil presos en total.

A pesar de que las condiciones nada tenían que ver con las de los campos de exterminio nazis, los nipones emprendieron una fuga masiva de la forma menos sofisticada que uno pueda imaginar. Durante la noche del 4 al 5 de agosto de ese año, 1.104 prisioneros se abalanzaron, de repente, contra las alambradas para saltarlas y huir campo a través.

Así contaba Jesús Hernández este instante en *100 historias secretas de la Segunda Guerra Mundial* (Tempus, 2009): «Los vigilantes, sorprendidos, dispararon al aire y conminaron a los presos a que regresaran a sus barracones, pero los japoneses prosiguieron su huida. De inmediato, los guardias comenzaron a dispararles sin que ello los hiciera vacilar en su propósito. Las ametralladoras instaladas en las torres segaron la vida a 231 nipones, quedando 107 heridos».

Los prisioneros italianos, horrorizados por la acción suicida de sus compañeros de celda, prefirieron no participar en ella y fueron rápidamente a ponerse bajo el control de los vigilantes. No querían convertirse en víctimas de aquella carnicería y tampoco seguían el Código Militar Imperial japonés, que conminaba a sus soldados a que no vivieran «para experimentar la vergüenza de ser hechos prisioneros por el enemigo». No les importó que, tal y como reconoció en 2013 al diario *The Japan Times* uno de los supervivientes, Teruo Murakami, la vida allí fuera «bastante celestial». «Me pasaba el día jugando al mahjong con mis compañeros de cabaña. Otros jugaban a las cartas que se habían hecho, y los restantes, al béisbol con bates tallados por ellos mismos».

«Cuando me llevaron a Cowra, nunca imaginé que volvería a ver Japón. De hecho, cuando finalmente volví a casa, mi familia dijo que un fantasma había regresado de la guerra», contó Murakami a sus noventa y dos años. Y añadía: «Allí dentro no sabíamos cómo iba realmente el conflicto, pero no teníamos ninguna duda de que debíamos seguir la regla de que las tropas imperiales japonesas no podíamos permitir que el enemigo nos hiciera prisioneros. Teniendo en cuenta esa máxima, no tuvimos otra alternativa que morir, así que acordamos terminar con nuestras vidas de esa manera. Sin embargo, debido a un instinto humano básico, muchos soldados japoneses, incluido yo, no queríamos morir».

Eso llevó a que no se limitaran a lanzarse contra la verja, sino que también atacaron a los guardias de forma desesperada, usando sus propias manos y algunas armas improvisadas. Consiguieron matar a cuatro de ellos y dejar la misma cantidad de heridos, pero poco más. Finalmente, 324 prisioneros japoneses lograron escapar del campo, aunque en los días posteriores los capturaron a todos, ya que no disponían de ningún tipo de apoyo en el exterior y eran fácilmente reconocibles por sus rasgos físicos.

Durante la batida llevada a cabo por los soldados australianos, veinticinco nipones se quitaron la vida antes de que los apresaran. Ese no fue el caso de Murakami, quien, poco después de emprender la huida, descubrió que había corrido por una pista hasta un callejón sin salida. Allí no le quedó más remedio que saltar a una zanja mientras las balas volaban a su alrededor, hasta que un grupo de vigilantes le descubrieron y lo arrestaron de nuevo. Después le llevaron a su cabaña, que estaba dañada por el fuego, y esperó triste a que fueran a por él para ejecutarle de inmediato. Sin embargo, se puso a trabajar limpiando el desorden y, para su asombro, aquello le salvó la vida, pues los guardias le dejaron en paz en su tarea.

Murakami no fue ninguno de los 231 compatriotas que murieron bajo el fuego enemigo mientras corrían. «Teniendo en cuenta que para ellos el caer prisionero era un oprobio de imposible remisión, la huida se convirtió prácticamente en un suicidio, acorde con las cargas *banzai* llevadas a cabo durante la guerra. Una prueba es que los propios nipones prendieron fuego a dieciocho de los veinte barracones en los que se alojaban y que una veintena de ellos optó por quedarse dentro de ellos, pereciendo entre las llamas», subraya Hernández.

El entonces primer ministro de Australia, John Curtin, se estremeció ante la descripción de la sangrienta fuga y expresó su incomprensión hacia «semejante desprecio por la vida propia», teniendo en cuenta que la acción de los japoneses no tenía ninguna posibilidad de saldarse con éxito. Aun así, y para evitar las represalias contra los soldados australianos que se encontraban recluidos en los campos japoneses, las autoridades decidieron declarar secreto este incidente.

Los informes sobre la fuga de Cowra no se desclasificarían hasta 1950. En la misma localidad se inauguró en 1979, con motivo del trigésimo quinto aniversario, un jardín japonés que conmemoraba aquel intento de fuga. En la actualidad, el Cementerio Japonés de Cowra alberga las tumbas de 522 soldados nipones que murieron en Australia durante la Segunda Guerra Mundial. Entre ellas, las de los 231 a los que abatieron durante la huida del campo de prisioneros.

Pavor y muerte: la horrible vida dentro de un tanque en la guerra, según sus tripulaciones

MANUEL P. VILLATORO

Aquella mañana de 1944 comenzó con una sonrisa para Lafayette G. Pool. Después de tres años en el frente, era su último día en Europa. «Usted y su tripulación son héroes y quiero que regresen a casa con sus madres sanos y salvos», le explicó el coronel Richardson. En lugar de encabezar el ataque, como solía hacer, este as estadounidense de los tanques, pues atesoraba una docena de Panzer y más de dos centenares de vehículos destruidos, le destinaron al flanco de la formación, una posición en apariencia tranquila.

Pero el cañón que los alemanes habían escondido en un garaje cercano no fue tan cortés como su oficial superior. «Vi que se levantaba la puerta y miré directamente al morro del obús». El artillero germano no titubeó. Apuntó y, cuando tuvo al enemigo en el visor, disparó. El proyectil cortó el viento tras un sonoro estruendo. Sin llamar antes, impactó de lleno en el carro de combate del veterano soldado. Poco importó la ingente cantidad de enemigos con los que el estadounidense había acabado hasta ese momento. De un solo disparo, los germanos hicieron estallar la torreta de su amado In the mood.

Pool sobrevivió, aunque jamás olvidó aquella imagen. Tuvo

más suerte que las tripulaciones de los más de cuatro millares de Sherman, la columna vertebral de las divisiones acorazadas estadounidenses, que fueron destruidos en la Segunda Guerra Mundial, muchos de ellos a manos de los temibles cañones anticarro de 88 mm.

Douglas Ambridge, también comandante de uno de estos tanques, sintió los mismos escalofríos cuando se percató de que le disparaba la otra pesadilla de los carristas norteamericanos, un Tiger I. Ordenó a su conductor que se escondiera tras una casa, pero ni eso los salvó. «El proyectil atravesó las cinco paredes de la vivienda, perforó nuestro blindaje y alcanzó la gasolina», escribió. Saltó del interior a toda prisa antes de que las llamas dieran buena cuenta del vehículo.

La conclusión es que la vida de los tanquistas de ambos bandos fue mucho más dura de lo que las películas de Hollywood nos han hecho creer. En batalla, su posición era igual de peligrosa que la del resto de los hombres. Como les sucedía a los anónimos soldados a los que se ordenaba tomar tal o cual risco armados apenas con un fusil, un solo disparo enemigo tenía la capacidad de segarles la vida.

La única diferencia es que, si las divisiones de infantería sentían escalofríos al oír el repiqueteo de las ametralladoras MG-42 germanas o las Vickers británicas, a los pobres desgraciados que combatían en las tripas de los carros de combate se lo generaba el retumbar de un cañón anticarro. Y, para sobrevivir, la única solución era convertirse en una pequeña familia con una relación basada en la confianza mutua. Ya lo confirmó el conductor soviético Alexander Sacharow: «Los tripulantes están unidos más estrechamente que los hermanos».

Claustrofobia y metal

Esta familia estaba compuesta por cinco miembros que desempeñaban unas funciones determinadas dentro del blindado; aunque, durante la primera parte de la guerra, las tripulaciones rusas eran de cuatro hombres. En los Panzer IV germanos, Sherman estadounidenses y T-34/76 soviéticos (los más populares en sus respectivos ejércitos) convivían en un espacio claustrofóbico poco más grande que una habitación.

Lo habitual dentro de los tanques era que el conductor y el ametrallador —también operador de radio— se ubicaran delante, sentados. Podía parecer cómodo, pero, durante el combate, debían permanecer siempre en esa posición si no querían golpearse la cabeza contra el techo. A la izquierda y la derecha de la torreta estaban el artillero y el cargador. Detrás destacaba el padre de todos ellos, el comandante de carro, encargado de velar por el bienestar de sus hombres y de estar alerta. «Debíamos prestar siempre atención mientras escudriñábamos el campo de batalla en una guerra posicional», explica en sus memorias Otto Carius, el mítico as de los Panzer.

Si bien el puesto de comandante de carro era el de mayor responsabilidad, los que más sufrían eran los conductores. Uno de ellos, Jack Rollinson, estaba convencido de que eran «lo más bajo de la jerarquía social». En sus palabras, eran los primeros en levantarse por la mañana para poner a punto el tanque mientras el resto de sus compañeros dormía bajo una lona estirada, desde lo alto del vehículo, a modo de tienda de campaña. También eran los últimos en acostarse, pues debían revisar las cadenas y el motor, y los únicos que, durante el trayecto, no podían descansar. Carius era de la misma opinión: «Su posición requería una dosis adicional de agallas».

Aunque todos eran iguales ante la muerte. «Cuando un tanquista recibía en el interior de lleno los efectos de la perforación, a veces la cabeza estallaba dejando todo el compartimento lleno de sangre, carnaza y sesos», explicaba, tras la contienda, el teniente Belton Cooper, del batallón de mantenimiento.

El día a día fuera del campamento no era sencillo. Durante los largos desplazamientos de una zona a otra, acciones habituales como aliviar la vejiga o comer se convertían en una aventura. El problema de ir al baño podía resolverse mediante la vaina de un proyectil (en mitad del combate había que tener cuidado por si estaba demasiado caliente), un casco de infantería o una lata vacía.

Para recuperar energías contaban con raciones específicas, aunque, según algunos combatientes, como el alemán Hermann Heckardt, también «aburridas». Este sargento adoraba entrar en batalla, pues así podía disfrutar de la carne enlatada de los británicos. Tampoco era extraño que cualquier compartimento se convirtiera en una despensa improvisada. Lo peor era pasar semanas sin volver a la base. «En esos momentos llevábamos vidas de pordioseros sin poder pensar en lavarnos; incluso los amigos se volvían irreconocibles bajo las barbas», confirmó el carrista Hans Becker.

Sentidos a prueba

La rudeza del combate era espeluznante. Según el soldado J. W. Howes, había algo peor que oír cómo la munición enemiga impactaba contra el blindaje, «la experiencia traumática de oír por la radio el clic de otra radio al apagarse». Aquello «aumentaba el horror» de la lucha y significaba que compañeros con los que habían compartido meses en el campamento habían muerto. «Si alguien informaba, por ejemplo, de que Able Tres había sido alcanzado, todo el mundo sabía quiénes eran y los rostros de los caídos pasaban delante de nuestros ojos por unos segundos».

Aquello era lo único que podía sacarlos de una suerte de trance en el que se veían inmersos por culpa del estruendo del enorme motor, el tronar de las armas al ser disparadas y, por último, el constante zumbido de unos auriculares que jamás se quitaban para comunicarse de forma interna con el resto de la tripulación.

El olfato era otro de los sentidos que se veían puestos a prueba en el interior de esas moles de metal. Para empezar, por el olor que emanaba de los mismos compañeros, los cuales solo se aseaban en las duchas del campamento o, si habían sido previsores, con un bidón de agua extra. El más sucio solía ser siempre el cargador, pues sudaba más que sus compañeros debido al esfuerzo de introducir la munición en el cañón.

Igual de molesta era la pestilencia que llegaba desde las cadenas después de pasar por encima de cuerpos de animales en descomposición o de cadáveres humanos. «Aquel hediondo revoltijo iba girando en las cadenas mientras los que íbamos en el interior luchábamos por no vomitar», afirmaba el tanquista Ernie Cox en declaraciones recogidas en *Tank Men*, de Robert Kershaw. La gasolina, el aceite quemado y los gases de cordita completaban esta amarga sinfonía tan habitual en la Segunda Guerra Mundial.

La vista también sufría. Durante la batalla, el único que tenía una imagen panorámica del exterior era el comandante, quien, aunque podía agazaparse para evitar un balazo, solía dirigir el combate con medio cuerpo fuera de la escotilla. Los alemanes eran los más atrevidos en este sentido. Otto Carius siempre les insistió a sus subordinados en que esa peligrosa costumbre les permitía ver al enemigo unos vitales segundos antes. «Los comandantes de carro que cierran de un portazo la escotilla al principio del ataque y no la vuelven a abrir hasta que se ha alcanzado el objetivo no sirven de nada».

El resto de los tripulantes, sin embargo, debían forzar los ojos para saber lo que sucedía a su alrededor, pues tan solo disponían para ello de una abertura del tamaño de un buzón. Por descontado, era imposible distinguirse en el interior de aquellas bestias metálicas.

Una existencia dura, en efecto, pero que muchos soldados como el tanquista Bill Close recordaban con cariño: «Al mirar hacia atrás, todavía veo esta época como uno de los mejores momentos de mi vida. Es difícil expresarlo con palabras, pero los amigos que hice durante la guerra son todavía mis amigos». Su conclusión, una que sorprende, es que la vida dentro de un carro de combate de la Segunda Guerra Mundial era mucho más peligrosa de lo que consideramos en la actualidad.

La carta de Franco a Churchill proponiéndole una alianza para combatir al comunismo en Europa

Israel Viana

Potsdam, 19 de julio de 1945. Los líderes de las tres principales potencias del mundo se encontraban negociando las condiciones de la paz en Europa tras su victoria en la guerra. Entre todos los puntos a tratar había uno que preocupaba especialmente a Stalin: «Es necesario examinar la cuestión de España. Nosotros, los rusos, consideramos que el régimen de Franco fue impuesto por Alemania e Italia y entraña un grave peligro para las naciones unidas amantes de la libertad».

Al líder de la URSS le preocupaba la dictadura franquista y quería empujar al primer ministro británico, Winston Churchill, y al presidente de Estados Unidos, Harry Truman, a acabar con ella. «Opinamos que será bueno crear las condiciones para que el pueblo español pueda establecer el régimen que elija», añadió. Y es que Stalin veía a Franco como una amenaza para la paz mundial y creía que había que actuar cuanto antes.

Tras la derrota de la Alemania nazi y la Italia fascista, la hostilidad de los aliados se dirigió contra Franco, al que no perdonaban el apoyo que había recibido de Hitler y Mussolini en la Guerra Civil. En esa misma reunión, Truman aseguró que no tenía «ninguna simpatía hacia su régimen» y que se alegraría mucho de «reconocer otro Gobierno en España». Sin embargo, tanto él como el primer ministro británico se posicionaron en contra de una intervención directa, tal y como había insinuado Stalin. Ambos líderes tenían miedo de provocar una nueva guerra civil de la que pudiera resultar un gobierno comunista.

En ese momento de la reunión, Churchill desveló un detalle para persuadir a sus interlocutores de que no estaba negociando nada con España:

> El Gobierno inglés está también fuertemente disgustado con Franco y su Gobierno [...]. El hecho de que hayan sacado a los prisioneros que llevan años en prisión y les hayan disparado por lo que ocurrió mucho tiempo antes indica que España no es una democracia de acuerdo con las ideas británicas. Cuando Franco me envió una carta proponiéndome hacer una alianza de Occidente contra Rusia, le mandé una respuesta fría. Eso demuestra que los sentimientos de Gran Bretaña son contrarios a su régimen.

Stalin respondió a Churchill de manera desconfiada: «Yo no he recibido ninguna copia de la respuesta británica a Franco». La carta a la que se refería era la que el dictador español le había enviado el 18 de octubre de 1944. Una misiva personal y confidencial que entregaría más tarde el duque de Alba al Foreign Office, en la que Franco expresaba su deseo de «clarificar» las relaciones hispanobritánicas de una manera «sincera, franca y directa». En ella, le mostraba su preocupación por «la grave situación europea» y por la «atmósfera de desconfianza y hostilidad hacia España existente en Gran Bretaña».

Contra la «hegemonía» de Rusia

A juicio de Franco, la gravedad de la situación se basaba en la creciente «hegemonía» de la Rusia comunista en el este de Europa, que se completaba también con el crecimiento de la influencia del «insidioso poder del bolchevismo» en el Oeste. Sobre todo, en Italia y Francia. El dictador no estaba equivocado, puesto que a Stalin ya se le había ocurrido por esas fechas la idea de formar un «cordón sanitario» con estados políticamente afines y subordinados a las decisiones de Moscú.

En junio de 1944, sus tropas ya habían empezado a extenderse por Europa oriental tras el éxito de la Operación Bagration. Después llegaron los acuerdos de Potsdam y Yalta al final de la guerra, que supusieron una gran expansión territorial de los soviéticos. Stalin consiguió anexionarse —militar o políticamente— países como Polonia, Estonia, Letonia, Lituania, Bulgaria, Ucrania, Checoslovaquia, Finlandia, Hungría, Rumanía, partes de Alemania, Manchuria y hasta el norte de Corea. Más tarde comenzó a intervenir en otras partes del mundo, y pasó de ser una nación atrasada y a la defensiva con respecto a Occidente a convertirse en una potencia conquistadora que debía organizar nuevos territorios sobre los que nunca había tenido un dominio de tal magnitud.

De ahí la carta de Franco, en la que intentaba hacer un frente común con uno de los países vencedores para defender los intereses de Europa frente a la URSS. Era una forma también de apaciguar la posición cada vez más crítica de los aliados con respecto a él, ya que le consideraban el último superviviente del fascismo al que acababan de vencer. Y lamentaba también la conversión de Estados Unidos en la «potencia más poderosa del mundo» en el Atlántico y el Pacífico. Teniendo en cuenta esta situación y que Alemania estaría destruida en breve, «a Inglaterra solo le queda otro pueblo en el continente al que volver sus ojos: España».

La carta llegó al número 10 de Downing Street en octubre de 1944, cuando faltaban nueve meses para que se produjera la mencionada reunión entre Churchill, Truman y Stalin en la Conferencia de Potsdam. Llegó a través del embajador de España en Londres, el duque de Alba, a quien Franco le advertía:

> Mi querido embajador y amigo: el objeto de la presente misiva es expresarle de manera directa, clara y sincera mi pensamiento y el de la nación española de todo cuanto afecta a nuestras relaciones con Gran Bretaña, con el objetivo de que se lo haga conocer a nuestro buen amigo el primer ministro británico.

La carta de Franco

La carta del dictador español era tan larga como directa; por eso solo le hicieron falta los primeros párrafos para dejar claro su propósito. Eran estos:

> La grave situación de Europa y el papel que en un futuro están llamados a tener Inglaterra y España para el concierto del occidente europeo aconsejan que aclaremos nuestras relaciones. Debemos liberarlas de esa serie de reclamaciones y pequeños incidentes que desde hace más de dos años vienen enervándolas.
>
> Las nobles palabras que en fecha reciente ha tenido el primer ministro para nuestra nación, con repercusiones tan favorables en nuestra opinión pública, son garantía de que estas inquietudes han de encontrar un eco favorable entre las suyas. Yo encuentro perfectamente natural que hayan existido hasta ahora grandes diferencias entre el pensamiento de la nación inglesa y el que podía tener la española, más libre, más natural, de compromisos y pasiones. Pero conforme la guerra avanza, se dibuja más la identidad de los intereses y de las preocupaciones para el futuro que vemos acusarse en los discursos, manifestaciones y comentarios a los viajes del primer ministro. Como no podemos creer en la buena fe de la Rusia comunista y conocemos el poder insidioso del bolchevismo, tenemos que considerar que la destrucción o debilitamiento de sus vecinos acrecentará enormemente su ambición y su poder, haciendo más necesaria que nunca la inteligencia y la comprensión de los países del occidente de Europa.

> Lo que ocurre en la Italia liberada y la grave situación de la nación francesa, en la que las órdenes del Gobierno no son obedecidas y los grupos de los maquis proclaman con descaro sus fines de proclamar la República soviética francesa, para lo que dicen contar con el apoyo de la URSS, es harto elocuente en estos difíciles momentos. Por otra parte, la historia nos demuestra en lo que han acabado siempre los tópicos de las paces eternas y de las amistades desinteresadas. Por eso las bellas palabras no pueden tener para nosotros otro valor que el de un buen deseo, el de un ideal a que nunca se llegó ni logrará llegarse.
>
> Destruida Alemania y consolidada por Rusia su posición preponderante en Europa y Asia, así como consolidada la de Norteamérica en el Atlántico y el Pacífico como nación más poderosa del Universo, los intereses europeos padecerán la más grave y peligrosa de las crisis ante una Europa quebrantada. Comprendo muy bien qué razones militares inmediatas no permitirán a los ingleses responsables comentar este aspecto de la contienda universal, pero la realidad existe y la amenaza queda pendiente. Después de la terrible prueba pasada por las naciones europeas, solo tres pueblos, entre los de población y recursos importantes, se han destacado como más fuertes y viriles: Inglaterra, Alemania y España. Destruida Alemania, solo queda a Inglaterra otro pueblo en el continente al que volver sus ojos: España. Las derrotas francesa e italiana y su proceso de descomposición interna no permitirán edificar nada sólido sobre estos pueblos en muchos años. Hacerlo acarrearía las mismas trágicas sorpresas que sufrieron Inglaterra y Alemania en la actual contienda.
>
> La deducción es clara: ¿es conveniente para Inglaterra y para España su amistad recíproca? No dudo en afirmarlo. Y será tanto más imperativa cuanto mayor sea la destrucción que llegue a hacerse en la nación germana.

Y después de unos folios de circunloquios en los que analizaba más profundamente la situación de Europa, Franco acababa así:

> Después de haberle expuesto de manera clara y fiel mi pensamiento, solo me resta confiar en su patriotismo e inteligente actividad para hacérselo llegar al hombre sobre quien pesan de manera más grande las responsabilidades del futuro europeo.

La respuesta de Churchill

No tuvieron éxito los intentos del dictador español por establecer una alianza con Gran Bretaña para defender los intereses de Europa frente a la Unión Soviética y Estados Unidos. En la reunión de Potsdam, Churchill informó a Stalin y Truman de que su respuesta al dictador español había sido «fría». Sin embargo, la misiva llevó al Gobierno inglés a examinar en profundidad el futuro de su política hacia España.

El primer ministro británico contestó a esta carta con otra muy extensa en la que parecía valorar la neutralidad de España en la Segunda Guerra Mundial, pues sabía que, de haber entrado del lado de Alemania, el resultado habría sido diferente: «No olvido que la actitud española no se opuso a nosotros en dos momentos críticos de la guerra: el derrumbamiento de Francia en 1940 y cuando se produjo la invasión angloamericana del norte de África en 1942».

Y luego añadía:

> En la carta de V. E. al duque de Alba hay varias referencias a Rusia que no puedo dejar pasar sin comentar, teniendo en cuenta las relaciones de amistad y de alianza entre mi país y Rusia. Le induciría a usted a un serio error si no desvaneciera en su ánimo la idea equivocada de que el Gobierno británico está dispuesto a considerar ninguna agrupación de potencias en Europa occidental, o en cualquier otro lugar, basada en hostilidad hacia nuestros aliados rusos o en la supuesta necesidad de defensa contra ellos. La política del Gobierno británico se fundamenta firmemente en el Tratado anglosoviético de 1942 y considera la permanencia de

la colaboración anglorrusa como esencial. Y no solamente a sus intereses, sino a la futura paz y prosperidad de Europa en su conjunto.

El veto a España

Después de aquella respuesta llegó el comunicado oficial de la Conferencia de Potsdam, en la que Churchill, Truman y Stalin decidieron vetar a España en la recién creada Organización de las Naciones Unidas (ONU). Se publicó el 2 de agosto de 1945 y decía:

> Nuestros tres gobiernos creen que es su deber señalar que no darán, en lo que les concierne, su apoyo a una solicitud de admisión que sea presentada por el actual Gobierno español, el cual, habiendo sido establecido con el apoyo de las potencias del eje, no posee los títulos necesarios para justificar su entrada.

El 5 de agosto, el Gobierno español contestó a ese comunicado con una nota de protesta enviada por su ministro de Asuntos Exteriores, Alberto Martín-Artajo:

> Ante la insólita alusión a España que se contiene en el comunicado de la Conferencia de los Tres en Potsdam, el Estado español rechaza, por arbitrarios e injustos, aquellos conceptos que le afectan. Los considera consecuencia del falso clima creado por las campañas calumniadoras de los rojos expatriados y sus afines en el extranjero.

Mientras Churchill fue primer ministro, Gran Bretaña no restableció sus relaciones con España. Tampoco Estados Unidos, que las rompió poco después. El presidente Truman, de hecho, no perdió la oportunidad de declarar públicamente en varias ocasiones que «nunca había sentido mucha simpatía hacia España». Al mismo tiempo, sin embargo, negociaba en secreto con Franco la implantación de bases militares en la Península y le concedía al régimen ayudas económicas millonarias.

Las tristes confesiones de los pilotos kamikazes a sus padres antes de morir

MANUEL P. VILLATORO

Vivimos nuestro día a día como un torbellino. La vida nos parece interminable y pocas veces nos detenemos a pensar y a disfrutar del tiempo que pasamos con nuestros seres queridos. Es como si fuésemos a estar junto a ellos siempre. Lo que es seguro es que, si supiéramos que nuestro fin se aproxima, desconectaríamos ese «yo» automático que solemos llevar a cuestas y paladearíamos cada una de las sílabas que dirigimos a aquellos que más apreciamos. ¿Qué les diría usted a sus padres si supiera que solo le queda una jornada de vida? ¿Les pediría perdón o, por el contrario, les recordaría lo mucho que los ha querido siempre? ¿Se preocuparía, quizá, por cómo reaccionarían tras su marcha de este mundo?

Estas cuestiones eran las que se planteaban los mitificados pilotos kamikazes japoneses antes de partir hacia su triste destino. Desde el mismo instante en el que entraban a formar parte de la Unidad Especial de Ataque, estos aviadores —una parte sustancial de ellos, jóvenes universitarios a los que se les había inculcado el deber de defender a su patria— sabían que su misión última era arrojarse contra los aliados. Morir por un fin mayor.

Por ello, y a pesar del lastre que supone la juventud en lo que se refiere a exteriorizar sentimientos, barruntaban de forma taimada cada una de las sílabas que escribían a sus progenitores en la que sería su despedida definitiva.

Las misivas de muchos de ellos, recopiladas en *No esperamos volver vivos. Testimonios de kamikazes y otros soldados japoneses*, ayudan a separar, décadas después, la realidad del mito que rodea a estos hombres. No; ni eran locos ni fanáticos ni chicos sin estudios a los que el Estado había lavado el cerebro. Su perfil se correspondía, más bien, con el de prometedores estudiantes especializados en derecho, literatura y arte a los que su sentido del deber los llevaba a poner la vida al servicio de Japón para conseguir detener el avance enemigo en el frente del Pacífico.

Su lucidez queda más que clara al leer las cartas que escribían poco antes de marchar hacia su misión definitiva. En ellos no se encuentran radicalismo ni tendencias suicidas. Todo lo contrario. Aquellas líneas servían a muchos para confirmar a sus padres que no deseaban morir y que su único anhelo era volver junto a ellos una vez más. Sin embargo, de su lectura se desprende también que conocían sus obligaciones morales. Y todo ello a pesar de que comprendían que su sacrificio no haría que su país ganase la Segunda Guerra Mundial.

«Sé que mi esfuerzo es en vano [...] y que la tierra de mis antepasados sufrirá una derrota sin paliativos. No me importa, yo seré feliz [...]. Mi sueño de ver a Japón, mi amada patria, convertirse en un gran imperio, como antaño lo fue el Imperio británico, se ha desvanecido», escribió, a los veintidós años, Ryoji Uehara, un kamikaze que, poco después, perdió la vida tras estrellar su avión contra una división mecanizada en Okinawa.

Mitos fuera

Pero vayamos por partes. ¿Quiénes eran estos pilotos y cómo es posible que su patria los enviara a la muerte? El autor Ivan Morris, reconocido estudioso de los kamikazes, afirma que los nipones se valieron de estos combatientes cuando el avance de Estados Unidos a través del Pacífico se hizo imparable. Escasos de material y sabedores de que la marea norteamericana era imposible de contener, los japoneses entrenaron a aviadores novatos para que, a los mandos de aparatos desfasados como los míticos Zero, se arrojaran contra el enemigo cargados de explosivos. Su objetivo no era otro que causar los mayores daños posibles a costa de su vida y retrasar la conquista del imperio.

En *La guerra total. La Segunda Guerra Mundial al descubierto* se confirma que este triste método lo planteó en 1944 el vicealmirante Takijiro Onishi. Poco después, los aviadores de la Unidad Especial de Ataque Shinpu empezaron a ser conocidos como *kamikaze* o «viento divino», el mismo nombre que los nipones dieron a los dos tifones que los habían salvado de la invasión mongola dirigida por Kublai Kan en el siglo XIII.

A los pilotos encargados de protagonizar las *gyokusai* —cargas suicidas que la infantería llevaba a cabo desde finales de 1943, cuando se prohibió la retirada en nombre del emperador— los reclutaban en las universidades. Y es que, para entonces, el primer ministro Hideki Tojo había rescindido la excedencia militar que afectaba a todos los estudiantes debido a la escasez de tropas. Esta se mantuvo solo en algunas disciplinas de ciencias naturales, ingeniería, medicina o agricultura. Los jóvenes dedicados a carreras de derecho y humanidades (arte, literatura...) no tuvieron la misma suerte. Ellos, chicos de alta cuna, bien formados, amantes de la paz y de una edad comprendida entre veinte y veinticinco años, formaron el grueso de las unidades, que empezaron a utilizarse en marzo de 1945.

En todo caso, no fueron a la muerte obligados. Aunque muchos no quisieran dejar este mundo, la mayoría eran voluntarios que estaban concienciados con el discurso que el propio Onishi les ofreció poco después de que los reclutaran para la Unidad de Ataque Especial: «Japón está en peligro, la salvación del país depende de jóvenes valientes como vosotros. Vosotros ya sois dioses, libres de ambiciones terrenales. Daré cuenta de vuestras hazañas al Trono, estad seguros de ello. Os ruego que hagáis todo lo que podáis». Para estos pilotos sin formación militar los objetivos eran preservar su patria de la «contaminación extranjera» y defender a sus familias de la invasión.

El ritual de los kamikazes antes de alzar el vuelo hacia sus objetivos era siempre el mismo. La noche anterior la solían dedicar a escribir a sus familias para despedirse. Muchos pedían disculpas también a sus progenitores por el egoísmo que habían demostrado durante su juventud. A continuación, recogían sus efectos personales y los repartían entre sus amigos. La mañana del ataque dormían de forma calmada, se lavaban tras despertarse, se ataban al casco una banda blanca decorada con un crisantemo, un sol naciente o algún lema significativo y se ponían el cinturón de las mil puntadas —un talismán enviado por sus madres, en el que cada uno de sus conocidos hacía una puntada para darles suerte.

Despedidas

Las cartas que escribieron estos jóvenes eran tan reveladoras como estremecedoras. Una de ellas es la de Ryoji Uehara, un joven que, antes de estrellarse contra su objetivo en 1945, sumaba apenas veintidós años y cursaba estudios en la Universidad Keio Gijuku. En la última misiva que envió a sus padres les explicó que era «profundamente consciente del grandísimo honor que se le había otorgado», pero que sabía que la «libertad prevalecerá» y que, por lo tanto, las «naciones totalitarias» como la suya estaban condenadas a desaparecer. «La tierra de mis antepasados sufrirá una derrota sin paliativos. No me importa, yo seré feliz. Si se hubiera escuchado a los japoneses que verdaderamente aman a su país, no estaríamos en esta situación tan desastrosa», completó.

Su carácter contestatario no se detuvo en ese punto. También afirmó que era consciente de que los kamikazes eran «una pieza de la maquinaria; un mecanismo orgánico que dirige los controles del avión; un filamento de hierro depositado sobre un imán diseñado para ser atraído por un portaviones». A su vez, señaló a sus padres que entendía que su comportamiento fuera visto con extrañeza en el extranjero: «Asumo que este tipo de fenómenos es percibido como algo peculiar de Japón, una nación con espiritualidad única. Para mí, la muerte no es más que el camino que me reunirá de nuevo con mi amada». Para terminar, dedicó unas líneas a pedirles disculpas por sus comportamientos pasados.

Takuji Mikuriya, de veintidós años, también intentó explicar a sus padres por qué se había presentado voluntario para la Unidad de Ataque Especial: «Nadie piensa en su propia muerte en el momento de asestar un golpe al adversario. Nosotros simplemente golpeamos y rezamos por la vida eterna de Japón (o quizá recemos por causar muchas víctimas). Un piloto kamikaze retoma el maternal amor de su patria inmolándose en un enfrentamiento con el más poderoso enemigo que quepa imaginar. Podéis decir que muere sin alcanzar sus metas en la vida, pero debéis aceptar que muere feliz». Se despidió incidiendo en que, en breve, podría hacer algunos «ejercicios de vuelo». Un eufemismo, quizá, para evitar nombrar que su momento se acercaba.

El estudiante de economía Ichizo Hayashi se mostró mucho más sentimental con su madre. En las últimas cartas que le envió le confesó que había «temido mucho» un momento que ya había llegado. «He tenido una existencia feliz, así que moriré soñando». A ella le dedicó unas frases emotivas: «Amada madre. Por favor, perdóneme y comprenda que mi egoísmo infantil procedía del inmenso amor que usted me profesaba. Estoy orgulloso de haber sido elegido como miembro de una Unidad Especial de Ataque preparada para el combate, pero no puedo evitar llorar cuando pienso en usted. Me entristece morir sin haber hecho nada que le haga feliz y sin compensar, de alguna manera, sus sufrimientos». Se despidió de ella desvelándole que le habían ordenado participar en una «operación especial»: «Querría seguir unido a usted, madre. Se que usted es una gran persona y que nunca seré capaz de abarcar su grandeza».

El caso de Akio Otsuka, matriculado en derecho en la Universidad de Chuo, es más curioso si cabe. En una de las últimas misivas enviadas confirmó a su familia que no quería suicidarse. «Voy a morir contra mi voluntad. Y lo haré con pesadumbre y ansiedad en mi corazón». Con todo, aclaraba que aquella angustia se debía a que no quería dejarlos solos. «Si no sois capaces de recuperar la tranquilidad de espíritu cuando conozcáis mi muerte, y alguno de vosotros realiza un acto fatal, ¿de qué habrá servido mi sacrificio?». En los mensajes posteriores aclaraba, no obstante, que dejaría este mundo convencido de que tenía que defender a su patria. «Querido padre, cuídese mucho, su neuralgia mejorará si no se preocupa tanto por las cosas. Quisiera brindar con sake una vez más, pero no podrá ser. Hagámoslo cara a cara en el *butsudan*». Se refería al altar familiar.

Teruo Yamaguchi, de veinticinco años, solo tuvo palabras de perdón para su progenitor. «Conforme se acerca mi muerte, mi única pesadumbre es no haber hecho nada bueno por usted en mi vida. ¡Haré lo que se espera de mí! ¡Lo haré!». Sus palabras sorprenden, pues fue crítico con los gerifaltes de Japón. «Me queda un mal sabor de boca cuando pienso en los engaños que algunos de nuestros astutos políticos vierten sobre ciudadanos inocentes. Pero sigo dispuesto a recibir órdenes de los altos mandos, e incluso de los políticos, porque aún respeto al Gobierno». Finalizó su carta desvelándole que su tumba sería el mar de Okinawa. «Volveré a ver a mi amada madre. No siento ni arrepentimiento ni miedo a la muerte. Solo rezo por su felicidad y por la de todos mis compatriotas. Por favor, cuide de mis hermanas».

Operación Forager: los ciento veintisiete mil soldados ignorados de Saipán que protagonizaron el otro Día D

Israel Viana

La invasión de Normandía no fue el único desembarco que se produjo en la guerra. Ni tan siquiera el único de junio de 1944. Sin embargo, el que vamos a contarle no recibió jamás la atención del famoso Día D. Ni películas, ni series de televisión, ni documentales, ni ensayos, ni novelas... Nada de nada. A pesar de ello, movilizó a ciento veintisiete mil soldados, desencadenó una de sus batallas navales más devastadoras del conflicto y fue, prácticamente, igual de decisivo para la victoria final.

Desde el final de la Primera Guerra Mundial, Estados Unidos y Japón estaban convencidos de que el desenlace en una futura guerra entre ambos dependería de un enfrentamiento decisivo en algún punto del Pacífico occidental, probablemente en el mar de Filipinas. La idea influyó, incluso, en la planificación estratégica de sus ejércitos antes de 1939, tanto en sus maniobras terrestres como en los ejercicios navales que realizaban cada año.

Esta percepción la mantuvieron una vez iniciado el choque entre ambos durante la Segunda Guerra Mundial, como si estuvieran esperando esa confrontación. Cuando parecía que se acercaba, el almirante Soemu Toyoda declaró sobre la estrategia que iba a seguir Japón si los estadounidenses atacaban las Marianas en el verano de 1944: «Debemos alcanzar nuestros objetivos por el procedimiento de aplastar de un solo golpe el núcleo de la gran concentración de fuerzas enemigas en una batalla decisiva».

La batalla en el mar de Filipinas se produjo, por fin, tras el desembarco en Saipán, que tuvo lugar tan solo nueve días después de que los soldados aliados llegaran a Normandía, a doce mil kilómetros de allí. A esta operación se la bautizó como Forager («recolector») y la protagonizaron dos divisiones de Infantería de Marina estadounidenses que saltaron a tierra, el 15 de junio de 1944, en la isla más grande del archipiélago.

Aquellos dos desembarcos en tan poco espacio de tiempo fueron sorprendentes, según explica el historiador estadounidense Craig L. Symonds: «Que los aliados fueran capaces de organizar dos importantes invasiones en puntos opuestos del mundo, con una diferencia de solo nueve días, venía a subrayar el carácter global de la guerra y, al mismo tiempo, la magnitud de los recursos de los aliados».

Los preparativos

Las quince islas que componen la cadena de las Marianas forman un arco de setecientos cincuenta kilómetros de longitud, que se extiende de norte a sur a través del Pacífico central. Estados Unidos decidió invadirlas por dos motivos. Por un lado, recuperar Guam, que les había pertenecido hasta la invasión nipona de 1941. Por otro, que desde allí los bombarderos B-29 Superfortress de largo alcance podían llegar, incluso, a Tokio. No hay que olvidar que tres de las islas eran lo bastante grandes como para albergar bases militares y que la que se encontraba más al norte, la más próxima a Japón, era Saipán.

Los estadounidenses llevaban años deseando una batalla como la del mar de Filipinas, pero el carácter de aquella confrontación tantas veces anticipada había cambiado muchas veces en el tiempo: desde un combate muy igualado entre acorazados hasta un enfrentamiento a gran distancia con portaaviones. Sin olvidar, además, que la idea de este enfrentamiento final estaba profundamente arraigada en la cultura de la U. S. Navy y en la de la Armada Imperial japonesa.

La concentración de fuerzas estadounidenses se produjo al mismo tiempo que los preparativos para el desembarco de Normandía. Se puede decir que estábamos ante el segundo Día D en tan solo un mes. De hecho, como apunta Symonds, «en términos de potencia de fuego, la flota de invasión de Saipán era aún mayor que la que se destinó a Normandía». El comandante Raymond Spruance, al frente de las fuerzas invasoras de Estados Unidos, utilizó quince portaaviones, siete acorazados, once cruceros y 86 destructores que darían cobertura a 56 buques de transporte de ataque y a 84 LST con capacidad para nada menos que 127.571 soldados y marines.

La gran diferencia entre ambas operaciones era que, mientras que los estadounidenses solo tenían que recorrer entre ochenta y ciento sesenta kilómetros para alcanzar la orilla francesa a través del canal de la Mancha, en la invasión de Saipán tenían que navegar más de cinco mil seiscientos kilómetros desde Pearl Harbor hasta el punto de desembarque. El mismo general Eisenhower advirtió, además, que la invasión de Normandía podía conllevar que sus tropas se quedaran varadas en la playa francesa durante tres días sin ningún tipo de reabastecimiento, pero a nadie le importó que en Saipán se quedaran aislados tres meses.

A esto se sumó más de un accidente durante los preparativos. El 17 de mayo, mientras se cargaba la munición en Pearl Harbor, uno de los proyectiles explotó y prendió fuego a unos bidones de gasolina que había al lado. Uno de los buques voló en mil pedazos en medio de una atronadora bola de fuego, lo que a su vez provocó numerosas explosiones de otros buques cercanos y la muerte de 168 hombres. «Jeeps enteros, fragmentos de barcos, cañones, equipo, metralla, trozos de metal, todas esas cosas llovían sobre las aguas de West Loch», recordaba un testigo. La operación, no obstante, siguió adelante.

El ánimo de Normandía

Durante el viaje a Saipán, a los marines les insufló mucho valor un inesperado anuncio por megafonía: «Escuchen. Ha comenzado la invasión de Francia. El Cuartel General Supremo ha anunciado que hasta la fecha los desembarcos han tenido éxito. Eso es todo». En ese momento se produjo una gran ovación, a pesar de que todos sabían allí que la Armada Imperial japonesa seguía siendo la tercera fuerza naval más poderosa del mundo, cuyos buques y acorazados habían empezado a concentrarse en la base de Tawi Tawi, al sur de Filipinas.

El encargado de afrontar esta amenaza fue el comandante Jisaburo Ozawa, que dispuso de una fuerza más poderosa que la que había atacado Pearl Harbor en diciembre de 1941. Pensaba hacerse a la mar con cuatro portaaviones de gran tamaño, uno de ellos el recientemente estrenado Taiho, que era el único con la cubierta de vuelo acorazada. También disponía de otros cuatro portaaviones más pequeños. Entre todos ellos podía poner en el aire 473 aviones.

Antes del amanecer del 19 de junio, Ozawa envió 69 de estos aparatos en busca de los estadounidenses, que fueron localizados finalmente a 610 kilómetros de ellos. Era una mañana despejada cuando el radar de los norteamericanos los localizó acercándose por el oeste y respondieron con la orden de que 140 cazas despegaran para interceptarlos.

Pronto se puso de manifiesto que, además de duplicarlos en número, los pilotos invasores eran mucho más experimentados. «El cielo se veía lleno de humo y de fragmentos de aviones», aseguró otros de los testigos. Tan solo uno de los aparatos nipones llegó a acercarse lo suficiente como para acertar con una bomba en el acorazado South Dakota.

Unas horas más tarde hubo otro ataque de los japoneses, que utilizaron más aviones, y otros dos por la tarde. El objetivo era frustrar el previsible desembarco de Estados Unidos en Saipán, pero, de nuevo, tan solo unos pocos aviones lograron atravesar el enjambre de cazas norteamericanos Hellcat y la cortina de la artillería antiaérea. Al final de aquella larga jornada, Japón había perdido 358 aviones y la mayor parte de sus pilotos. Los estadounidenses, solo 33.

El desembarco

Los que primero desembarcaron en Saipán fueron las divisiones de infantería 2.ª y 4.ª, que avanzaron hacia el interior luchando palmo a palmo contra los japoneses, muchos de los cuales, por lo general, preferían suicidarse antes que rendirse. El 6 de julio, el almirante Nagumo se pegó un tiro. Cuatro días después, el teniente general Yoshitsugu Saito se hizo el harakiri mientras los jefes militares trataban de convencer a sus soldados de que siguieran el mismo ejemplo, ya que, si caían prisioneros, los estadounidenses los torturarían hasta matarlos. Al menos, eso era lo que les decían.

La consecuencia fue que, pocos días después, se produjo un suicidio masivo desde el borde de un acantilado de doscientos cuarenta metros de altura en Marpi Point, en el extremo septentrional de la isla.

«Podría decirse que el mes decisivo de toda la guerra fue junio de 1944. Tanto en el mar de Filipinas como en la costa de Normandía, los aliados se abrieron paso a través de las barreras defensivas y las potencias del eje nunca lograron recobrarse del todo. La abrumadora superioridad material en poderío naval y en transporte marítimo permitió a los aliados llevar adelante aquellas dos importantes ofensivas de forma prácticamente simultánea», explica Saymonds.

La prensa española se ocupó brevemente de ello. El 16 de

junio de 1944, el diario *ABC* titulaba: «Los norteamericanos desembarcan en Saipan». Y la noticia contaba: «El comunicado del almirante Nimitz, comandante en jefe del Pacífico, anuncia que el grueso de sus fuerzas tomó tierra bajo la protección de la artillería de los cruceros, acorazados y destructores. Los primeros informes indican que las pérdidas de los estadounidenses en hombres han sido relativamente pocas».

Finalmente, la isla se conquistó al completo el 9 de julio de 1944, mientras que Guam y Tinian, en agosto. A continuación, los estadounidenses siguieron avanzando con gran éxito por el Pacífico hasta Japón. Construyeron un aeropuerto de grandes dimensiones en Tinian, desde el cual despegaron los B-29 que bombardearon un gran número de ciudades niponas hasta los últimos días de la guerra y los dos que lanzaron las bombas atómicas sobre Hiroshima y Nagasaki.

Poco después, el 26 de julio, el crucero pesado Baltimore entraba en el puerto de Pearl Harbor con el presidente Roosevelt a bordo, lo que demostraba su dominio total del Pacífico oriental. La rendición de Japón era inminente.

El lado oscuro de los grandes generales aliados: del trastorno oculto de Montgomery al adulterio de Eisenhower

Manuel P. Villatoro

Los adjetivos para calificar al mariscal de campo Bernard Law Montgomery se cuentan por decenas. Desde «excéntrico» hasta «extravagante», pasando por, simplemente, «extraño». El mismo Dwight D. Eisenhower le definió en una ocasión como un verdadero psicópata. Pero la realidad es que también fue un oficial que, entre otras tantas victorias, logró acabar con las tropas del general alemán Erwin Rommel durante la batalla de El Alamein. Quizá fuera por eso por lo que tanto los mandos del ejército aliado como la misma Europa le perdonaron el desastre en el que se convirtió la gran operación que orquestó para acceder a Alemania a través de los Países Bajos: Market-Garden.

Sin embargo, el popular historiador británico especializado en la Segunda Guerra Mundial Antony Beevor ha añadido un nuevo adjetivo a esta lista, «enfermo». Y es que, según ha desvelado en declaraciones para este libro, es probable que el mariscal de campo padeciera el síndrome de Asperger y que este le llevara a obviar a los críticos que le aconsejaron no lanzar a las fuerzas aerotransportadas británicas hacia una muerte segura en Market-

Garden. «El síndrome de Asperger le dio visión de túnel y le hizo incapaz de escuchar los consejos de los demás», explica.

Beevor, con todo, no es el único experto que ha sugerido esta posibilidad. El psiquiatra irlandés Michael Fitzgerald ya la puso sobre la mesa en 2005 en su amplia investigación *Did Field Marshal Bernard Montgomery Have Aspergers Syndrome?*, un dosier en el que usa las múltiples descripciones del militar que hicieron sus familiares, sus amigos, sus oficiales superiores y sus subordinados para analizar su carácter y demostrar que la posibilidad de que padeciera Asperger existe. «Montgomery demuestra un deterioro cualitativo en la interacción social y patrones de comportamiento, intereses y actividades repetitivos y estereotipados», afirma el informe.

No obstante, en el informe de Fitzgerald se baraja la posibilidad de que Montgomery estuviera aquejado de otras afecciones. «Se debe considerar también que sufriera Autismo de Alto Funcionamiento», desvela. Tal y como recoge el documento, no sería extraño que tuviera esta dolencia debido a que padecía «un deterioro cualitativo en la capacidad de interactuar socialmente» y a que sus «intereses eran restringidos, repetitivos y estereotipados». Aunque, a su vez, el experto es partidario de que no está claro que cumpliera el tercer requisito, «un deterioro cualitativo en la comunicación». De estar vivo, Eisenhower podría corroborar el último punto, pues tuvo que enfrentarse verbalmente a él en no pocas ocasiones.

Misógino y obsesivo

Para averiguar si Montgomery padecía el síndrome de Asperger, Fitzgerald analiza su carácter desde la infancia. Y parece que los datos le avalan. En sus palabras, a Monty se le definía como un «cuarto hijo caprichoso, emocional e intelectualmente inmaduro», muy «travieso por naturaleza e individualista por carácter». No solo eso, sino que pronto se convirtió en la oveja negra de la familia. Su madre solía repetir como una letanía una y otra vez la misma frase cuando el chiquillo se marchaba: «Salid, averiguad qué hace y decidle que pare». Era, en definitiva, un buscador de problemas.

Durante su etapa escolar, sus profesores y compañeros coincidieron en estas apreciaciones. Según recoge el informe, el pequeño Monty era «autosuficiente», «intolerante a la autoridad» y solo se esforzaba en aquellas asignaturas que le interesaban de verdad. A pesar de su juventud, pronto quedó claro que el control era clave para él y que era «extremadamente egocéntrico» y excéntrico. Además, por entonces ya empezaba a sentirse incómodo con la compañía de los demás y se mostraba tímido y reservado ante la presencia de sus compañeros.

A nivel personal, el experto afirma que Montgomery demostró también claros síntomas de misoginia y que era un excéntrico que, durante una buena parte de su vida, vivió con sus dos hermanas solteras. Según sus palabras, no fueron pocas las muchachas que, después de pasar un rato con él, afirmaban que no les había hecho ningún caso y que había mostrado más interés en los planes militares que en ellas. De hecho, solía repetir: «No te puedes casar y ser un oficial eficiente».

Por otro lado, parece que Montgomery tampoco tenía capacidad para empatizar con el resto de los seres humanos. Otra característica del Asperger. «Era capaz de tener comportamientos increíblemente malos», añade el autor. Para corroborar la existencia de esta característica dentro de su personalidad, Fitzgerald pone un curioso ejemplo. En una ocasión, el militar estaba dando un discurso para una audiencia en la que había un periodista ciego. De repente, desde el fondo alguien le pidió a Monty que alzara la voz porque no se le oía bien. Él se sintió ofendido y, sin ninguna lógica, respondió de una forma descortés: «Puedo ver que uno de ustedes es ciego... ¿pero el resto son sordos?».

Arranques de ira

Siempre según Fitzgerald, con los años estas características se exacerbaron hasta la extenuación y se volvió imposible discutir con él. Así lo afirma el propio Beevor en *La batalla por los puentes*, donde narra una curiosa anécdota que pone de manifiesto los problemas que tenía Monty para tratar con sus superiores y con todo aquel que no opinara como él. El autor narra que, durante la preparación de la operación Market-Garden, se reunió con Eisenhower enfadado porque el jefe supremo les estaba dando más recursos a los ejércitos de Patton que a él. La charla no tardó en convertirse en un monólogo a gritos del británico. Al final, Ike se limitó a responderle: «Monty, no puedes hablarme así, soy tu jefe».

Estos arranques de ira llevaron a Patton a afirmar en más de una ocasión que Montgomery hacía lo que quería mientras el resto de los oficiales y sus propios superiores miraban para otro lado. «Monty hace lo que le da la gana y Ike se limita a decir: "Sí, señor"». Con todo, también es cierto que esas críticas pudieron deberse a que, a la postre, Eisenhower le dio los recursos para acceder a Berlín a través de Países Bajos en detrimento de los ejércitos del norteamericano.

En todo caso, y a pesar de que la leyenda ha convertido a Montgomery en el oficial británico más exitoso de la Segunda Guerra Mundial, el psiquiatra irlandés afirma que sus grandes campañas militares tuvieron lugar cuando debía dirigir a una fuerza pequeña y concreta, y no cuando acometía grandes operaciones.

Por desgracia, el principal rasgo de su personalidad fue el mismo que le terminó pasando factura y que le impidió entender que la Operación Market-Garden era una auténtica locura. Monty no creía en los consejos de sus subordinados y entendía que los buenos subalternos son los que acatan las órdenes sin rechistar. «Era obstinado hasta el punto de la intolerancia y usaba una disciplina tiránica contra el resto», añade el experto. Por si fuera poco, los oficiales no podían permitirse el lujo de criticarle ni una sola vez. «Un fallo y estaban fuera», solían repetir.

Los argumentos de Beevor

Beevor ha explicado en los últimos años su postura con respecto al Asperger de Monty. Tal y como señaló en declaraciones al diario *The Telegraph*, el comandante del Octavo Ejército británico «tenía un comportamiento muy extraño y no sabía cómo reaccionaría la gente con la que hablaba». Es decir, que adolecía de empatía, como también desvela el psiquiatra. «Pensaba que la gente le adoraba, lo creía hasta del general Bradley, pero este le odiaba por completo», añade. El autor se atreve incluso a señalar que trató a Eisenhower de forma altiva y que fue un verdadero desastre para las relaciones angloamericanas porque solía criticar a los estadounidenses una y otra vez. Una teoría que apoyó, en su momento, el bisnieto del oficial, Tom Carver.

El historiador también es partidario de que tenía severos problemas para relacionarse con la gente y de que su comportamiento daba lugar a situaciones más que incómodas. «Una vez invitó a Bradley a la comida de Navidad y solo le dio una manzana», completa. Esta forma de actuar hizo que «los estadounidenses le odiaran». Y lo cierto es que tenían razones para ello, pues llegó a decir que el suyo era un país con apenas unas décadas de conocimiento, mientras que Inglaterra contaba con «siglos en comparación».

Ike: adúltero e inflexible

Pero Monty no fue el único general aliado con un lado turbio. Eisenhower, uno de los líderes que mejor imagen tuvo durante (y después de) la Segunda Guerra Mundial, también. Y eso que se convirtió en la cabeza visible del desembarco en Normandía, consiguió mantener unidos a unos aliados cuyas opiniones distaban kilómetros y, tras la contienda, fue el primer militar del siglo XX en hacerse con la presidencia de Estados Unidos.

Para empezar, y a pesar de haber contraído matrimonio en 1916 con Mamie Geneva Doud, tuvo una aventura con la capitana Kay Summersby, la que fue su secretaria y chófer personal durante parte de la Segunda Guerra Mundial. Según desveló años después el presidente Harry Truman, Ike intentó divorciarse y casarse con su nueva amante. Sin embargo, abandonó esta idea cuando sus superiores le amenazaron con la suspensión de empleo si seguía adelante.

Aunque su relación no era un secreto, Summersby solo la admitió en 1976, mientras luchaba con el cáncer que acabó con su vida. «Ahora me siento libre para hablar de ello. El general está muerto y yo me estoy muriendo. Cuando escribí sobre él omití muchas cosas, cambié algunos detalles y disimulé la forma en la que había cambiado nuestra intimidad», escribió en su obra *Past Forgetting. My Love Affair with Dwight D. Eisenhower*. En ella, recordó un momento de pasión en mitad de la guerra. «Nos fundimos en un abrazo y nos quitamos las chaquetas. Estábamos frenéticos». Ese día, en cambio, Ike no pudo «consumar el asunto».

Eisenhower no se mostró tan laxo con los combatientes que transgredían las normas. El ejemplo más claro fue Eddie Slovik, un soldado raso que, en octubre de 1944, desertó del ejército norteamericano después de que el miedo le paralizase durante un combate y de que sus mandos le denegasen el traslado. Tras entregarse, este joven militar de apenas veinticuatro años se negó a volver al frente y le condenaron a morir frente a un pelotón de fusilamiento. El caso tomó los medios de comunicación y el chico, desesperado, redactó una carta en la que pedía clemencia a Ike. No le sirvió de nada y, en la mañana del 31 de enero de 1945, se convirtió en el único combatiente de su país al que se dio muerte por ese delito desde 1860. Todo ello, a pesar de su emotivo texto:

> No tengo absolutamente nada en contra del ejército, tan solo quería ser trasladado del frente. [...] Vine a Francia de reemplazo y, cuando el enemigo empezó a bombardearnos, me asusté y me entraron tales nervios que no pude salir de la trinchera. Supongo que nunca me di la oportunidad de superar esos primeros miedos debido al bombardeo. [...] No sé decirle lo mucho que siento los pecados que he cometido. En su momento no era consciente de lo que hacía ni de lo que significaba la palabra «deserción». Lo que se siente al ser condenado a morir. Le suplico encarecida y sinceramente, por mi querida esposa y mi querida madre, que se apiade de mí. [...] Me gustaría seguir siendo un buen soldado.

Algo similar ocurrió un poco después, en 1953, cuando Eisenhower era ya presidente de Estados Unidos. En junio, los pequeños Michael y Robert Rosemberg, de diez y seis años de edad respectivamente, enviaron una carta a Ike en la que le suplicaban que no ejecutara a sus padres, Ethel y Julius, por pasar información sobre la bomba atómica a la Unión Soviética. «Los amamos muchísimo» es solo una de la infinidad de frases que harían estremecerse a cualquiera. El indulto no se les concedió. El político y antiguo héroe de la guerra se mantuvo firme, además, ante infinidad de manifestaciones que pedían la anulación de la pena.

El loco Patton

El tercero en discordia fue George Patton, uno de los oficiales más eficientes y más discutidos de la Segunda Guerra Mundial. Tras combatir como tanquista en la Gran Guerra, ascendió a pasos agigantados en el ejército hasta llegar a general. Después del ataque de Pearl Harbor y de la entrada de Estados Unidos en la contienda contra el Tercer Reich, fue enviado a África y, poco después, a Sicilia. En ambos frentes demostró que era un verdadero líder, pero también severo e hiriente.

La controversia siempre lo acompañó; 1943 marcó su carrera militar y, a la larga, hizo que le apartaran del frente de Normandía. Aquel año se hizo tristemente famoso en los medios de comunicación por abofetear y obligar a regresar al frente a dos combatientes aquejados de fiebres, estrés y fatiga de combate. «No admito lo de este hijo de puta. ¡Cabrón sin huevos, te vas de vuelta al frente!», le espetó a uno de ellos. Para entonces ya era famoso por su mal carácter y por sus arengas llenas de soflamas violentas e insultos. «El objetivo de la guerra no es morir por tu país, sino hacer que otro malnacido muera por el suyo», afirmó en una ocasión.

El de la bofetada no fue su único altercado destacable, aunque sí el más famoso. En otra ocasión, durante la campaña de África, Patton —conocido por su obsesión con la limpieza— se percató de que había unas pequeñas trincheras excavadas alrededor de las tiendas de campaña de la unidad que visitaba. Airado, preguntó para qué servían. La respuesta fue sencilla: para protegerse de los continuos ataques aéreos alemanes. No le podrían haber dicho algo peor... Montó en cólera, afirmó que aquello era una cobardía impropia del ejército de Estados Unidos y orinó sobre la zanja destinada al oficial de mayor rango de la unidad. «Ahora, úsela si quiere».

Lo peor es que el mismo Patton se jactaba de su severidad. Quizá el ejemplo más claro fuera la anécdota que él mismo contó a sus soldados en un discurso antes de que partieran hacia Francia en 1944:

> Uno de los hechos más valientes que nunca haya visto fue un tipo subido a lo alto de un poste telegráfico en mitad de un peligroso tiroteo en Túnez. Me detuve y le pregunté qué coño estaba haciendo ahí arriba. [...] «Arreglando el cable, señor». Le pregunté de nuevo. «¿No cree que es poco aconsejable ahora mismo?, ¿no le asustan esos aviones que disparan contra la carretera?». Él me contestó: «No, señor, pero usted sí». Era un hombre de verdad. Un verdadero soldado. Era un hombre que

> lo consagró todo a su deber, sin importarle lo aparentemente insignificante que pudiera parecer, sin importar si se la estaba jugando.

El mismo Eisenhower recogió todos estos controvertidos episodios. En sus memorias, el entonces comandante en jefe de los ejércitos aliados llegó a afirmar que las acciones de Patton eran, en ocasiones, «poco menos que brutales». Aunque planeó destituirlo, al final entendió que «su tensión emocional y su impulsividad eran las mismas cualidades que lo convertían en un general tan notable» y adujo que, «cuanto más imbuyera de ánimo a sus hombres», fuera de la forma que fuese, menos vidas se cobraría Adolf Hitler en la guerra. «A pesar de mi indignación por el suceso, entendí que debía mantenerlo en el cargo para futuras batallas».

1945

Morir matando: el recuerdo traumático de los supervivientes españoles en la masacre de Manila

Israel Viana

Cuenta Álvaro del Castaño que, durante décadas, estuvo preguntándole a su padre por las experiencias que había vivido en Manila desde 1939 hasta el final de la Segunda Guerra Mundial, cuando regresó a España: «Contestaba siempre de una forma un poco extraña, con un tono muy jovial, como si hubiera sido la cosa más divertida del mundo: que si nadaba todos los días tres kilómetros, que si comía mucho mango... Jamás dio un detalle malo, a pesar de que yo siempre había escuchado en casa una especie de runrún de que algo dramático había pasado. Y cuando insistíamos, se cabreaba».

Su padre, José del Castaño Layrana, llegó a Manila con doce años, cuando acabó la Guerra Civil, acompañado de su abuelo, José del Castaño Cardona, que había sido nombrado cónsul general de Filipinas por Ramón Serrano Suñer. Fue, de hecho, el primer nombramiento del ministro de Exteriores de Franco. Aunque hacía cuarenta años que el archipiélago había dejado de ser colonia española, España mantenía un indudable liderazgo cultural, religioso y social en el entonces protectorado norteamericano.

Sin embargo, cuando llevaban seis meses allí, se produjo la repentina invasión de Japón. Los nipones se mantuvieron en el archipiélago durante cuatro años, imponiendo su rígida disciplina y aumentando enormemente el número de presos políticos. El 3 de marzo de 1945, por si no fuera suficiente, la situación empeoró con el comienzo de la reconquista norteamericana, que desató el infierno ante los ojos impotentes de la familia Castaño y del resto de los españoles.

«Muchas décadas después, cuando cumplió ochenta y seis años, mi padre empezó a perder la memoria y a intuir que estaba llegando al final de su vida. Un día me llamó y me dijo: "Quiero que tengas esto". Me entregó un documento oficial antiguo», recuerda. El título decía: «Informe sobre la matanza llevada a cabo por los soldados japoneses y la destrucción del Consulado de España». Eran dieciséis páginas redactadas por el cónsul, con todo tipo de detalles, sobre el asesinato a sangre fría de setenta personas en su legación.

Aquella era solo una pequeña porción de los más de cien mil muertos que los nipones provocaron durante los 29 días que duró la batalla de Manila. Cien mil mujeres, hombres y niños de una población de un millón, un porcentaje que la sitúa como la mayor masacre en un asedio bélico a una ciudad moderna, junto con Leningrado y Nankín.

Ochocientos refugiados

Dicho informe, centrado en la colonia española y sus trescientas víctimas, cuenta que, «empezada la batalla de Manila, la mayor parte de nuestros compatriotas permanecieron en sus domicilios confiados de que la lucha en la ciudad sería cuestión de horas». Se equivocaron. Fue casi un mes de una brutalidad pocas veces vista, como comprobaron el cónsul y su hijo, que tenía entonces diecisiete años, cuando pudieron visitar el Colegio de la Concordia, donde se encontraban su mujer y su hija con «ochocientos refugiados más».

Pero, sobre todo, al regresar después al consulado. Así describía la escena el informe del cónsul: «Cuando llegamos y pasamos hasta el jardín, vimos seis o siete cadáveres apilados. Un poco más allá, cerca del comedor, nos encontramos con otros ocho cuerpos más carbonizados que todavía conservaban su forma [...]. Genaro Albadalejo, español, con graves heridas de arma blanca, contó que los japoneses entraron y asesinaron a cuantos allí había refugiados». Y añadía a continuación: «Reuní a varios voluntarios españoles y fuimos a la calle Colorado a enterrar los cuerpos que aún permanecían insepultos».

Cuenta Del Castaño que, al leer este documento casi siete décadas después, comprendió enseguida «el silencio de tantos años, que escondía una historia espeluznante y un trauma psicológico brutal. Empecé a entender también muchas cosas de mi familia, como la estrecha relación de mi padre y mi abuelo, que habían vivido aquella tragedia juntos».

Al final de sus días, Castaño Layrana continuó sin querer hablar del tema con su familia, pero accedió a que su hijo contratara a una periodista —«pensé que sería más fácil con una persona ajena a la familia», aclara este— para que le entrevistara y sacara «aquella experiencia escondida en su cerebro». Y así fue, reconoce el nieto, que con todo el material publicó *Muerte en Manila* (La Esfera de los Libros, 2019), una novela histórica en la que recrea lo vivido por su familia en la capital de Filipinas.

El autor explica a continuación: «Curiosamente, lo contó todo de manera bastante neutra, supongo que para protegerse. Mi padre era una persona alegre, pero había establecido un muro para poder vivir sin enfrentarse a los muertos del pasado, ya que su primera novia y sus amigos fueron asesinados a bayonetazos por los japoneses. Uno de ellos, de hecho, murió desangrado delante de él, tras llegar herido al Colegio de la Concordia con los brazos colgando de los ligamentos. En las entrevistas, a pesar de recordar su nombre perfectamente, porque mi padre tenía una memoria de elefante, se negó a pronunciar su nombre».

Las fuerzas aliadas acabaron con los últimos grupos de resistencia japonesa el 3 de marzo. En las ruinas del edificio de Hacienda se cree que se suicidó el supuesto responsable de las matanzas, el contraalmirante Sanji Iwabuchi. Si este no hubiera desobedecido las órdenes de su superior, el general Yamashita, de abandonar la ciudad, decenas de miles de personas todavía seguirían vivas.

El historiador Florentino Rodao se refiere a este episodio: «Algunos españoles pensaron que la bandera de España y el nombre de Franco los salvarían, al igual que los alemanes con la bandera nazi y Hitler, ya que eran aliados. Mucha gente se refugió en el Club Alemán, pero los japoneses buscaban las mayores concentraciones de gente a la que poder matar, sin importar su raza o afiliación política. Aquella fue la mayor masacre: de ochocientas personas que había en aquel edificio, solo sobrevivieron cinco. Iwabuchi no quería entregar el puerto para evitar que, desde este enclave, Estados Unidos iniciara la conquista de Japón, por lo que decidió morir matando».

Este profesor de la Universidad Complutense de Madrid experto en Japón, autor de *La soledad del país vulnerable. Japón desde 1945* (Crítica, 2018), conoce muy bien el trauma de los supervivientes españoles. En 2017 Marta Galatas lo invitó a la presentación de *Dejé mi corazón en Manila* (La Esfera de los Libros), la novela en la que recrea la experiencia de su familia en la masacre, y fue testigo de una revelación importante:

> La autora reveló dos datos que su madre no le permitió contar hasta ese momento. El de un niño de siete años al que los soldados japoneses usaron como escudo humano y que fue salvado en el último momento al ser abatidos sus captores por sorpresa, y el de una niña que huyó de las matanzas con su familia hasta refugiarse en un hospital. Pensaban que allí estarían a salvo, pero también fue bombardeado. La madre creyó que su hija ha-

bía muerto, pero descubrió que su cuidadora la había protegido volcando una bañera y metiéndola dentro. «Lo cuento ahora por primera vez con su permiso, ya que antes no me había dejado: el niño era mi tío Fernando y la niña, mi madre», confesó. El trauma era tan grande que se avergonzaba de haber tenido la suerte de sobrevivir, teniendo en cuenta la cantidad tan enorme de gente que perdió la vida.

El último superviviente

Víctor Martínez, a sus ochenta y siete años, recuerda a la perfección a los soldados de Yamashita empujando los carros con sus propias manos cuando huían de Manila: «Algunos fusiles llevaban cañas de bambú con la punta afilada en vez de bayonetas. Fíjate qué armamento... ¡Era una imagen vergonzosa!». Él tenía también doce años y había llegado a Filipinas con seis, junto con su familia, para atender las empresas del abuelo, que al parecer se encontraban en crisis.

Al comenzar la masacre vio morir a su prima, Jane Lizarraga, que se resistió a ser violada por los japoneses y la apuñalaron. También a su tío Tirso, al que abatieron de un disparo cuando se trasladaba a un refugio. A otra prima suya, Vicky, le dispararon y perdió una pierna. Al marido de esta le lanzaron una granada cuando se escondió en la bañera de una casa y la explosión le arrancó medio pie. Y otra prima, Elena Lizarraga, recibió dos bayonetazos y un balazo, pero sobrevivió y pudo escribir sus memorias, *La última de Filipinas* (Belacqva, 2005).

Martínez hizo el siguiente relato desde su residencia de Pamplona:

> Los japoneses llegaron a mi casa y separaron a mi madre y a mis tres hermanas, por un lado, y a mi padre, mi hermano Miguel Ángel y yo, por otro. Nos encerraron en el refugio de la casa con un amigo de la familia y un vecino que iba con su hija. De noche

> lanzaron una bomba de mano dentro. Mi hermano reaccionó rápido y tiró una almohada encima. Consiguió que, al explotar, la metralla nos alcanzara solo las piernas, salvo un trozo de metralla que aún tengo alojado en la mano, pero por lo menos pudimos salir corriendo. Mi vecino le llevó a su pequeña a casa para limpiarle la sangre y, al encender la luz, recibió un disparo en la cabeza. Al día siguiente, mi familia y yo pudimos reencontrarnos y escapar al campo con un grupo de cien personas. ¡Aquel momento fue maravilloso!

Yamashita juró que él no había ordenado aquella masacre, pero le condenaron a muerte en un juicio sumarísimo y le ahorcaron. «Para mi padre, los japoneses que perpetraron las matanzas estaban hambrientos, harapientos y desolados. Se los veía incultos y zafios, como chacales sin destino, lo que hizo que perdieran toda humanidad y se entregaran a sus peores pesadillas», sentencia Álvaro del Castaño, que recuerda otra historia que le impresionó aún más cuando se enteró de las vivencias de su progenitor:

> En el consulado, mi padre escuchó un ruidito en una pila de cadáveres. Removió los cuerpos putrefactos y encontró a una niña de seis años que entregaron a los americanos. Hace poco me enteré de que vivía en Barcelona. Se llama Anna Maria Aguilella. Quise organizar un encuentro antes de que mi padre se muriera. Creo que hubiera sido algo muy bonito, pero ella no quiso... no quería revivir nada de aquello.

El cruel castigo de la Resistencia francesa a las prostitutas que tuvieron sexo con nazis

MANUEL P. VILLATORO

La falta de toda lógica marcó la relación de Hitler con la prostitución. En este campo, como en otros tantos, el líder nazi predicaba en su residencia de Berghof unas máximas, mientras que en los territorios conquistados adoptaba unas medidas totalmente diferentes. Durante su ascenso al poder a partir de los años veinte, por ejemplo, el Führer afirmaba que las meretrices no eran más que sujetos «asociales» similares a los criminales, que llevaban a la decadencia de la raza aria. Sin embargo, también proveyó de trabajadoras sexuales a sus hombres y permitió, entre otras tantas cosas, que Francia se convirtiera en un nido de lupanares con capacidad para satisfacer a miles de teutones.

Gracias a los alemanes, además de a la permisividad de Hitler, los prostíbulos franceses vivieron una verdadera era dorada durante la ocupación. No en vano, el ejército requisó nada menos que 22 lupanares galos para su propio uso y, debido a la demanda de relaciones sexuales, el número de meretrices que trabajaban a tiempo completo en el país aumentó hasta un total de diez mil desde que la Wehrmacht atravesó la Línea Maginot; una verdadera época de opulencia para los proxenetas. Toda esta riqueza, sin embargo, se convirtió en un arma de odio que los franceses no colaboracionistas utilizaron contra cualquier mujer que se hubiera dejado seducir por los billetes de los invasores.

Tanto la Resistencia como muchos ciudadanos galos contrarios al Gobierno de Vichy aprovecharon la liberación de Francia por los aliados para descargar todo su rencor y su rabia contra las prostitutas que habían prestado sus servicios a alemanes. Las «colaboracionistas horizontales», como explica Antony Beevor en su artículo «An ugly carnival», sufrieron a partir de entonces todo tipo de barbaridades. En esta investigación el autor señala que, después de capturarlas, a las mujeres se las rapaba al cero y la turba las apalizaba en plena calle.

Otras tuvieron que enfrentarse al escarnio público que suponía viajar en un camión abierto después de que les hubiesen pintado una esvástica en la frente o las hubiesen embadurnado con alquitrán. Todo era poco para castigar a esas traidoras.

Escasez inicial

Poco después de que los germanos iniciaran la ofensiva del oeste, el 10 de mayo de 1940, contra Bélgica, Países Bajos y Francia, multitud de burdeles de París se quedaron vacíos. Así lo afirma el historiador Patrick Buisson en su obra *1940-1945, années érotiques. Vichy ou les infortunes de la vertu*.

Este cierre masivo —la mayoría de las trabajadoras se habían marchado a otras regiones cuando entendieron que la caída de la capital estaba cercana— supuso un grave contratiempo para los soldados alemanes después de que la inmortal Francia capitulara el 22 de junio de ese mismo año. Durante los primeros días de ocupación la escasez de meretrices fue total, y eso desesperó a los soldados y oficiales nazis que deseaban dar rienda suelta a sus más bajos instintos.

«La oferta de prostitución estaba lejos de responder, en los primeros días, a las necesidades del ejército alemán. De las cuatro mil ochocientas muchachas que había en las calles parisinas antes del 10 de mayo, [...] menos de la mitad [...] se mantuvieron en su puesto de trabajo. Lo mismo pasó con los burdeles y las casas de reunión, que se estimaron antes de la guerra en algo menos de dos mil», desvela el experto.

Además del miedo, tampoco era raro ver en las puertas de los lupanares un cartel en el que se podía leer lo siguiente: «Casa cerrada. Personal movilizado». El número de meretrices era tan bajo en el verano de 1940 que el gobernador militar, el general Von Choltitz, se quejó a la policía local y señaló que todo aquello formaba parte de un plan de resistencia contra sus tropas.

La queja contrastaba con la ley alemana que, el 18 de febrero de 1927, prohibió los burdeles y «otras instituciones similares», obligó a las meretrices a pasar férreos controles médicos y estableció un duro control sobre las enfermedades venéreas de las prostitutas. De hecho, a partir de entonces el Tercer Reich se había dedicado a luchar contra la sífilis y la contaminación de la sangre porque se entendía que eran un «crimen contra la raza» que se debía castigar con la esterilización o la castración.

La pureza germana se quedó, en definitiva, en las leyes dictadas desde Berlín. Por el contrario, en la Francia ocupada los oficiales hicieron todo lo posible para garantizar el suministro sexual de sus hombres. Aunque, eso sí, evitando ante todo los riesgos de la prostitución clandestina.

El negocio florece

La motivación extra que los alemanes impusieron a las autoridades locales llevó a la apertura paulatina de los burdeles. A partir de ese momento, y tal y como Buisson desveló en *Sleeping with the Enemy. How Horizontal Collaborators in Paris Brothels Enjoyed a Golden Age Entertaining Hitler's Troops*, las montañas de dinero llegadas desde Alemania hicieron que las prostitutas llevaran a cabo su trabajo sin rechistar. «Todo parece indicar que los nuevos clientes que llegaron en el verano de 1940 recibieron un trato favorable gracias al poder seductor del Reichsmark», señaló el experto.

Con todo, y además de por el dinero, las meretrices se sintieron atraídas por el comportamiento caballeroso de muchos de los oficiales teutones. La realidad, afirma el experto, es que preferían mantener relaciones sexuales con los nazis que con sus propios compatriotas. Y ya no solo por el dinero y los modales, sino porque, gracias a ellas, tenían acceso a suministros que iban desde alimentos hasta artículos de lujo.

Fabienne Jamet, una famosa *madame* de París, fue clara a la hora de hablar sobre los alemanes: «Recuerdo a esos soldados de las SS, todos vestidos de negro, todos tan jóvenes y tan hermosos, dotados a menudo de extraordinaria inteligencia. Sabían hablar incluso francés e inglés». Esta famosa proxeneta regentaba el Uno Dos Dos, un lupanar de lujo que solían visitar grandes jerarcas como el mismísimo jefe de la Luftwaffe, Hermann Göring, y que se enriqueció de forma exagerada durante la Segunda Guerra Mundial.

El caso de Jamet es solo uno de otros tantos, aunque sin duda es de los más llamativos. Y es que esta proxeneta llegó a despedir con lágrimas en los ojos a los soldados germanos cuando supo que marchaban al frente. «Te vas a suicidar. Deberías mandar una carta a Hitler para que ocupara tu lugar en primera línea», le gritó a un combatiente teutón. La mujer admitió con vergüenza tras el conflicto que jamás se había divertido tanto en su vida como en aquella época. «Las noches de la ocupación fueron fantásticas. Los burdeles de Francia nunca estuvieron mejor cuidados que cuando los alemanes estaban aquí», señaló.

Los datos avalan sus palabras. En total, y según los cálculos de Buisson, en París llegaron a vivir unas diez mil prostitutas que trabajaban a tiempo completo, hasta seis veces más que antes de que comenzara la Segunda Guerra Mundial.

Pero parece que no fueron suficientes, ya que, como desveló la historiadora Marie Moutier en su libro *Cartas de la Wehr-*

macht, una meretriz podía hacer un centenar de trabajos por jornada. El récord estaba, como se explicaba en una de las múltiples misivas de soldados que recopiló, en unos ciento ochenta al día. Los números aumentaban todavía más antes de grandes operaciones militares como la invasión de la URSS.

Los alemanes, por su parte, entendían que aquellos burdeles eran «unos sustitutos de la calidez del lejano hogar». Sitios de conveniencia adonde se podía ir a tomar una copa, escuchar música o bailar con las mujeres sin que hubiera que terminar necesariamente subiendo las escaleras hacia la habitación.

Pero los lupanares de lujo no eran los únicos de París. Aquel soldado que deseara pasar un buen rato y que no tuviera demasiado dinero podía acudir a uno de los muchos prostíbulos destinados a la tropa, lugares en los que, en menos de una hora, una chica podía vender sus encantos y ganar tres veces más que la asignación que les daba el Gobierno a las esposas de los prisioneros de guerra franceses en 1941.

Pesadilla en la liberación

Todas estas mujeres comenzaron a vivir una pesadilla poco después de que los aliados desembarcaran en Normandía. A la par que se liberaban las diferentes regiones de Francia, proliferaron los grupos de exaltados que se tomaron la justicia por su mano y acusaron y atacaron a toda aquella mujer que, según su criterio, hubiera colaborado con los nazis.

En palabras de Beevor, aunque la mayoría de los asaltantes se declararon miembros de la Resistencia, muchos de ellos eran en realidad galos que se habían mantenido al margen de la lucha contra los nazis y que usaban el odio contra las meretrices para desviar la atención de su propio pasado.

Aunque estos fanáticos cargaron contra cualquier mujer sospechosa de haber colaborado con los alemanes, su objetivo principal siempre fueron las prostitutas. Todo ello a pesar de que su conducta había sido más profesional que política. Pero no fueron las únicas. Los exaltados también atacaron a profesoras solteras que habían alojado a soldados nazis en su casa para ganar algo de dinero o, en casos extremos, a trabajadoras del hogar contratadas por oficiales germanos. A todas ellas se las acusó de forma absurda de ser un «colchón de boches» («de alemanes»).

La lista es interminable. Muchas víctimas eran madres jóvenes cuyos maridos estaban en campos alemanes de prisioneros de guerra. Durante la contienda, a menudo no tenían medios de sustento y su única esperanza de obtener comida para ellas y para sus hijos era aceptar una relación con un soldado alemán.

Crueles castigos

Tras ser capturadas, el castigo más habitual al que tenían que hacer frente estas mujeres (por descontado, sin juicio previo) era que les afeitasen la cabeza delante de una muchedumbre que jaleaba al «esquilador». A partir de entonces, pasaban a convertirse en *femmes tondues* («mujeres afeitadas») y eran objeto de escarnio público. «Durante la Edad Media este castigo era una marca de vergüenza, suponía despojar a una mujer de lo que se suponía que era su característica más seductora. Además, se aplicaba por adulterio», completa Beevor.

Por si esta humillación fuese poca, los exaltados metían a las chicas en camiones descubiertos y las paseaban por todo el pueblo o la ciudad para que todos los vecinos supiesen que habían sido unas colaboracionistas horizontales. Tampoco era extraño que las hiciesen desfilar por la calle con el mismo objetivo. En ambos casos podían ser acompañadas por un hombre con un gran tambor que anunciaba su llegada.

Los historiadores cifran las mujeres afeitadas en unas veinte mil, aunque suponen que el número fue mucho mayor debido a que hasta ochenta mil niños fueron engendrados por los teutones afincados en Francia. En cualquier caso, esta práctica causó estupor en personajes como el historiador estadounidense Forrest Pogue, quien escribió que el aspecto de estas chicas era «el de un animal perseguido por sus torturadores».

El coronel Harry D. McHugh, comandante de un regimiento de infantería estadounidense, hizo también referencia a esta cruel costumbre y añadió que los esquiladores quemaron durante días el pelo que afeitaban a las prisioneras en grandes piras y que el resultado se olía a «millas de distancia».

Aunque el escarnio público fue el menor de los castigos. Las más desafortunadas fueron apalizadas o asesinadas a golpes en mitad de las calles. Otras fueron fusiladas en el acto sin que tuvieran posibilidad de explicarse, todo ello para asombro y enfado de algunos líderes de la Resistencia. De hecho, y en palabras de Beevor, personajes míticos de este grupo de combatientes franceses, como Henri Rol-Tanguy o René Porte, pusieron carteles reprendiendo a los esquiladores y se enfrentaron a ellos durante los días posteriores a la liberación.

Otros castigos más crueles e imaginativos fueron pintar o grabar esvásticas en la cabeza de las prostitutas —una práctica similar a la que rememoró Quentin Tarantino en *Malditos bastardos*— o recubrirles el cuerpo de alquitrán.

Las escenas de escarnio y crueldad contra estas mujeres dieron la vuelta al mundo. El mismo secretario personal de Winston Churchill, Jock Colville, fue testigo de una de ellas. Y, según afirmó, jamás podría olvidarla. «Observé el paso de un camión abierto, al que acompañaban los abucheos del pueblo francés, con una docena de mujeres miserables en la parte de atrás. Tenían todo el pelo rapado. Estaban llorando y agachaban la cabeza con vergüenza. Disgustado por esta crueldad, pensé que los británicos no habíamos conocido invasión u ocupación durante novecientos años, así que no éramos los mejores jueces».

La guerra que acabó en el mar: el balance de las batallas que sembraron los océanos de cadáveres

Israel Viana

La guerra acabó en el mar, encima de un acorazado estadounidense de la clase Iowa, el Missouri, seis años y entre sesenta y ochenta millones de muertos después. Se encontraba anclado en la bahía de Tokio después de que lo hubiera alcanzado un kamikaze japonés. En ese momento apareció el destructor Lansdowne, veterano de muchas batallas del Pacífico, de Guadalcanal a Okinawa, y redujo la marcha hasta colocarse al costado de este. Eran las 8.55 de la mañana del domingo 2 de septiembre de 1945.

El ministro japonés de Asuntos Exteriores, Mamoru Shigemitsu, vestido con su impecable uniforme de gala y un sombrero de copa negro, comenzó a subir por la rampa del Missouri con una visible cojera a causa de su prótesis de madera. Resultaba doloroso que fuera él quien encabezara la delegación de los perdedores, puesto que había sido uno de los pocos en oponerse a las desmesuradas ambiciones militares de Japón, aunque no lo escucharon.

La tripulación estadounidense había fregado y cepillado todo el acorazado hasta dejarlo en perfecto estado de revista, con sus dorados relucientes y sus nueve cañones de 406 mm apuntando al cielo. Todo listo para el momento histórico que estaban a punto de vivir.

Colocaron a los once delegados japoneses en tres hileras para que los fotógrafos oficiales registraran la escena en cubierta, algo que a los primeros les resultó extraordinariamente doloroso y humillante. A seis metros de distancia, en una mesa de comedor corriente, estaban sentados los representantes de los nueve países que los habían derrotado.

El general Douglas MacArthur, comandante en jefe de los aliados en el Pacífico, presidía la ceremonia. Pronto dejó claro que aquello no era una negociación ni un debate: «Las cuestiones que tienen que ver con nuestros diferentes ideales e ideologías ya se han decidido en los campos de batalla del mundo». A continuación manifestó su «ferviente esperanza» de que «surja un mundo mejor de aquel derramamiento de sangre». Y después invitó a todos los representantes del Gobierno japonés a firmar la rendición.

El acto duró varios minutos, durante los cuales nadie habló. Al final, MacArthur se acercó al micrófono y, consciente de que su público no eran los pocos centenares de personas congregadas en la cubierta del Missouri, sino los miles de millones que los escuchaban por radio, anunció solemnemente: «Recemos para que a partir de ahora se restablezca la paz en el mundo y que Dios la preserve para siempre. El acto ha concluido».

El balance

El historiador Craig L. Symonds analiza así para este libro lo que significó la Segunda Guerra Mundial en el mar en comparación con la guerra terrestre, a la que habitualmente se ha prestado más atención:

> Si lo medimos en número de personas afectadas, en muertos, en el coste, en el alcance geográfico o en cualquier otro índice,

> no hay otro conflicto en la historia que se acerque ni de lejos a este, ya sea en tierra o el mar. Esa fue una de las dificultades de escribir este libro. Quería contar una historia gigantesca, lo que significaba saltar de teatro en teatro y, al mismo tiempo, mantener una narrativa convincente y consistente.

A lo largo de su obra, Symonds ha revisado las principales batallas navales y explicado lo cruciales que fueron todas ellas en el transcurso del conflicto, poniendo de manifiesto tanto su magnitud como lo relacionadas que estuvieron entre ellas, un aspecto importante que por lo general muchos investigadores han obviado.

«La mayoría se centran en un aspecto particular de la guerra o en una batalla concreta. Yo mismo he escrito libros sobre la batalla de Midway y el Día D, pero no abarcan la totalidad del conflicto. Cuando lo han intentado, a menudo lo han dividido en secciones geográficas: Europa, Mediterráneo, Pacífico, etc. Como si estos fueran conflictos separados y marginados. Por ejemplo, las batallas de Malta y Guadalcanal son eventos distintos que ocurrieron en lados opuestos del mundo, pero se produjeron simultáneamente y tuvieron que ser manejados al mismo tiempo».

Uno de los primeros episodios singulares de esta guerra marítima fue el ataque del submarino nazi U-47 contra el gigantesco acorazado británico Royal Oak, uno de los barcos más importantes del enemigo y del mundo en aquel momento. Se produjo el 14 de octubre de 1939, un mes después de que Alemania comenzara la invasión de Polonia. Este monstruo de los mares se creía a salvo en el fondeadero escocés de Scapa Flow, la principal base de la Royal Navy, pero se equivocaba. Así lo relata Symonds:

> Poco después de la una de la madrugada, sin que la tripulación del Royal Oak se hubiera enterado todavía de su presencia, el capitán de corbeta alemán Günther Prien disparó tres torpedos.

> Una gigantesca columna de agua, tan alta como la superestructura del buque, se elevó en medio del barco, a la que siguieron rápidamente otras dos. Se vio salir volando distintos fragmentos del buque. En la oscuridad de la noche surgieron llamaradas de distintos colores: azul, rojo y verde. De la parte inferior del barco brotaba humo negro y el enorme acorazado empezó a escorarse mucho a estribor. Al cabo de unos minutos, se estaba hundiendo. Se habían bloqueado muchas compuertas por motivos de seguridad y ahora cortaban el paso a los cientos de marineros que intentaban salir apresuradamente de las cubiertas inferiores.

Los grandes episodios en el mar

A partir de aquí, en la guerra se produjeron numerosos hitos en el mar y muchos aspectos a tener en cuenta que fueron decisivos para el resultado final: la crucial batalla del Atlántico, con sus noventa y cinco mil bajas y sus setecientos submarinos, tres mil quinientos navíos mercantes y 175 buques de guerra hundidos; el «milagro» de la evacuación de Dunkerque; las enconadas batallas por el control de los fiordos en Noruega; la Regia Marina de Mussolini; la hegemonía de la flota japonesa Kido Butai en el Pacífico hasta que cometió la «estúpida locura» de atacar Pearl Harbor; la batalla de Midway; las tribulaciones de la armada soviética; el hundimiento intencionado de la flota francesa en Tolón y los desembarcos en el norte de África primero y Normandía después.

Se enfrentaban las armadas más poderosas del mundo en batallas que llenaban el océano de cadáveres y causaban un enorme impacto en la opinión pública. El mundo ardía... y el mar también. El historiador estadounidense explica a continuación:

> En una guerra mundial, las fuerzas terrestres no pueden llegar a los lugares para luchar sin la capacidad de mover grandes ejércitos por mar. Y lo que es igual de importante, para abaste-

cerlos y mantenerlos. Los soldados suelen tomar el pelo a los marines diciéndoles que la armada es esencialmente su servicio de autobuses, pero saben perfectamente que su supervivencia depende del mantenimiento de lo que los estrategas llaman líneas de comunicación marítimas.

Dentro de estos, se produjeron algunas sorpresas, como la improbable victoria estadounidense en Midway, en la que una fuerza estadounidense más pequeña fue capaz de sorprender, en junio de 1942, a la poderosa flota de portaaviones japoneses y destruirla. También la compleja invasión aliada de los canales del norte de Francia el Día D y la desesperación de los pilotos suicidas japoneses frente a Okinawa, en octubre de 1944. Todos estos episodios dan testimonio de la valentía, la determinación y el sacrificio de los marinos de ambos bandos.

Symonds tuvo la suerte de entrevistar a muchos de los protagonistas para su libro y accedió, también, a los relatos grabados por miles de veteranos, que se transcribieron y se almacenaron en archivos como el del Museo de la Segunda Guerra Mundial, en Nueva Orleans, y el del Museo Nacional de la Guerra del Pacífico, en Fredericksburg (Texas), así como en la Academia Naval de Estados Unidos y en la Universidad de Columbia. Todo ellos, según explica, tenían un rasgo común:

> Su característica general es la franqueza. Muchos veteranos de guerra, independientemente de su nacionalidad, se mostraron reacios a hablar con sus seres queridos sobre lo que habían experimentado, para ahorrarles el horror o porque habría sido imposible que los entendieran. Pero el anonimato de una grabadora les permitió hablar de ello con extraños y es bastante conmovedor, ya que describen perfectamente la sensación de miedo, esperanza, camaradería, compromiso, sufrimiento, soledad y valor que vivieron.

Desarrollo tecnológico

El historiador no se olvida del inmenso desarrollo tecnológico que supuso la guerra en el mar ni de cómo afrontaron los enfrentamientos en el océano los diferentes líderes: Roosevelt, Karl Dönitz, François Darlan, Ernest King, Isoroku Yamamoto, Erich Raeder, Inigo Campioni, Louis Mountbatten, William Halsey y Churchill. «El primer ministro británico fue el único cuyo país dependía de una estrategia naval exitosa, ya que Hitler nunca entendió el valor del poder naval y Mussolini estaba más interesado en revivir el prestigio italiano en el Mediterráneo», subraya.

Al principio, todos ellos confiaron plenamente en la supremacía de los acorazados y muchos pagaron por ello. En 1939, de hecho, los nazis mandaron construir acorazados de gran tamaño como el Tirpitz y el Bismarck. El enorme pánico que se instaló entre los aliados cuando este último hizo su aparición en el mar del Norte fue ciertamente sorprendente.

Igualmente, los japoneses hicieron lo mismo con el Yamato y el Musashi, cuya construcción ya les hemos contado en otro capítulo del libro, bajo la creencia de que estos dos monstruos inclinarían la balanza del poder naval hacia su bando. Sin embargo, los cuatro barcos fueron hundidos por aviones que habían despegado de portaaviones, en batallas que, en algunos casos, tan solo duraron unas horas. Esa es la razón de que estos empezaran a ser considerados después la principal arma del conflicto y el causante directo de la mayoría de los muertos en el mar.

¿Y cuántas víctimas se produjeron en el mar durante la Segunda Guerra Mundial? «La cifra total no está clara. Y aunque no se acercó al número causado por los bombardeos aéreos de ciudades como Hamburgo, Dresde, Tokio, Hiroshima y Nagasaki, el número de la guerra naval fue también horrible. Hay que tener en cuenta que muchos barcos se hundieron con toda su tripulación. El HMS Hood, último crucero de batalla construido por la Royal Navy, tenía una tripulación de más de mil quinientos hombres, de los cuales solo sobrevivieron tres cuando se fue a pique. Lo que hizo que la guerra naval fuera decisiva no fue el número total de muertos, aunque fue sustancial, sino el hecho de que los soldados, las armas y los suministros en la mayoría de los escenarios se movieron por mar», concluye Symonds.

Dentro de la guarida del águila: así era el inexpugnable Führerbunker habitación por habitación

Manuel P. Villatoro

En febrero de 1945 la guerra estaba perdida para el nacionalsocialismo. Con los soviéticos camino a Berlín, los principales jerarcas nazis sabían que solo era cuestión de tiempo que las escasas fuerzas que defendían la urbe capitularan y el autoproclamado Reich de los mil años se convirtiera en polvo. El mismo Hitler no albergaba fe alguna en la victoria, aunque él achacaba todo aquel desastre a la estupidez de sus subordinados. Heinz Guderian, uno de los generales más eficientes y racionales del frente del Este, además de arquitecto de la defensa de Berlín, tuvo que sufrir sus delirios. «¡Usted no supo valorar la situación ante Moscú durante el invierno de 1941 y tampoco sabe usted interpretar correctamente esta situación!», le increpó en una ocasión.

Tampoco tuvo piedad con sus tropas, apabulladas ante el empuje enemigo: «¡Mis divisiones de las SS se han olvidado de combatir! ¡Se han convertido en unos cobardes!». El peligro soviético hizo, en definitiva, que el Führer dejara de discernir entre amigos y enemigos. Era entendible; a finales de febrero los rusos alcanzaron el río Oder, lo que implicaba hallarse a menos de ochenta kilómetros de la capital. El miedo se hizo entonces patente en un Führer apático y cuyo cabello había encanecido, en parte, debido a la presión, pero también por haber caído a los infiernos tras saborear victorias como las de Polonia y Francia... Todo ello hizo que, a mediados de febrero, Hitler decidiera retirarse a la seguridad del Führerbunker, un refugio antiaéreo ubicado en los alrededores de la Cancillería en el que pasó sus últimos días antes de suicidarse el 30 de abril de 1945.

Mucho se ha hablado de aquel refugio, la última morada de la, en otros tiempos, altiva águila nazi. Pero la imagen que ha perdurado del Führerbunker es más mítica que real. Poco tenía aquel emplazamiento de gigantesca mansión subterránea y mucho de inmundo agujero. El historiador Joachim Fest así lo define en *El hundimiento*, su obra más famosa hasta la fecha: «Cuando a días del inminente final faltó el agua, tomó cuerpo, procedente sobre todo del antebúnker, un hedor casi insoportable en el que los vapores de los grupos electrógenos diésel, el penetrante olor a orina y el sudor humano formaban una mezcla repugnante». Así acabó el orgulloso Hitler sus días: en un hediondo agujero y acompañado de una botella de oxígeno que calmaba el terror que le daba ahogarse en aquella tumba de hormigón.

Camino al subsuelo

Abril fue el mes que vio morir a Hitler, pero su viaje hacia el desastre había comenzado en enero de 1945, tras el fracaso de la ofensiva de las Ardenas. Hundido después de haber sido derrotado, abandonó su amada «Oficina 500», en la ciudad de Bad Nauheim, y regresó a sus dependencias en la Cancillería de Berlín. Allí vivió hasta mediados de febrero, entre reuniones constantes con sus generales, charlas con sus colaboradores más cercanos y mapas. Su única esperanza era que los soviéticos no cruzaran el río Oder, lo que supondría su llamada a las puertas de la capital. «Berlín se defiende en el Oder», repetían como un mantra el Führer y el ministro de Propaganda Joseph Goebbels. Por eso, en las semanas siguientes ambos se esforzaron en llevar todos los refuerzos que pudieron hasta la zona.

Mientras, en Berlín, la situación era dantesca para los nazis. Los tiempos en los que los alemanes se presentaban voluntarios por centenares para acabar con el enemigo se habían esfumado. Ahora la población estaba desencantada y hambrienta; de hecho, se hizo popular un amargo chiste en la ciudad: «Se ofrece gran retrato de Hitler a cambio de pan pequeño». A pesar de ello, el Führer se empeñó en defender la ciudad hasta el último hombre. «Yo he derrotado al comunismo en Alemania. A los bolcheviques rusos también los aplastaré», afirmaba. Fest es partidario de que «Goebbels no retrocedió ante nada para obligar al pueblo alemán a seguir derramando su sangre en la guerra». Y no le falta razón. Ejemplo de ello es que se prohibió a la población, bajo pena de muerte, izar banderas blancas o rojas cuando los soviéticos pusiesen un pie en la zona.

En la calle se llamaba a la lucha y a morir por Hitler. En la Cancillería, por el contrario, el ambiente era mucho más apático y desesperado. No había victoria posible. A mediados de febrero, el Führer decidió abandonar sus dependencias habituales y retirarse a la seguridad del Führerbunker. Las fuentes difieren bastante sobre el momento exacto en el que tomó esa determinación. Algunos jerarcas nazis, cuyos testimonios se recogen en «El Informe Hitler» —enviado a Stalin tras el conflicto—, especificaron que fue a mediados de febrero y que lo hizo acompañado de su amada Eva Braun y de su médico personal, el sucio y maloliente Theodor Morell. Fest, por su parte, fecha este momento entre enero y febrero. Otros, como la mítica revista *After the Battle*, editada desde 1973, retrasan este instante hasta el mismo abril.

Construcción

¿En qué momento comenzó la construcción del edificio al que Hitler se trasladó entre enero y abril? Ya en el año 1933, cuando el nazismo se hizo con las riendas de Alemania, el Führer dio orden de hacer una serie de reformas en la Cancillería, exigiendo, como uno de los proyectos indispensables, la edificación futura de un «subterráneo tipo búnker». Poco después, en 1936, su sueño se hizo realidad cuando se dotó de un refugio antiaéreo al salón de actos levantado por el arquitecto Leonhard Gall en uno de los jardines del área gubernamental. A su vez, y aprovechando la creación de una nueva Cancillería por parte de Albert Speer, se añadieron varias salas más a este complejo. El resultado fue una fortificación subterránea de pequeñas dimensiones ubicada en las cercanías de la sede del Gobierno.

Tras el comienzo de la Segunda Guerra Mundial, se construyó un túnel que conectó los suburbios de la nueva Cancillería, diseñada por Albert Speer, con este pequeño búnker subterráneo ubicado en los jardines. Este complejo sería conocido como *Vorbunker* y, a pesar de sus estrecheces, bien podía asegurar la vida del Führer. Sin embargo, el desastre sucedido en Moscú en 1941 reavivó el miedo del líder nazi a un posible ataque sobre Berlín. «Aunque, por aquel entonces, sus ejércitos mantenían ocupado el inmenso territorio que se extendía entre Stalingrado, Hammerfest y Trípoli, Hitler encargó a la oficina de Speer el proyecto de otras catacumbas con varios metros más de profundidad», añade Fest.

Después de algunas reuniones, se decidió levantar este nuevo refugio a continuación del *Vorbunker* y utilizar este como una suerte de antesala. «Empalmó directamente con el refugio de debajo del salón de actos, que desde entonces recibió el nombre de "antebúnker"» (*Vorbunker*), explica el historiador. El complejo por edificar sería el Führerbunker como tal, y se estableció que se construiría a varios metros más de profundidad y que quedaría unido a su hermano mayor por una escalera de caracol. En total, la mole subterránea resultante estaría formada por treinta habitaciones cubiertas por entre 2,2 y 4 metros de hormigón. Las obras comenzaron ese mismo año.

El jardín a espaldas de la arboleda se vio invadido así por cuadrillas de obreros que acarrearon material de construcción, máquinas de mezclar cemento, armaduras y pilas de tablas de encofrado. A principios de 1945, con la guerra tocando a su fin, la construcción del Führerbunker estaba terminada. Al menos su estructura principal, pues todavía quedaban detalles por pulir, como una torre de vigilancia que jamás pudo levantarse. Lo mismo ocurrió con una serie de trincheras ideadas para resistir un posible ataque. Con todo, la última guarida de la bestia estaba preparada para albergar el envite final del ejército de Stalin. A ella se sumaron otras tantas edificadas para los gerifaltes del Reich.

Vorbunker

Al Vorbunker se arribaba desde el recibidor de la cocina de la nueva Cancillería. Desde esta estancia se llegaba a un pequeño recibidor con una escalera. Si se giraba a la derecha, un pasillo conectaba con el Ministerio de Asuntos Exteriores y el Ministerio de Propaganda. Si se continuaba recto y se bajaban los peldaños, el visitante entraba en un nuevo y largo corredor que contaba con dos puertas herméticas para evitar el paso del agua y el aire. La primera se hallaba al frente y permitía salir al jardín del Ministerio de Asuntos Exteriores. La segunda, ubicada a la izquierda, era la comunicación con el refugio, el paso hacia la guarida de la bestia.

Los redactores de *After the Battle* —que visitaron el búnker antes de su demolición— afirman en «La última visita al escenario del suicidio del Führer» que la entrada daba acceso a un corredor del que salían doce habitaciones del tamaño de un armario grande de pared. Seis a cada lado. Se empleaban para ocupar los ratos de ocio y como alojamiento del servicio. Fest es de la misma opinión. En sus palabras, dos se usaban para la cocina; en ella se preparaba la dieta vegetariana de Hitler, además de una ingente cantidad de pasteles y dulces. Se podría decir que el líder germano estaba obsesionado con ellos. De hecho, en sus últimos días podía comer hasta seis porciones de tarta por jornada.

Otros de los habitáculos sirvieron, además, de depósito de equipajes, cantina, bodegas y despensas. Todo dependía de las necesidades del momento. Ejemplo de ello es que, mientras que el resto de los jerarcas tenían sus propios refugios, Goebbels se terminó instalando en tres de estas habitaciones con su mujer y sus hijos. En lo que sí coinciden todos los autores es en que las estancias eran frías y desoladoras. La decoración brillaba por su ausencia y dejaba a la vista el gélido y triste hormigón. Los techos bajos hacían que la sensación de claustrofobia aumentara. Al final del corredor, que servía como comedor para los habitantes de la parte superior, se hallaba la escalera de caracol que permitía bajar al Führerbunker.

Führerbunker

La descripción más exhaustiva del Führerbunker la dieron los soviéticos en el dosier que ofrecieron a Stalin tras finalizar la Segunda Guerra Mundial. Después de descender, se llegaba a una estancia presidida por una puerta acorazada, detrás de la cual comenzaba a extenderse un complejo que se dividía en dos mitades. Antes siquiera de avanzar, el visitante podía hallar varios armarios ubicados en la pared derecha, que albergaban «todo el equipamiento para la protección antiaérea», desde trajes antigás hasta cascos de acero, mascarillas y extintores. A la izquierda había una mesa rectangular, varios sillones, un reloj de pared y una cabina telefónica.

La primera sala del flanco derecho era el cuarto de máquinas, en la que se hallaba también la instalación para la ventilación. A continuación, otra puerta daba acceso a varias habitaciones conectadas entre sí que albergaban la centralita telefónica —también despacho de Bormann—; la sala de primeros auxilios o consultorio médico, donde dormía el galeno de turno de Hitler; dos dormitorios más y un pequeño espacio de descanso. Algunos autores confirman que dos estancias estaban reservadas al ministro Goebbels; en el informe soviético se dejó escrito que pertenecían a Morell y a Heinz Linge, ayudante personal del dictador.

En la pared izquierda había una puerta que permitía entrar en un cuarto destinado a los servicios; aunque en él se hizo un hueco también a Blondi, la hembra de pastor alemán de Hitler, y a sus cachorros.

Ya al final del pasillo, una puerta acorazada y custodiada siempre por un guardia personal permitía llegar a la antesala del salón de reuniones. «Allí, los asistentes a las sesiones solían esperar la llegada del Führer. De las paredes colgaban grandes y valiosos cuadros, en su mayoría paisajes italianos. A lo largo de la pared se alineaban entre doce y dieciséis sillones. Delante de este se había instalado una mesa amplia y rectangular con varias sillas con almohadones», se explica en el dosier ruso. Desde esta estancia, lógicamente, se arribaba a la habitación dedicada a las conferencias, aunque también al alojamiento de Eva Braun y al despacho personal de Hitler. Al fondo de esta sala previa, un cuarto de basuras remataba el corredor.

A las tres últimas estancias solo se podía acceder desde el despacho de Hitler. Como cabía esperar, eran las más importantes de todo el complejo: la habitación del Führer, su baño y su salón privado.

El Führerbunker terminaba con dos salidas de emergencia. De la primera subía una escalera de caracol revestida de losas. Por encima se había construido una torre de forma cúbica y gruesas paredes de hormigón. Desde la segunda se ascendía a la superficie por una escalera de incendios metálica. Estaba protegida por una torre cilíndrica en la que se instalaron varias ametralladoras y puestos de observación.

El aterrizaje forzoso de Léon Degrelle: cuando San Sebastián entero creyó que Hitler se había estrellado en la playa de La Concha

Israel Viana

«Un minuto después de medianoche ha sido dada la orden de alto el fuego», titulaba la edición madrileña de *ABC* el 9 de mayo de 1945. En el subtítulo se explicaba que «las fuerzas alemanas de tierra, mar y aire se rindieron al ejército expedicionario aliado y, simultáneamente, al mando soviético». El diario *Duero* anunciaba también en su portada: «Ha terminado la guerra en Europa». A continuación, numerosas noticias que informaban de que «Alemania se ha rendido sin condiciones», de que «hoy se celebra el día de la victoria aliada en el continente» y de que «el documento de rendición se firmó en Reims a las 2.41».

Como no podía ser de otra manera, toda la prensa española y mundial se hizo eco de la caída de la Alemania nazi en el famoso día de la Victoria que ponía fin a la Segunda Guerra Mundial. Por lo menos en Europa, porque en el Pacífico no llegó hasta el 2 de septiembre con las bombas de Hiroshima y Nagasaki.

El general de la Wehrmacht Alfred Jodl había firmado el acta de rendición dos días antes en el cuartel general de Dwight D. Eisenhower, comandante supremo de las fuerzas aliadas en

Europa, en la ciudad francesa de Reims. La refrendó el día 8 de mayo el mariscal Wilhelm Keitel ante los representantes de la Unión Soviética en Berlín. Y, mientras se producía la histórica rúbrica, un grupo de vecinos de San Sebastián que caminaba tranquilamente por la playa de La Concha, ajenos a la noticia, oyó un gran estruendo en el cielo.

Cuando levantaron la cabeza, vieron un avión haciendo maniobras demasiado arriesgadas y extrañas, hasta que finalmente se precipitó sobre la orilla. En la cola, para su asombro, había una gran esvástica nazi, como puede verse en la imagen tomada aquel día por el fotógrafo donostiarra Vicente Martín. Los periódicos españoles recogieron la noticia el mismo día en que anunciaban el final de la guerra en el continente. ¿Cómo había llegado hasta allí y de qué huía?

El diario *ABC* contaba: «A las seis de la mañana de ayer, un avión caza alemán, marca Heinkel, se ha precipitado en las aguas de la bahía de La Concha, en el balneario, en la parte más cerca de la orilla. En aquellos momentos la marea no alcanzaba su plenitud. El avión siniestrado dio dos vueltas de campana y se hundió en el mar cerca de la arena». Lo más insólito de la noticia, sin embargo, se detallaba a continuación: «En los primeros momentos se extendió por la ciudad el rumor de que en el aparato viajaba nada menos que Hitler, el cual, según los informadores de la calle, no había muerto. Y que, a pesar de mostrarse desfigurado, había sido identificado por las autoridades».

«Falto de gasolina»

La noticia de la muerte del Führer había dado la vuelta al mundo una semana antes, pero durante aquel día 8 de septiembre, toda la ciudad de San Sebastián creyó que el máximo responsable de la guerra más devastadora de la humanidad y de la muerte de millones de judíos estaba realmente vivo y huía desesperadamente tras su derrota. Pero no era así.

Aunque sus restos nunca aparecieron, nadie duda hoy en día de que Hitler se pegó un tiro en su búnker de Berlín. Sin embargo, uno de los pasajeros del Heinkel He 111 de la Luftwaffe que se estrelló en La Concha no era precisamente un desconocido. La exclusiva la daba *ABC*:

> El avión llegó a nuestra ciudad falto de gasolina, efectuando un aterrizaje forzoso. De él fueron extraídas hasta seis personas con uniformes militares alemanes. Una de ellas ostentaba alta graduación con distintivo de coronel y lucía en su pecho la Cruz de Hierro. Se trata del conocido rexista, jefe del partido belga, Léon Degrelle. Sus acompañantes eran soldados de inferior graduación.

Hasta llegar allí, la vida del pasajero no era precisamente desconocida. Degrelle había sido un oficial de la Legión Valonia, una unidad extranjera adscrita a las SS alemanas, en la que había destacado como uno de sus mandos durante la guerra. Después de aquello había fundado el rexismo, la rama del fascismo que había gobernado Bélgica como un Estado títere de la Alemania nazi y que alcanzó gran notoriedad en Europa por la dura represión que llevó a cabo en su país durante los seis años de conflicto.

Sin embargo, cuando los alemanes vieron que los aliados ya los habían derrotado y que Hitler estaba muerto, el ministro de Exteriores del Tercer Reich, Joachim von Ribbentrop, convenció al belga de que huyese. En ese momento se encontraba en Oslo, adonde había llegado desde Copenhague. En la capital noruega se apropió, junto con cinco oficiales, del avión del arquitecto y ministro de Armamento nazi, Albert Speer, y emprendió el vuelo de noche.

El viaje a España

Degrelle tenía treinta y nueve años cuando se estrelló en San Sebastián, después de volar 2.150 kilómetros. Él mismo contó el viaje en sus memorias sin dejarse un solo detalle en el tintero:

> Volábamos sin luces huyendo del fuego antiaéreo francés. Cuando divisamos Irún, vimos la muerte segura. Yo conocía aquella zona porque de pequeño había veraneado varios años en Lourdes con mis padres y, en dos ocasiones, visitamos Guipúzcoa. Faltaban, sin embargo, algunos minutos y el avión ya no tenía combustible. Aterrizar en suelo francés significaba la guerra, así que el piloto, para demostrar su pericia, puso el avión vertical, aprovechó las últimas gotas y llegamos hasta San Sebastián. La Virgen de Lourdes me salvaba en el último momento.

El aparato chocó con unas rocas en un extremo de la playa, lo que provocó que se desviase contra las aguas y quedara varado. El redactor de *ABC* que llegó hasta el lugar del accidente relató: «Llevaban a bordo gran cantidad de mantequilla, varios termos y píldoras vitamínicas. Carecían de tabaco, que pidieron con ansiedad al llegar a tierra».

En el momento en el que el avión de Degrelle se precipitaba al suelo, miles de ciudadanos salían a festejar la paz por las calles de París, Nueva York y Londres. El primer ministro británico, Winston Churchill, saludaba, haciendo el signo de la victoria, a la muchedumbre congregada en Whitehall. España, como país neutral que era, y con la ambigua cercanía que su dictadura había tenido hacia el régimen nazi, se mantuvo ajena a los festejos. Por eso Degrelle fue un invitado inesperado... y muy importante.

La cruz de la que hablaba la prensa se la había impuesto nada menos que Hitler en febrero de 1944, poco más de un año antes de su amerizaje en la playa de La Concha. En agosto de ese año también le otorgó la Cruz de Caballero con Hojas de Roble, una distinción concedida a solo 883 militares en toda la guerra. En la ceremonia de entrega, el mismo Hitler le dijo: «Si tuviese un hijo, me gustaría que fuese como usted». Aquellas palabras eran un reconocimiento aún mayor que la distinción militar y reflejaban la gran confianza y complicidad que tuvo con el Führer. Esa fue la razón de que en el futuro se le conociera como «el hijo adoptivo de Hitler».

Los donostiarras que presenciaron el suceso se quedaron perplejos. Pronto rodearon el avión los vecinos de La Concha, muchos de los cuales se despertaron con el ruido del choque del aparato contra el agua y la arena. Algunos, en pijama, se acercaron hasta la orilla para ayudar a los desconocidos pasajeros. Algunos niños, incluso, arrancaron pedazos del avión, cuyos restos fueron finalmente trasladados a Logroño. A lo largo del día, cientos de personas se acercaron a ver el Heinkel He 111, momento en el que se extendió el rumor de que dentro iba Hitler.

Degrelle resultó gravemente herido y estuvo ingresado durante dieciocho meses en el hospital Mola, en San Sebastián, aunque en un primer momento la prensa solo detalló que sufría «la fractura del omoplato y la posible fractura de un tobillo». Eran los primeros momentos de una estancia en España que, en el caso del belga, se prolongó hasta 1994 entre Madrid y Málaga. Fue uno de los muchos nazis que fueron acogidos por el régimen tras la Segunda Guerra Mundial, aunque ninguno llegó de manera tan accidentada y ruidosa.

Como él mismo dijo en su biografía: «Mis heridas, en realidad, me salvaron, porque Franco quiso devolverme a Alemania. Vi las cosas tan mal que un día le escribí una carta en la que le decía: "Qué poco vale para usted la sangre de un cristiano". Franco se indignó, según supe».

El verdadero origen de las absurdas teorías sobre la huida de Hitler: «No hemos hallado su cadáver»

Manuel P. Villatoro

Bastaron unas pocas palabras para que la mecha de la locura prendiera a toda velocidad en una Europa que se tambaleaba tras seis años de guerra. El 9 de junio de 1945, tan solo dos meses después de que Adolf Hitler y su amada Eva Braun se quitaran la vida en el Führerbunker temerosos de las tropelías a las que podían ser sometidos por el Ejército Rojo, un cincuentón que se había rendido a las canas se presentó ante los periodistas de todo el globo. La destrucción del Tercer Reich pronosticaba una declaración exultante, pero lo que expresó el mariscal Gueorgui Zhúkov, de cuello de buey y expresión gélida, desconcertó a los presentes: «No hemos descubierto ningún cadáver que pueda ser definitivamente identificado como el de Hitler y, por consiguiente, no podemos formular ninguna declaración acerca de su muerte».

Podría haberse detenido en este punto, haber bebido un sorbo de su vaso para evitar hablar más de lo debido, pero no fue así. Ante la expectación de reporteros llegados de Gran Bretaña, Estados Unidos, Francia y la URSS, el vencedor de la batalla de Berlín confirmó que, «hasta el último momento, Hitler podría haber huido en aeroplano» o, incluso, haber escapado en un U-Boot. «Se ha establecido de manera indiscutible que un submarino de tipo gran crucero abandonó Hamburgo antes de la llegada de las tropas británicas, llevando varios pasajeros entre los cuales figuraba una mujer», expresó. Añadió, además, que el paradero del Führer era un misterio y que, a pesar de lo que había asegurado hacía tres lunas, no podía confirmar que sus restos se hubiesen quemado en las afueras del búnker de la Cancillería.

El punto final fue un pellizco de monja a sus aliados. «Ahora depende de vosotros, británicos y estadounidenses, encontrarlo». No lanzó la frase al azar, pues el mismo Iósif Stalin barajaba la posibilidad de que Hitler hubiera huido del Reich con la ayuda de ambas potencias. La desconfianza se paladeaba.

La rueda de prensa generó una leyenda que sigue grabada en la mente de la sociedad. En los meses siguientes, la prensa de medio mundo quemó las rotativas con noticias en las que una infinidad de testigos decían haber visto al Führer y a su amada en Argentina, España o Dinamarca. Aquella fiebre contagió incluso a Dwight D. Eisenhower, artífice del desembarco de Normandía. A pesar de que Ike confirmó durante mayo y principios de junio que no albergaba dudas sobre la muerte del líder nazi, varias reuniones con los soviéticos le convencieron de lo contrario. «Existen motivos para creer que sigue con vida», desveló. El portavoz del cuartel general aliado confirmó sus miedos a finales de junio: «Mi opinión es que está bien muerto, pero no tenemos pruebas decisivas».

Versión oficial

Pocos meses después, con Europa soliviantada, los servicios secretos británicos se propusieron desentrañar el mayor enigma de la Segunda Guerra Mundial. Para la difícil tarea, Dick White, jefe del contraespionaje en la zona inglesa de Alemania, seleccionó a uno de sus agentes más versados en el arte de la investigación de campo, Hugh Trevor-Roper. Su labor: averiguar cómo habían sido las horas finales en el búnker y qué había sucedido con el dictador y su esposa. «El principal problema al que me enfrenté era descubrir el paradero de Hitler [...], pero también me preguntaba cómo era posible que los rusos, habiendo conquistado Berlín y ocupado las ruinas de la Cancillería, hubieran fracasado a la hora de desvelar su destino», escribió en *Los últimos días de Hitler*, libro editado en 1947 con los resultados de la investigación.

Armado con su libreta y sus gafitas redondas de época, Trevor-Roper entrevistó en Berlín a decenas de testigos para forjar con sus testimonios un relato fidedigno de los hechos. Y lo cierto es que, aún hoy, la mayoría de los historiadores aceptan sus conclusiones como las más cercanas a la realidad.

Según el británico, el réquiem del que fue uno de los mayores asesinos de la historia moderna comenzó en la noche del 29 de abril de 1945. Después de contraer matrimonio con Eva Braun bajo el repicar de las bombas soviéticas y de dictar su testamento, informó a sus oficiales de que ambos se suicidarían y de que no debía quedar «el menor rastro» de sus cadáveres. «No caeré en manos de un enemigo que necesita un nuevo espectáculo para divertir a sus masas histéricas», afirmó. Hitler, con gesto abstraído y rostro desencajado, reunió después a los residentes del búnker y les dio la mano. Estaba paranoico y veía enemigos por doquier, como demuestra uno de los últimos mensajes que Martin Bormann, su secretario personal, envió a sus subalternos: «El Führer les ordena que procedan sin compasión contra todos los traidores».

A primera hora del 30 de abril, Hitler dio órdenes de que Erich Kempka, su chófer, recabara doscientos litros de combustible y los llevara hasta el jardín de la Cancillería. El subalterno desconocía su objetivo, aunque sospechaba que podrían estar destinados a alimentar el aparato de ventilación del búnker. Craso error, pues este funcionaba con aceite. Mientras, el Führer terminó su almuerzo y salió de su habitación. En la penumbra de un enclave que apestaba a gasóleo y sudor, se despidió por última vez de sus ministros más cercanos. Para entonces, las manecillas del reloj superaban las tres de la tarde. «Hitler y Eva Braun dieron la mano a todos y luego se marcharon a sus habitaciones», escribió Trevor-Roper. Los presentes guardaron silencio en espera de lo inevitable.

Luego resonó un único disparo que informó de que la función había terminado. «Esperaron unos minutos antes de entrar en las habitaciones del Führer. Cuando lo hicieron, hallaron a Hitler tendido sobre el sofá, que estaba empapado de sangre. Se había pegado un tiro en la boca. Eva Braun estaba también sobre el sofá, muerta. Tenía a su lado el revólver, pero no había llegado a utilizarlo», escribió el británico. La idea de ambos era tomar una ampolla de cianuro y volarse la cabeza a continuación; sin embargo, la primera dama del Reich no tuvo valor para apretar el gatillo y prefirió dejar actuar el veneno.

Los encargados de recoger los cadáveres fueron el ayudante del Führer, Heinz Linge, y un soldado de las SS. Ambos envolvieron a Hitler en una manta para tapar su rostro. «Todos lo reconocieron por los pantalones negros que llevaba siempre», confirmó el oficial de inteligencia. No fue necesario hacer lo propio con el de Eva, pues su rostro no estaba desfigurado por el disparo. De mano en mano, los cuerpos ascendieron por las escaleras hasta llegar al jardín. «Fueron colocados juntos en el suelo, a pocos metros de distancia de la salida del búnker y se les roció con el combustible de las latas». Todo debería haber terminado rápido, pero, al ver cómo un bombardero ruso cortaba el horizonte, los oficiales prefirieron dejar un reguero de gasolina y encender la cerilla que calcinó los restos desde la puerta del refugio. Lo que quedaba de Hitler y Eva ardió hasta dejar solo algunos huesos humeantes.

Huida en avión

Pero la semilla de la discordia ya se había plantado y ni mil informes de Trevor-Roper hubieran podido detener la locura que se avecinaba. En los años posteriores, cada historia relacionada de soslayo con el Führerbunker se inspeccionó con lupa en busca de fallos; resquicios por los que colar una presunta huida de Hitler. Y lo cierto es que algunas se prestaban a ello. Una de las que no tardó en ser alumbrada por la prensa fue la de Hanna Reitsch, piloto de pruebas de la Luftwaffe y famosa en el Tercer Reich por sus hazañas aéreas. Según relató la germana en sus memorias (*Volar fue mi vida*), el 25 de abril recibió órdenes de presentarse en Múnich para una peligrosa misión: un vuelo a la capital junto con el general Robert von Greim, cuya presencia había solicitado el mismo Führer.

El avión de Reitsch despegó el 26 de abril, logró atravesar el cerco soviético y aterrizó en Berlín. El viaje fue una locura, pero Hitler los recompensó con unas sentidas palabras en el búnker: «¡Valiente mujer! Todavía existen lealtad y coraje en este mundo». Von Greim se llevó, además, el cargo de líder de la Luftwaffe tras la destitución de Hermann Göring. Ambos pasaron varias jornadas bajo tierra, junto a la estrecha cúpula de un Tercer Reich herido de muerte. «El segundo día Hitler me hizo llamar a su oficina. Estaba encorvado y con el semblante pálido. Me entregó dos ampollas de veneno para Greim y para mí». En sus palabras, luego le confesó que se quitaría la vida junto con su esposa y que, a pesar de las peticiones que le hacían sus jerarcas, no huiría de la capital. «Creía que solo su permanencia en Berlín podría fortalecer la fe del soldado alemán».

Entre el 28 y el 29 de abril, Hitler les informó de que había disponible para ellos un avión que podía sacarlos de la ciudad en una avenida que se había reconvertido en aeródromo. Ambos se dirigieron a la zona y, tras esquivar el fuego antiaéreo soviético, consiguieron huir de la capital. La lógica dicta que el periplo de Reitsch tendría que haber terminado aquí, pero, tras la Segunda

Guerra Mundial, la apresaron los norteamericanos y la interrogaron una y otra vez sobre el mismo tema: la posibilidad de que hubiera transportado al Führer y a su esposa hasta un lugar seguro. «Sobre mis últimos vuelos se construyeron leyendas. ¿Acaso no sería posible que llevase a Hitler a un nuevo escondite?». La piloto murió a los sesenta y siete años harta de confirmar que el líder nazi había fallecido. No le sirvió de nada, pues la sombra de la duda la persiguió hasta la tumba.

Destino: Dinamarca

Menos conocidas, aunque todavía más controvertidas, fueron las afirmaciones que hizo en 1947 el piloto alemán Ernst Baumgart mientras esperaba juicio por su relación con los experimentos de las SS. Así las recogió la agencia United Press: «El proceso contra Baumgart, un exoficial de la Luftwaffe, ha sido interrumpido después de que hiciera unas declaraciones en las que afirmaba que trasladó a Adolf Hitler y Eva Braun a Dinamarca justo antes de que Berlín cayera bajo las fuerzas soviéticas». Tal y como testificó este pintoresco personaje, voló hasta la capital para, después, despegar en un avión Ju 52 junto con la pareja. El treintañero militar sostuvo que el 28 de abril había arribado hasta la ciudad alemana de Magdeburgo, desde donde partió hacia el norte del río Eder.

Según sus palabras, el lugar en el que aterrizó fue un campo ubicado en Dinamarca. «Baumgart ha testificado que allí esperó durante treinta minutos a que otro avión los recogiera [...]. Hitler le pagó con un cheque por valor de veinte mil Reichmarks que podía canjear en un banco de Berlín», añadía la noticia. La historia, que podría haberse tomado como una ensoñación de un hombre desesperado por evitar la horca, causó más revuelo si cabe cuando los servicios de inteligencia aliados interrogaron al teniente de las SS Friedrich von Angelotty-Mackensen. Según recoge Eric Frattini en *¿Murió Hitler en el búnker?*, este militar admitió a los agentes que había visto al matrimonio en Dinamarca. «Yo estaba tumbado en la hierba y luego me cambiaron de sitio. Hitler estaba allí y dijo que el almirante Dönitz no aceptaría una rendición incondicional. Dijo que la lucha continuaría».

A pesar de tener esta información, la contrainteligencia aliada no siguió la pista por considerar que carecía de fundamento. La teoría riza el rizo y afirma que Hitler y Eva arribaron en avión hasta España, desde donde se dirigieron a Latinoamérica, una posibilidad que incluso llegó a admitir Nikolái Berzarín, el comandante de la guarnición soviética de Berlín. Este oficial confirmó que «muchas personas cercanas a Hitler» decían que se había suicidado, pero que otras tantas eran partidarias de que había muerto por culpa de una explosión. «Mi opinión es que ha desaparecido en algún lugar de Europa. Quizá esté en la España de Franco, ya que tuvo posibilidades de escapar hasta allí». Hoy en día no parece viable.

Ruta submarina

Pero si hubo unas teorías que resonaron por activa y por pasiva en los diarios, esas fueron las que afirmaban que el Führer había abandonado Alemania en submarino, hasta tal punto que el propio Zhúkov las señaló en la conferencia de prensa que inició el enigma sobre la muerte. El hecho que lo desencadenó todo fue la llegada, allá por julio de 1945, del U-530 al puerto de Mar del Plata. La visión fue, cuando menos, impactante: el día 10, la silueta de este gigantesco sumergible al mando del teniente Otto Wermuth ascendió sobre las aguas de Argentina, uno de los destinos predilectos de los jerarcas del Reich. Poco después, su tripulación se rindió ante las autoridades locales. Eran esqueletos andantes. «Lo primero que pidieron fue algo de comer, e insistieron en que fuera caliente», describió un medio local.

Como era de esperar, se generó un gigantesco revuelo en todo el globo. En la Unión Soviética, por ejemplo, los diarios solicitaron a las autoridades argentinas que informaran de «quién ha viajado oculto en dicho sumergible». Por su parte, United Press, siempre ávida de recoger teorías sobre la huida del líder nazi, publicó que «en numerosas esferas» de Londres «se insiste en que Hitler desembarcó en Argentina el 30 de junio último», días antes de que la nave se rindiera. Hasta los periódicos españoles señalaron que el dictador había «llegado a la Patagonia en el célebre submarino U-530». El FBI siguió la pista y hasta intentó realizar algunas detenciones, pero sin éxito. El teniente negó hasta el final que hubiera transportado al Führer y a su esposa. Y respondió lo mismo cuando se le interrogó sobre los posibles jerarcas escondidos en el interior de la nave.

Por si la llegada del U-530 no fuera ya suficiente para embravecer las aguas, en un mes emergió un nuevo submarino alemán en Mar del Plata. Esta vez fue el U-977, comandado por Heinz Schäffer. De inmediato corrió la voz de que Adolf Hitler podía haber viajado en su interior y se desplazó a la zona un grupo de interrogadores aliados. «Fui conducido ante un grupo de altos oficiales angloamericanos que integraban una comisión investigadora especialmente enviada a Argentina para poner en claro el "misterioso caso del U-977". Estos señores eran obstinados: "¡Usted ha ocultado a Hitler! ¡Díganos ya! ¿Dónde se encuentra?"». Como ya había hecho su colega, el militar negó aquellas acusaciones y se limitó a señalar que, «a pesar de los grandes titulares», él solo había huido del Reich hacia un territorio más seguro.

El largo periplo de los restos

El enigma de la muerte de Hitler ha estado ligado siempre a la Unión Soviética; al fin y al cabo, fueron soldados rusos los que accedieron en primer lugar al búnker de la Cancillería y los que, poco después, hallaron lo que quedaba del Führer, de Eva Braun y del matrimonio Goebbels. Sin embargo, los restos de estos grandes jerarcas han estado rodeados por una niebla de secretismo. Tras encontrarlos, allá por mayo de 1945, los enterraron de forma provisional en un bosque cerca de la ciudad alemana de Rathenow. La idea era evitar que su lugar de descanso eterno se transformara en un centro de peregrinación para extremistas o antiguos miembros de las SS.

Allí permanecieron hasta el 21 de febrero de 1946, cuando los mismos rusos los trasladaron a un enclave secreto ubicado en una base militar de la zona soviética de Alemania Oriental. El lugar resultó ser la ciudad de Magdeburgo, al sudoeste de Berlín. Pero su periplo no se detuvo en ese punto. Más de tres décadas de descanso después, y en plena Guerra Fría, el director del KGB, Yuri Andrópov, solicitó permiso para exhumar los restos de todos los jerarcas y acabar con ellos.

Según se hizo público hace menos de una década, el Gobierno permitió a Andrópov acometer esta tarea, y los huesos de Hitler, Eva Braun y el matrimonio Goebbels se desenterraron y se incineraron en la ciudad de Schönebeck. La operación se hizo de una forma sencilla pero efectiva: sobre una pira improvisada en un descampado. Poco a poco, los restos se deshicieron hasta que no quedaron de ellos más que unas pocas cenizas que se arrojaron al río. Una vez más, el objetivo era evitar que alguien descubriera su paradero; acabar con el magnetismo que, incluso después de muerto, podía generar el Führer entre sus seguidores.

Sin embargo, los servicios de inteligencia rusos decidieron quedarse con un último recuerdo para su colección personal: el supuesto cráneo de Adolf Hitler, que contaba con un agujero de bala en la mandíbula. La calavera en cuestión se escondió hasta el año 2000, cuando Vladímir Putin permitió que se exhibiera en una exposición junto a un centenar de documentos desclasificados sobre el Tercer Reich. El plan no le salió todo lo bien que hubiera querido, pues un profesor de Arqueología de la Universidad de Connecticut, llamado Nick Bellantoni, afirmó que, tras haber conseguido de forma poco ortodoxa un trozo de esta reliquia, había descubierto que no era de un hombre, sino de una mujer joven. Rusia, como era de esperar, le acusó de mentir.

La controversia con la calavera se mantuvo hasta la última década, cuando el periodista galo Jean-Christophe Brisard y su equipo consiguieron acceso al cráneo y lo sometieron a varias pruebas para establecer su origen. Las conclusiones fueron determinantes y llegaron gracias a las prótesis dentales: los restos eran de Hitler. Misterio resuelto, aunque con setenta años de retraso.

Saevecke: el genocida nazi al que la CIA perdonó y reclutó para combatir a la URSS en la Guerra Fría

Israel Viana

Al terminar la guerra, la CIA sabía perfectamente que Theodor Saevecke (1911-2004) había sido uno de los brazos ejecutores del genocidio de Hitler, responsable de innumerables crímenes contra la humanidad. Con dieciséis años había entrado en la Rossbach Freikorps, una organización paramilitar de adolescentes, famosa por aterrorizar a los ciudadanos en la República de Weimar. Poco después ingresó en el partido nazi y en 1940, con veintinueve años, ya era una de las tres personas autorizadas para aprobar ejecuciones de polacos, rusos, gitanos y judíos en el campo de concentración de Poznan.

Sin embargo, nada de esto fue inconveniente para que el siniestro oficial de las SS fuera reclutado por la CIA mientras en Núremberg se juzgaba a sus jefes por el asesinato de millones de inocentes. En los informes de la agencia habían quedado perfectamente reflejadas sus atrocidades, en consideraciones como: «Saevecke ha estado involucrado en el reclutamiento de judíos para la realización de trabajos forzosos», «es culpable de que los principios del nacionalsocialismo fueran tan sólidos» y «no se detendría ante nada para reprimir el movimiento comunista, al que odia desde que tenía veinte años».

El momento exacto del comienzo de esta relación con el enemigo no está del todo claro, pero los documentos desclasificados hacen referencia a que, en 1946, ya estaba bajo la protección del Grupo Central de Inteligencia (CIG). Incluso que un año después, convertida ya esta organización en la actual CIA, llegó a recibir ayuda de Estados Unidos para no ser juzgado por sus matanzas y no ser enviado a prisión en Gran Bretaña.

En Túnez, por ejemplo, ayudó a perfeccionar el sistema de exterminio con camiones de gas creado por Walter Rauff. En el norte de Italia se ganó sobrenombres como el Carnicero de Milán y el Verdugo de la Plaza Loreto por las matanzas de inocentes que llevó a cabo en público. Pero ahora comenzaba la Guerra Fría y todo valía para controlar a la Unión Soviética y enfrentarse a ella.

La matanza de Loreto

La masacre que le valió su último apodo, perpetrada el 10 de agosto de 1944, fue una de las más tristemente famosas. Saevecke ideó y organizó la ejecución de quince partisanos italianos en la misma plaza donde, curiosamente, menos de un año después se colgaría el cadáver de Mussolini bocabajo, apaleado y escupido por los vecinos de Milán.

El oficial de las SS no dudó en relatar este fusilamiento público a los soldados estadounidenses cuando fue capturado a finales de abril de 1945, bajo el presentimiento de que le podría acarrear alguna simpatía con los norteamericanos, como así ocurrió. Su estrategia fue justificar su crimen porque estos miembros de la Resistencia eran comunistas, según prometió él. Por supuesto, se cuidó de no mencionar su responsabilidad en el genocidio de judíos.

Haciendo oídos sordos a sus propios informes, Saevecke quedó en ese momento bajo la protección de la CIA, que lo reclutó para dirigir sus operaciones en Berlín. Los documentos oficiales, obviando todo su pasado criminal, le atribuyeron pronto logros importantes a la hora de combatir la influencia comunista en la capital alemana.

Uno de sus controladores escribió: «Saevecke todavía anhela volver a los días en los que el partido nazi se encontraba en activo». Sin embargo, como obviando lo que acababa de anotar, anteponía el hecho de que era el único alemán miembro de su equipo «con experiencia en inteligencia práctica» y con «capacidad de comprensión de los objetivos estadounidenses».

La inmunidad del antiguo oficial nazi se puso a prueba en 1947, cuando Gran Bretaña quiso juzgarle por los crímenes que había cometido en Italia. Aunque la CIA fue incapaz de evitar su extradición en un primer momento, sí supo utilizar su influencia para protegerle. En apenas un mes, Saevecke fue puesto en libertad, tras asegurar que nunca había pertenecido a las SS, que solo había sido un agente de policía en Berlín. No se sabe muy bien cómo, pero le creyeron, a pesar de que en el juicio se leyó la transcripción del interrogatorio que le habían hecho en Italia, en junio de 1945.

«Una vida digna»

Los servicios de inteligencia de Estados Unidos sabían perfectamente que el antiguo oficial había estado involucrado en crímenes de guerra. En 1950, la CIA informó a su sede en Berlín de que Saevecke había sido jefe de la SIPO y la SD en Milán, y que había estado «involucrado en el reclutamiento de judíos para realizar trabajos forzosos». Esta información no fue suficiente para que continuara siendo un agente activo. La prueba es que, en otro informe de agosto de 1951, se informaba de que «está agradecido de que le hayamos proporcionado una oportunidad de llevar una vida digna, en una posición similar a su antiguo puesto de trabajo».

Pronto el oficial nazi se convirtió en una bomba de relojería para la agencia, que no dudó, sin embargo, en recomendarlo para un puesto de autoridad de la Oficina Federal de lo Criminal (BKA). Esto obligó al jefe de la CIA en Berlín, amenazado por el desprestigio que suponía apoyar a este exmiembro de las SS, a escribir a sus superiores a la defensiva: «Saevecke rechaza todas las atrocidades que ha cometido, mientras que las minuciosas investigaciones de los aliados no han logrado apuntalar los cargos en su contra». Y después añadía que todavía se negaba a pedir disculpas por haber asesinado a los quince partisanos italianos en Milán.

Saevecke soportó varias investigaciones por aquella matanza en Milán, sobre todo a petición de las autoridades italianas. A pesar de ello, logró estar en activo hasta bien entrada la década de los sesenta gracias al empeño de la CIA por ayudarle. Así lo dejó reflejado en otro documento interno: «Si su pasado es justificable de alguna manera, se pasarán los informes a los alemanes occidentales con nuestra opinión de que es políticamente conveniente».

Saevecke vivió libre hasta 1971, año en que pudo jubilarse y retirarse a vivir a una pequeña ciudad termal de la Baja Sajonia. Allí llevó una existencia tranquila y exenta de preocupaciones hasta que, en 1994, se descubrieron una serie de informes de la Fiscalía General Militar de Roma ocultos durante más de cuatro décadas.

En noviembre de 1999, el Tribunal Militar de Turín pudo al fin condenarlo a cadena perpetua por la ejecución de los quince miembros de la Resistencia en 1944. En la sentencia se decía: «Aun admitiendo que el proyecto criminal de la plaza de Loreto tuviera origen en los mandos superiores, Saevecke lo acogió totalmente, dando disposiciones precisas con respecto a la modalidad de ejecución, incluida la orden de mantener expuestos los cuerpos de las víctimas en aquel lugar como amonestación para todos los opositores».

El humilde gesto que hizo que el emperador Hirohito evitara ser ahorcado por los aliados

MANUEL P. VILLATORO

Incluso en la Segunda Guerra Mundial, el emperador era para los japoneses más que un símbolo de unidad. Era un «soberano celestial»; una suerte de luz descendida del firmamento para guiar a su pueblo. Sin embargo, ese mismo personaje que los nipones respetaban y veneraban como a un dios pasó los últimos días del conflicto oculto en un húmedo búnker ubicado bajo su palacio. Algo similar a Hitler en la Cancillería de Berlín. Las bombas, que no perdonan ni a las deidades. Para Hirohito, espigado, de complexión débil y de gafas gruesas como el cristal, aquello supuso una bofetada de realidad que pudo ser mayor cuando los soviéticos pidieron su cabeza. Por suerte para él, el general estadounidense Douglas MacArthur le libró de la horca.

Las desventuras de Hirohito han quedado difuminadas en el tiempo. Quizá porque Estados Unidos se esforzó en mostrarle como un líder magnánimo que detuvo la guerra en lugar de enviar a sus hombres a morir por Japón. Podría haberlo hecho, como explicó el periodista Raymond Cartier en *ABC* allá por los años setenta, pero lo evitó a pesar de que aquello demostraba al mundo que era un mero mortal. «MacArthur recordó que no habían sido las bombas atómicas, sino la sabiduría imperial lo que había determinado la conquista de Japón sin una gota de sangre norteamericana. Al ordenar a sus hombres vivir, el emperador no solo ahorró cien mil vidas estadounidenses, sino que orientó a Japón hacia un porvenir democrático», explicó el reportero.

Cartier sabía lo que decía; nunca fue un mero analista de esos que sustentan sus aseveraciones en las ventajas que otorga el paso del tiempo. Las conclusiones que expuso en aquel reportaje fechado el 10 de septiembre de 1971 las había forjado tras vivir la ocupación de Francia por el ejército alemán en 1940; tras participar en la guerra como oficial de Seguridad Militar y tras ejercer como corresponsal una vez finalizado el conflicto europeo. Por si fuera poco —que no lo es— dedicó la última parte de su vida a dar forma a obras de referencia como *Hitler y sus generales. Secretos de la Segunda Guerra Mundial* y una colosal historia de aquel periodo que tituló, de forma sencilla, *La Segunda Guerra Mundial*.

Triste final

El reportero galo define los últimos momentos de Hirohito en aquel búnker como los de un perro acorralado que ya ha asumido su final. Si Hitler permaneció desafiante hasta el mismo momento en que paladeó la cápsula de cianuro, el emperador estaba abatido tras el terror nuclear desatado por Estados Unidos. La del 9 de agosto de 1945 fue la jornada más triste de todas. Tras la caída de la bomba atómica sobre Nagasaki, el Consejo se reunió con el mandamás nipón en una sala ubicada tras un estrecho corredor flanqueado por paredes de tres metros de espesor. Todo estaba perdido, pero el protocolo obligaba a los presentes a vestir chaqué y pantalón rayado. Elegantes hasta el final.

«El calor es sofocante; fuera, la noche de verano iluminada por la luna idealiza los jardines imperiales disimulando sus heridas. Pero la guerra se pega a las narices con el olor acre y fétido del Tokio calcinado», escribió Cartier. Las noticias fueron desoladoras. La Unión Soviética había declarado la guerra a Japón en un tardío intento por cabalgar junto al jamelgo vencedor y había invadido Manchuria. «Mil quinientos bombarderos norteamericanos actúan al norte de Honshua. Una segunda bomba atómica ha caído sobre Nagasaki. Una tercera —pero el informe es falso— debe caer sobre Tokio el 12 de agosto», desveló el periodista. El Consejo se dividió. Tres de los presentes insistieron en que era necesario luchar hasta dejarse la vida. El mismo número solicitó capitular.

¿Qué podían hacer? La situación era tan tensa como desesperada. Uno por uno, los presentes explicaron sus ideas. En voz baja, como dictaba la presencia del emperador, y con la mirada hacia el suelo. «Un mosquito ha entrado en el refugio y zumba alrededor de las cabezas, pero un gesto para cazarlo significaría una incorrección inconcebible», añadió Cartier. A nivel oficial el poder lo tenía el Gobierno. Hirohito, cual monarca constitucional, ratificaría cualquier decisión que tomaran, pero, al no llegar a un acuerdo, decidieron que fuera su majestad quien estableciera qué hacer. «La iniciativa no tiene precedentes, invierte los papeles y echa sobre las espaldas imperiales la responsabilidad», finalizó.

El buen emperador se quedó anonadado. «Hirohito no es un héroe. Es un hombre de laboratorio, desgarbado, que se viste y habla mal, tan miope que los cristales de sus gafas parecen lupas, que le agrandan los ojos de una manera extraña. Dios teórico, no ha sido más que un monarca constitucional a lo largo de toda su vida. Pero ¿cómo desobedecerle?», escribió el periodista. De forma torpe, el emperador se levantó de la poltrona y sentenció que solo cabía la rendición. Los gerifaltes japoneses informaron poco después a su embajador en Suiza de que aceptaban los términos de la declaración de Potsdam «en la inteligencia de que dicha declaración no debe perjudicar las prerrogativas de Su Majestad como monarca soberano».

Colgar al emperador

Una parte de los japoneses no recibió bien la capitulación. No en vano, un grupo de exaltados intentó detener la grabación del mensaje en el que Hirohito anunciaba la rendición a sus súbditos. Convencidos de que solo cabía luchar hasta el último hombre, se colaron en el búnker y tuvieron que ser detenidos por miembros del Gobierno. Así lo narró el periodista galo: «La víspera había corrido la sangre en el propio recinto del palacio imperial cuando los fanáticos de la lucha a ultranza habían intentado apoderarse del lugar y puede ser que de la persona del emperador. Este se había encerrado en su residencia, parcialmente incendiada, con la convicción de que no escaparía de ser sometido a juicio». Tuvo suerte.

Tampoco le fue mejor con los soviéticos. A pesar de haber tardado en declararse hostil a los nipones de forma oficial, Iósif Stalin anhelaba ver colgado de la horca al emperador como escarmiento. Y no fue el único. «Los rusos exigen que se inscriba a Hirohito en cabeza de la lista de criminales de guerra. Chang Kai-Chek le reclama con títulos más serios e Inglaterra, todavía ultrajada por el desastre de Singapur, lo pide igualmente, así como Australia y Nueva Zelanda», añadió el reportero. Numerosos grupos clamaban por que se le ejecutara. Y no por ser la cabeza visible del enemigo que más había resistido a los aliados, sino como responsable último —que no directo— de matanzas, campos de concentración y experimentación en humanos.

En esas llegó a Japón Douglas MacArthur, comandante del Pacífico Sudoeste y comandante supremo de las potencias aliadas, en medio de una tensión que amenazaba con acabar con Hirohito en la horca. El rencor era tal que algunos oficiales como Courtney Whitney, jefe del Estado Mayor, le instaba a convocar al emperador a su presencia para exigirle sumisión: «Convóquele. Humíllele. Oblíguele a mendigar su trono o, mejor todavía, líbrese de él y de toda su horda de parásitos. La monarquía ha terminado en Japón». Pero el militar se negó en redondo bajo una sencilla argumentación que dejó escrita en sus memorias: «Convocar al emperador sería ultrajarle y hacer de él un mártir a los ojos de su pueblo. Prefiero esperar a que venga por su propia iniciativa al evento».

Como esperaba, el emperador solicitó una reunión con él. Lo que no sospechaba el estadounidense era que iba a prestarse a cargar con la culpa. «Hirohito se ofrece noblemente al juicio del tribunal militar diciendo que acepta la responsabilidad de todas las decisiones políticas y militares tomadas por su pueblo en el curso de la guerra», afirmó el periodista. MacArthur se quedó impresionado, como escribió tras la guerra: «Era un emperador por su nacimiento, pero en ese instante tuve ante mí al primer gentilhombre de Japón por pleno derecho». Al general, aquel gesto le llegó al corazón, hasta tal punto que se presentó ante el presidente Truman y afirmó que defendería a aquel hombre con un millón de soldados si alguien intentaba colgarle. Funcionó, ya que borraron su nombre de la lista de enjuiciados.

LA POSGUERRA

En la mente de las bestias: el psiquiatra que entrevistó a los jerarcas nazis que murieron en la horca

MANUEL P. VILLATORO

No habrían bastado tres vidas, con sus días y sus noches, para evitar que el enjuto psiquiatra estadounidense Leon N. Goldensohn se estremeciera ante lo que estaba a punto de escuchar aquel marzo de 1946. Judío de corazón, este treintañero de gafitas redondas —como mandaba la moda de la época— y frente generosa tuvo que tomar aire después de preguntar a Otto Ohlendorf, general de las SS, por las barbaridades perpetradas a manos de su *Einsatzgruppe* («grupo operativo»). «¿Se disparó contra los niños?», inquirió. «Sí». La respuesta le asombró tanto que repitió la pregunta, casi como si deseara haber entendido mal. Cuando llegó la confirmación, pasó a la siguiente: «¿Cuántos judíos fueron asesinados por sus hombres?». El interlocutor no titubeó: «Unos noventa mil».

La de Ohlendorf fue una de las muchas entrevistas que el médico mantuvo, durante siete meses, con los acusados y testigos del famoso proceso a los jerarcas del Tercer Reich. Y es que, aunque el que fuera la columna vertebral de los trece juicios de Núremberg demostró a una Europa trémula que aquel que destruye los valores básicos de la humanidad no se escapa sin pasar por caja, también planteó una serie de disyuntivas: ¿se puede condenar a quien solo sigue órdenes?, ¿cómo es posible que oficiales sin problemas mentales decretaran matanzas de ancianos, mujeres y niños como el funcionario que rellena un informe? Goldensohn fue uno de los encargados de responder a estas cuestiones zambulléndose en la mente de los mayores criminales de los años treinta y cuarenta.

Juicio a la razón

Pasó más de una década desde que la inauguración de Dachau desató la infamia, pero, tras años de atrocidades y asesinatos sistematizados, el miedo al fin cambió de bando gracias a la dilatada sombra del cadalso. En noviembre de 1945, tan solo seis meses después del suicidio de Hitler, un Tribunal Militar Internacional inició el proceso contra las mayores autoridades vivas del Tercer Reich. Sobre ellas pesaban los cargos de conspiración, crímenes contra la humanidad, crímenes contra la paz y crímenes de guerra. Aunque todavía no se había generalizado el término «holocausto» y se desconocía la cantidad exacta de judíos asesinados, el velo extendido alrededor de los campos de exterminio se había evaporado y la verdad era palpable. Alguien debía pagar por ello.

Pero el primer paso para juzgar a los Hermann Göring (líder de la Luftwaffe) o Rudolf Höss (comandante de Auschwitz) de turno era asegurarse de una cosa. «Los aliados querían confirmar la salud mental de los acusados para llevarlos a juicio y averiguar a quién responsabilizaban de las barbaridades», afirma el catedrático de Historia Contemporánea en la UCLM José Gregorio Cayuela Fernández, coautor de *Los juicios al nazismo. Núremberg: la Segunda Guerra Mundial en el espejo de la catástrofe*. Joel Dimsdale, docente del departamento de psiquiatría de la Universidad de San Diego y autor de *Anatomy of Malice. The Enigma of the Nazi War Criminals*, opina igual. «Hubo un gran interés por comprender la psique de los líderes nazis. Sus acciones habían sido tan despreciables que se cuestionaba su cordura», explica.

A su vez, los aliados necesitaban que los culpables se enfrentaran a los procesos, a los testimonios de los testigos y, en último término, murieran a manos del verdugo para servir de ejemplo a Europa. Algo que acusados como Robert Ley, al frente del sindicato del partido nazi, eludió colgándose con una toalla vieja en su celda a finales de 1945. «En la cárcel el tiempo va mucho más despacio, lo que les permitía revivir una y otra vez sus actos y entender que los esperaba la muerte. Eso podía provocarles conductas autolíticas», confirma Sergio Tudela de Marcos, psicólogo social por la Universidad Autónoma. La clave era, por tanto, contar con alguien que velara por que no escaparan de la justicia.

Para llevar a cabo estas tareas, los aliados seleccionaron al psiquiatra Douglas M. Kelley y al psicólogo Gustave Gilbert, ambos adscritos a la prisión de Núremberg. Sin embargo, un mes después de que comenzaran los procesos, en enero de 1946, el primero abandonó la tarea y el alto mando se vio obligado a sustituirle. El recambio fue Leon N. Goldensohn, con una hoja de servicios que el historiador y periodista Jesús Hernández (autor de *Los héroes de Hitler*) califica de envidiable. «Era licenciado en Medicina. Después había estudiado Neurología y Psiquiatría. En 1943 ingresó en el ejército norteamericano como psiquiatra de una división de infantería y estuvo destinado en Francia y Alemania».

En palabras de Hernández, a Goldensohn le tocó la lotería cuando le ordenaron que sustituyera a Kelley. «Al contrario que otros psiquiatras y psicólogos allí destinados, él supo captar las enormes posibilidades que se le abrían gracias al contacto directo que iba a poder tener con los jerarcas nazis en sus propias celdas, con traductor y en sesiones sin límite de tiempo». Y todavía añade más: «Era un auténtico caramelo, no solo para un psiquiatra, sino para cualquier historiador o periodista; yo vendería mi alma al diablo por disfrutar de esa oportunidad».

El nuevo psiquiatra llegó a su destino, la unidad médica del 685.º Destacamento de Seguridad Interna, el 3 de enero de 1946. Estaba ansioso por empezar a trabajar.

Duras entrevistas

Hasta finales de julio, Goldensohn se valió de su mejor arma. «Usó la entrevista semiestructurada, en la que se parte de una serie de preguntas clave, pero no se tiene que seguir el orden», afirma Tudela. El psiquiatra comenzó los encuentros con temas muy genéricos, como cuestiones sobre la familia y la infancia de los presos, con un doble objetivo: ganarse su confianza antes de interrogarlos sobre las barbaridades cometidas y, a la postre, poner frente a ellos sus incongruencias. En palabras del psicólogo español, pretendía «producir una disonancia entre lo que el paciente creía y lo que había hecho»; una discrepancia que «le llevara a justificarse y, por tanto, ofreciera más datos al investigador».

El resultado fueron decenas de encuentros en los que algunos personajes como Höss admitieron la existencia de una maquinaria estatal para acabar, entre otros, con millones de judíos o gitanos. A lo largo de sus sesiones con Goldensohn, el comandante de Auschwitz no tuvo reparos en explicar la forma en que gaseaban a los presos. «Había convertido en cámaras de gas dos granjas viejas del campo. El primer transporte del Gobierno Central llegó allí. Se los mató con Zyklon-B». Tampoco escatimó en detalles cuando el psiquiatra le preguntó a cuántas personas podían asesinar y, después, calcinar en los hornos crematorios. «En la época culminante llegaban diariamente dos o tres trenes, cada uno con alrededor de dos mil personas. Esos fueron los tiempos más duros, porque había que exterminarlos de inmediato», confesó.

En la misma línea fueron Ohlendorf o Walter Schellenberg, uno de los oficiales más cercanos al arquitecto de la Solución Final y especialista en contraespionaje. Este admitió la castración de judíos para evitar que se reprodujeran. «En abril de 1945 tuve conocimiento de ello, cuando estaba en Estocolmo, durante una conversación», afirmó a Goldensohn. Según Cayuela, los tres «pertenecían a un primer grupo de jerarcas, los que decían que obedecían órdenes y, por lo tanto, eludían las responsabilidades». Los otros dos tipos eran aquellos que no lo sabían y se arrepentían, como el caso de Albert Speer, que se libró de la pena dc prisión, y los que no se arrepentían de lo que habían hecho o se sentían orgullosos de ello.

El personaje que representaba mejor al último grupo era Julius Streicher, el fundador y director de la revista antisemita *Der Stürmer*. Definido por Goldensohn como «bajo, casi calvo, con nariz aguileña, ojos de rana y una inteligencia limitada», a lo largo de los encuentros demostró su odio hacia el pueblo judío y su apoyo al uso de prisioneros para realizar trabajos forzados. «Si se está enzarzado en una lucha a vida o muerte y los líderes piensan que pueden ganar la guerra importando mano de obra esclava, entonces es correcto», incidió. Fue condenado a muerte y se mantuvo altivo hasta el final. Así lo atestiguan las últimas palabras que dijo antes de caer por la trampilla del patíbulo: «Algún día, los bolcheviques os colgarán a vosotros».

Justificar la muerte

Pero, por muy diferentes que fueran los líderes procesados —Dimsdale afirma que «es un error pensar que todos eran iguales, pues el mal no es monocromático y se puede manifestar de formas muy distintas»—, hubo un argumento que todos esgrimieron para evadir responsabilidades. «La mayoría reconocían que, en su día, habían sentido admiración por Hitler, al que consideraban un genio, pero que, al conocer la realidad de los crímenes nazis, esa admiración se había venido abajo al descubrir su auténtico rostro», explica Hernández. El historiador señala a su vez que, en esa táctica de aparentar distanciamiento, Albert Speer llegó a asegurar que había tratado de asesinar al Führer, algo bastante dudoso.

El historiador Álvaro Lozano, autor de obras como *La Alemania nazi (1933-1945)*, afirma también que el Führer se convirtió en un chivo expiatorio. Según narra, desde el alto mando de la Wehrmacht, representado por Wilhelm Keitel y Alfred Jodl —dos militares de carrera poco ideologizados—, hasta múltiples miembros de la cúpula de las SS explicaron a Goldensohn que «el genocidio era responsabilidad única de Hitler y que ellos no sabían nada de él». Sin embargo, cree que es muy revelador el hecho de que muy pocos demostraran sentimientos de pesar y menos todavía de culpa. «Se produjo una especie de bloqueo psicológico que les impidió asumir su responsabilidad en lo sucedido. Se habían mostrado satisfechos con que su poder y sus carreras dependiesen en exclusiva del líder nazi», sentencia.

Muchas pudieron ser las causas de ese bloqueo mental al que Lozano se refiere. Tudela está convencido de que fue una respuesta al abandono de la realidad paralela que suponía pertenecer el Tercer Reich. «Cayeron en la alienación. Dentro de esa Alemania nazi se dio una exageración de la cultura. Se crearon ideas tan polarizadas que aquellos que vivían en su interior debían asimilarlas para no sufrir percances tales como no encajar bien en la sociedad o sufrir aislamiento social». El problema llegó cuando se percataron de que, a cambio, habían abandonado otros principios básicos. «Se puede comparar con la gente que entra en una secta y que, sin saberlo, adquiere conductas que van en contra de sus valores básicos».

Olvidado

Lo que debemos tener claro es que la labor de Goldensohn fue clave tanto para los procesos como para la historia. «Las entrevistas a los jerarcas nos permiten apreciar la enorme impunidad que mantenían muchos de los líderes nazis en relación con estos crímenes», añade Cayuela. Unos juicios también determinantes, ya que sentaron un precedente importantísimo para luchar judicialmente en fechas posteriores contra los crímenes de guerra y los crímenes contra la humanidad. Por ejemplo, en la antigua Yugoslavia o en el genocidio de Ruanda.

La importancia de su trabajo contrasta, no obstante, con la desaparición virtual de Goldensohn de la esfera pública. Resulta sorprendente, pero su figura se desvaneció tras su brillante trabajo en Núremberg y dejar el ejército en 1946. El psiquiatra, que tenía la intención de publicar un libro con los testimonios recogidos en los procesos, vio truncados sus deseos por una muerte prematura. «No pudo porque falleció de tuberculosis en 1961, con solo cincuenta años, dejando tan solo las anotaciones, muchas de ellas a lápiz. Por suerte, su hermano supo calibrar la importancia de esos documentos y consiguió que el historiador Robert Gellately los editase para una obra determinante», finaliza Hernández.

Las confesiones del mayor genocida del Reich antes de ser ejecutado: «¡No soy un monstruo!»

Manuel P. Villatoro

A Rudolf Höss, primer comandante de Auschwitz, le ahorcaron en el mismo campo en el que sus acólitos asesinaron a cientos de miles de reos. La cálida soga abrazó su cuello un 16 de abril de 1947 frente a los restos de una cámara de gas. A la vista estaba su despacho, ese desde el que regía el destino de los deportados. Las fotografías de su ejecución todavía se conservan, así como sus memorias, *Yo, comandante de Auschwitz*. Sus páginas son un torpedo contra los negacionistas, pues el genocida admitió los gaseamientos masivos y la incineración sistemática de los cadáveres para ocultar la barbarie. Y, aun así, el jerarca todavía sostuvo antes de dejar este mundo que no era un monstruo...

Lo curioso es que, cuando acabó todo, nada parecía indicar que pasaría por el patíbulo. El retiro dorado de Höss tras la Segunda Guerra Mundial tuvo fecha de caducidad. Hasta entonces pasaba sus días como agricultor profesional; un obrero más en una granja cerca de Flensburgo, en la frontera de Alemania con Dinamarca. Pero la Policía Militar británica estaba al acecho... «El 11 de marzo de 1946, a las once de la noche, vinieron a arrestarme», explicó en sus memorias. Dos días antes, la casualidad había querido que el frasco de veneno que siempre le acompañaba se rompiera. Le fue imposible suicidarse y quedó a merced de los aliados. «Me desperté sobresaltado. No tuvieron ninguna dificultad en arrestarme. El tratamiento que recibí no fue especialmente clemente».

Comienza el calvario

Aquel fue el inicio de su calvario particular. La primera parada fue Heide, el mismo cuartel que había sido liberado por los ingleses ocho meses antes. Ironías de la historia. Allí le esperaba un oficial que le sometió a un intenso interrogatorio. «Fue contundente en el sentido exacto del término. Firmé el acta, pero no sé cuál era su contenido: la mezcla de alcohol y látigo era demasiado sensible, incluso para mí». No explicó más, pero dio a entender que le habían molido a golpes con la fusta. «El látigo era mío; por azar se encontraba en el equipaje de mi mujer. No creo haber golpeado con él nunca al caballo y nunca, con toda seguridad, a un preso».

Y de allí a Minden, donde sufrió un trato «aún peor a manos de un oficial». Quejas, quejas y más quejas. Höss destiló resentimiento contra sus captores en las últimas páginas de sus memorias. En tres semanas se negaron a quitarle las esposas, confirmó. También criticó hasta enroncar el trato que le granjeaban: «Representantes de todos los países venían casi todos los días a dar una vuelta por nuestra cárcel y siempre me mostraban como a una bestia feroz muy curiosa». Su periplo continuó hasta Núremberg. Allí mejoraron sus condiciones, pero los interrogadores, todos judíos, le hicieron pagar por sus tropelías. «Fui interpelado por varios presos que me mostraron tatuados sus brazos y sus números de Auschwitz».

Para entonces, ya se habían dado a conocer los asesinatos masivos que se habían llevado a cabo en los campos de exterminio. Allí adonde le trasladaban, Höss era recibido a golpe de gritos y piedras. En Cracovia, por ejemplo, una muchedumbre estuvo a punto de derribar el furgón que le transportaba. La llegada a la prisión le ofreció cierta seguridad; aunque la venganza era de otro tipo por parte de los carceleros. «Suponía que querían acabar conmigo. Apenas me daban un mendrugo de pan y algunas cucharadas de sopa. Jamás me ofrecieron una segunda ración, aunque casi todos los días sobrara comida que se distribuía en las celdas vecinas». Para Höss fue «una tortura moral» a la que le sometieron aquellos «seres satánicos».

Höss tuvo su particular epifanía en las últimas páginas de sus memorias. Se preguntó a sí mismo qué juicio emitiría, años después de la caída del águila nazi, la historia sobre el Tercer Reich. Y lo cierto es que no se alejó ni un milímetro de sus principios. «Me mantengo fiel a la filosofía del Partido Nacionalsocialista. Cuando se ha adoptado una idea hace veinticinco años, cuando se está vinculado a ella en cuerpo y alma, no se renuncia porque aquellos que debían materializarla hayan cometido errores y actos criminales que han levantado contra ellos al mundo entero». Ni siquiera antes de ser ahorcado se arrepintió en este sentido.

Ninguna culpa...

Lo que sí hizo, como otros tantos hampones, fue arrojar todas las culpas contra los jerarcas que ya habían fallecido. A saber: Hitler, Himmler y Goebbels; los muertos, al fin y al cabo, no se podían defender. «He comprendido que nuestros dirigentes, sirviéndose de una propaganda y un terror inauditos, llegaron a someter bajo su voluntad a todo el pueblo que, con raras excepciones, los ha seguido hasta el fin sin manifestar el menor espíritu de crítica o resistencia». Declaró la guerra como inevitable, aunque admitió que la idea del «espacio vital» germano que defendía el Führer podría haberse conseguido mediante tratados políticos y no a golpe de armas. Más que surrealista por parte del comandante de Auschwitz.

Höss carecía de pelos en la lengua. No negó la existencia de los campos de concentración ni tampoco del Holocausto. Aunque tampoco los criticó. En sus palabras, fue «un error proceder al exterminio de buena parte de las naciones enemigas». Pero no por la locura que suponía asesinar a millones de personas, sino porque despertó el odio del mundo entero contra Alemania. «De nada sirvió a la causa antisemita; por el contrario, permitió a la judería acercarse a su objetivo final». En este sentido, volvió a declararse un mero servidor de sus superiores: «La dirección de todo y de los propios campos de concentración estaba destinada a satisfacer la voluntad de Himmler y las intenciones de Hitler».

Lo más estremecedor si cabe fue que no cargó contra los asesinatos masivos, pero sí criticó las torturas perpetradas por los hombres de las SS —a los que consideraba acólitos de Himmler— en su campo de concentración. «Nunca he aprobado los horrores que hacían. Jamás he maltratado a un recluso ni matado a ninguno de ellos con mis propias manos, como tampoco he tolerado los abusos por parte de mis subordinados». Escribió que se estremecía cuando oía hablar «sobre las espantosas torturas aplicadas a los detenidos de los campos» y sostuvo que jamás supo que se sucedían dentro de Auschwitz. «Nada se puede hacer contra la maldad, la perfidia y la crueldad de algunos guardias», añadió. Pura hipocresía nacida a la sombra de la horca.

Antes de sentir el calor de la soga, bulló la persona oculta bajo toda aquella maldad. Las últimas páginas del diario nos desvelan a un Höss al que —o eso dijo— no le importaba morir, pero sí ver a su familia sin sustento. «La familia es para mí algo sagrado. Siempre me he preocupado por su futuro: la granja sería un día nuestra verdadera casa. Para mi mujer y para mí, nuestros hijos representaban el objetivo de nuestras existencias. Queríamos darles una buena educación en una patria poderosa. Aún hoy mis pensamientos van hacia ellos. ¿Qué será de ellos? La incertidumbre que siento en este sentido hace que mi detención sea muy penosa».

Fue su máxima preocupación. O eso parece, de acuerdo con

los textos. «Me he sacrificado definitivamente, todo está en orden, ya no me preocupo por nada. Pero ¿qué harán ahora mi mujer y mis hijos?». Tanto adoraba a su familia que pidió de forma expresa que no se utilizaran los pasajes concretos de su diario que hablaban sobre ella en las noticias que, sabía, se iban a publicar tras ser ajusticiado: «Si se utiliza esta exposición, quisiera que no se dieran a publicidad los pasajes que conciernen a mi mujer, mi familia, mis momentos de ternura y mis dudas secretas». No tuvo suerte, ya que fueron publicadas por activa y por pasiva en todos los periódicos.

La última página la dedicó a lamentarse por su mala fortuna. Había sobrevivido a accidentes de trabajo, a los combates con los Freikorps, a bombardeos aéreos... «Una y otra vez el destino me ha librado de la muerte para hacerme sufrir, ahora, un denigrante final. ¡Cuánto envidio a mis camaradas caídos como soldados en el campo del honor!». Y, como remate, como última frase antes de dirigirse hacia el patíbulo, quiso limpiar algo su pésima imagen: «Respecto a que el gran público continúe considerándome una bestia feroz, un sádico cruel, el asesino de millones de seres humanos: las masas no podrán tener otra imagen del excomandante de Auschwitz. Nunca comprenderán que yo también tenía corazón...».

El olvidado «Núremberg japonés»: el harakiri con el que los generales condenados quisieron salvar su honor

ISRAEL VIANA

Al igual que ocurría con el desembarco de Normandía, como apuntábamos en un capítulo anterior, de los famosos juicios de Núremberg también se han ocupado multitud de novelas, ensayos, series de televisión, documentales y películas en las últimas décadas. El primer filme que vio la luz fue *¿Vencedores o vencidos?*, protagonizado por Spencer Tracy y Burt Lancaster en 1961. Ganó dos premios Óscar.

La prensa le dedicó igualmente centenares de portadas en todo el mundo, tanto en el momento en el que se estaba celebrando como en los años posteriores. En España, el 16 de octubre de 1946, ya podía leerse en numerosos periódicos: «Los once condenados a muerte han sido ajusticiados a las seis de la mañana, aunque Hermann Göring se ha suicidado antes en su celda ingiriendo una dosis de cianuro de potasio». Hablamos del juicio más importante de la historia y, como tal, se cubrieron todos los preparativos, las intervenciones de los procesados y las consecuencias hasta el más mínimo detalle.

Sin embargo, casi nadie sabe que en Tokio celebraron sus

propios juicios de Núremberg contra los culpables de aquel terrible conflicto. Más de veinticinco jefes militares, políticos y funcionarios japoneses fueron juzgados por haber empujado a su país a un conflicto sin precedentes a través del ataque sorpresa sobre Pearl Harbor, por haber perpetrado múltiples crímenes contra la humanidad y por haber cometido u ordenado matanzas contra civiles.

Como también les hemos contado en este libro por boca de sus supervivientes, los españoles residentes en Manila fueron algunas de estas víctimas, provocadas cuando el ejército de Estados Unidos comenzó la reconquista de Filipinas, en marzo de 1945, y los japoneses decidieron huir arrasando con todo lo que se encontraban a su paso. Se calcula que, antes de abandonar el país, asesinaron a más de cien mil civiles inocentes, el 10 por ciento de la población que tenía entonces la capital.

En 1948

Por estas y otras atrocidades, el llamado Proceso de Tokio o «Núremberg japonés» acabó con varios de los dirigentes condenados a morir en la horca el 12 de noviembre de 1948, un final que constituía una absoluta vergüenza para cualquiera de los dirigentes o altos mandos del ejército a los que se declaró culpables. Eso llevó a muchos de ellos, al igual que había ocurrido con los líderes nazis dos años atrás, a suicidarse antes que caminar hacia el patíbulo.

Entrando más en detalle, la acusación incluía la matanza de civiles y prisioneros, la experimentación con seres humanos, los trabajos forzados y el uso de armas químicas que provocaron la muerte de millones de personas. Según explica el historiador Florentino Rodao: «En Manila, mucha gente se refugió en el Club Alemán, pero los japoneses buscaban las mayores concentraciones de gente a la que matar. Aquella fue la mayor masacre: de ochocientas personas solo sobrevivieron cinco.

Iwabuchi no quería entregar el puerto, por lo que decidió morir matando».

En los medios de comunicación se hacían la siguiente pregunta: ¿era un juicio justo que se estaba celebrando por el «daño infligido a los intereses de los pueblos que aman la paz» o, simplemente, el «juicio de los vencedores»? Eso nunca estuvo claro, aunque las similitudes con Núremberg estuvieron presentes desde el principio. En primer lugar, porque lo celebraron los aliados y, en segundo, porque ni a Hitler ni a Hirohito, los máximos dirigentes de las potencias derrotadas, se los juzgó: al alemán porque se suicidó en su búnker, y al emperador nipón porque llegó a un acuerdo con el general estadounidense MacArthur para librarse de ser ahorcado.

Uno de los responsables que consiguió quitarse la vida antes de que le pusieran la soga al cuello fue el general Anami Korechika, ministro de la Guerra, que recurrió al harakiri. A este le siguieron 24 miembros del Instituto Daito Juku, que se clavaron una espada samurái en el estómago siguiendo el ritual de muerte tradicional. Dos días después, otros doce miembros de la asociación Meiro Kai, con su líder, Hibi Waichi, a la cabeza. Estos últimos se quitaron la vida delante del palacio imperial.

Juicio o harakiri

Hubo otros que ni siquiera aceptaron ser juzgados, aunque tuvieran alguna posibilidad de salir con vida del Núremberg japonés. Ese es el caso del vicealmirante Takijiro Onishi, creador del escuadrón de los kamikaze. El 15 de agosto de 1945, fecha en que el emperador hizo oficial la rendición de Japón, sostuvo algunas reuniones oficiales en su cuartel y, al llegar la noche, se hizo el harakiri. El personal de la base encontró su cadáver aquella madrugada.

Si bien Onishi se hizo un corte limpio en la zona abdominal, lo cierto es que falló a la hora de seccionarse la garganta. A pesar de ello, rehusó tanto recibir auxilio médico como que le dieran el «golpe de gracia». Eso hizo que estuviera agonizando más de quince horas. La nota final decía:

> Con mi muerte quiero purgar la parte que me toca en el fracaso de no lograr esa victoria y pido disculpas a las almas de esos aviadores muertos y sus acongojadas familias. Deseo que la gente joven de Japón encuentre en mi muerte una moraleja. Ser temerarios solamente favorecerá al enemigo. [...] Ustedes son el tesoro de la nación. Con todo el fervor del espíritu de los atacantes especiales, luchen por el bienestar de Japón y por la paz en todo el mundo.

Siete condenas a muerte

Los juicios se celebraron en la Academia de Guerra de Tokio. El tribunal militar estaba presidido por el australiano William Flood Webb, que sería el encargado de dirigir las 417 sesiones que iban a concluir con siete condenas a muerte, seis cadenas perpetuas, una condena a veinte años y otra a siete de diferente duración. En un principio, las ejecuciones se tendrían que haber llevado a cabo el 25 de noviembre de 1948, pero se suspendieron porque algunos de los abogados defensores presentaron un recurso al Tribunal Supremo de Estados Unidos que al final se desestimó.

Los siete condenados a la horca pasaron sus últimos días de vida en la cárcel de Sugamo asumiendo que ya nada podría salvarlos. La víspera de la ejecución, fijada para la medianoche del 22 de diciembre de 1948, los reos solicitaron hablar con un sacerdote budista y escribieron cartas a sus familias. Cuando faltaban veinte minutos para la hora prevista, un oficial estadounidense acompañado por una escolta armada despertó a los siete acusados, a los que, tras haber asistido a un brevísimo servicio religioso, condujeron al patíbulo.

Los primeros en subir fueron Hideki Tojo, Iwane Matsui, Kenji Doihara y Akira Muto, sin la presencia de ningún medio de comunicación. El primero había sido primer ministro de Japón entre 1941 y 1944, y se había pegado un tiro en el corazón meses antes, cuando los soldados norteamericanos llegaron a su casa para arrestarlo. El disparo, sin embargo, falló y le destrozó el estómago y algunos órganos más. Estuvo a punto de morir desangrado, pero los doctores lograron salvarle la vida. Antes de que le colgaran, comentó: «Lamento mucho el tiempo que me tomé para morir. La guerra fue justificada. Espero el justo juicio de la historia. Quería suicidarme, pero eso, a veces, falla».

La noche del 22 de diciembre se acercó al patíbulo vistiendo un descolorido uniforme de auxiliar del ejército, sin grados ni condecoraciones. Con paso firme se subió el primero a la horca, donde el verdugo le cubrió la cabeza con un capuchón negro. Después le ajustó el nudo corredizo al cuello y, cuando los otros tres acusados estuvieron encapuchados, el silencio se rompió con un inesperado grito de «¡Banzai!», la proclama de guerra de los soldados japoneses.

Tras confirmarse la muerte de los cuatro primeros ahorcados, un miembro de la defensa proclamó: «Ahora la paz debe reinar entre nosotros. Los horrores de la guerra deben ceder paso a la colaboración entre los pueblos. Estados Unidos deberá olvidar Pearl Harbor y nosotros, los japoneses, olvidaremos Hiroshima y Nagasaki».

Las revelaciones de Otto y Gregor Strasser: la extraña «izquierda fascista» que casi le roba el liderazgo a Hitler

Israel Viana

Otto Strasser solía presumir de que fue su hermano Gregor, en 1924, quien sugirió a Hitler que escribiese sus memorias. Decía en tono despectivo que el único objetivo era que Adolf se mantuviese entretenido para evitar que sus compañeros de prisión en Landsberg tuviesen que oír sus «interminables monólogos». A este, sin embargo, le encantó la idea y se puso manos a la obra. Para disgusto de los Strasser, según recoge la célebre biografía del dictador escrita por Ian Kershaw, «debieron sufrir una amarga decepción cuando este comenzó a leer a diario lo que había escrito a un público literalmente cautivo».

Así comenzó la gestación de *Mein Kampf* (*Mi lucha*), por influencia de Gregor Strasser, el hombre que, junto con su hermano, a punto estuvo de quitarle el liderazgo del partido nazi al futuro dictador. Aquella primera jugada, sin embargo, no le salió muy bien, porque el libro se convirtió en un fenómeno editorial que vendió más de noventa mil ejemplares en 1932 y novecientos mil un año después. Y eso que «estaba mal escrito, lleno de errores», según comentaba a la prensa Christian Hartmann, encargado de la edición crítica que se publicó en 2016.

Lo sorprendente de todo esto es que los hermanos Strasser sean prácticamente unos desconocidos. Sobre todo, porque no son pocos los historiadores que opinan que Gregor, con sus postulados socialistas, pudo haberse convertido en el líder de los nazis y, por consiguiente, en el canciller de Alemania. No obstante, el 8 de diciembre de 1932 le envió una carta de dimisión a Hitler, en la que hablaba de las dificultades de organización del partido derivadas del boicot ejercido por sus consejeros.

La misiva explicaba: «Tengo el derecho a decir que el Partido Nacionalsocialista Obrero Alemán, según mi punto de vista, no es solo un movimiento ideológico en proceso de conversión en una religión, sino un movimiento de combate que debe reforzar su poder en el Estado en cada oportunidad de que disponga, con el fin de hacer posible que realice sus tareas nacionalsocialistas y consume el socialismo alemán con todas sus consecuencias».

Más adelante, continuaba así: «La brutal confrontación con el marxismo no puede ser el centro de nuestra tarea política interna. Más bien, creo que el gran problema de este tiempo es la creación de un gran frente de trabajadores y su integración en un Estado de nuevo tipo. La esperanza monotemática de que el caos conducirá a la realización del destino del partido es, según creo, errónea, peligrosa y sin ningún interés para el conjunto de Alemania. En todas estas cuestiones, su punto de vista es diferente del mío, lo cual hace que mi posición como miembro del Parlamento y portavoz sea insostenible. Durante toda mi vida no he sido nada distinto a un nacionalsocialista y no lo seré. Por tanto, regreso a la base del partido, dejando el campo libre a sus consejeros, a fin de que puedan asesorarle con éxito sobre el terreno en estos momentos».

Unidad de Defensa del Pueblo

Según describe el historiador Ferran Gallego en *Todos los hombres del Führer* (Debate, 2006), el caos al que se refería era ese «lodazal de confusiones institucionales promovido por los consejeros de Hitler, tales como Goebbels y Göring, sobre el que debía sustentarse la toma del poder de los nazis». Todo ello se enmarcaba, además, en un momento de absoluta crisis política tras dos elecciones generales y tres cancilleres en un solo año.

Ese fue el final de la carrera política de Gregor Strasser, que había comenzado veinte años antes con el *Völkisch*, la corriente de pensamiento basada en la exaltación y el orgullo de pertenecer al pueblo alemán tras la humillación sufrida en la Primera Guerra Mundial. A raíz de este movimiento, se crearon en Alemania un buen número de partidos políticos y organizaciones que adoptaron la esvástica como símbolo a principios de los años veinte. Un ejemplo es la Sociedad Thule, precursora del Partido Obrero Alemán (DAP), que, a su vez, fue el germen del partido nazi. O el Sturmbataillon Niederbayern, un movimiento más revolucionario que nuestro protagonista lideró.

Más tarde, como tantos veteranos de guerra descontentos, se unió a los Freikorps, una organización paramilitar y fascista que sembró el terror en las calles de Alemania. Luego refundó su movimiento en otra organización paramilitar llamada Unidad de Defensa del Pueblo. En 1921 se afilió finalmente al partido nazi para intentar difundir sus ideas. Su actividad política se centró entonces en el norte y oeste de Alemania, sobre todo en Berlín, mientras que Hitler y sus allegados se centraron en el sur y este del país. Dos años después participó en el llamado Putsch de Múnich, el intento de golpe de Estado que le llevó a la cárcel junto con Hitler.

El partido fue ilegalizado, pero a Strasser le liberaron poco después gracias a que había sido elegido diputado por el Movimiento Nacionalsocialista de la Libertad, una coalición que reunía a toda la extrema derecha alemana y que cubría el hueco dejado por los nazis. Entonces aprovechó que el futuro dictador seguía entre rejas para seguir difundiendo una ideología que muchos historiadores han calificado de «izquierda fascista». En sus primeros pasos, esta corriente se ganó aliados tan poderosos como Joseph Goebbels.

Anticapitalismo

Para Strasser, el anticapitalismo era más importante que el anticomunismo y creía que un Estado debía estar siempre construido sobre muchos de los postulados socialistas. En la economía, de hecho, proponía la nacionalización y colectivización de los medios de producción y el desmantelamiento de la producción capitalista industrial. Ponía en valor al campesinado y defendía la reactivación de las pequeñas ciudades y pueblos por encima de las grandes urbes. También estaba a favor de la descentralización del Estado mediante un sistema federal. Y, sobre todo, rechazaba el imperialismo, los conflictos entre países, la expansión territorial a costa de otros y la idea de un Gobierno totalitario como el de la Unión Soviética, reivindicando siempre la libertad de expresión y de prensa.

Las diferencias ideológicas con Hitler, por lo tanto, eran evidentes, aun situándose los dos dentro del nacionalsocialismo. El futuro dictador viró hacia el fascismo y, sobre todo, hacia el racismo. Siendo consciente de ello, Gregor Strasser empezó a organizar junto con Goebbels a los grupos nacionalsocialistas que habían quedado huérfanos con la ilegalización del partido nazi. Este último se encargó de las medidas de propaganda, de dar discursos por todo el país y de poner en marcha varias publicaciones importantes como *El Socialista Nacional*, que se editó hasta 1930. Así consiguió atraer a una gran cantidad de simpatizantes a la causa de los Strasser, apelando continuamente a las clases más bajas.

Sin embargo, cuando Hitler recobró la libertad en 1925, lo primero que hizo fue refundar el partido, reagrupar a todas esas facciones y enfrentarse a todos los que pudieran disputarle el liderazgo. Un año después ya había chocado abiertamente con los hermanos Strasser, sobre todo en un congreso del partido en el que declaró que sus propuestas significaban la «bolchevización política de Alemania». También relacionó la doctrina socialista de estos con el judaísmo, que ya empezaba a estar en su punto de mira.

Esto provocó que Gregor Strasser fuera gradualmente apartado de los puestos importantes de la formación. En 1926 pasó a ser jefe de Propaganda y en 1928 jefe de Organización. Al mismo tiempo, entre 1925 y 1929 desempeñó el cargo de jefe de la región de la Baja Baviera. No obstante, lo más importante de aquel discurso de Hitler fue que Goebbels se apartó de la «izquierda fascista» para jurar fidelidad al futuro dictador y ayudarle a controlar por completo todos los órganos del partido. Según subraya Gallego:

> Goebbels estaba al comienzo de su carrera política y había de sentirse fascinado por la capacidad de Hitler de manipular a los individuos, por su mezcla de paternalismo y fraternidad, de autoritarismo y de fanática convicción, de barroquismo verbal y simplicidad de objetivos. Si su relación emocional con Hitler puede causar el rubor de quienes, como Otto Strasser, solo podían concebir una relación basada en el acuerdo político, en el caso de Goebbels las cosas funcionaban de otra manera. Tanto que ni siquiera este podía calificar de traición.

La bronca de Berlín

Los hermanos Strasser nunca cejaron en su empeño de hacer virar el nazismo hacia sus posiciones. Según explica Alan Bullock en *Hitler y Stalin. Vidas paralelas* (Kailas, 2016), Hitler seguía aterrado por que los miembros de su partido, al igual que había ocurrido en 1923, se sintieran frustrados por no entrar de una vez en acción. Creía que iba a perder su fuerza impulsora y su gran entusiasmo.

Así lo explica este historiador británico: «Las contradicciones no resueltas que aún podían poner en peligro las oportunidades de éxito del partido se encuentran documentadas en la confrontación posterior entre Hitler y Otto. Cuando Gregor Strasser se trasladó a Múnich, este permaneció en Berlín y utilizó su periódico, el *Arbeitsblatt*, para mantener una línea independiente y radical que irritaba y desconcertaba a Hitler».

En abril de 1930, los sindicatos de Sajonia llamaron a la huelga y Otto apoyó plenamente sus acciones. Hitler dio la orden de que ningún miembro del partido interviniese en ella, pero fue incapaz de silenciar los periódicos de Strasser. El 21 de mayo le invitó a reunirse con él en Berlín para discutir el asunto. En aquella charla, primero le ofreció importantes cargos en condiciones muy generosas para callarle, después apeló a sus buenos sentimientos, con lágrimas en los ojos, y, por último, le amenazó con la expulsión del partido.

La discusión se inició con una disputa sobre raza y arte, pero pronto se encauzó hacia los tópicos políticos. Hitler criticó duramente un artículo que Strasser había publicado bajo el titular de «Lealtad y deslealtad», en el que establecía la diferencia entre el ideal, que es eterno, y el líder, que tan solo es su sirviente. Según recoge Bullock en su libro, estas fueron sus palabras:

> Todo eso no son más que disparates. En el fondo no estás diciendo otra cosa que otorgar a todos los miembros del partido el derecho a decidir lo que ha de ser el ideal, incluso a decidir si el líder es fiel o no al llamado ideal. Eso es democracia de la peor especie y no hay lugar entre nosotros para tales concepciones. Para nosotros, el líder y el ideal son lo mismo. Todo miembro del partido debe hacer lo que manda el líder. Tú mismo fuiste soldado... Y yo te pregunto: ¿estás dispuesto a someterte a esta disciplina o no?

Siempre según el historiador, Otto Strasser le respondió: «Pretendes estrangular la revolución social en aras de la legalidad y de tu nueva colaboración con los partidos burgueses de derechas». El futuro dictador se enfureció ante su insinuación:

> Yo soy socialista, y un socialista de índole muy distinta a la de tu rico amigo el conde de Reventlow. En otros tiempos fui un hombre trabajador común y corriente. Yo no permitiría nunca que mi chófer comiese peor que yo. Lo que tú entiendes por socialismo no es otra cosa que marxismo. Y ahora fíjate en lo que te digo: lo único que quiere la masa de trabajadores es pan y circo. No entiende nada de ideales. Jamás podremos ganarnos a los trabajadores apelando a estos. [...] Lo que existe exclusivamente en todas partes es la lucha de las capas más bajas de una raza inferior contra la raza superior dominante, y si esta raza superior se ha olvidado de la ley de su existencia, estará irremediablemente perdida.

La conversación se reanudó al día siguiente en presencia de Gregor Strasser y Rudolf Hess, en la que Otto se pronunció a favor de la nacionalización de la industria. Ante sus palabras, Hitler replicó con desprecio:

> La democracia ha dejado el mundo en ruinas y, sin embargo, ahora tú pretendes extender eso a la esfera económica. Sería el fin de la economía alemana. Los capitalistas se han abierto paso hasta la cima gracias a su capacidad y sobre la base de esa selección, que es una nueva prueba de que son una raza superior, tienen el derecho de mandar y dirigir.

Expulsión, exilio y asesinato

Dos meses después de aquella disputa, a finales de junio de 1930, Hitler dio instrucciones a Goebbels de que expulsase del partido a Otto Strasser y a sus seguidores. Le acusó de conspiración y alianza con el judaísmo. Este hizo entonces públicas las conversaciones en uno de sus periódicos y fundó la Unión de los Nacionalsocialistas Revolucionarios, que pasó a conocerse como el Frente Negro. Aquí se agruparon muchos nacionalsocialistas descontentos con su líder.

Según cuenta Julio B. Mutti en *Nazis en las sombras*, Otto emigró y continuó su oposición en el exilio al frente de este extraño y poderoso grupo de nazis anticapitalistas cercano a las ideas socialistas. En 1931, aún reclutó a una gran cantidad de marinos germanos para su causa con el objetivo de esparcir sus semillas allende las fronteras.

Gregor tomó cierta distancia de los puntos de vista de su hermano y permaneció en el partido nazi, pero no le sirvió de mucho, porque siguió colaborando con el periódico *El Frente Negro* y los enfrentamientos continuaron hasta 1932. Ese año, el canciller de Alemania, Kurt von Schleicher, le ofreció la vicecancillería y ser primer ministro de Prusia, pero solo era una estrategia para alimentar la rivalidad entre ambas facciones y partir el nacionalsocialismo en dos. Strasser no aceptó, pero Hitler aprovechó para quitarle todos sus cargos orgánicos y robarle todos sus apoyos.

Únicamente conservó su escaño, del cual dimitió en la mencionada carta de 1932. Al año siguiente, el partido nazi obtuvo sus mejores resultados electorales, con un 37,3 por ciento de los votos y 230 escaños. Esto se interpretó como una victoria de la facción más ultraderechista y afín a Hitler. Poco después recibiría el nombramiento de canciller de Alemania y terminaría aprobando para sí poderes dictatoriales con la firma de la «Ley habilitante».

En 1934, en la llamada Noche de los Cuchillos Largos, el partido apresó y asesinó a innumerables rivales políticos internos. Entre ellos, Gregor Strasser. Su hermano Otto pudo librarse por haber huido del país. Goebbels lo declaró enemigo público del Reich y puso fin al intento de que el nazismo fuera un movimiento de izquierdas o, por lo menos, afín al socialismo.

El heredero del diablo: la prueba más dura del último Führer antes de la caída del Reich

Manuel P. Villatoro

La prisión de Spandau, levantada en 1876 en las afueras de Berlín, se convirtió, tras la Segunda Guerra Mundial, en la residencia de los jerarcas nazis que habían combatido por Hitler. Dentro de sus característicos muros de ladrillo rojizo estuvieron encerrados desde el famoso Rudolf Hess hasta Albert Speer; todos ellos, defensores de la esvástica y del orden mundial que ansiaba establecer el megalómano líder nazi. Lo que se suele olvidar es que, en ella, pasó también una década Karl Dönitz, el hombre encargado de liderar la capitulación de Alemania ante los aliados y, en la práctica, la última cabeza visible del Tercer Reich durante los escasos 24 días que transcurrieron entre el suicidio del Führer y la caída de su Gobierno.

Dönitz, protagonista de una transición obligada pero necesaria, ha sido tan despreciado por la historia como lo fue en Spandau por sus compañeros de partido. Su figura ha pasado de puntillas por los libros debido, quizá, a que no logró satisfacer a nadie. Por un lado, los aliados cargaron contra él por continuar la lucha tras ser nombrado sucesor de Hitler. Por otro, algunos gerifaltes nacionalsocialistas le vieron como un traidor que, a pesar de los deseos del Führer, no luchó hasta el último hombre por defender las ruinas del Tercer Reich. Héroe o villano, lo mejor que se puede decir sobre su persona es lo que él mismo escribió en *Diez años y veinte días*, unas memorias con tono exculpatorio en las que reniega del Holocausto, pero no del líder al que había seguido de forma ciega.

Testigo

El futuro líder del Reich se sintió atraído por la ideología nazi desde que conoció sus reivindicaciones contra el Tratado de Versalles. Dönitz disfrutó de la subida al poder del NSDAP en 1933 y, tan solo dos años después, le nombraron jefe del arma submarina. De 1939 a 1943 (cuando ascendió a gran almirante de la marina) colaboró para que se sucedieran las grandes victorias en Polonia y Francia. A continuación, y para su desgracia, sufrió la locura que supuso la invasión de Rusia y el comienzo de las derrotas germanas. En todo ese tiempo, y a pesar de lo que insinuó después, consideró a Hitler un faro para la sociedad. «Cualquiera que crea que puede hacerlo mejor que el Führer es un estúpido», afirmó.

Miembro del partido nazi con el número 9.664.999, Dönitz fue testigo de excepción del comienzo de la debacle del Tercer Reich tras el fallido cerco de Stalingrado. También lo fue de los sucesivos desembarcos en Sicilia y Normandía, lo que, en la práctica, llevó a Hitler a ponerse a la defensiva y a que los ejércitos alemanes asumieran que no ganarían la guerra. El revés más sangrante fue el del frente del Este, donde los soviéticos avanzaron a pasos agigantados hacia Alemania a partir de 1944. El gran almirante entendió que todo estaba perdido en enero de 1945, cuando recibió un informe en el que se corroboraba que estadounidenses, británicos y rusos habían iniciado la carrera hacia Berlín. «Contenía los planes, preparativos y las medidas a adoptar por los aliados tras la conquista de Alemania después de que se efectuara la capitulación sin condiciones», desvela.

Último Führer

En sus idealizadas memorias, Dönitz afirma que, durante los estertores del Reich, no participó en los asuntos de Estado. Al parecer, allá por febrero, durante una visita al confinado Hitler en el Führerbunker, respondió con sequedad a Speer cuando este le preguntó por el devenir de la guerra: «Represento a la marina, el resto no es asunto mío. El Führer sabe lo que está haciendo». Esa fue su defensa principal ante los tribunales tras la contienda: mostrarse como el oficial al mando del arma menos ideologizada del ejército germano. Por tanto, no fue el responsable de la llamada a morir por el Reich que se hizo en Berlín cuando el mariscal Gueorgui Zhúkov (con vía libre después de que Ike Eisenhower renunciara a hacerse con la ciudad) arribara a sus suburbios en la segunda mitad de abril.

No concuerda este hecho con que Hitler seleccionara a Dönitz como su sucesor. El marino, eso sí, se escuda en que apenas quedaba él para tomar el mando después de las sospechas de traición de los dos principales candidatos, Hermann Göring y Heinrich Himmler. En todo caso, el 30 de abril le comunicaron la nueva, y el 1 de mayo le confirmaron el suicidio del dictador nazi con un sencillo radiograma: «El Führer se despidió ayer, 15.30 horas. Testamento del 29-4 cede a usted el cargo de presidente del Reich». A pesar de su asombro, el gran almirante aceptó a sabiendas de que «se acercaba la hora más sombría para un soldado, la de la capitulación».

Desde el principio, su máxima fue retrasar la rendición el tiempo suficiente para conseguir que las tropas y los civiles alemanes que se retiraban desde el este pasasen a territorio de ingleses y estadounidenses. Tras las tropelías cometidas contra los rusos, sabía que todos aquellos que cayeran en manos de Stalin serían internados en campos de concentración y, a la larga, exterminados. «Proseguiré la lucha contra los bolcheviques todo el tiempo que sea necesario hasta lograr que las tropas combatientes y los centenares de miles de familias de las zonas alemanas orientales sean salvadas de la esclavitud o la destrucción», afirmó en un discurso el 1 de mayo.

¿Héroe o villano?

Desde la sede de su Gobierno, en Flensburgo, un buque mercante en el que se reunía con sus ministros, Dönitz movió las escasas piezas de las que disponía y dilató, como pudo, las negociaciones con unos aliados que exigían una rendición total e incondicional ante soviéticos, estadounidenses y británicos. Mediante artimañas políticas consiguió convencer a Ike Eisenhower de que retrasara unas jornadas la firma de la capitulación para ganar tiempo. El 7 de mayo de 1945 primero, y el 8 después, no tuvo más remedio que enviar a sus subalternos para que firmaran el fin de la contienda.

Al igual que en la cuestión de su participación en las grandes decisiones de la guerra, Dönitz negó que tuviera conocimiento del Holocausto. En sus palabras, cobró conciencia de las tropelías cometidas en los campos de exterminio cuando, el 7 de mayo de 1945, dos de sus ministros regresaron con un número de la revista estadounidense *Stars and Stripes*: «Contenía fotografías de Buchenwald. Eran espantosas. [...] Nos preguntábamos cómo podían haber ocurrido tales cosas en medio de Alemania sin que nos hubiésemos dado cuenta». A pesar de ello, siguió defendiendo los postulados de un Hitler que había logrado «la unión de todas las estirpes alemanas en un único Reich».

Puede que el mayor error de Dönitz fuese creer, al menos durante algunas jornadas, que su participación en la capitulación podría valerle el perdón de los aliados. La ingenuidad hizo que se planteara ser el líder de un Gobierno de transición que procesara a los viejos jerarcas por las barbaridades cometidas y cuya máxima fuera reconstruir el país a partir de una gigantesca red de servicios. La realidad, no obstante, le atropelló el 23 de mayo, durante una reunión en el buque que servía de sede a su Gobierno. «El general Rooks nos leyó una comunicación en la que se disponía, por orden de Eisenhower, que debíamos ser detenidos». El último Führer respondió resignado: «Sobran las palabras». Tras ser juzgado le trasladaron a Spandau.

Una caja, el maletero de un coche y un armario: las andanzas del cadáver de Mussolini durante doce años

Israel Viana

En una tumba anónima, en el maletero de un coche, en una pequeña caja, debajo de un altar en un convento desconocido, en un armario... Estos fueron los destinos del cadáver de Benito Mussolini después de que un grupo de partisanos en Dongo lo descubriera y lo fusilara el 28 de abril de 1945. El Duce no descansó en paz ni ese día ni el siguiente, cuando colgaron su cuerpo y el de su amante, Clara Petacci, cabeza abajo y los golpearon, les escupieron, les orinaron encima y los mutilaron públicamente en una plaza céntrica de Milán.

Lo más sorprendente del caso, sin embargo, es que tampoco recibió sepultura en los doce años siguientes, toda una eternidad para los nostálgicos del fascismo, en los que el cadáver del dictador estuvo en paradero desconocido, oculto por los rincones más insospechados de Italia.

Sobre los verdaderos autores de su ejecución y las circunstancias en que se produjo existen todavía muchas incógnitas. Algunos de sus descendientes, incluso, solicitaron hace unos años la exhumación de sus restos para tratar de identificar a los verdaderos asesinos. A Mussolini no le dio tiempo a escapar, a pesar de haberlo intentado una vez que había sido expulsado del poder y con la guerra en sus últimos estertores.

El Duce era muy consciente de que la progresiva presión de los aliados sobre la Línea Gótica —esa especie de muralla defensiva creada por los nazis, a base de fortificaciones, a lo largo de las cumbres de los Apeninos al final de la guerra— presagiaba un derrumbe inmediato de la resistencia en Italia. La República Social Italiana de Mussolini, con capital en Saló, tenía los días contados y, probablemente, la única alternativa viable parecía la constitución de un último reducto fascista en Valtellina.

En sus últimos momentos, el dictador italiano jugaba con la idea de hacer de Milán un nuevo Stalingrado. Para ello imaginaba poder contar con la colaboración de otros grupos fascistas, así como la posibilidad de llegar a un acuerdo con los aliados occidentales para sumarse a la que juzgaba inminente lucha contra el comunismo que amenazaba Europa. En cualquier caso, Valtellina era el lugar idóneo para resistir, porque, si todo iba mal, podría exiliarse en la cercana y neutral Suiza.

La huida

El 16 de abril tuvo lugar la última reunión del Consejo de Ministros en Saló, en la que Mussolini le comunicó a su gabinete que se dirigiría a Milán. Allí hizo varios intentos de contactar con los estadounidenses y los británicos a través de intermediarios, pero no fue posible. La tarde del 25 de abril, el dictador, diversos jerarcas fascistas y su amante salieron en varios vehículos en dirección al lago de Como.

La columna iba acompañada de varios escoltas alemanes, con los que, tras detenerse en varias ocasiones, decidió marchar a lo largo de la carretera que bordea el lago, hacia el norte, camino de Valtellina. De allí tenía previsto ir a Suiza, si es que era capaz de sortear a los grupos de partisanos que campaban a sus anchas y aprovechaban el desgobierno reinante en la región para cometer alguna que otra tropelía.

Más tarde, a la pequeña caravana de Mussolini se unió una columna de la artillería antiaérea alemana compuesta por unos treinta camiones y ciento setenta hombres. A pesar del inesperado «refuerzo», los fascistas corrían peligro, pues las poblaciones del lago estaban llenas de partisanos de distintas facciones y el caos era total. En cualquier momento, podían cortar la carretera e interceptarlos.

En la tarde del día 27, la columna se detuvo ante una barricada en las afueras de Dongo. Los alemanes negociaron su paso hacia el norte y el comandante alemán le ofreció a Mussolini la posibilidad de huir con ellos utilizando un capote alemán para pasar desapercibido. El Duce accedió. Otros jerarcas fascistas que se encontraban por la zona intentaron escapar, pero fueron abatidos o arrestados.

El asesinato

Los partisanos comenzaron entonces a inspeccionar los camiones y, al final, descubrieron a Mussolini y le detuvieron. Los partisanos trasladaron en coche a él y a Petacci hacia el sur, y se detuvieron poco después en la diminuta localidad de Giulino di Mezzegra. Los sacaron a ambos del vehículo, los llevaron hasta una tapia y los fusilaron en cumplimiento de una discutible sentencia de muerte dictada por el autotitulado Comitato di Liberazione Nazionale Alta Italia.

No fue el único, porque otros quince jerarcas fascistas fueron fusilados también en Dongo, pero ninguno corrió después la suerte de la pareja de amantes. En primer lugar, porque sus cuerpos se expusieron en la plaza de Loreto de Milán. Inicialmente los tiraron sobre el asfalto, donde la turba se ensañó con los cadáveres hasta que los colgaron por los pies de la marquesina que había en la gasolinera de la plaza. En ese mismo lugar se había ejecutado a quince partisanos un año antes. En segundo, porque durante años fueron muchos los que dudaron de que el dictador hubiera muerto y de que el cadáver de la plaza de Loreto fuera realmente el suyo.

Una noticia publicada en *ABC*, en mayo de 1946, informaba: «Roma estaba de nuevo en alerta, porque existe la confidencia de que un camión con matrícula de Milán, número 22457, transportaba el cuerpo de Mussolini rodeado de varios jeeps como escolta». Poco después, sin embargo, advertía: «Ni ha aparecido el camión ni los jeeps ni el cuerpo del Duce, que otras noticias señalan escondido en Florencia».

La desaparición del cuerpo

Sabemos que, después del escarnio público sufrido en Milán, los miembros del Comité de Liberación Nacional (CLN) colocaron el cuerpo de Mussolini en un cajón de madera con paja y lo enterraron en una tumba sin nombre en el cementerio Mayor. Esta se identificó con el número 384. El objetivo era impedir el peregrinaje de nostálgicos.

La noche del 23 de abril de 1946, una vez acabado el conflicto, un grupo de simpatizantes fascistas robaron sus restos sin saber muy bien qué hacer con ellos. Hasta dos semanas estuvo el cadáver peregrinando por las calles de Milán en el maletero de un coche. El venerado y poderoso aliado de Hitler, símbolo de fortaleza en toda Europa, daba vueltas, muerto, escondido y olvidado en un vehículo. Al fin, uno de sus ladrones decidió entregárselo a un sacerdote milanés del convento de Sant'Angelo.

Los rumores crecían cada día. Cuatro meses después, el 9 de mayo de 1946, podía leerse de nuevo en *ABC*: «Se afirma que el general Enzo Galviati dirigió la operación del cementerio de Milán y que posee los restos mortales del Duce, los cuales estarían enterrados en el jardín de una casa de Milán». El 7 de agosto, añadía: «El cadáver de Mussolini está oculto en la isla de Brissago, en el lago suizo». Pero nada.

Las hipótesis eran cada vez más rocambolescas, como aquella que informaba de que un grupo de carabinieri había llegado a abrir el ataúd de otro muerto, en medio de un funeral, pensando que en él se encontraba el dictador. Otra aseguró que uno de los detenidos había contraído una «infección cadavérica» al tocar el cuerpo «parcialmente descompuesto» de Mussolini.

Los restos del exdictador, sin embargo, estuvieron desaparecidos varios meses, hasta que el sacerdote de Sant'Angelo informó al arzobispo de Milán, Ildefonso Schuster, de que él tenía el cuerpo del Duce. Este comunicó después el hallazgo al Gobierno italiano, que decidió esconder el cadáver en el convento de Cerro Maggiore, en la provincia de Milán. Por lo menos, lo que quedaba de él a causa de las mutilaciones y el avanzado estado de descomposición.

Estuvo oculto debajo del altar hasta que el mal olor obligó al superior a trasladarlo a un pequeño armario, donde permaneció muchos años más. El Gobierno no quería devolver el cuerpo a la viuda de Mussolini ni contemplaba la posibilidad de brindarle un funeral público, así que permaneció en aquel mueble, en el más absoluto secreto, mientras los diarios se llenaban de nuevas especulaciones acerca de su paradero.

En 1957, por fin, el Gobierno consideró que había llegado la hora de devolver los restos a su familia. Una vez en su poder, esta decidió darles sepultura de una vez en la capilla familiar de San Cassiano. «Soy un hombre acabado, mi estrella se ha eclipsado. Solo me apetece leer y esperar a que se cumpla mi destino», comentó Mussolini cuatro días antes de morir. Y su destino se cumplió, pero doce años más tarde.

Los absurdos errores que, según Franco y sus acólitos, condenaron a Alemania a la ruina

Manuel P. Villatoro

Aquel día se desquitó. Lo hizo con un periodista y más de una década después de que en Europa se hubiesen acallado las lúgubres trompetas de la contienda que cercenó la vida de entre sesenta y ochenta millones de personas. A lo largo de un encuentro con el diario *Le Figaro* en 1958, Francisco Franco analizó el devenir de la Segunda Guerra Mundial y los errores que Hitler había cometido. Aquellos que, en su opinión, habían condenado al Tercer Reich germano a una derrota segura. Y entre ellos destacaron la egolatría del líder nazi o su excesiva fe en la victoria.

Primeros errores

Atendiendo al criterio militar de Franco, el primero de los grandes errores de Hitler fue haber «iniciado una guerra» de dimensiones gigantescas «con un espíritu de seguridad» absoluta en la victoria. «Olvidaba que toda guerra es una aventura sin ninguna garantía. Olvidaba la vieja sabiduría que dice, desde siempre, que el hombre propone y Dios dispone. Olvidaba que en cada combate hay que contar con buena parte de azar, de manera que solo Dios puede saber cómo esto terminará».

El segundo error, en palabras de Franco, fue haber obviado la natural tendencia del ser humano a combatir hasta la muerte contra el enemigo exterior. Como «desconocía totalmente la psicología de los pueblos», no barajó la posibilidad de que sociedades como la británica pudiesen superar las privaciones provocadas por el bloqueo al que eran sometidas por la Kriegsmarine. «No entendió nada del alma inglesa, no tenía nunca en cuenta los milagros que provoca la necesidad. No tuvo imaginación suficiente para concebir las posibilidades que se ofrecen a las naciones atacadas para resistir a toda costa en una guerra, por mortífera que sea», añadió.

Aunque el mayor fallo de Hitler fue, siempre según el dictador español, el mismo que condenó a Napoleón Bonaparte dos siglos antes: creer que la contienda sería breve y que Europa se postraría ante él en apenas unos meses. En este sentido no le faltaba razón. El historiador y periodista Jesús Hernández confirma en su obra *Breve historia de Hitler* que, tras hacerse con Polonia y Francia, el Führer buscó firmar la paz con Gran Bretaña. Hizo varios ofrecimientos a Inglaterra, pero Winston Churchill no estaba dispuesto a ello. No aspiraba a derrotar a los británicos, convencido de que ambos compartían el mismo origen racial. Así lo explicó el mismo Franco durante la entrevista:

> Por fin, no creía que el conflicto pudiese extenderse hasta el punto de llegar a ser universal. Si lo hubiera creído, hubiese reflexionado sobre la desproporción de las fuerzas. No había sopesado el precio de la lucha. No tenía una noción clara de los límites de su nación. No había preparado su guerra completa ni lógicamente. Alemania se había preparado cuidadosamente, pero para una guerra corta. No para un conflicto largo. Hitler no había tenido en cuenta, en realidad, el hecho de que la guerra contra la URSS se haría inevitable en un plazo corto. Tuvo final-

mente que luchar en dos frentes, oportunidad para la cual su máquina de guerra no estaba racionalmente preparada.

Muerte helada

El siguiente fallo que Franco achacó al Führer fue otro de los que condenaron al bueno de Bonaparte a ser derrotado y enviado a la isla de Elba: aventurarse a conquistar un territorio tan extenso como el ruso. «En el Este, los espacios estratégicos son considerables. Los alemanes no se encontraban en condición de maniobrar convenientemente a través de tales extensiones. Se cometieron graves faltas militares. La Wehrmacht tenía un dispositivo de línea y no un dispositivo en profundidad», afirmó.

Aunque Franco no lo especificó, ese error fue el que llevó, allá por 1921, a la derrota del ejército español en Annual y a que los rifeños casi conquistaran Melilla. El dictador español vivió aquellos días de primera mano como miembro de la Legión y, según parece, aprendió lo caro que puede salirle este error a un ejército.

Por último, Franco recalcó que la extrema confianza de Adolf Hitler en el ejército alemán le llevó a la derrota en la Segunda Guerra Mundial. No solo eso, sino que también incidió en que uno de los problemas fue que el Führer se creía mejor estratega de lo que en realidad era. «Siempre creyó en la superioridad de los soldados alemanes, en su propio genio militar, en las armas que sus técnicos forjaban con empeño. Alrededor de él, los jefes militares tenían plena confianza en las armas atómicas».

El dictador no negó ninguna de esas afirmaciones, aunque sí admitió que los nazis no pudieron valerse de las bombas nucleares gracias al buen hacer de los aliados. «Los bombardeos angloamericanos impidieron en el último momento la terminación de las armas atómicas nazis. Hitler ha vivido en la certeza del triunfo».

También su acólito

Pero Franco no fue el único que analizó la debacle. Luis Carrero Blanco, delfín del dictador, deslavazó también la campaña alemana en su obra *España y el mar*. Y acertó al afirmar que la invasión de Hitler de la URSS había sido un desastre por culpa de la torpeza del OKW —Oberkommando der Wehrmacht— y de que los ejércitos del Reich habían entrado en el país como conquistadores.

Más allá de su ideología, que poca descripción necesita, lo cierto es que el devoto gerifalte de Franco era un analista militar al que tener en cuenta. Los muchos dosieres que escribió sobre la marina así lo demuestran. En 1938, por ejemplo, elaboró «Esquema para un Plan de Operaciones Navales en el Mediterráneo», en el que dio indicaciones para enfrentarse a la Segunda República en el mar. Apenas dos años después escribió una serie de informes en los que analizó la posible participación de España en la Segunda Guerra Mundial. Y todos ellos fueron reseñables.

El jerarca cargó contra el Führer por haber replicado los errores que ya habían cometido siglos atrás Francia y Suecia. Lo hizo, eso sí, de forma velada y atribuyendo la victoria a la estrategia de Stalin, enemigo tradicional de la España franquista como cabeza visible del comunismo:

> Durante la invasión, Stalin decidió cambiar de plan a la vista del empuje de las tropas germanas y aplicar la vieja receta de la estrategia rusa de buscar la colaboración del espacio y del invierno para desgastar al invasor; hacer lo mismo que hizo Pedro el Grande contra Carlos XII de Suecia en 1708, y Alejandro I contra Napoleón en 1812; retirarse hacia el este, arrasando todo el terreno abandonado al enemigo, y esperar a que el alargamiento de las líneas de comunicación de este y la crudeza del clima le debilitasen. Después sería ocasión de batirlo.

A su vez, insistió en que Hitler «cayó en la trampa soviética por dos veces». En primer lugar, «yendo a la guerra en 1939», pues la invasión de Polonia beneficiaba a la URSS. Después, «tratando de invadir la inmensidad de Rusia». Y vaya si le saldría caro. «El Führer pagó por su error como Napoleón y como Carlos XII». Y de lo general a lo particular. A continuación, Carrero Blanco atizó con el palo del guiñol a Hitler por no culminar los grandes avances pergeñados durante las primeras semanas de invasión:

> La campaña de la primavera de 1942 se orientó según el mismo plan: avanzar tomando como objetivos la línea del Volga y la región petrolífera del Cáucaso. Los éxitos de esta campaña fueron brillantes sobre el mapa; pero el invierno llegó de nuevo sin que la maniobra hubiera sido rematada.

Tampoco se mordió la lengua al hacer referencia a los altos oficiales de la Wehrmacht y del partido nazi. En sus palabras, «el Ejército Rojo dispuso también de la cooperación y la torpeza de todos estos dirigentes». Su argumentación no era superficial, sino que se basaba en datos contrastados:

> Hasta la derrota en Stalingrado, el ejército alemán ocupó un territorio habitado por el 40 por ciento de la población soviética (unos ochenta millones), en el que se encontraba el 44 por ciento de la red ferroviaria de la URSS, en el que se producía el 63 por ciento del carbón, el 68 por ciento del hierro, el 58 por ciento del azúcar, el 60 por ciento del aluminio y el 38 por ciento del ganado, y en el que había cincuenta y seis mil empresas industriales. Aunque los sóviets se llevaron treinta y dos mil de estas y unos veinte millones de personas a las regiones orientales de la URSS, la conquista habría sido francamente importante si los alemanes no hubiesen cometido un grave error...

¿Cuál era ese grave error que cometieron las tropas nazis? Uno que también subrayaron, años después, los miembros de la

División Azul: obviar los sentimientos de la población. «Entraron en la URSS como colonizadores y no como libertadores», explicó Carrero Blanco. El militar achacaba esta mentalidad a la política exterior de Hitler y Alfred Rosenberg, responsable *de facto* de los territorios ocupados por el Tercer Reich:

> Su política fue desastrosa. En lugar de tratar de conquistarse las simpatías de las poblaciones, que tantas esperanzas habían puesto en los alemanes, y en lugar de utilizar a los prisioneros para luchar contra el régimen aborrecido, estos fueron tratados por los hombres de la Gestapo como seres inferiores y en forma tan inhumana que pronto se ganaron el odio de los rusos.

Según Carrero Blanco, cargar contra la población provocó que se generara una molesta guerrilla tras las líneas alemanas que no dejó descansar a los soldados teutones. «Fue una de las más graves complicaciones que tuvo el sostenimiento del frente», explicó. Dio en la diana. En 1942, más de sesenta mil rusos conformaban las filas partisanas y combatían en un vasto territorio de catorce mil kilómetros cuadrados. Una fuerza en la sombra que causó más de un quebradero de cabeza a contingentes como el Noveno Ejército, el cual tuvo que organizar varias partidas por los bosques para intentar acabar con ellos.

Para el militar español, en definitiva, la natural soberbia alemana —de Hitler sobre los mapas y de los soldados sobre el terreno— fue el germen que derivó en el aplastamiento virtual de las fuerzas armadas del Tercer Reich en la Unión Soviética. Y no solo eso, sino que logró unir a un pueblo que odiaba sobremanera a su líder tras décadas de hambrunas, sufrimientos y barbaridades:

> La soberbia de los hombres de Hitler, exacerbada por su fácil victoria sobre Francia, hizo que la invasión de la URSS, que pudo dar lugar a la caída del régimen soviético, provocase, por el contrario, una unión de las masas soviéticas al calor del senti-

miento patriótico, que el régimen comunista, mucho más hábil, supo explotar en su provecho. Para el desgraciado ruso maltratado por las SS y la Gestapo, la tiranía del NKVD era, a fin de cuentas, un mal menor. Si los hombres de la policía soviética eran tan crueles como los agentes de la Gestapo, por lo menos eran rusos.

URSS: el vencedor con pies de barro que jugó a la Tercera Guerra Mundial durante décadas

Israel Viana

El recorrido de la URSS tras la guerra comenzó con fuegos artificiales, como tratando de ocultar los evidentes daños sufridos en el conflicto. Para comprobarlo, retrocedamos al 24 de junio de 1945. Esa mañana cae el diluvio universal sobre las decenas de miles de soldados soviéticos congregados en la Plaza Roja de Moscú para celebrar la victoria sobre el Tercer Reich. Hitler se había suicidado dos meses antes y el mundo respiraba tranquilo. El infierno se había acabado.

A las diez de la mañana, el mariscal Gueorgui Zhúkov apareció por las puertas del Kremlin a lomos de un caballo blanco y dio la señal para que comenzara el Desfile de la Victoria. En el momento cumbre de la celebración, los oficiales, engalanados con sus condecoraciones, arrojaron doscientos estandartes nazis ante el pedestal del mausoleo de Lenin. El boato era impresionante, pero no debemos llevarnos a engaño: en ese momento, la Unión Soviética era un «gigante exhausto», como la calificó el historiador ruso Vladislav Zubok en su libro *Un imperio fallido* (Crítica, 2007).

Su colega británico Richard Overy aseguró años después

que «la construcción del imperio de Stalin se consiguió a costa de ríos de sangre soviética». La cifra de muertos, sin embargo, sigue siendo objeto de debate. En febrero de 1946, el dictador comunicó que la URSS había perdido siete millones de ciudadanos. En 1961 Nikita Jrushchov, su sucesor, elevó la cifra hasta los veinte millones. En 1990, una investigación oficial reconoció que habían sido realmente 26,6 millones. A día de hoy, esa cantidad también la ponen en duda quienes consideran que la victoria sobre la Alemania nazi fue pírrica, si atendemos a los muertos de su principal aliado, Estados Unidos, que no pasaron de los doscientos noventa y tres mil entre Europa y el Pacífico.

En junio de 1976, en el sosiego de su retiro, el que fuera ministro de Asuntos Exteriores de la Unión Soviética durante y después de la guerra, Viacheslav Mólotov, hizo una reflexión que bien podría resumir el espíritu de los soviéticos durante la Guerra Fría: «Roosevelt pensaba que los rusos iban a llegar e inclinarse ante América pidiendo limosna, pues Rusia es un país pobre, sin industria, sin pan. Pero nosotros veíamos las cosas de otra manera, pues el pueblo estaba dispuesto a sacrificarse y a luchar».

¿Es esa la explicación de cómo Stalin consiguió construir, en apenas ocho años, el imperio que dominaría la mitad del mundo hasta su desintegración en 1991? La explicación no es fácil, sobre todo si tenemos en cuenta que, tras la caída de la URSS, los documentos oficiales que se hicieron públicos corroboraron lo defendido por los antiguos informes de los servicios de inteligencia norteamericanos: que la economía soviética, en 1945, estaba muy débil.

En su momento, las estimaciones oficiales valoraron en 679.000 millones de rublos los daños sufridos entre 1939 y 1945, una cantidad que superaba la riqueza nacional de Gran Bretaña y Alemania, y que constituía un tercio de la de Estados Unidos. Más tarde, el Kremlin elevó el coste a 2,6 billones de rublos, pero Stalin jamás rebajó sus expectativas y se puso a trabajar para establecer un cordón con estados políticamente afines y subordinados a sus decisiones, con el objetivo de ampliar su zona de influencia. No tardó mucho.

Tito y Hoxha

Los dos primeros países en establecer regímenes comunistas, con tan solo veinte días de diferencia, fueron Yugoslavia, con Josip Broz, Tito, a la cabeza, y Albania, con Enver Hoxha, entre 1945 y 1946, respectivamente. Lograron mantenerse en el poder hasta la muerte de ambos en 1980 y 1985. Dos movimientos estratégicos que fueron impulsados por el dictador soviético tan solo ocho meses después del suicidio de Hitler. No había tiempo que perder, así que siguió un guion parecido en otros muchos países europeos para favorecer la subida al poder de los distintos partidos comunistas, utilizando todo tipo de oscuras maniobras.

El corresponsal de la CBS Richard C. Hottelet contaba en junio de 1946 que, estando en Moscú, oyó al excomisario de Asuntos Exteriores de la Unión Soviética, Maxim Litvínov, definir esta nueva filosofía de su Gobierno así: «Cuanto más territorio tengamos, más seguros estaremos». En realidad, era una teoría inexacta y peligrosa, pues conducía inexorablemente a una confrontación con las potencias occidentales.

A estos dos países Stalin sumó pronto Polonia, Estonia, Letonia, Lituania, Bulgaria, Ucrania, Checoslovaquia, Finlandia, Hungría, Rumanía, partes de Alemania (Prusia Oriental) y hasta Manchuria y el norte de Corea. El antiguo Imperio ruso se había limitado a zonas de la cultura eslava, pero después de la Segunda Guerra Mundial la URSS se expandió a una región gigantesca de Europa y en poco tiempo comenzó a intervenir en otras partes del mundo. Con este nuevo perfil dejó de ser una nación atrasada y a la defensiva para convertirse en una potencia conquistadora y capaz de enfrentarse a Estados Unidos.

Todo eso cambió, sin embargo, la noche del 28 de febrero

de 1953. Stalin celebró una reunión con su círculo de confianza en la dacha de Kuntsevo, su residencia oficial en las afueras de Moscú. Los invitados vieron una película y se retiraron a altas horas de la madrugada. Según una versión no oficial, el dictador había discutido gravemente con dos de sus hombres, Lázar Kaganóvich y Voroshílov. A la mañana siguiente no salió de su cuarto y no llamó a los criados ni a los guardias.

Nadie se atrevió a entrar en su habitación. Como escribió el embajador estadounidense años después, «el miedo y el odio contra el viejo tirano podían olerse en el aire». Finalmente, sobre las diez de la noche, su mayordomo forzó la puerta y lo encontró tendido en el suelo, junto al diván, vestido con la ropa que llevaba la noche anterior y sin apenas poder hablar. El dictador había sufrido un ataque cerebrovascular que, tras unos días de agonía, le causó la muerte el 5 de marzo. Eso defiende, al menos, la teoría oficial, sobre la que rondan innumerables incógnitas y la sospecha de un asesinato.

De Jrushchov a Brézhnev

Inmediatamente después del funeral, apareció una nueva política exterior que pretendía reabrir el espacio diplomático del que Moscú disfrutaba antes de la Guerra Fría. En el XX Congreso del Partido, celebrado tres años después, los dirigentes soviéticos renunciaron a las expectativas de una guerra inminente en contra de la teoría estalinista que hablaba de que era inevitable la llegada de una época de conflictos y revoluciones. Ahora el objetivo era lograr una coexistencia «pacífica» y a largo plazo entre los sistemas capitalista y comunista.

Este cambio de rumbo tuvo mucho que ver con Nikita Jrushchov, ya que en el discurso secreto que pronunció en el mencionado congreso —que las autoridades soviéticas ocultaron hasta 1988— el nuevo dirigente condenó por primera vez los horribles crímenes de Stalin. Una intervención valiente que comenzó con la idea de que el pueblo soviético tenía que dejar de ver a su antecesor como una especie de dios: «Dentro del espíritu del marxismo-leninismo no está permitido elevar a una persona hasta transformarla en un superhombre dotado de características sobrenaturales».

Jrushchov reconoció que Stalin había sido un líder importante, pero también que había cometido muchos errores. Esas palabras podrían haberle costado algo más que el puesto, pero se convirtieron en el primer paso hacia la «desestalinización» del Estado. Era la primera vez que alguien se atrevía a presentar al dictador como un déspota cruel, incompetente, intolerante con las opiniones de los demás y responsable de perpetuar la crisis económica en la URSS. Pero, sobre todo, cargó contra el concepto de «enemigo del pueblo» que utilizó para justificar el asesinato de 848 «viejos bolcheviques» en las purgas.

Eso no quiere decir que la URSS se convirtiera, de la noche a la mañana, en un paraíso de libertades. Además, Jrushchov no fue capaz de acabar con la tensión en las relaciones entre el Este y el Oeste, y el temor a un gran ataque siguió imperando en ambos bloques, pero no fue todo culpa del Kremlin. El presidente de Estados Unidos, Dwight D. Eisenhower, no vio una oportunidad en el mencionado cambio de actitud soviético, sino una amenaza.

A los ideólogos políticos norteamericanos les preocupó que la retórica de la «coexistencia pacífica» pudiera desbaratar sus planes de construir un centro de poder en Europa para «contener» al bloque soviético. En consecuencia, la Casa Blanca se negó a negociar con la Unión Soviética y la amenaza de una Tercera Guerra Mundial siguió presente.

Leonid Brézhnev

Hubo que esperar a que Leonid Brézhnev apareciera en escena para que se produjera un cambio en este sentido, que no resultó sencillo y que no todo el mundo apoyó. Se materializó el 29 de mayo de 1972, ocho años después de su subida al poder, en la histórica reunión celebrada en el antiguo Salón Santa Catalina del Kremlin, donde firmaron varios documentos bilaterales: el Acuerdo de Limitación de Armas Estratégicas, el Tratado de Misiles Antibalísticos y los «Principios Básicos de las Relaciones Soviético-estadounidenses».

Esto supuso la cota más alta de prestigio internacional alcanzada por la Unión Soviética desde el comienzo de la Guerra Fría. No obstante, desde mediados de los años setenta, los críticos neoconservadores de las administraciones de Richard Nixon, Gerald Ford y Jimmy Carter creían que la URSS utilizaba esta aparente paz como forma de camuflar sus planes secretos de agresión global. La tensión de que se desatara una Tercera Guerra Mundial, por lo tanto, siguió presente más de cuarenta años después de la Segunda.

Fue Gorbachov quien puso en marcha el ambicioso proceso de apertura, conocido como Perestroika, que condujo a la desmembración del gigante comunista. Un final que se precipitó con el golpe de Estado del 19 de agosto de 1991 puesto en marcha por los nostálgicos de Stalin, que trató de impedir la independencia de las repúblicas tras la firma del Tratado de la Unión..., pero fracasó.

Se ponía fin así a medio siglo de tensiones. Gorbachov dimitió y cuatro meses después, el 25 de diciembre, se disolvió oficialmente la URSS, marcando un antes y un después en la historia del siglo XX.

Bibliografía

«The last interview with Erich Hartmann», <https://migflug.com/jetflights/final-interview-with-erich-hartmann/>.

Aguirre, Pedro Arturo, *Historia mundial de la megalomanía. Desmesuras, desvaríos y fantasías del culto a la personalidad en la política*, Barcelona, Debate, 2014.

Alexiévich, Svetlana, *La guerra no tiene rostro de mujer*, Barcelona, Debate, 2015.

Aub, Max, *Campo de los almendros*, Madrid, Clásicos Castalia, 1968.

Beevor, Antony, *La batalla por los puentes. Arnhem 1944. La última victoria alemana en la Segunda Guerra Mundial*, Barcelona, Crítica, 2018.

Buisson, Patrick, *1940-1945, années érotiques. Vichy ou les infortunes de la vertu*, París, Albin Michel, 2008.

Bullock, Allan, *Hitler y Stalin. Vidas paralelas*, Madrid, Kailas, 2016.

Burleigh, Michael, *El Tercer Reich. Una nueva historia*, Madrid, Taurus, 2002.

—, *Causas sagradas. Religión y política en Europa*, Madrid, Taurus, 2013.

De Riquer, Borja, *La dictadura de Franco*, Barcelona, Crítica, 2021.

Del Castaño, Álvaro, *Muerte en Manila*, Madrid, La Esfera de los Libros, 2019.

GALATAS, Marta, *Dejé mi corazón en Manila*, Madrid, La Esfera de los Libros, 2017.

GALLEGO, Ferran, *Todos los hombres del Führer*, Barcelona, Debate, 2006.

GUDERIAN, Heinz, *Achtung Panzer!*, Barcelona, Tempus, 2011.

HERNÁNDEZ, Jesús, *Eso no estaba en mi libro de la Segunda Guerra Mundial*, Córdoba, Almuzara, 2018.

—, *100 historias secretas de la Segunda Guerra Mundial*, Barcelona, Tempus, 2009.

HERZOG, Rudolph, *Heil Hitler, el cerdo está muerto*, Madrid, Capitán Swing, 2014.

KERSHAW, Ian, *Hitler. La biografía definitiva*, Barcelona, Península, 2019.

KERSHAW, Robert, *Tank Men*, Londres, Hodder & Stoughton, 2009.

LIZARRAGA, Elena, *La última de Filipinas*, Barcelona, Belacqva, 2005.

MUTTI, Julio B., *Nazis en las sombras*, Madrid, Nowtilus, 2015.

PAVLICHENKO, Lyudmila, *Lady Death. The Memoirs of Stalin's Sniper*, Berkshire, Greenhill Books, 2018.

PETACCI, Claretta, *Mussolini secreto. Los diarios de Claretta Petacci, 1932-1938*, ed. de Mauro Suttora, Barcelona, Crítica, 2010.

PONS, Eduardo y Mariano Constante, *Los cerdos del comandante*, Barcelona, Argos Vergara, 1978.

RODAO, Florentino *La soledad del país vulnerable. Japón desde 1945*, Barcelona, Crítica, 2018.

RODRÍGUEZ FRAILE, Laura, *Una breve historia del exilio extremeño: deportación y desarraigo migratorio*, Cáceres, Ediciones del Ambroz, 2017.

RYAN, Cornelius, *El día más largo*, Barcelona, Inédita, 2011.

SERRANO SUÑER, Ramón, *Entre Hendaya y Gibraltar*, Madrid, Ediciones y Publicaciones Españolas, 1947.

—, *Entre el silencio y la propaganda. La historia como fue*, Barcelona, Planeta, 1977.

SHOWALTER, Dennis, *Hitler's Panzer. The Lightning Attacks*

that Revolutionized Warfare, Nueva York, Dutton Caliber, 2010.

Solar, David, *El último día de Adolf Hitler*, Madrid, La Esfera de los Libros, 2004.

Symonds, Craig L., *La Segunda Guerra Mundial en el mar*, Madrid, La Esfera de los Libros, 2019.

Trevor-Roper, Hugh, *Las conversaciones privadas de Hitler, 1941-1944*, Barcelona, Crítica, 2004.

VV. AA., *No esperamos volver vivos. Testimonios de kamikazes y soldados japoneses*, Madrid, Alianza, 2015.

Werner Herbert, A., *Ataúdes de acero*, Málaga, Salamina, 2021.

Záitsev, Vasili, *Memorias de un francotirador en Stalingrado*, Barcelona, Crítica, 2014.

Zubok, Vladislav, *Un imperio fallido*, Barcelona, Crítica, 2007.

Esta obra se terminó de imprimir
en el mes de agosto de 2025,
en los talleres de Impresora Tauro, S.A. de C.V.
Ciudad de México.